JN296706

経済学教室 1

ミクロ経済学

浦井 憲 著

培風館

編　集
丸　山　徹

本書の無断複写は，著作権法上での例外を除き，禁じられています。
本書を複写される場合は，その都度当社の許諾を得てください。

緒　　言

　理論というものは，可能な限り万人に自明普遍な形をもって記述されるべきものであり，またその下で合意とされる事柄を明瞭にするものであるはずです．経済学理論も，まさしくそのためにあります．

　同時に，もっと「厳密にでなく」平易にとか，「脇道に入らず」シンプルにとか，そういうご要望についてはお断りせねばなりません．経済学というのは，使い方を間違えば，否，間違えずとも，およそ誰かを幸福にする代わりに誰かを不幸にしてしまう学問です．そのような学問において，これが単純明快な答であるとか，価値判断から独立した見解であるとか，猿でも分かるほどカンタンだとか，これぞ科学であるとか，容易に結論付けることが許されようはずはないのであり，もしもそのようなことを売りにでもすれば，それはもう幾分品性を疑われても致し方なく，むしろそれをあきらめていただくことが，健全なる社会科学の第一歩なのではないかと，信じております．

　数学は経済学理論における唯一絶対とも言うべき重要な言語です．本書では第 1 章を簡単な予備的数学の概説に充てましたが，本シリーズの『経済数学』（永田・田中），あるいは当方共著の『経済学のための数学入門』（神谷・浦井，1996）などで議論を補って下さい．本書で用いた線型代数・微分・位相概念を含めて一層進んだ概念に向け，解析学なら Spivak (1965)，あるいは「公理的集合論」に関する基本的知識（上掲，神谷・浦井の第 1 章など）を得た後，位相については Kelley (1955)，ベクトル空間論なら Schaefor (1971) といった本格的数学書に，独学で入って行かれるのもよいことかもしれません．

　各章章末の練習問題は，基本的には各章の要点を網羅したものですが，題名に「発展」と付いているものに関しては，意欲に応じて挑戦して下さればよく，当面の理解には必要ありません．これは本文中の，脚注や定理の証明を含め，文字を小さくした項目・段落についても言える事柄です．文字の小さくなってい

る箇所は，初学者においては興味に応じて流し読み，あるいは前後の継がりを見失わない限りで，いっそ飛ばして下さってもかまいません。

最も基本的なのは第2章と第3章です。両章の内容をベースに後章から数点の基礎的分析道具を付け加えれば，初級レベルとしては十全な内容になるかと思います。各章の性質については章冒頭にあります。第4章以降はほぼ標準的な中級レベルの理論をカバーしたもので，章単位ならどこからでも読めますが，後の章では以前の章の用語や定理を用いています。第11章第2節以降は第12章の最後まで，上級レベル，あるいはレベルを超越した内容です。

謝　辞

本書執筆のお話は慶應義塾大学の丸山徹先生から頂戴しました。丸山先生にはもうこの二十数年様々な局面にて貴重な機会を頂戴するのみで，深く御礼申し上げるばかりです。当初このシリーズのミクロ経済学執筆は慶應義塾大学の中村慎助先生のご予定であったと伺っております。博識でお洒落な中村先生であれば，さぞ魅力的なミクロの教科書を書かれたに相違なく，当方に代役が勤まりましたかどうか甚だ心許なく存じます。本書の作成にあたっては，初稿前から何度も詳細に原稿をチェックしてくださった博士課程の村上裕美さん，そして横川憩君，また京都大学博士の後藤悦さんからも，多く有益な改良点をご指摘いただきました。博士課程の景山悟君，塩澤康平君，合同研究室の中村潮路さんには業務にとどまらない研究へのサポートを頂戴しました。培風館の松本和宣氏は本書の原稿が平易なものとなるよう提言を尽くして下さいました。当方力量の及ばなかったことをお詫びします。数理経済学会の方法論部会およびジョイント・セミナーの皆さん，学部ゼミの皆さんとOB諸氏，いつも手厳しいメールをくれる友人の新後閑さん，守永さん，そして2013年1月に他界された故吉町昭彦君，加えて多くの方々のご協力ならびにご教示，叱咤激励，陰ながらのご助力をもって，はじめて本稿がこの形に完成いたしました。すべての皆様のお名前を挙げることは到底かないませんが，ここに深く感謝申し上げるところです。

　　　2015年7月　　　　　　　　　　　　　　　　　　　浦井　憲

目　　次

1　数学的補足　　1
1.1　集合と論理　　1
1.2　関　　数　　4
1.3　ベクトル空間　　5
1.4　行　　列　　8
1.5　微　　分　　9
1.6　位　　相　　10
章末問題　　12

2　理論と静学的諸概念　　13
2.1　商　　品　　14
2.1.1　共通の様式を持つもの　14
2.1.2　商品空間　18
2.1.3　整数制限および資本の取扱い等　20
2.1.4　厳密な「商品」概念のまとめ　22
2.2　価　　格　　23
2.3　価　　値　　25
2.4　消　　費　　26
2.4.1　消費の定義　26
2.4.2　消費主体の行動記述　27
2.5　生　　産　　30
2.5.1　生産の定義　30
2.5.2　生産主体の行動記述　31
2.6　均　　衡　　35
2.6.1　ミクロ経済学的世界観　35
2.6.2　社会科学における均衡という概念　36

3 理論と動学的諸概念　　41

- 2.6.3　再度ミクロ経済学的世界観に戻って　39
- 章末問題　　40

3 理論と動学的諸概念　　41

- 3.1　日付と出来事　　41
  - 3.1.1　日付および不確実性と市場　41
  - 3.1.2　日付と出来事・条件付き商品　43
- 3.2　貨幣と資本　　45
  - 3.2.1　今日の経済学理論と貨幣　45
  - 3.2.2　歴史的な意味での貨幣　46
  - 3.2.3　流通貨幣と銀行の歴史　50
  - 3.2.4　世代重複モデルと貨幣および信用　53
- 3.3　市場構造　　58
  - 3.3.1　今日的な市場構造とその完備性　58
  - 3.3.2　資産市場の記述と貨幣　60
  - 3.3.3　市場の完備性と裁定取引　62
- オプション価格付け　　63
- 3.4　予想と均衡　　66
  - 3.4.1　市場と予想そして合理性　66
  - 3.4.2　合理性と経済学的均衡　67
- 章末問題　　70

4 合理性と選択　　71

- 4.1　選好　　71
  - 4.1.1　経済学理論における個人とその選好について　71
  - 4.1.2　合理的な選好　73
- 4.2　効用　　77
  - 4.2.1　効用関数表現　77
  - 4.2.2　辞書式選好と効用関数　79
- 4.3　選択関数　　83
  - 4.3.1　顕示選好の弱公理　83
  - 4.3.2　選択対応についての補論　85
- 4.4　社会選択　　87
  - 4.4.1　アローの不可能性定理　89

目次　　　　　　　　　　　　　　　　　　　　　　　　　　　v

　　　　4.4.2　アローの定理の証明　91
　　章末問題 93

5　均衡と合理性　　　　　　　　　　　　　　　　　　　　94
　5.1　非協力ゲーム理論 94
　　　　5.1.1　経済学とゲーム理論　94
　　　　5.1.2　非協力ゲーム　96
　　　　5.1.3　合理性の共通認識　97
　　　　5.1.4　ナッシュ均衡　100
　　　　5.1.5　純粋戦略と混合戦略　102
　　　　5.1.6　ナッシュ均衡と非協力ゲームの解　104
　5.2　期待効用理論 112
　　　　5.2.1　簡単な確率論的背景設定と定義　112
　　　　5.2.2　期待効用関数表現　113
　　章末問題 119

6　消費主体の行動　　　　　　　　　　　　　　　　　　　120
　6.1　効用最大化問題の解 120
　6.2　好ましさの向きを代表するベクトル 124
　　　　6.2.1　コブ–ダグラス（Cobb-Douglas）型効用関数　127
　6.3　顕示選好理論 128
　　　　6.3.1　顕示選好とその公理　129
　6.4　双対分析 131
　6.5　価格効果・代替効果・所得効果 134
　　章末問題 136

7　生産主体の行動　　　　　　　　　　　　　　　　　　　137
　7.1　利潤最大化問題の解 137
　7.2　技術と時間および不確実性 140
　7.3　双対分析 142
　7.4　部分均衡論のための費用関数と供給関数 145
　7.5　補論 —— 制約条件付最大化問題 147
　　章末問題 158

8 基礎的な一般均衡分析　　159

- 8.1 単純交換経済と一般均衡の基礎 · 159
  - 8.1.1 均衡存在および安定性の図的概観　159
  - 8.1.2 資源配分に関わる諸概念　163
  - 8.1.3 2人2財: エッジワース・ボックス・ダイアグラム　164
- 8.2 生産の入った個人所有経済の一般均衡 · · · · · · · · · · · · · · · · · · · 168
  - 8.2.1 ワルラス法則と模索過程　168
  - 8.2.2 経済全体のテクノロジーと生産可能性集合　173
  - 8.2.3 生産の一般均衡存在と安定性の図的概観　175
- 8.3 厚生経済学の基本定理およびコア同値定理 · · · · · · · · · · · · · · · 179
  - 8.3.1 生産経済における実現可能な資源配分　179
  - 8.3.2 生産経済のパレート最適な資源配分　179
  - 8.3.3 生産経済のコア資源配分　179
  - 8.3.4 生産経済の一般均衡資源配分と厚生経済学の基本定理　180
  - 8.3.5 レプリカ経済とコア同値定理　183
- 章末問題 · 188

9 均衡分析の様々な道具　　190

- 9.1 部分均衡と余剰分析 · 190
  - 9.1.1 準線形の効用関数　191
  - 9.1.2 需要曲線と供給曲線　193
  - 9.1.3 余剰分析　195
- 9.2 投入産出分析 · 198
  - 9.2.1 レオンチェフモデル　199
  - 9.2.2 GDP等価　201
  - 9.2.3 国内経済とLP双対問題　203
  - 9.2.4 斉一成長経路とフォン・ノイマン成長モデル　208
- 9.3 ケインズ均衡 · 214
- 9.4 その他の分析道具 · 220
  - 9.4.1 弾力性　220
  - 9.4.2 クモの巣理論　221
  - 9.4.3 比較生産費説 —— リカードの定理　223
  - 9.4.4 ヘクシャー–オリーンの定理　225
  - 9.4.5 要素価格均等化命題　225

目　次　　　　　　　　　　　　　　　　　　　　　　vii

　　　　9.4.6　国際貿易その他の定理　226
　章末問題 ·· 227

10　独占および寡占そして市場の失敗　　**229**
　10.1　独占・寡占 ································ 229
　　　　10.1.1　寡占市場におけるゲーム論的均衡　232
　　　　10.1.2　寡占市場を含む一般均衡　235
　　　　10.1.3　法と経済　236
　　　　10.1.4　自然独占と限界費用価格付け　238
　10.2　公共財と市場の失敗 ······················· 241
　　　　10.2.1　外部性　241
　　　　10.2.2　リンダール均衡その他　243
　章末問題 ·· 246

11　情報をめぐる経済学理論　　**247**
　11.1　情報の非対称性 ···························· 247
　　　　11.1.1　非対称情報　247
　　　　11.1.2　非対称情報と市場の一般理論：市場の生き残り問題　248
　11.2　合理的期待と情報の問題について ·········· 253
　　　　11.2.1　Radner 合理的期待均衡の概念　253
　　　　11.2.2　合理的期待形成の本来の立場から　255
　　　　11.2.3　思い込みによる均衡の積極的意義付け　256
　11.3　不完備情報と不完全情報 ··················· 257
　　　　11.3.1　展開形ゲーム　257
　　　　11.3.2　不完備情報のゲーム　259
　11.4　メッセージと制度・メカニズム ············ 262
　　　　11.4.1　制度・メカニズムの公理的特徴付け　262
　　　　11.4.2　社会選択関数　264
　　　　11.4.3　メカニズム・デザイン　267
　章末問題 ·· 269

12　その他のトピックス　　**270**
　12.1　一般均衡の存在 ···························· 270
　　　　12.1.1　抽象経済　270

12.2 一般均衡の安定性と一意性・超過需要関数からのアプローチ・274
　　12.2.1 顕示選好関係と均衡の大域的安定性　275
　　12.2.2 粗代替性と均衡の一意性　279
　　12.2.3 発展的話題　279
12.3 不完備市場の動学的一般均衡理論・・・・・・・・・・・・・・・285
12.4 ナッシュ均衡の精緻化・・・・・・・・・・・・・・・・・・・・290
12.5 繰り返しゲーム (Repeated Game)・・・・・・・・・・・・・・293
12.6 合理性の数学的記述・・・・・・・・・・・・・・・・・・・・・294
　　12.6.1 社会の理論において何が可能で何が不可能なのか　294
　　12.6.2 我々は何をなすべきであり何をすべきでないのか　297

参考文献　　　　　　　　　　　　　　　　　　　　　301

章末問題解答　　　　　　　　　　　　　　　　　　　306

索　　引　　　　　　　　　　　　　　　　　　　　　317

1

数学的補足

　経済学理論を記述するのは数学です．我々が日常的に用いている概念，たとえば商品，価値，あるいは消費や生産，個人の行動，企業，そして喜び，厚生といった概念に至るまで，経済学理論においてはすべて厳密に，数学的に定義されたものであり，今日の経済学理論において，数学は無くてはならない**言語**となっています．

　ところで，言語というのは，良かれ悪しかれ，単なる道具とは言い切れないものです．およそ時代とともに移り変わる主題への関心，問題への接近方法，そうしたものを超えて失われることのない普遍的な価値，あるいは補うことのできない欠陥といったことに，言語は深くかかわっています．ですから，この数学という言語の何たるかを横に置いて，経済学理論は「重要だ」とか「簡単だ」とか「役に立つ」とか，言ったところで実はドウデモよいことであり，ツマラナイことでもあります．

　本章は，ミクロ経済学を学ぶために最低限必要と思われる数学的概念，および数学そのものについての考え方を，簡単に，しかしできるだけ「きちんと」補足したものです．補足ですので，数学的内容に不便を感じない限り，本章の内容を習得する必要はありません．定義や定理について，参照の便宜を図るためのものとして，本章を利用して下さい．

1.1 集合と論理

　経済学理論において，様々な話や議論の舞台は数学的にきちんと定義されたものの集まり，**集合** (set)，の上に取られます[1]．たとえば「いくつかの選択肢からいずれかを選ぶ」といった行為を記述するにあたって，その選択肢の全体 X，といったものをあらかじめ集合として準備します．

　例：ある消費者の消費行動を考えるとき，その消費者にとって可能な消費行

---

[1] 大学以降の数学において，集合はありとあらゆる数学概念と，その理論を構成する基礎となります．その意味での集合論は**公理的集合論**と呼ばれます（例えば神谷・浦井 1996 を参照）．以下ではとりあえず高等学校までの集合の概念から出発して下さってかまいません．

動の全体からなる集合（これを**消費集合**と言います）。ある生産者の生産行動を考えるとき，その生産者にとって可能な生産行動の全体からなる集合（これを**生産集合**あるいはその生産者の**技術**と言います）。あるゲームのプレイヤーの取る最適な戦略を考えるとき，そのプレイヤーの取りうる戦略のすべてからなる集合（これを，そのプレイヤーの**戦略集合**と言います）。

以下のような集合は，数をそこから取ってきて番号を振ったり，座標空間を構築したりする目的で，本書全体を通じて用いています。

正の整数全体からなる集合　　$N = \{1, 2, 3, \ldots\}$
実数全体からなる集合　　$R = \{x | x \text{ は実数である}\}$

ここで $\{a, b, c, \ldots\}$ のような表現は，その集合に a, b, c 等々の**要素**が属していることを表し，$\{x | x \text{ は条件} \bigcirc\bigcirc \text{を満たす}\}$ のような記法は，その集合の代表的要素 x の満たすべき性質を，右側に明確な数学的条件を用いて記述したものです。集合にある要素が属しているということ，たとえば 0 や 1 が R の**要素である**ということを，記号 $\in$ を用いて $0 \in R, 1 \in R$ のように表します。要素を一つも持たない集合（**空集合**）は $\emptyset$ で表します。

数学という言語の持つ，驚くべきシンプルさについて，少し深めに言及しておきましょう。数学は，**命題**（それが真であるか偽であるかいずれか一方であるような明確な主張）を積み重ねて作られます。たとえば，「$1 \in R$（1 は実数の集合に属する）」とか「$0 = 1$（0 は 1 に等しい）」のように[2]，対象物に対して「属する」とか「等しい」といった基本的な**性質を述べる**ことを積み重ねて数学は作られます。ところで，実は数学にとって**本質的に必要な**「性質を述べる言葉」というのは，この「$\in$ 属する」と「$=$ 等しい」だけで全てなのです[3]。

さらに，数学的議論の展開にあたり，ありとあらゆる数学理論は「$\neg P$（P でない）」および「$P \vee Q$（P または Q である）」という二つの**命題結合子**（P や Q などの命題のつなぎ言葉）と，命題の中の**変数**（代名詞の働きをする x, y, z 等のアルファベット）に言及する「$\exists$」ならびに「$\forall$」という二つの**限量子**と呼

---

[2] 前者は我々の習ってきた通常の数学では真の命題であり，後者は偽の命題です。

[3] 定め方次第では，「$=$ 等しい」すら不要です。ありとあらゆる数学的対象物を集合ととらえる立場とともに，x と y の要素が全く同じであることをもって x と y が等しいと定めればよいのです。後者は**公理的集合論**における**内延公理**と呼ばれる取り決めです（浦井・神谷 1996 参照）。

1.1 集合と論理

ばれる記号を用います。

$$\exists x, P(x) \quad (\text{ある } x \text{ について } P(x) \text{ が成立する})$$
$$\forall x, P(x) \quad (\text{すべての } x \text{ について } P(x) \text{ が成立する})$$

上が限量子の基本的使用法です。これらが，数学における最も基本的な「**文**」をつくる道具とその基本形なのですが，実は驚くべきことに数学における「**文**」を作成する道具も規則も，上に挙げたもので全てなのです。

注意（本書における論理記号や数学的叙述）：命題結合子としては，上述の「∨（または）」と「¬（でない）」に加え，「∧（かつ）」と「⟹（ならば）」を使うこともあります。しかし，後の 2 つは「∨（または）」と「¬（でない）」から定義できます。「P かつ Q」は「P でないかまたは Q でない，ということはない」と定義し，「P ならば Q」は「P でないかまたは Q」と定義します（章末問題）。もちろん本書に登場する陳述，命題の記述においては，現実的には「形式的に書く」ことのメリット・デメリットに応じ，日本語で述べたり，¬（でない）について，$x \neq y$ のように数学記号に直接斜線を入れて否定したり，あるいは**定義**によって新しい記号を導入し，叙述の簡略化や分かりやすさを図ることになります。しかし，やろうと思えばいつでもそれを「=」「∈」「¬」「∨」「∀」「∃」しか用いない表現に戻せるということです。

このように数学は，言語として極めてシンプルな構造を持っているため，分野や日常言語を超えて，互いに誤解のない知識のやりとりが可能になります。今日ありとあらゆる「科学」的な議論がその基礎に数学を置いている理由は，そのことにあります。

けれども同時に，今日の数学は，自分自身を上述したような厳選された記号と，それら記号の列に許容された明確なルールの作り上げる，単なる**形式的**記号列の体系にすぎないものと見る**形式主義**の立場を，基本的にとっています。数学自身が，**数学的に証明できること**と，**本当の意味で真理であること**の間に，**明確な線を引いている**のです[4]。「経済学理論をいつでも**厳密な数学用語に書き直すことができる**」ということと「複雑で汲み尽くしがたい現実を，**シンプルな形式的数学概念に置き換えている**」ということ，数学をベースにした真の理論は，常にその両面を見据えたものでなければなりません。

---

[4] 数学がそれ自らの無矛盾性を証明し得ないというゲーデルの**第 2 不完全性定理**以来，標準的な数学はこの立場を取らざるを得なくなりました。これは，その数学の上に立って理論を構築しようとする今日の経済学にとっても，当然重要な意味を持ちます（本書最終章）。

1.2 関　数

経済学理論において**関数**という概念，とりわけ具体的ではなく**抽象的**な関数概念は，その理論構築の上で欠くべからざるものです。理論上の基本的概念のほぼ全てが抽象的な意味での関数である，と言っても過言ではありません。

> 例：個人 i の選択肢の全体からなる集合 X_i 上に，各要素 $x \in X_i$ が i にとってどの程度好ましいかということを実数値で表せると仮定した**効用関数**，$u^i : X_i \to \boldsymbol{R}$ (定義域が X_i で，値域が $\boldsymbol{R}$ の部分集合であるような関数 u^i)，ある商品の価格 p に対して，その商品の市場での需要の大きさが $D(p)$ と表せるとした**市場の需要関数** D，同じく供給の大きさを $S(p)$ と表せるとした**市場の供給関数** S，その他，個人の**需要関数**，企業の個別供給関数，企業の**生産関数**，長期・短期の**費用関数**，**利潤関数**，マクロ経済学なら**消費関数**，**投資関数**，**貨幣需要関数**，ゲーム論なら**利得関数**，**最適反応関数**等々。およそこれらは「その関数の具体形を必ずしも明示せず」取り扱われることが主であり，そうした議論展開に慣れる必要があります。

上の例でも既に用いましたが，本書では f を X から Y への関数とするとき $f : X \to Y$ と表し，各 $x \in X$ に対して f の下で一意的に決まる $y \in Y$ を $f(x)$ で表すことにします。このとき $f(x)$ を x の f による**像** (image) と呼び，f は x を $f(x)$ に**写す**と表現し，$x \mapsto f(x)$ と表記します。

> 例：$\boldsymbol{R}_+^2 = \{(x_1, x_2) | x_1, x_2 \in \boldsymbol{R},\ x_1 \geqq 0, x_2 \geqq 0\}$ を定義域とし，$\boldsymbol{R}$ に値をとる効用関数 $u : \boldsymbol{R}_+^2 \to \boldsymbol{R}$ を，$u((x_1, x_2)) = x_1^{0.5} x_2^{0.5}$ と定義するとき，これをまとめて $u : \boldsymbol{R}_+^2 \ni (x_1, x_2) \mapsto x_1^{0.5} x_2^{0.5} \in \boldsymbol{R}$ のように記述します。また $u((x_1, x_2))$ のような場合，特に誤解がなければ $u(x_1, x_2)$ と記します。

関数の概念は，暗黙的にも用いられています。たとえば我々は集合の**族** (family) を，$A_i, i \in \boldsymbol{N}$，あるいは一般に，$I$ を添字 i の集合として，$\{A_i\}_{i \in I}$，のような形で与えますが，その際，実は「集合の族」というのは関数なのです。定義域が I で，その各 $i \in I$ の像が A_i ということです。同様に，数列とか点列（ベクトル等空間の点の列）といったものも，関数なのです。数列を $\{x_n\}_{n \in \boldsymbol{N}}$ あるいは $\{x_n\}_{n=1}^{\infty}$ のように書くことから，「集合の族」とまったく同様で，$\boldsymbol{N}$ が定義域，$n \in \boldsymbol{N}$ の像が x^n である，そのような関数であるということです。

集合の族 $\{A_i\}_{i \in I}$ に対し，本書ではそれらの**和集合** (union)，すなわちいずれかの A_i に属する要素の全体を $\bigcup_{i \in I} A_i$ で表し，また**共通部分** (intersection)，

つまりすべての A_i に属する要素の全体を $\bigcap_{i \in I} A_i$ で表します。

関数 $f: X \to Y$ というのは，その**関数のグラフ**という集合 $\{(x,y)|\, y = f(x)\}$ と明らかに同一視できますから，集合と見なすことができます。関数が集合だとすると，その意味で，上に述べた集合の族，$\{A_i\}_{i \in I}$, 点列（一般に集合の要素の列のこと），$\{x^n\}_{n \in \mathbf{N}}$, も集合と見なせます。今日の数学では集合がありとあらゆる数学的対象物を記述するということが，これで少しイメージしていただけるのではないかと思います[5]。

2つの関数 $f: X \to Y$ と $g: Y \to Z$ について，それらの**合成関数** $g \circ f: X \to Z$ という非常に重要な概念を定義してこの項を終えます。これは $x \in X$ をまず関数 f にて $f(x) \in Y$ に写し，その後 g によって $f(x) \in Y$ を $g(f(x)) \in Z$ に写すという関数，つまり $g \circ f: X \ni x \mapsto g(f(x)) \in Z$ ということです。

1.3 ベクトル空間

$\mathbf{R}$ を実数の集合とし，$\ell \in \mathbf{N}$ を正の整数とします。ℓ 個の実数 $x_1 \in \mathbf{R}, \ldots, x_\ell \in \mathbf{R}$ に順序をつけて並べたもの（**数ベクトル**）の全体が作る集合

$$\mathbf{R}^\ell = \{(x_1, \ldots, x_\ell)|\, x_1 \in \mathbf{R}, \ldots, x_\ell \in \mathbf{R}\}$$

を ℓ **次元（数）ベクトル空間**と呼びます。この集合は，ミクロ経済学理論において，消費や生産，需要や供給といった行動を記述する基本的な舞台です。

言うまでもなく，$\ell = 2, 3$ の場合，この空間は我々が義務教育・高等学校教育から親しんできた2・3次元の座標空間です。ℓ 次元においてもまったく同様に，ベクトルの加法，定数（スカラー）倍，大小関係を以下の形で定義します。

$$(x_1, \ldots, x_\ell) + (y_1, \ldots, y_\ell) = (x_1 + y_1, \ldots, x_\ell + y_\ell) \tag{1.1}$$

$$\alpha(x_1, \ldots, x_\ell) = (\alpha x_1, \ldots, \alpha x_\ell) \tag{1.2}$$

$$(x_1, \ldots, x_\ell) \leqq (y_1, \ldots, y_\ell) \iff x_1 \leqq y_1 \text{ かつ } \cdots \text{ かつ } x_\ell \leqq y_\ell \tag{1.3}$$

明らかに，上記のベクトル加法の単位元は $(0, \ldots, 0)$ です。これはベクトルで

---

[5] ただし上の定義によく注意して下さい。点列 $\{x^n\}_{n \in \mathbf{N}}$ と集合 $\{x^n|\, n \in \mathbf{N}\}$ とはまったく別物です。

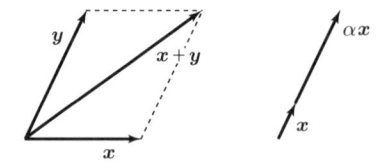

すが混乱がなければ 0 で表します．ベクトルの大小関係については，補助的記法として「$x \leqq y$ かつ $x \neq y$」であるとき $x < y$，「全ての座標で $x_1 < y_1, \ldots, x_\ell < y_\ell$」となっている場合に $x \ll y$, なども用います．

 2 次元の座標平面における第一象限，すなわち $\boldsymbol{R}^\ell$ の部分集合として上記のベクトルの大小関係によって 0 以上となる部分は，経済学理論においても非常に重要で，これを特に $\boldsymbol{R}^\ell_+ = \{x \mid x \in \boldsymbol{R}^\ell, 0 \leqq x\}$ と表します．全座標が厳密に正である部分は $\boldsymbol{R}^\ell_{++} = \{x \mid x \in \boldsymbol{R}^\ell, 0 \ll x\}$ と表します．

 さらに，やはり 2・3 次元の場合と同様に，数ベクトル間の**内積** (inner product) を定義します．$p = (p_1, \ldots, p_\ell) \in \boldsymbol{R}^\ell$ と $x = (x_1, \ldots, x_\ell) \in \boldsymbol{R}^\ell$ に対して

$$p \cdot x = p_1 x_1 + p_2 x_2 + \cdots + p_\ell x_\ell \tag{1.4}$$

とします．ベクトル $x = (x_1, \ldots, x_\ell) \in \boldsymbol{R}^\ell$ と自分自身の内積 $x \cdot x = \sum_{i=1}^\ell x_i^2$ を用いて，x のノルム（ユークリッドノルム）を $\|x\| = \sqrt{x \cdot x}$ と定義し，また $x, y \in \boldsymbol{R}^\ell$ に対して，$\|x - y\|$ によって x と y の**距離**（ユークリッド距離）を定義します．このようにユークリッドノルム（距離）が定義されたとき，$\boldsymbol{R}^\ell$ を **ℓ 次元ユークリッド空間**と呼びます．この距離を用いて $\boldsymbol{R}^\ell$ 上の ℓ 次元ベクトルの点列の**収束**（1.6 節）を定義できますが，これは点列が「すべての座標に関して収束している」という概念と一致します（章末問題）．

 超平面 (Hyperplane) について：内積には，2 次元, 3 次元において様々な図形的意味が与えられていたことを思い出して下さい．たとえば内積がゼロであるというのは 2 次元や 3 次元で確かめられるように 2 つのベクトルが**直交**することの表現になっていました．あるいは 3 次元の空間（x_1, x_2, x_3 を変数と考えて座標軸を取る）においては

$$p_1 x_1 + p_2 x_2 + p_3 x_3 = a$$

が p_1, p_2, p_3 および a を定数として，$(p_1, p_2, p_3) \neq 0$ というベクトルに直交する一つの

1.3 ベクトル空間

平面の方程式でした。数学ではこの表現を単純に拡張し、$(p_1, \ldots, p_\ell) \neq 0$ について

$$p_1 x_1 + p_2 x_2 + \cdots + p_\ell x_\ell = a$$

の形をしたものを、ℓ 次元空間 R^ℓ における $\ell-1$ 次元**超平面** (hyperplane) と呼びます。経済学的にこれは非常に重要な（超）平面で、**所得**の合計が a、ℓ 種類の商品に対する**価格**が $p_1, \ldots, p_\ell$ と与えられたとき、過不足無く予算を使い切る形で購入できる商品の数量の組み合わせ $(x_1, \ldots, x_\ell)$ が満たすべき**予算制約**を表す平面になります。（平面と言いつつこれは $\ell = 4$ 以上で面でないことは当然であり、$\ell = 2$ の場合は直線です。）

この「超」平面のように、形式上その拡張それ自体に苦労はないものの、できあがった対象、それがどういう形をしているのか具体的に図示せよとかいわれると全くできない（4 次元以上の図をうまく描いた人は一人もいませんので）といったことが数学ではよく生じます。そのような概念に、しばしば用いられるのが接頭語の「超 = hyper」（たとえば、超関数、超実数、超積あるいは超準解析など）ですので、「超」がついても、あまり心配する必要はありません。

ベクトル空間について、最後にもう一つ重要な概念を付け加えます。一般にベクトル空間では「ベクトルの加法」と「スカラー倍」の定義が「全て」なのですが、そのことから直ちに原点 0 つまり加法の単位元や、その空間上での **2 点を結ぶ線分**といった概念が、自動的に生ずることになります。つまり 2 点 x, y の「加重平均」として、z というベクトルが $z = (1-t)x + ty$, $0 \leq t \leq 1$ のように定義されるということです（次図）。これも 2 次元では高等学校から慣れ親しんだ概念ですが、そのまま R^ℓ や、より一般的なベクトル空間にも拡張可能ということです。ここから凸集合および集合の凸性という重要な概念が定義されます。ベクトル空間の部分集合は、その任意の 2 要素 x, y に対して、それらを結ぶ線分上の点 z が全てその集合の要素であるとき、**凸集合** (convex set) であるといわれます。

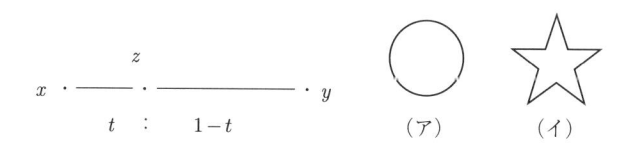

$$x \cdot \overset{z}{\underset{t \ : \ 1-t}{\text{————·————}}} \cdot y \qquad \bigcirc \qquad \bigstar$$
$$\qquad\qquad\qquad\qquad\qquad (\text{ア}) \qquad (\text{イ})$$

上図（ア）は 2 次元平面での凸集合の例、（イ）は凸集合ではない例です。経済学理論において凸性は、「線形性」と「価格」に関わる特別に重要な概念です。

ベクトル空間では、部分集合に対しても演算的記法を用いることがあります。

たとえば $A, B \subset \mathbf{R}^\ell, x^* \in \mathbf{R}^\ell$ に対して，$x^* + A = \{x^* + y | y \in A\}$, $A + B = \{x + y | x \in A, y \in B\}$, あるいは実係数 $a \in \mathbf{R}$ に対して $aA = \{ax | x \in A\}$, $-A = \{-x | x \in A\}$, $A - B = A + (-B)$ などと書きます．

1.4　行　　列

行列というのは，縦と横に数字を並べた表にすぎないと言えばそれまでですが，その本質と要点は線形変換（関数）ということにあります．f を $\mathbf{R}^\ell$ から $\mathbf{R}^m$ への関数とします．ベクトル空間からベクトル空間への関数として，f が以下の条件を満たすとき，f は**線形関数** (linear function) と呼ばれます．

$$f(x+y) = f(x) + f(y) \tag{1.5}$$
$$f(ax) = af(x) \tag{1.6}$$

$f : \mathbf{R}^\ell \to \mathbf{R}^m$ が線形関数であれば，f を m 行 ℓ 列の行列として表現することができます．具体的には，$\mathbf{R}^\ell$ の**標準基底**と呼ばれる $e^1 = (1, 0, \ldots, 0)$, $e^2 = (0, 1, 0, \ldots, 0), \ldots, e^\ell = (0, \ldots, 0, 1)$ をとり，$\mathbf{R}^\ell$ および $\mathbf{R}^m$ の要素を，それぞれ ℓ 行および m 行で 1 列の縦行列と同一視するとき，

$$F = \begin{bmatrix} f(e^1) & \cdots & f(e^\ell) \end{bmatrix}$$

という m 行 ℓ 列の行列を作れば，行列の積演算をもって $f(x) = Fx, x \in \mathbf{R}^\ell$ と表すことができます[6]．逆に $m \times \ell$（m 行 ℓ 列）型の行列 F に対して，それを $\mathbf{R}^\ell$ から $\mathbf{R}^m$ への線形関数と見なせることは，行列演算上明らかです．

線形関数 $f : \mathbf{R}^\ell \to \mathbf{R}^m$ および $g : \mathbf{R}^m \to \mathbf{R}^n$ を考えます．合成関数 $g \circ f : \mathbf{R}^\ell \to \mathbf{R}^n$ も線形関数になります．この行列表現は，f および g の行列表現をそれぞれ F および G として，$g \circ f(x) = g(f(x)) = G(Fx)$ ですが，行列の積は結合法則を満たしますので，$G(Fx) = (GF)x$, すなわち GF が $g \circ f$ の行列表現ということです．つまり，**行列の積**は，**線形関数の合成**です．

---

[6] これは行列とベクトルの積ですが，本書では良くある慣例に習い，特に何も言わなければベクトルを縦行列と見なします．なお，積・和など基礎的な行列演算について，ここでは既知とします．

1.5 微分

高等学校までの一変数関数 $f: \mathbf{R} \to \mathbf{R}$ の微分を既知とすると,多変数関数 $f: \mathbf{R}^n \to \mathbf{R}$ の微分も,その一変数にのみ着目する**偏微分**概念を習得するだけで,教科書レベルの経済学理論に向けては十分です。ただ,微分概念は(超準解析などの非標準的枠組を用いない限り)例えば**全微分**などの記述において,しばしば「無限小」という不正確な概念と同時に用いられます。あくまで数学的にきちんとした微分概念を標準的に扱うには,それが「線形近似」であるということを知る必要があります。きちんとした微分概念を以下にまとめます。

微分(全微分):関数 f の x における微分とは,正確には f に対する局所的な線形関数近似です。$\mathbf{R}^\ell$ から $\mathbf{R}^m$ への線形関数は前節で述べた通り $m \times \ell$ 行列で表現できます。つまり $f: \mathbf{R}^\ell \to \mathbf{R}^m$ の $x \in \mathbf{R}^\ell$ における微分とは,$f: \mathbf{R}^\ell \to \mathbf{R}^m$ の形状を $x \in \mathbf{R}^\ell$ の近くで,$\mathbf{R}^\ell$ から $\mathbf{R}^m$ への**線形関数**,すなわち $m \times \ell$ 行列として局所的に近似したものです。$\ell = m = 1$ なら行列を定数と同一視して,高等学校までの微分概念と同じになります(偏微分も同様です)。これは F をその行列表現($m \times \ell$ 行列)とすれば,

$$f(x+y) - f(x) \quad \text{を} \quad Fy \quad \text{により } x \text{ 付近で局所的に近似する} \tag{1.7}$$

ということですが,x 付近で局所的に近似しているというのは,上述の両者が $y = 0$ の近くではグラフとして接しているということですので,数式で厳密に表現すれば,

$$\lim_{\|y\| \to 0} \frac{\|f(x+y) - f(x) - Fy\|}{\|y\|} = 0 \tag{1.8}$$

ということです。グラフが3次元までであれば図1.1のような近似です。このような近似としての線形関数(あるいはその行列表現)を指して,f の x における**導値** (derivative) と呼び,$Df(x)$ または簡単に $f'(x)$ と表します。

$f: X \to Y$ および $g: Y \to Z$ が,共にその定義域上の全ての点で微分可能であると

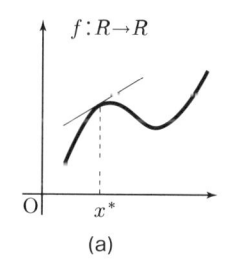

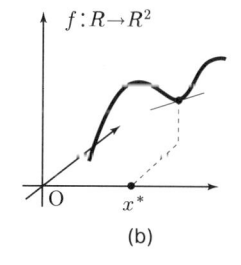

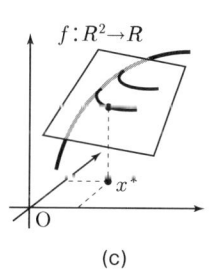

図1.1 関数 f の x における微分

き，合成関数 $g \circ f : X \to Z$ の点 $x \in X$ における微分は，f の x における近似 $Df(x)$ と g の $f(x)$ における近似 $Dg(f(x))$ を用いて

$$D(g \circ f)(x) = Dg(f(x)) \circ Df(x) \quad \text{（連鎖律）} \tag{1.9}$$

と表せます（章末問題）。右辺は**線形関数の合成関数**であり，$Df(x)$ と $Dg(f(x))$ を共に行列と見ればこれは**行列の積**に他なりません。

上記連鎖率の公式を用いて，たとえば t を実数とし，x, y を $\bm{R}^n$ 上の 2 点として，写像 $f : \bm{R} \ni t \mapsto (1-t)x + ty \in \bm{R}^n$ を考え，さらに $\bm{R}^n$ 上で微分可能な関数 $u : \bm{R}^n \to \bm{R}$ を合成して，$u \circ f : \bm{R} \ni t \mapsto u((1-t)x + ty) \in \bm{R}$ という関数を考えるとき，その $t = 0$ での導値が，$f(0) = x$ における u の導値 $Du(x)$ を $[D_1 u(x), \ldots, D_n u(x)]$ と成分表示するならば，

$$D(u \circ f)(0) = Du(f(0)) \circ Df(0) = \sum_{i=1}^{n} D_i u(x)(y_i - x_i) \tag{1.10}$$

となることが確かめられます（章末問題）。このとき，$D_i u(x)$ が必然的に偏導値 $\frac{\partial u}{\partial x_i}(x)$ に等しいことも，上式から確認できます。積の微分・和の微分の公式なども全て合成関数の微分として行列演算として確認できます（章末問題）。

1.6 位　相

$\bm{R}^n$ のような議論の舞台となる集合を，数学では**空間**と呼びます。そしてその要素を**点**と呼びます。空間および点という概念は，数学的概念による世界把握の上で，最も基本的な概念です。位相というのは，そうした空間における「点のつながり具合」についての概念です。それは「限りなく近い」という概念であり，「距離」という概念でもあり，「連続」という概念に継がります。数学的に「きちんと」世界を記述する上で，最も重要な概念になります。以下では可能な限り，その重要な基本概念をきちんとした言葉で説明しておきます。

ϵ-開近傍：距離という概念が定義されている空間 X において，点 x からの距離が，正の実数 $\epsilon > 0$ より小さい点の全体を指して，x の **ϵ-開近傍**と呼ぶ。

点列の収束：距離という概念が定義されている空間 X において，その空間における点列 $\{x^n\}_{n=1}^{\infty}$ が $x^* \in X$ に**収束**するとは「x^* の ϵ-開近傍 $U_\epsilon(x)$ をどのように取っても，ある番号 $\bar{n}$ が存在して，$\bar{n}$ 以降の全ての番号 n について，x^n が $U_\epsilon(x)$ の要素になる」ことを言う（これが点列についてその「限りなく近づく」ということの厳密な表現である）。点列の収束は $x^* = \lim_{n \to \infty} x^n$ のように表す。

1.6 位相

閉集合と開集合：自身の内部の点の収束先であればそれを必ず含む集合を**閉集合**と呼ぶ。閉集合の補集合を**開集合**と呼ぶ。従って，開集合はその内部の点にその外部から決して収束し得ない集合とも言える。全体集合 X および空集合 $\emptyset$ は，この定義から自動的に，ともに閉集合かつ開集合となる。ϵ 開近傍は以上の約束から自動的に開集合となる。

位相：一般に，開集合あるいは閉集合が定義されることを指して，空間に**位相**が導入されると言う。ここまでの一連の定義は，距離から ϵ-近傍を通じて，位相を導入できるということを述べている。

近傍：一般に，空間 X に位相が導入されたとき，X の点 x に対して，x を要素とする開集合を含むような集合のことを，x の**近傍**と呼ぶ。距離から位相を導入すれば，x の ϵ-開近傍は開集合であり，当然 x の近傍である。

近傍と収束：距離から位相を導入された空間 X において，$x \in X$ の近傍 $U(x)$ は，十分小さく $\epsilon > 0$ を取れば，x の ϵ-開近傍 $U_\epsilon(x)$ を含む（結論を否定すると上の開集合の定義における言い換え条件に反する）。したがって，点列の収束の定義における ϵ-開近傍は単に近傍としてもかまわない。

境界：空間 X の部分集合 A に関し，点 x の近傍 $U(x)$ をいかに取っても，A の内部の点と外部の点が，共に $U(x)$ の要素となるとき，x を A の**境界**に属する点と呼ぶ。

位相の導入された空間のことを**位相空間**と呼びます。上の一連の議論では，最初に距離の入った空間における ϵ-開近傍から点列の収束，そこから閉集合と開集合の概念へと進みました。しかしその後，開集合から一般的な近傍の概念に，そして，一般的な近傍概念から収束概念へと戻りました。つまり「収束」を定義することと「閉集合・開集合」を定義することは一見異なることのようですが，最終的には「近傍」概念も含め，どこから始めても互いに行き来のできる同一概念なのです[7]。

関数の連続性：集合 X および Y に位相が導入されると，X から Y への関数 f についてその**連続性**が定義される。定義域 X 内で点列 $\{x^n\}_{n=1}^\infty$ が x^* に収束するとき，必ず Y においても点列 $\{f(x^n)\}_{n=1}^\infty$ が $f(x^*)$ に収束するなら，関数 $f : X \to Y$ は点 x^* で**連続**と呼ばれる（直感的には f のグラフが x で**途切れていない**ことの厳密な表現である）。定義域の任意の点 $x \in X$ で連続な関数を**連続関数**と呼ぶ。

実数の集合 $\mathbf{R}$ に対しては，2点 $x, y \in \mathbf{R}$ に，それらの**距離** $d(x,y)$ を差の絶対値 $|x-y|$ と定義し，そこから導入される位相を $\mathbf{R}$ の**標準位相**と呼びます。

---

[7] ここでは，次に述べる関数の連続性の定義も含めて，距離と互いに行き来のできる範囲に位相概念を限定して話をしている。距離と行き来のできない，より一般的な位相の概念も存在する。

通常何も言わなければ、R にはこの位相が入ります。R^n にはユークリッド距離を用いて ϵ 近傍と収束を定義する方法と、もう一つ、その**全ての座標に関して収束する**という収束概念を出発点として R における収束概念だけから位相を導入することもでき、これらは同値になります（章末問題）。

積位相：$X_1, \ldots, X_n$ が全て位相空間であるとき、その直積 $X = \{(x_1, \ldots, x_n) | x_1 \in X_1, \ldots, x_n \in X_n\}$ に、その全ての座標について収束するという概念でもって収束を定義し、位相を導入できる。これは**積位相**と呼ばれ、特に何も指定されない場合直積に導入される位相として標準的である。

位相ベクトル空間とハーン–バナッハ定理（幾何学形式）：最後に一つ、ここまでの概念を総合的に用いた非常に有用な定理を挙げておく。一般に R を係数体とするベクトル空間 X において、そのベクトル和 $X \times X \ni (x,y) \mapsto x+y \in X$ とスカラー倍 $R \times X \ni (a,x) \mapsto ax \in X$ に対し、それらをともに連続と見なせるような位相が導入されているとき、これを**位相ベクトル空間**と呼ぶ（章末問題）。

定理 1.6.1（ハーン–バナッハ定理）：A を位相ベクトル空間における非空の凸開集合で、$0 \notin A$ とする。このとき、ある（閉）超平面 H が存在して、$0 \in H$, $A \cap H = \emptyset$ とすることができる (Schaefer, 1971; p.46, Theorem 3.1)。

章末問題

【**問題 1**】真を T 偽を F で表すと、命題 P, Q に可能な真偽のあり方は TT, TF, FT, FF の 4 通りである。$\neg$ は T, F を逆転させ、$\vee$ はその左右いずれか一方が T のときのみ T である。「P かつ Q」を「$\neg (\neg P \vee \neg Q)$」、「$P$ ならば Q」を「$\neg P \vee Q$」と定義するとき、上記 4 通りの真偽値の在り方に応じて両命題の真偽値を確認せよ。

【**問題 2**】R^ℓ において A と B が凸集合であるとき、$x+A, A+B, aA$（ここで $x \in R^\ell$, $a \in R$ とする）が全て凸集合であることを確かめなさい。

【**問題 3**】(1)（**発展問題**）式 (1.9) すなわち全微分形式の連鎖律の証明を確認せよ。(2) p.10 の合成関数 $u \circ f : R \ni t \mapsto u((1-t)x + ty) \in R$ の $t = 0$ での導値に関する主張を、u の偏導値に関するものも含めて確認せよ。

【**問題 4**】$x \in R$ で、関数 f, g は全て R の値をとるものとして、$f(x,x), f(x)g(x), 1/f(x), f(x)/g(x)$ 等の通常の微分公式を、行列演算の積として導出せよ。

【**問題 5**】(1) R^ℓ に R の積位相（つまり全ての座標について収束する）を入れたとき、ベクトルの和 $x+y$ が $R \times R$ から R^ℓ への関数として連続であること、そしてスカラー倍 ax が $R \times R^\ell$ から R^ℓ への関数として連続であることをそれぞれ示せ。(2) R^ℓ における点列 $\{x^n\}_{n=1}^\infty$ について「全座標が $x^* \in R^\ell$ に収束している」ということと「$\|x^n - x^*\|$ が 0 に収束している」ということの同値性を確かめよ。

2

理論と静学的諸概念

　本章では，経済学理論の最も基礎となる概念を，総括的に取り扱います。最も基礎となる概念というのは「商品」「価値（価格）」「生産」「消費」そしてそれらの形成するモデル（世界観）における「均衡」という概念です。

　これら基本的諸概念は，経済学理論において社会を見据える切り口ですが，おそらく初めて経済学理論に触れる読者の中には，これらの切り口に大きく違和感を覚える方がおられるはずです。たとえば「商品 (commodity)」という概念一つとってみても，それは com （共通）の mode （様式）を持った ity （もの）であり，決して我々が日常用語で用いている「商品」ではありません。経済学理論はそういった基礎的用語を，日常生活用語とは異なる厳密な**数学的概念**として区別しており，ここでの目的はそういう理論における言葉の基礎を与えることです。本章の内容は，筆者が大阪大学における大学初年次の必修科目あるいは大学院の必修コースにおける講義のベースとして用いているものです。たとえば大学初年次の最初のセメスターにおいて，経済学理論の概観を得るといった時期であれば，この章の内容の習得で十分です。

　本書における経済学理論のスタート地点において，一つ述べておきたいことがあります。これから解説する経済学理論における諸概念（とりわけ実質的に時間を考慮しない**静学的**な諸概念）は単純です。見方によっては非常に陳腐でさえあります。けれども同時に型としては極めて頑強で，単純な表面的批判には揺ぎもせず，その屋台骨が生き残ってきたものです。ここで取り上げられる人間像は，「自分のことだけを考えている」ような主体です。つまりはそういう主体だけで世界は構成されている，というのが経済学理論の基本姿勢です。そしてそのような世界観そのものに対する「**経済学批判**」は，とりわけ社会科学の内部から，もう 100 年を優に越えて繰り返されてきました。今も繰り返されています。にもかかわらず，なぜこの基本的な枠組みが今日なお頑強なものと

して残っているのか，皆さんに考えていただきながら，経済学に入門していただきたいのです。

本章で与えるような種々概念の定式化，社会への切り口が，どれだけ世の中の本質を描出しているか，不幸にも取りこぼしているか．強いて見逃し，より重要な事実を浮き彫りにしていることもあるかもしれません．そうした可能性をどれだけ把握できるかによって，経済学理論の持つ意義が，皆さんの中でも社会の中でも，全く異なってきます．これは社会科学における理論の宿命です．

2.1 商　　品

2.1.1 共通の様式を持つもの

経済学理論において，商品 (commodity) および商品の取り引きという概念はその議論の根底，基底をなすものです．商品の数（種類）を ℓ とするなら，それに等しい次元をとった数ベクトル空間 $\boldsymbol{R}^\ell$ というのは，生産をはじめ消費，需要，供給，その他ありとあらゆる均衡経済学理論を展開する場であり，経済学という理論の舞台そのものです．

商品という言葉を少し語源にさかのぼって考えてみましょう．**漢字において商**というのは古代の国家，殷の正式な国号です．殷が周によって滅ぼされて後，諸国散り散りになった商の人が，あちらの村からこちらの村へ転々と，各地異なる余剰な物資を売り歩いては生計を立てており，それが商人という言葉の発祥であるという，これは俗説といわれますが，何とも我々の持つ「商い」のイメージを豊かに伝える話です．

和語で「商う」というのは，「**あきなふ**」ですが，これは「秋なう」であり，「秋」に動詞化の接尾語がついたものであるとの説が有力です[1]．秋といえば収穫の季節であり，各地で余剰生産物が生じます．それをやりとりしたというのが「商人（アキビト）」，まさしく「アキなう」こと，和語に見るこれが商業の始まりというべきでしょう．

---

[1] 諸説あるが，最も有力と言われるこの説は，新井白石の『東雅』における，「毎歳之秋」に収穫をもって「商売之道通じたり」，それによって「アキモノス」，あるいは売る人を「アキビト」といった記述に見ることができる．

2.1 商品

図 2.1 秋と余剰生産物 『落ち穂拾いの女達の招集』
Rappel des Glaneuses, Jules Breton 1859.

「商業」の勃興が，おそらくそうした村から村への余剰生産物をもってするところの**行商**であったということには，少なからず説得力があります。再度漢字に戻れば，漢語で本来「商」とは行商をさすものであって，店を構えて売ることではありません。店を構えた場合には「鬻」です（韓非子「楚人に盾と矛を鬻ぐ者あり」）。

J.R. ヒックスもまた『経済史の理論』(Hicks, 1969) において，「市場」の勃興を「商人」の登場と「**商業**」のはじまりということにおき，その最初は余剰生産物もしくは盗品からかもしれないと述べます。盗品というとおだやかではありませんが，戦争による略奪といったことをそこに含めるのなら，その時代無視のできない大きな財貨の流れであったというべきでしょう。かつて**古代メソポタミア**においては，小麦の**余剰生産物**が**楔形文字**によるその余剰物や財産の記述をおそらくは促したということがしばしば指摘されますが[2]，そうした余剰の財の流れが，人と人とのつながりを通じて，今日我々の知る「経済」的活動の始原となったであろうということは，ほぼ疑いないところです[3]。

---

[2] これについては，**価値の計量**という意味での**貨幣**とのかかわりが大きいので，次章 3.2.2 節で改めて触れることにします。文字と計量，そして経済の発祥は，極めて近いものなのです。

[3] Lopez (1976) にあるように「商業化は工業化に先行しておらねばならない」という認識は，主として**商業ルネッサンス**といった中世の研究を通じ，近年特に基本的な考え方の一つとなって来ていると思われます。我が国に関しても，網野善彦などによる研究では，やはり少なくとも中世以降の都市部における，これまで強調されていた以上に活発な市場経済や流通のあり方が指摘されてお

中世ヨーロッパといえば，都市，貨幣経済の衰退，交通網の遮断といったことから自給自足的な農業生活が主となったと言われることもあります。けれども農業的な余剰生産物は言うまでもなく，大聖堂の建築といったことにまつわる人の流れと財貨の流れが明らかに示しているように，およそ広域にわたって活動した行商人，大市といった都市およびその周辺農村部をつなぐ交換の場としての市場の存在が，人々の暮らしに重要な役割を持たなかった時代などなかったというべきです[4]。そういったバザール的な市場と今日我々がそれを経済学的に市場と呼ぶものとを同一視するのは早計かもしれません[5]。けれども社会における人々の「下からの」つながりを自然に認めるものとして，そこに何らかの共通項を見いだせるであろうことにも，疑いの余地はありません。

いずれにせよ，こうして商品という言葉をその「商い」という言葉とともに眺めるなら，我々はそこにはるかな人類の歴史と，それにともなう財の往来，人々の暮らし，「人間」の関係に思いを馳せることができます。「商」という文字はそもそもは国の権威を象徴する文字でありました。それは入墨を施す大きな針（刑罰権を表す）を台の上に置きそこに捧げ物をした形象であるそうです[6]。元来「償」「賞」とも同じであったということですから，その意味では国家間の交易や国からの償いにも，通ずる起源を見いだすことが可能かもしれません。

これに対して，経済学理論における「商品」の英語は commodity です。これは com（共通）の mode（様式）を持った ity（もの）ということであり，まさに近代の社会が持つ規格の「画一性」，その背後にある数量化，機械化，大量生産といった，すこぶる今日的なキーワードと親和性の高い概念です。それは一日に何着しか作れない何某という職人の仕立てた服であるとか，年に数キロしかとれない何某さんの作ったお米といったものではなく，誰が作ろうと変

り，近代的な資本主義の成立に先立つものの考え方として，そういった知見と方向性を同じくした見通しが与えられています。

[4] たとえば，シャルルマーニュ（カール大帝，在位 768–814）時代のフランクフルトでは小麦，ライ麦，大麦，燕麦の市場価格がそれぞれ 4:3:2:1 というような記録があります。「この時代に市場経済の論理を見つけ出そうとするのは時代錯誤というほかはない。けれども逆に，この時代を市場の存在を知らない社会とするのもまた同じくらい大きな誤り（佐藤・池上，2008; p.141)」です。

[5] 例えば Polanyi (1957) にあるように，この区別は文化人類学といった方向からは極めて標準的なスタンスである。ただし，これについても最近では，いわゆる「情報の経済学」を考慮した「反＝反相対主義」のような立場（Geertz, 2002）から，融和を図る議論が見られる。

[6] 白川 静『字訓』

2.1 商品

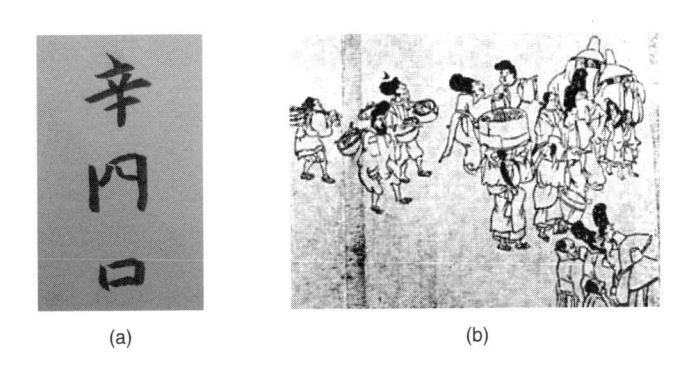

図 2.2 (a) 漢字「商」の成り立ち，(b) 行商人のようす（年中行事絵巻）

わりなく，値段に応じて同質的な労働や機械設備の利用により，いくらでも生産量を調整できる（あるいは誰が作っても同じだから，値段に応じて供給者が増えて出てくる）そういう「**無名性** (anonymity)」と関係を持った概念です。

スーパーマーケットでしばしば見かける野菜や果物の選外品は，形や色艶，部分的な傷などを通じてそうした画一的な規格 com-mod-ity から外れてしまったものです。あるいは**自然農法野菜**などもそうです。これは化学肥料や農薬などを一切用いず，場合によっては不耕起（耕すこともしない）で栽培が行われ，出来上がったものは味も健康上も，また環境に向けても非常に優れたものなのですが，所々虫食いがあったり形状極めて不揃いであったりします。インターネットを通じた生産者との直接取り引き（相手を認識した無名でない取り引き）等を通じ，昨今では話題に上りますが，これなども com-mod-ity から外れた，いわば通常の市場には乗らない，そういうものの好例といえるでしょう。

「商品」について commodity 「共通の様式を持つもの」という語を見るとき，経済学理論が 18 世紀以降の近代化された「**社会**」概念，それは産業革命を経て都市における労働として画一化された「**人間**」概念とも対比されねばなりませんが，そうした「**社会**」に関する「**科学**」であるという，アダム・スミス (Smith, 1776) 以降の経済学の成り立ちを，改めて見いだすことができます。それは，「市場(いちば)」における「商い」ではなく，「シジョウ」における com・mod・ity の意味で「社会」を抽象化した，良きにつけ悪しきにつけ「科学」的学問なのです。

古くは古代メソポタミア，文字の起源にまでさかのぼるであろう余剰生産物と人および財貨の流れにかかわる問題においては，**文字**の起源と**貨幣**の起源，あるいは**交換と交易**そして**市場**の起源といった興味深く重要な主題と視点が山積しています。そういう箇所で，人類学や民族学といった隣接する社会科学分野において主張される区分や切り口に対し，理論的な経済学の立場が学ぶところ，またあくまで対峙してその議論を発展させるべきところが数多くあります。我々は交換や貨幣，そしてそれらと**贈与**や**信用**といったものの関係について，特にそれらの「本当の古さ」あるいは「新しさ」について，常に問い直す必要があります。

2.1.2 商品空間

先に「商品」が経済学理論の基底であると述べましたが，まさしくこれは数学用語からの拝借です。今日の経済学理論は，しばしば「応用数学」に他ならないと批判的に述べられることがあります。一方でデカルト以降，今日の「科学」という発想の根底にあるのが「数理」というものを「論理」の代表として見いだす考え方でありますから，数学的な議論，取扱いを最も重要な道具，言語として用いることそれ自体は，今日の学問として全く正当という他ありません。もちろん「社会」を，すなわち「人間」を取り扱う上で数学的な取扱いに限界があるということは，わきまえておくべき当然の事柄です[7]。

数学と人間知性：けれども，今日ではそのような限界そのものまでもが，数学的に表現されるようになりました。前世紀のおそらく最も重要な知的財産として，今日の我々は「物理学」的に人間が「知る」ということの限界を量子力学における**不確定性原理**という形で見いだすところとなり，また「言語」的に「知る」ということの一つの限界を**ゲーデルの不完全性定理**（Gödel, 1931）として，把握しています。こうした中，「数理」は我々に与える知識としての中核たる役割を，一歩も譲るところがなかったのです[8]。これからも，すべての学問における数学の役割は，およそアリストテレス以降の学問のと

---

[7]「知は待つ所有りてしかる後に当たる。その待つ所の者，ひとり未だ定まらざるなり。」（金谷，1971;『荘子』大宗師篇）"Knowledge must wait for something before it can be applicable, and that which it waits for is never certain." — 荘子 Chuang Tzu — (Six, The Great and Venerable Teacher, (Watson, 1968)).

[8] 言うまでもなく，これは数学が万能ということではありません。全く逆で，数学が万能でないことを，数学は正当にも，その最も厳密と思しき方法をもって示している，ということです。

2.1 商品

らえ方[9]そのものに大幅な訂正が与えられない限り，増すことはあっても減ることはないでしょう。

経済学理論がその対象としようとしているものは，後の節で述べる「消費」と「生産」，そして「市場」における「需要」と「供給」に至るまで，およそすべてこの「商品」概念と，そこから構築される「商品空間」という場において，表現され，記述され，分析されます。経済学理論において一つの**商品** (commodity) とは，

(1) その**物理的特性** (physical property)
(2) それを利用可能な**場所** (location)
(3) それを利用可能な**日付** (date) （もしくは**日付と出来事** date-event）

を特定化することによって決まります。上記のような (1) 特性，(2) 場所，(3) 日付，で特徴付けされた**商品が全部で** ℓ **種類あるものと，以後固定して考えま**す。消費者あるいは生産者の行動といったものは，そのような各商品をどのような数量ずつ購入するか，あるいは投入，産出するかといった ℓ **個の実数の並び**で表現されることになります。これはすなわち各 ℓ 種類の商品の名前を座標とする形で考えられた数ベクトル空間，つまり第 1 章でも述べた

$$\boldsymbol{R}^\ell = \{(x_1,\ldots,x_\ell)\,|\,x_1 \in \boldsymbol{R},\ldots,x_\ell \in \boldsymbol{R}\}$$

上の点として，生産や消費が表現されるということです。このベクトル空間 $\boldsymbol{R}^\ell$ を，経済学理論では**商品空間** (commodity space) と呼びます。

注意（公理論的アプローチ）：このような特徴付けは今日の経済学理論の骨格である「一般均衡理論」において，それは 19 世紀のワルラス (Walras, 1874)，パレートにはじまり，20 世紀のヒックス (Hicks, 1939)，デブリューに至るまでの歴史の中，培われてきたものです。中でもデブリュー (Debreu, 1959)『価値の理論』(Theory of Value) における経済学理論の「公理論的アプローチ」は，20 世紀の厳密な諸科学の基礎としての数学の潮流（ブルバキズム「構造主義」）に経済学理論を明確に位置づけたものとして，以後今日の経済学理論に決定的な役割を果たしています。上の分類はその第 2 章で与えられている有名な，そして今日の経済学理論の最も基本的な考え方です。

---

[9]例えば Kant (1785)『道徳形而上学原論』がその冒頭において与えた分類に見るように，論理学にその特別な位置づけを与えるという意味においてです。

注意（物理的特性について）：商品を特徴づける，上述の (1) 特性，(2) 場所，(3) 日付，という区分は，物理学における美しい命題「物理的法則は，場所的，時間的変換によって影響を受けない」（Noether の定理）を思わせるところがあります。ただし，ここでいう「物理的特性」とは，正確には，純粋に物理的というよりもずっと観念上のものです。例えば，目の前にペットボトルに入って並んだ「南アルプスの天然水」と，「北アルプスの天然水」に，我々は成分上の差異を認めるか否かを議論するまでもなく，それに付随する印象，そのものに由来する歴史（背後の物語）といったことの違いでもって，異なる商品とみなす，ということは全然かまわないのです。

経済学的にはほとんど意味を持たない，無視すべき物理的特徴，場所，日付の差異というものがあると考えるのは，自然なことです。したがって，簡単化のため，上述した特性，場所，日付が，それぞれ重複しない「単位的特性」，「単位区域」，「単位期間」，に分割されているものと仮定するのも，さして問題ではありません。ゆえに，上述した「有限の ℓ 種類の商品がこの世界に存在する」という想定は，日付，すなわち将来にわたる時間の長さを有限に取ることの正当性さえ担保できるなら，静学モデルにおいてさほど問題ではありません[10]。

しかし，このことは，以下において我々の扱う経済学が「**社会を構成する全主体にとって共通した上記の最小基本単位の存在**」という世界観に立脚しているということを確実に意味しており，まさに，commodity は com な mode を前提にしているということです。

2.1.3 整数制限および資本の取扱い等

商品空間 $\boldsymbol{R}^\ell$ について，もう少し深い問題にかかわる注意点を述べておきましょう。以上のように考えると，経済学理論は，まず**有限** ℓ **種類**の商品が存在し，それらの数量が全て**実数値**で表現できることを受け入れることから，始まります。有限種類という問題は直前で述べたようにとりあえず許容するとして，実数値としてその数量を把握することについてはどうでしょうか。

小麦粉や，ガソリン，などならよいでしょうが，トラックといった機械設備のようなものまで，実数単位で扱うということには，抵抗があるかも知れません。これらをとりあえず認めるということの根拠は，次のようなものになるかと思います。言い出せば，実際，小麦粉やガソリンにしてみたところで，$\sqrt{3}$ 単

---

[10] もちろん，動学モデルにおいてはこの有限性の担保が重大な問題となり得ます。

2.1 商　品

位購入するとか，π 単位販売，購入，生産するといったことは，計量技術上不可能です．それらを有限小数と実数の間での近似として擁護するなら，整数単位を用いることについてもまた近似であるとの擁護を認めるべきでしょう．

整数制限：近年では，整数制限を一部の財に取り入れた一般均衡の存在議論も見かけるようになりました．経済学が物理学ではないこと，すなわちその目的が物理的・絶対的な法則を手に入れるという存在論的なところには必ずしもなく，必要なのはこの世界の仕組みについての合理的に納得のいく説明であるという認識論的なところにあることを思う限り，実数的，R^ℓ による世界観そのものが，むしろ経済学にとっては**全面的な近似**に他なりません．その点から言うと，経済学理論の基づくべきところは有限性もしくは可算性のみであり，実数による近似の問題はいずれ抜本的に解決すべきです．

機械設備の例が出たことに合わせて，日常用語としては非常に大切な概念である「資本」とその「用役」に対する，ミクロ経済学での正式な取扱いについて述べておきます．トラックのような**資本**と，その資本が生み出す**用役＝資本サービス**とは，全く異なる商品として取り扱われます．特にこれらが全く**独立**した商品として取り扱われることに注意が必要です．今期においてトラックを買うことと，今期のトラックの使用権，つまりサービスのみの好きな数量を買うことは，全く異なる行為です．日常言語的には，前者が後者も含んでいるように思われるかも知れませんが，誤りです．トラックを買った人がその資本と用役を同時に手にしているように見えるのは，今期の資本を投入して今期の用役と来期に残す資本を生産する「**生産技術**」を，その人が**持っている**こととして把握されねばなりません（ですから，後節で扱われる「生産」概念がなければ，正確には記述できません）．これは，**技術を売買する**という話ではありません．そのような技術は，万人の手に最初から備わっている[11]誰もが利用可能な生産技術として，モデルに導入します．トラックのような資本財をきちんと記述するには，そのように緻密なモデル設定と解釈が必要です[12]．

---

[11]たとえば，今日の土地をインプットとして明日の土地をアウトプットとする技術とか，今日の夜の温かいご飯をインプットとして，明日の朝の冷えたご飯をアウトプットとする技術，等々と同様に，万人に備わっているということです．

[12]Debreu と同様に，資本財のきちんとした記述，すなわち状態変化を成長モデルにおいて内生化したのが森嶋通夫（Morishima, 1964; Chapter V）のフォン・ノイマン解釈であり，氏が「フォン・ノイマン革命」と呼んだものです．

2.1.4 厳密な「商品」概念のまとめ

以上のように，日常言語と経済学理論における厳密な用語には差があります。前出の Debreu (1959) は，その説明に第 2 章の全体を割いています。以下，厳密な「商品」概念ならびに「商品空間」についてまとめます。

> 例：たとえば（白墨，この教室，この時限）といった形で特定化されたものが，経済学的な一つの商品である。もちろん，一つの商品がこれで良く定義された well defined という立場で以後議論を進める限り，(1) 白墨の，より詳細なる品質（**物理特性**）は問わない，(2) この教室内にある限り，より詳細にそれが教室の隅にあるか真中にあるかといったこと（**場所**）は問わない，(3) この時限内に利用可能であれば，それがより詳細に時限の始まり頃であるのか終り頃であるのか（**時間**）は問わない，等が前提となる。

現実社会で商品と呼ばれて売買されているものが，このように厳密な経済学理論の意味で商品と呼ばれるもので尽きていないことについて，もう少しだけ述べておきます。

金融商品：取扱い上注意すべきものの代表として現実社会で**資産**あるいは**金融商品**などと呼ばれながら取引されるものがあります。これらは，純粋理論的に述べると「時間的に異なって開かれる市場間にまたがった，とある後日の商品，もしくは単なる金額的な支払いへの権利」のようなものです。これは後日の商品を今買っている，というだけなら，上に述べてきた商品に他なりませんが，実際には（現実世界で用いられている言葉の意味をよりきちんと表現する上では）商品を直接に売買しているというよりも，商品を引き渡す「**契約**」の売買であると見なす方が正しい理解です。とりわけ，上に述べた「金額的な支払い」への権利（金融商品）に至れば，これが純粋な意味での「商品」と無関係なものになることは，言うまでもありません。

上のような現実世界の様々な取引をきちんと取り扱うためには，「明日の市場」と「今日の市場」を分けて考える，**動学的**なモデル化（第 3 章）が必要になります。しかし，上述のように明日の商品，あるいは金銭の受け取りへの権利を今日売買するといった可能性を考えることは，**空売り** (short sales) すなわち現物を所有せずに売る行為[13]といったことを通じて，種々困難な問題を提起しま

---

[13]現物を所有しておらずともいずれ期日までに用意すればよいような商品を，ある価格で売り，期日までに買い戻すことで，値下がりがあればその差益をとることができる。値上がりがあれば当然損失を被ることになるので，債務不履行への考慮も必要となる。巨額の空売りはそれ自体が対象の値下がりを導き得ることからも分かるように，投機的な取り引きは行為そのものがその行為の根拠となり得るという，いわば人々の思惑のみに基づいた市場の不安定化原因ともなる。

す．動学化や資産市場，貸借や貨幣といった問題については，たとえば，先に述べた資本と資本サービスの厳密な取扱いのためにも，不完備市場の一般均衡理論（第 12 章）による動学化が望ましいのですが，生産を含んだ不完備市場モデルは Mas-Colell et al. (1995; Chapter 19, G) で指摘されるような深刻な問題を抱え込んだままです．

かつてマルクスが『経済学批判』の序文において指摘したように，我々が「立ち向かうのはいつも自分が解決できる課題だけである」というのはかなりの真実を含んでいるようです．しかし本当にそのようなレベルにのみとどまるなら，「知」は明確に「産業」すなわち経済の奴隷にすぎません．

2.2 価　　格

物理的特性，場所，日付をもって商品の特徴付けとし，その ℓ 種類の商品とそれらの数量を表す空間としての商品空間を $\boldsymbol{R}^\ell$ とした場合，これら商品の**価格**もまた，同様に ℓ 個の実数の並びとして考えることは，まったく自然なことです．0 ベクトル $(0,\ldots,0)$ を価格ベクトルと呼ぶことが相応しいかどうかには議論がありそうですが，とりあえず価格（ベクトル）の集合，すなわち**価格空間**も，$\boldsymbol{R}^\ell$ と取ることにします．

すでに，第 1 章のベクトル空間における**内積**および**超平面**の解説において言及しておりますが，商品の価格を表すベクトル $(p_1,\ldots,p_\ell)$ は，商品の数量を表すベクトル $(x_1,\ldots,x_\ell)$ に対し，その内積 $p_1 x_1 + \cdots + p_\ell x_\ell$ によって一つの**価値**を与えます．この「価値」を，内積 $p \cdot x$ ではなく，$p(x)$ と表現してみましょう．いわば p は x に対して「価値」を定める一つの関数であるという表記です．この（p に依存した）価値は，$x + y$ に対しては x の価値と y の価値の和，

$$p(x+y) = p(x) + p(y) \tag{2.1}$$

を成立させます（内積の定義から当然です）．また同様に，x の定数倍に対してはその定数倍の価値を与えることになります．つまり

$$p(ax) = ap(x) \tag{2.2}$$

が成り立ちます．これも内積の定義から当然に成り立ちます．

価格 p を，数量ベクトル x に対して $p(x)$ という実数値を与えるような操作すなわち実数値関数と見れば，式 (2.1) と (2.2) を満たすということです。一般に，この 2 条件を満たす，ベクトル空間からベクトル空間への関数を**線形関数** (linear function) と呼ぶのでした（第 1 章）が，特に実数値であるとき，これを**線形汎関数** (linear functional) あるいは**線形形式** (linear form) と呼びます。ベクトル空間 $\boldsymbol{R}^\ell$ に対して，$\boldsymbol{R}^\ell$ それ自身が，$\boldsymbol{R}^\ell \times \boldsymbol{R}^\ell$ から $\boldsymbol{R}$ への内積を通じて，線形汎関数の集合と見なされるということです。

「商品空間」と「価格空間」をこのように内積でつながった一つのペアとしてとらえることは，数学において「双対空間」と呼ばれる線形代数学やベクトル空間論における基本構造に，これらを対応付けることと直結しています。

数学と人間知性：そもそも世界（空間）を 2 次元とか 3 次元とか，一般に ℓ 次元というような次元で区切って見つめようというのは，デカルト（哲学原理）以降の近代科学の共通の視点です（ですから，直積座標のことを，デカルト積とか，デカルト座標と呼ぶのです）。やがてカント（純粋理性批判）に引き継がれていくこのような世界把握の根源的方式に異を唱えるというのは，今日そうやすやすと許されることではありません[14]。けれども，「そうした数学を用いている」ということの「限界」と「意義」を，常に意識しておくことは大切なことです。線形ということで数学的に美しく描かれる事態も現象も山のようにあります。しかし数学にはそれ特有の，当初の厳密さそれ自体に依存する，行きすぎた結論というものが，必ずあります。二本の平行線は交わりませんが，ほんの少し傾きをずらすだけで，果てしなく右側の遠いところで交わったり，あるいは果てしなく左側の遠いところで交わることになります。数学の解や矛盾，証明といったものは全て，どこまでもそういう性質のものです。

社会科学の理論が数学をもって健全に語られるためには，数学が社会をどのように切り取っているのかというその出発点を，常に見極めなければなりません。ここでは「商品空間」と「価格空間」，つまり「事実」の把握と「価値」の把握が，まさしく経済学理論の出発点であるということを強調しておきます。

注意（非線形価格）：現実世界には，必ずしも線形関数とはなっていない価格制度も多く見られます。例えば数をまとめて買えば割引があるとか，まず基本料金があって後は使用量に比例するとか，段階的に単価が変わるといったものです。そうした料金の場合，線形ではなく，**非線形価格** (non-linear price) という言葉が用いられます。これは $p(x)$ の p を「一般的な関数」と見なす，ということで表現できる事柄です。

---

[14] デカルトはこのようにして縦横高さ 3 次元の**物質**の空間を確保し，その議論を**精神**の世界から分離する，まさに「**物質と精神の二元論**」をもって中世的なキリスト教から近代科学を解き放ったのです。従って，その意味での近代の出発点と対決をせねばならない，ということになります。

2.3 価　　値

　価格 p とは，内積を通じて商品空間 $\boldsymbol{R}^{\ell}$ 上の各点に対し，**価値**というある実数値を定める関数と見ることができ，その際 (2.1) および (2.2) という，数学的には線形性と呼ばれる条件を満たすということでした．今日の経済学理論を代表する意味において，ミクロ経済学理論を「価格理論」と呼びますが，これは，上述のような「価格」を決定するメカニズムとして市場メカニズムを眺める，そういう世界観を根底に持った学問だということです．このことと，L. ロビンズ (Robbins, 1st ed., 1932, 2nd ed., 1937) による今日の経済学理論の代表的な定義「希少性の学問」ということを絡めて考えるなら，経済学理論における社会の「価値」についての重要な立場が明らかになります．

　「価格」とは社会における「価値」です．それがすなわち「**人々の選好から来る需給**」と「**技術的制約と効率性条件から来る需給**」の関係として「**希少性**」に帰着するという考え方は，すなわち「**価値**」の問題を「**相対化**」あるいは「**公理化**」することに成功したということにほかなりません．事実，今日の一般均衡理論のバイブル的位置づけである，先にも紹介した G. デブリューの著書名は「**価値の理論 Theory of Value**」であり，その副題は「経済学的均衡の公理論的分析 An axiomatic analysis of economic equilibrium」です．

　我々が念頭に置く「世界観」の中で，「価値」が「相対化」されたというのは，おそらく今日の我々が「当たり前」と思い込まされていること，また心のどこかで「行きすぎ」のようなものを感ずるところの双方を説明します．

価値の相対化とバブル：「人類」がその長い歴史の中で「食料」や「水」をめぐって，あるいは「きれいな空気」や「生物的に生存に適した環境」を保持し獲得するために繰り返してきた活動，争い，そしてその意義については誰もが認識できるところです．我々は安全な食べ物，そしてきれいな空気や水がなければ，生命を基本的に維持することさえ困難です．その一方で「きれいな水」も「空気」も，生きていくためにはほとんど不必要な「ダイヤモンド」に比して，その市場においての価値はゼロに等しいわけです．

　ダイヤモンドはまだ鉱物としての実体を持ちますが，そうした実体を持たないものにも我々は価値を認めます．種々の娯楽，エンターテインメントとして享受する映画や音楽などのコンテンツ，これらはおそらく今日の配布形態からすれば，限界費用（追加的に 1 単位多く生産するためのコスト）的に考えてもほぼ価格はゼロであるべきですが，そういう**権益**に対しても，我々は喜んで，平気で高額な対価を支払います．**イメージ**を売るといったことも同様です．広告業などは，日本においてはとりわけメディアの独占

状況ともあいまって，もっとも付加価値を産出する（儲かる）事業の一つです。

そういったものが，我々が**本当に生きていくために必要な財貨**という観点からずれていることは，誰の目から見ても明らかです。「本来は価値のない」ものに「価値がある」と考えられてしまうことをバブルと呼ぶなら，価値の「相対化」ということと「バブル」は本質的に切っても切れない関係にあります。もちろん思い込みも社会を構成する一要因ですから，**崩壊するとは限らない**バブルもありますし，また崩壊したからといって，**その悪影響が大であることも小であることも**いろいろです。場合によっては思い込みが定着し，例えば原価 20 円そこそこの日銀の一万円札の価値が一万円であるというような（通常はバブルと呼ばない）バブルから，もっと思い込みを増幅するような悪質なバブルまで。**罪の軽いものから罪深いものまで，バブルは至る所に存在し**，またそれでよいのだという，いわば「**世界観**」を与えるのが，今日の経済学理論なのです。

しかしながら，このような「**価値の相対化**」を「**今日の経済学への批判**」として位置づけることは，ここでの意図ではありません。価値の相対化は「今日の経済学理論の結果」というよりもはるかに「今日の社会の実状」です。「市場」がその力を得たのは，アダム・スミスがそれを提唱したからではなく（事実スミスは労働価値説ですし），スミスはそういった「市場」の台頭を，社会についての科学として，時代の流れの中に見いだしたのです。学問としての経済学は，あくまで第一義的には社会の実状を確認するための試みであり道具です[15]。「梯子を登りきった者は，それを投げ捨てねばならない（ウィトゲンシュタイン Wittgenstein, 1919）」のですが，そもそも梯子がなければ，登れません。

2.4 消　　費

2.4.1 消費の定義

ここまで定義してきた商品および商品空間という概念に基づいて，**消費** (consumption) という基礎的行為，ならびにその行為の主体としての**消費主体**（**家計**）は，厳密に以下のように定義されます。

> **消費主体** (consumer)：いずれかの商品に関して，その社会的な存在量をその自らの行為によって減少させる（消費する）かわりに，自らの**満足**を得る主体。

---

[15] あくまで「第一義的に」です。経済学理論はそれ自体社会に向けて何の影響も持たない，無害な，客観的事実判断などではありません。むしろそのようなものが社会科学においてはあり得ないということこそが，真の意味で客観的な見解です。

2.4 消費

ここで,「社会的な存在量を減少させる」ということ（消費）は,商品空間 $\boldsymbol{R}^\ell$ 上のベクトルとして,その消費量をプラスにとって,商品空間上の一点 $x = (x_1, \ldots, x_\ell) \in \boldsymbol{R}^\ell$ として表現されます。$x_1, \ldots, x_\ell$ は,それぞれ商品 $1, \ldots, \ell$ の消費量を表し,x を**消費ベクトル**と呼びます。

標準的な経済学理論（一般均衡理論）体系においては,消費主体が社会を構成する最小単位である「個人」を指す概念です。消費主体のみがその「満足（たとえば効用）」について議論される主体であって,社会的厚生,所有権,全てのものが最終的にはこの消費主体に帰する形で理論構築されます。その意味で,企業あるいは生産主体に選好もしくは効用を入れることは理論上あまりしません。もし導入するとしても,それが最終的にどのような個人の満足に帰するか,明らかにすることが望ましいといえるでしょう。

注意（負の消費）:消費の主体である個人が,その消費の主体として社会に向けて提供できるものが,複数種類の**労働サービス**です。種々労働サービスは,その意味で負の消費として,不満足（不効用）を伴うものとして取り扱われるのが正式です。ただし,簡便法として,人は**余暇**の初期保有を持っており,それを消費するか売り渡すのだ,という形で（単一的な数量の正の消費で）済ませることもあります。

注意（公共財）:第 11 章で扱う「公共財」のように,全員がほぼ等しい量を集合的に消費せざるを得ない（逆からいえば一人が消費しても減らない）,いわゆる大きな「**外部性**」をもつ財・サービスがあります。道路や公園,港湾の整備,治安や警察,国防といったものがその代表です。もちろん道路にしても混雑しますし,治安や国防にもより多くの人のためにはより費用がかかりますので,現実的には「減らない」というのも程度の問題です。けれども,上述の消費の定義における「社会的な存在量を減少させる」という文言には,少なくとも数学的には例外というべき「公共財」の問題があるということを,ご記憶下さい。公共財を含め,市場の「**外部性**」という概念でまとめられるこの一連の問題の本質は,いわば「市場を通さず」に行き渡ってしまう財・サービスの特性が存在するということにあります。公共財の問題は,財政など国家の運営,役割についての根本的な主題を提供しますが,経済学理論はまず第一に「市場」の理論ですので,これら市場の「外部性」の問題は,後章（第 10 章）にて改めて取り扱います。

2.4.2 消費主体の行動記述

社会の「価値」体系を所与として,個別の消費主体の行為が決定されるという,標準的ミクロ理論における消費行動の取扱いを見ることにしましょう。社会における**「価値（価格）」**体系が,商品空間 $\boldsymbol{R}^\ell$ 上の点に対して,その各点に

一つの実数値を与える関数 $p: \boldsymbol{R}^\ell \to \boldsymbol{R}$ として与えられているとします。もちろん p を価格ベクトルとし，$p(x)$ を内積 $p \cdot x$ とするのが標準的ケースです。

消費主体や生産主体の行為は，商品空間上の一点として，消費の場合は先にも述べたとおり，その消費する量を各商品で正にとったベクトルを用いて $x = (x_1, \ldots, x_\ell) \in \boldsymbol{R}^\ell$ のように表されます。そしてそれは上述した一つの価値体系 p によって評価され，あるいは制約を受けます。通常，消費行為に対しては，その価値が，その消費主体の資産もしくは所得と呼ばれる大きさ以下でなければならないとされ，これは**予算制約** (budget constraint) と呼ばれます。価値体系 p は，各個人に対してそういった所得も明確に定めるものとして，モデル上では構造が与えられます。たとえば，静学モデルの一つの完成形である**生産の一般均衡モデル**（第 8 章，**個人所有経済**）であれば，価格体系 p によってまず企業の利潤が定まり，各個人の初期保有物の価値が定まり，続いて企業利潤の消費主体への**株式**による**配当構造**を通して，各個人の所得も定まります。

消費主体はそのような制約と設定の下，以下のような問題に直面して，その行動を決定するものとして取り扱われます。以下では，分かりやすさのため，価値体系を価格体系 $p = (p_1, \ldots, p_\ell)$ として記述します。また，消費主体 i の各選択肢に対する満足度が，**効用関数**と呼ばれる選択肢の集合上の実数値関数 u^i によって表現されているものとします。

消費主体における効用最大化問題: 消費者の名前を添字 i で表します。価格 $p = (p_1, \ldots, p_\ell)$ と所得 $w_i \in \boldsymbol{R}_+$ を与えられたものとして，消費主体 i は，消費可能な商品空間上のとある範囲 $X_i \subset \boldsymbol{R}^\ell$ の中，予算を満たす範囲で，その効用水準 $u^i(x)$ が最も大きくなるように，行為 x を決定します。この X_i は i の**消費集合** (consumption set) と呼ばれ，各消費者に純粋に物理的，制度的，つまりは「経済学外」的な意味で与えられた消費の制約です。式で表すと，

$$\text{最大化の目的関数：} \quad u^i(x) \qquad (2.3)$$

$$\text{制約条件：} \quad p_1 x_1 + \cdots + p_\ell x_\ell \leqq w_i \qquad (2.4)$$

$$x = (x_1, \ldots, x_\ell) \in X_i \qquad (2.5)$$

となります。この最大化を実現するような $x^* \in X_i$ が，(p, w_i) に対して一意的

2.4 消　費

に定まるとき，これを $x^* = x(p, w_i)$ のように (p, w_i) の関数と見て**マーシャル型需要関数** (Marshallian Demand Function) と呼びます。

上記の最大化問題において通常置かれる技術的仮定は，

(1) X_i の閉集合性
(2) X_i の凸集合性
(3) u^i の連続性

などです。第 1 章でも述べましたが再度簡単にいうと，閉集合とは外部との境界を全て含む集合のこと，凸集合とはその集合内の 2 点を結ぶ線分が必ずその集合内を通るような集合のことです。また連続性とは，関数としてグラフが途切れていないことです。連続性の仮定は，まずそもそも上の最大化問題に解が存在するということの保証のために必要です。そしてまた，上述の X_i の凸性と後章で追加される効用への凸性の仮定とあいまって，結果として得られる「**消費者需要のあり方が連続的なものになる**」ため，すなわちマーシャル型需要関数の連続性，あるいは**需要曲線が途切れたりしないためにも**，必要となります。

上の最大化問題が p を所与としているということには，最大限の注意を払ってください。これは「**価格所与** (price taker) **の仮定**」という，標準的な経済学理論の根本的仮定に対応しています。

価格所与とワルラス法則：各主体が価格 p を所与としたとき，同時に w_i がどのように決まるのかということについては，様々な設定があり得ます。生産について考慮する必要がない場合は，最も簡単に，その消費主体の初期保有物 $\omega^i = (\omega_1^i, \ldots, \omega_\ell^i) \in \mathbf{R}^\ell$ を p で評価する，つまり $w_i = p(\omega^i)$ などとできます。生産や税金を考慮するような場合には，株式の保有について記述するなど，記述が複雑になります（第 8 章）。税金や所得移転を許すならば，かなり自由な所得の再分配もあり得ますが，その際大事なことは，全主体の「所得の流れがモデル内で閉じている (closed circulation of income)」こと，つまり誰かの支払いが必ず誰かの受け取りになっているように，モデル化されていることです。これは，専門用語で**ワルラス法則** (Walras' Law) と呼ばれる条件を成立させることと同値です。そのことが損なわれないように，価値 p の下での全主体の所得が定まるようモデル化がなされておれば，経済学理論の基本となる**均衡の存在定理**は，極めて一般的に成立します。ワルラス法則の詳細についても，第 8 章（一般均衡）に譲ります。

注意（選好による消費者問題の記述）：効用関数 u^i については，必ずしも関数ではなく，第 4 章で述べるような**選好関係**として与えられておれば十分です。選好関係がいくつかの仮定を満たすならば，結局は効用関数で考えることと同じになるため（この議

論も第 4 章で見ます）本章では効用関数のみによって消費者の問題を記述しました。しかし，選好関係を，必ずしも効用関数でそれを表現できないより一般的な形（たとえば**非順序的選好**）にとった場合でも，**均衡の存在**，**厚生経済学基本定理**，といったミクロ経済学理論の基本定理が成立するということは知っておくとよいでしょう。これらは専門論文の範疇になりますが，事実として極めて意味深長です。その場合，**効用最大化問題**は，最大化問題（x^* が u^i を最大化する）ではなく，当該選好の下での**極大元の存在問題**（x^* よりも好ましい点は存在しない）として，定式化できます。

2.5 生　産
2.5.1 生産の定義

消費および消費主体と同様に，商品概念は以下に見るような**生産** (production) ならびにその行為の主体としての**生産主体（企業）**を定義します。

> **生産主体** (producer)：いずれかの商品のある量をもって，それを別の商品のある量に作りかえる（**生産**する）主体を**生産主体** (producer) と呼ぶ。その行動（生産行動）にともなって量の減少する財を，**投入財**，増加する財を**産出財**と呼ぶ。生産主体の目的は，何かから何かを作るという行動に付随する**社会的な評価**（例えば利潤）の最大化といった形をとる。

ここで，「商品のある量をもって，別の商品のある量につくりかえる」ということは，その投入量を負に，その産出量を正に取って，商品空間 $\boldsymbol{R}^\ell$ 上のベクトル $y = (y_1, \ldots, y_\ell) \in \boldsymbol{R}^\ell$ として表現されます。$y_1, \ldots, y_\ell$ はそれぞれ商品 $1, \ldots, \ell$ の投入量（負の場合）もしくは産出量（正の場合）を表しており，y を**生産ベクトル**と呼びます。この正負のとり方の慣例は，次項で生産行動の価値すなわち利潤を考える際，p との内積としてそれを表現する上で，便利な役割を果たします。

消費主体が社会を構成する最小単位であるところの「個人」を指す概念であったのに対し，生産主体というのは，そういった個人によって所有される「**技術**」を指す概念です。ですから現実社会で「企業」とか「生産者」と呼ばれる概念よりも，ずっと広い概念です。一方，意思決定主体としては，この「技術」でしかないところの「生産主体」が，たとえ「技術」でしかなくとも，**独立した判断を持つ一行為者**として扱われます。また，マクロ経済学理論（ケインズ理論

2.5 生産

における**企業者**の役割)や,標準的な静学的問題を超えた議論(たとえばシュンペーターにおけるイノベーションなど)においては,社会の「動き(動学)」を記述するにあたって最も重要な役割を果たすこともあります。ただし,標準的な経済学理論の今日の難問は,この企業の動学的記述の不十分さと大きく関係しています(以下の**注意**を参照して下さい)。

注意(企業の目的):しばしば「利潤最大化」の一言で片付けられますが,**企業の目的**という問題は,それほど単純な話ではありません。たとえば,とある鉄道会社のオーナー兼社長がいるとして,それが当該鉄道の沿線に住んでいるとしたとき,運賃を現行より 10 円値上げすれば会社の利益が 1 円増えるにすぎないとした場合であっても,この経営者は迷わず利潤最大化(運賃値上げ)を行わなければなりません。**消費者としての立場と,生産者としての立場は,たとえ同一人物であっても「全く独立している」と考える**ことが,経済学理論の(これはミクロ・マクロを問わない — 例えば,ケインズ『一般理論』(Keynes, 1936) でも強調されますが)伝統的な立場です。

もちろん正式な株式会社の雇われ経営者であれば,そこは分けて考えなければ背任ですが,単にこの生産技術というものが,とある個人の技術の保有を表現しているだけといった場合もあります。それでもともかく,伝統的な経済学理論はこれを「独立」の意思決定主体として取り扱うのであり,それはそういう意思決定の独立性を「望ましいもの」あるいは少なくとも「無害なもの」として描く「世界観」の提唱と見るしかありません。実際,この「独立」性に反する実社会での例には,背任,談合,トラストのように,**市場のルールが持つ良い役割を阻害するもの**だけではなく,農家が自家用に農薬を使わない野菜を作るといった,**市場の不十分さをカバーする**側面もあります。

さらに,この問題に不確実性が入って来ると,話はきわめて複雑になります。企業の**目的関数**という問題は複数のステートを考慮した動学的設定では,**市場の完備性**といった想定を置かない限り単なる**利潤最大化**としてさえ**定式化困難**であることや,**配当政策や生産計画が新たな金融商品を生み出してしまう**といったモデル上の深刻な問題を引き起こし,一般均衡理論の動学化における未解決問題の一つ(第 12 章)になっています。

2.5.2 生産主体の行動記述

消費主体と同じく,社会の価値体系から生産主体の行動が決定されるという,標準的なミクロ理論における取扱いを見ることにしましょう。商品空間 $\boldsymbol{R}^\ell$ 上の点に対して,その各点に一つの実数値を与える関数 $p : \boldsymbol{R}^\ell \to \boldsymbol{R}$ が,社会における価値(価格)体系として与えられているとします。生産主体の行為は,商品空間上の一点として,投入量を負,産出量を正とするベクトルを用いて,$y = (y_1, \ldots, y_\ell) \in \boldsymbol{R}^\ell$ のように表現されます。そしてそれが,上述し

た一つの価値体系 p によって評価されます。消費主体の場合と同様，以下簡単のため p を価格 $(p_1,\ldots,p_\ell)$ とすると，生産行為 $y=(y_1,\ldots,y_\ell)$ の価値 $p(y)=p\cdot y=p_1 y_1+\cdots+p_\ell y_\ell$ は産出物の価値マイナス投入物の価値，すなわち**利潤** (profit) となり，生産主体は通常その大きさを最大にするように，行為の選択を行うものとして扱われます。

生産主体における利潤最大化問題：生産者の名前を添字 j で表します。価格 $p=(p_1,\ldots,p_\ell)$ を与えられたものとして，生産者 j は，生産可能な商品空間上のとある範囲 $Y_j\subset \boldsymbol{R}^\ell$ の中で，その価値（利潤）$p\cdot y$ を最も大きくするように，行為 y を決定します。Y_j は j の**生産集合** (production set) と呼ばれ，各生産者に純粋に**技術** (technology) という意味で与えられた制約です。式で表すと，

$$\text{最大化の目的関数：}\quad p\cdot y \tag{2.6}$$
$$\text{制約条件：}\quad y\in Y_j \tag{2.7}$$

となります。$p\cdot y$ を最大化する $y^*\in Y_j$ が p の下で一意的に定まるとき，これを $y^*=y_j(p)$ のように p の関数と見て，主体 j の**個別供給関数**と呼びます。

生産集合 Y_j に対しては，しばしば次のような条件が仮定されます。

(1) $0\in Y_j$（生産行為をしないことがいつでも可能である）
(2) 閉集合性
(3) 凸集合性

また (3) とは別に，**規模の収穫非逓増** (non Increasing Returns to Scale)，**規模の収穫非逓減** (non Decreasing Returns to Scale)，あるいは**規模の収穫一定** (CRS: Constant Returns to Scale)，といった仮定もしばしば用いられます。

条件 (1) は，任意の価格を所与として利潤 0 が確保できることを意味します。ゆえにこれが企業であるとすれば，理論の中で破産の問題を，一切避けることができます（逆にいえば取り扱えなくなります）。条件 (2) および (3) は，消費集合の場合と全く同様の意味をもち，解の存在や「個別生産者の供給関数が連続であること」のために必要です。

場合によって (3) よりも強い**規模の生産性**にまつわる 3 条件は，議論に応じて用いられたり用いられなかったりしますが，生産集合あるいは後述する生産関数

2.5 生　産

への仮定として，古典的に用いられてきたものです．それぞれ典型的には図 2.3 にあるような Y_j の形状を表現しようとするものです．正確には，最初の「規模の収穫非逓増」とは，点 y が生産可能であるとき，任意の $\alpha \in [0,1] = \{a|\, 0 \leqq a \leqq 1\}$ に対して αy もまた生産可能であることの要請，「規模の収穫非逓減」は，y が生産可能であるとき，任意の $\alpha \in [1,\infty] = \{a|\, a \geqq 1\}$ に対して αy もまた生産可能であることの要請，最後の「規模の収穫一定」は，その両方の要請です．

(a) 規模の収穫非逓増　　(b) 規模の収穫非逓減　　(c) 規模の収穫一定

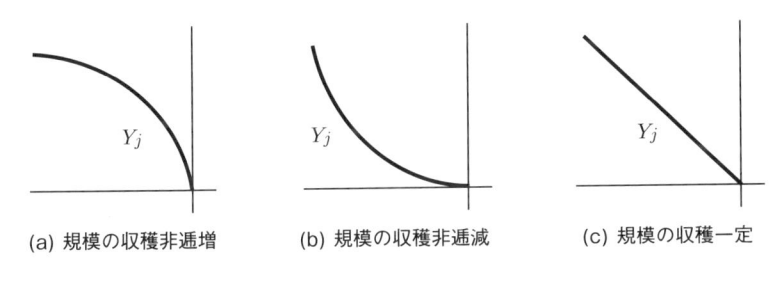

図 2.3　規模の生産性（横軸を投入財，縦軸を産出財とする）

　規模の収穫一定 (CRS) を仮定すれば，任意の $y \in Y_j$ と，任意の $\alpha \geqq 0$ に対して $\alpha y \in Y_j$ ということですが，このような Y_j の形状を，図形的には原点 0 を頂点とした錐形 (cone) と呼びます．CRS は全ての投入物を比例的に増減できるなら産出物も比例的に増減できる，という要請です．投入物に対して産出物が比例的には増えず，その比率が徐々に減少していく「規模の収穫逓減 (decreasing returns to scale)」は，規模の収穫非逓増の典型例であり，投入物に対して産出物が比例的以上に増え，その比率が徐々に増加する「規模の収穫逓増 (increasing returns to scale)」は規模の収穫非逓減の特殊例です．CRS については，後で述べるコブ–ダグラス型生産関数によって表わされる技術がこれを満たします（章末問題）．

　注意（耐久財）：商品概念の箇所でも言及したことですが，資本財と技術の関係について再述します．生産主体と呼ぶものの中には，我々が日常的にそう呼んでいる「法人企業」のようなものの他，我々が日常的にはそれを単なる「技術」としか呼ばないものまでが含まれています．そして，先に述べた厳密な「商品」概念からすると，いわゆる耐久財をある消費者が保有しているという状態は，そのような「技術」概念をもって初めて記述されます．すなわち，耐久財を今期から来期まで保蔵するとは，今期の耐久財

を投入物として来期のその財を産出する生産技術の行使にほかならず，耐久財の所有とは，そのような技術の所有（企業の 100 パーセント株主）ということを通して，記述されます．今期において，たとえば消しゴムを使うということは，今期の消しゴムを投入物とし，今期の消しゴムの使用にまつわる用役と，来期の（今期の消しゴムの使用の程度に応じて，その痛み具合に応じて種別された）消しゴムを産出するという技術の下で，そのような生産行為が一方で遂行されると同時に，その投入物の売却と産出物の購入を，その消費者自分自身の中で形式的に行うということです．理論的に生産者と消費者は，たとえ同一人物であっても異なる意思決定主体でなければなりません（p.31「企業の目的」項目で述べた通り）．よって，そのような取引が自分自身で行われたのか，あるいは他者，他企業を通したのか，生産者としての自分も，消費者としての自分も，全く気にとめていない，ということです（一連の出来事の背後でそういうことが成り立つように，全ての価値が定まっているということです）．不動産（土地・建物）を含めて，機械設備など，いわゆる**資本財**は全て，このような記述の下で理解されねばなりません[16]．

注意（知的財産）：同様に「知的財産」といったものも，多くの場合は「技術」に対する「特別な契約」と見るべきもので，「商品」概念のみでは記述できません．もちろん，それが単純な情報提供サービス，たとえば時間でその数量を計測できるといった場合なら，単なる商品に分類することもできるでしょう．医師や弁護士への相談であれば時間，音楽やビデオの映像などについてはその複製可能性に強いて制限をかけてデジタル配信の回数や時間で計測するとか，あるいは CD 1 枚といった数量的形態，等々への数量的な還元可能性を通じて，単なる商品，あるいは直前に述べた耐久財になり得るでしょう．そうしたもの以外，たとえば特許権，肖像権とか版権といったことを言い出すなら，一般に「技術」に対して交わされる「契約」として取り扱う必要が出てくるでしょう．つまり，ここでの商品などではなく，商品プラス技術でもなく，**知識としての技術**に対して設けられた特別な取引構造として，取り扱わねばならないでしょう．

金融商品や上述した知的財産のように**厳密には商品と見なせないものを，あたかも商品のように扱い**，経済学の結論や指摘をそのまま**適用**するならば，それは学問というよりも，説得術という域のものになってしまうでしょう．事実，**経済学理論の安直な応用**を通じて，**市場原理主義の押し付けや大企業の既得権益の保護**が各所で堂々と行われています．社会科学に限らず，学問とはそんなものだと突き放す人もいるかも知れませんが，そうあきらめてしまうには経済学理論というのはいくぶん惜しい代物です．経済学理論の意義は，多種多様な価値判断を持つこれからの世界，各人種，各民族，それらに**最低限**共通の価値

---

[16]このように生産を加味した厳密な商品概念の下であれば，かつて 森嶋 (1994) が「**耐久財のディレンマ**」と呼んだ問題は生じません．

観を創出できるかどうかという,そのような問いかけとともにあります。**何を厳密に商品と呼ぶか**,**何を正確に生産(技術)と呼ぶか**,こういったことは,経済学理論の出発点であり,その本質と限界を見誤らないための,きわめて重要な認識です。

2.6 均　　衡

2.6.1 ミクロ経済学的世界観

商品空間という舞台と,その空間上の価値を定めるための価格空間。そこに消費主体と生産主体という登場人物を加えれば,今やミクロ経済学理論の与えようとする世界観が明確になります(図 2.4)。

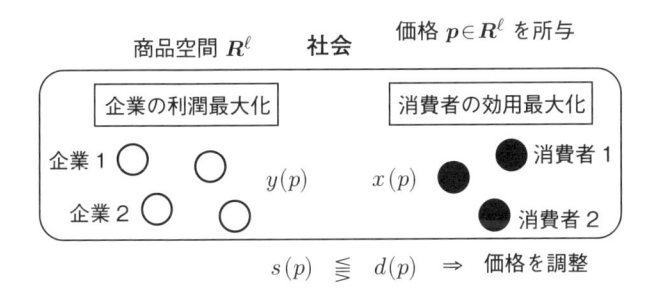

図 2.4　ミクロ経済学的世界観

ミクロ経済学的世界観は,まず複数の消費主体と複数の生産主体から成り,両主体は前節までに述べたとおり「**価格を所与**」として「**効用**」あるいは「**利潤**」の「**最大化行動**」をとります。所与とした価格 $p \in \boldsymbol{R}^\ell$ の下で,消費主体の行動の総和としての消費 $x(p) \in \boldsymbol{R}^\ell$ および,生産主体の行動の総和としての生産 $y(p) \in \boldsymbol{R}^\ell$ が出てきます。これらを各消費主体の初期保有と見比べて,また各生産主体における投入と産出の正負に従って,需要・供給の分類集計をし直せば,経済全体の**総需要** $d(p) \in \boldsymbol{R}^\ell$ や**総供給** $s(p) \in \boldsymbol{R}^\ell$ も出てきます。

こうして,価格 p を所与とした企業および消費者の行動の総計として得られる総需要 $d(p) \in \boldsymbol{R}^\ell$ と総供給 $s(p) \in \boldsymbol{R}^\ell$ について,その各財ごとの大小関係を考慮し,需要が供給を上回る場合にはその財の価格が上昇し,その逆の場合は

下降するなどといった形で，**価格が調整**されるとしましょう．

ある価格 $p^* \in \boldsymbol{R}^\ell$ の下で，そのような価格調整が不要となったとき，すなわち $s(p^*) = d(p^*)$（総需要＝総供給）となったときがこの社会の**均衡**であり，そのような形で世の中が回るというのが，ミクロ経済学の基本的な世界観です．

2.6.2 社会科学における均衡という概念

上述したミクロ経済学的世界観に見るように，経済学理論は，社会の状態を何らかの「均衡」という概念で捉えようとします．この「均衡」という言葉で我々が表現しようとするものについて，もう少し一般的に考えておきましょう．

経済学のみならずゲーム理論と呼ばれる分野も含め，人間行動に対して社会科学的に，何か「均衡」という概念を見いだそうとするとき，我々はそこに何らかの**バランス**つまり「動かそう（変えよう）」とするいくつかの力が「釣り合う」ような「力の消失点」を見いだそうとしています．そうした「動こう」とする力の**消失点**は，その「動き」を数学的に叙述できたとき，関数の「**不動点**」というものになります．ここに数学的な「不動点」概念と社会科学的な「均衡」概念の密接な関係があります．

さらにここでもう一歩踏み込んでおくと，「社会科学」の理論においては，そういう（動こうとする）力の中の一つに，我々の「知る」力，つまり「**認識**」における知的なフィードバックのプロセスが不可避的に入り込んでくるのです．これが真に「社会科学」という分野に固有の特徴といえるでしょう．

我々が目の前にある静止した球について，それが「静止した球」であり，決して「丸い穴」などではないと認識したとしても，その球が我々のその認識によって転がり出すといったことはないでしょう．これが通常の自然科学における「客観的」認識というものであり，それゆえに我々はその球に力が加えられた場合，その球の運動や位置についての計算を与えることができます．

これに対して，社会科学における認識は，社会というものが「観察者を含んでいるような全体である」という点で，事情を異ならせています．観察主体 A に対して，社会とは常に人間の全体，すなわち観察の主体である A そのものを含みます．したがって，観察主体 A における，その観察主体 A 自身を含む社会全体についての何らかの知見は，その主体 A の行動（その一部であるところ

2.6 均衡

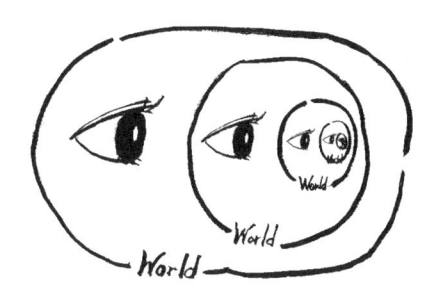

図 2.5 「社会」は「観察主体」を含む

の観察と認識）を通じ，その観察の客体である社会の状態を動かしてしまう宿命を常に持っています（図 2.5）。したがって，そのような「社会」に向けた知見については，少なくともそれが「均衡」というバランス状態を把握した知見と呼ばれるためには，「観察主体 A を含んだ社会における主体 A の行為の基礎となる認識」とその知見との間の**整合性**が問われなければなりません。

この「**A による，社会に向けた観察と，その社会での A の行為の整合性**」こそが社会科学的な「均衡」概念の本質であり，その均衡概念がもたらす「**世界観**」なのです。この場合，均衡概念のもたらす世界観とは，整合性という合理性観点から変更を余儀なくされることのない，**社会認識の不動点**なのです。

例（ナッシュ均衡）：このような「均衡」と「社会」そして「個人」の選択する「行為」と「認識」の関係を最も端的に指し示すのは，非協力ゲーム理論における中心的な均衡概念「**ナッシュ均衡**」です。

社会が A, B, C, … といった主体の全体からなるとき，各 A, B, C, … の戦略を $x(A)$, $x(B)$, $x(C)$, … で表すとします。A が $x(A)$ なる戦略を選択するにあたっては，他者の全ての戦略 $x(B)$, $x(C)$, … を観察した上で，最も好ましい戦略（**最適反応**）を選択するものと想定します。つまり A は，自己のとるべき戦略の部分を未知数 □ として社会を観察し，自らの最適戦略を決定する

$$A \quad 観察 \Rightarrow \quad (\Box, x(B), x(C), \ ) \quad 最適反応 \rightarrow \quad x(A)$$

ということです。全ての主体 A, B, C, … において，このような**最適反応**がなされるとして，そのような**動きの消失点**，つまり，戦略の列挙（$x(A), x(B), x(C), \cdots$）を元にして，それに対する最適反応の列挙がもとと変わらないような，そのような行為の列（戦略の組）をさして，**ナッシュ均衡**と呼びます。つまりナッシュ均衡とは，全ての主体の（**上述した社会観察を含めた**）**最適反応**というプロセスの不動点（最適反応関数の不動点）ということです。

$$(x(A), x(B), x(C), \cdots) \quad 最適反応 \Rightarrow \quad (x(A), x(B), x(C), \cdots)$$

経済学をはじめとする社会科学では，しばしばこのナッシュ均衡のような概念を通じて社会がどのようなものであるかを説明しようとします。すると，そうした均衡概念は，社会科学特有の**内観的な自己認識**を通じて，必然的に**認識の不動点議論**を形成します。したがって，その不動点議論を与えるプロセス（関数）には，**社会に対する個人の観察**および**合理的推論に基づく行為の改訂**といった，我々が社会を認識するとはどういうことかということのエッセンスが凝縮されることになります。そのようなプロセスは決して単なる物理学的，事実的なプロセスではありません。それは，そう意識されようとされまいと，極めて規範的，人間的，理性的そして道徳的な，我々の社会認識の哲学を**そういう社会の切り取り方に凝縮した**，そういうものです。

例（ケインズ均衡）：ミクロ経済学的な例に加えて，経済学的均衡という概念をマクロ経済学的に代表する例として，最も基本的なマクロ的ケインズ均衡（いわゆる45度線分析）について考えてみましょう。この経済学入門段階でも最も有名な均衡概念は，サミュエルソンの『経済学』などで広まった，いわば $Y = C(Y) + I$ という方程式の解としての，マクロの均衡理論の最も簡単な定式化であり，それ自体には不動点議論も，個人主体の社会観察も，無関係に見えます。しかしながら，ケインズ『一般理論』（『雇用・利子および貨幣の一般理論』）の精神に立ち戻れば，これは元来そういうものではなかったことがわかります。

ケインズの『一般理論』には，れっきとした，社会を見渡す，意思決定主体が存在しています。ケインズはこれを「企業者」と呼んでおり，ケインズ理論はまさにこの「企業者」の「決意」の，社会における役割を重視する理論です。企業者は，自らの生産水準 Y を決意しますが，同時に，この Y によって雇用が喚起されることも知っています。そして，その喚起される雇用によって，人々の所得が影響を受け，一部が（ケインズ的には固定的とされる消費性向を通して）自らの生産物への需要となることも，知っています。後者が $C(Y)$ というプロセスであり，今投資水準を一定とすれば，$C(Y) + I$ を**有効需要**と呼ぶことには，企業者が「その大きさを，自らの生産水準に対して，それだけの総需要があるところのものとして期待する（そういう世界観として社会を知る）ものである」という意味が，込められています。

したがって，企業者が自らの生産水準（＝雇用水準）をどのレベルにするかという問題において，

$$生産量 = 雇用水準\ Y \quad \Rightarrow \quad C(Y) + I \quad \Rightarrow \quad 有効需要\ Y$$

というプロセスを考えることになります。この不動点がすなわち45度線議論であり，企業者の決意を促すところのケインズ的均衡です。この不動点議論の背景にあるのは上記有効需要の原理ですが，その**世界観の主体**は企業者であり，企業者がこの社会の何であるかをそのように「知る」（認識する）ということこそが，この理論の核心です。

2.6.3 再度ミクロ経済学的世界観に戻って

再度ミクロ経済学的世界観に戻って，その均衡概念すなわち**需要と供給の一致**について，その背後に隠された「思想」をここで明白にしましょう。

需要と供給の一致とは，高校の教科書にもある需要曲線と供給曲線の交点での価格決定ということも含めて，需要関数 $D(P)$ と供給関数 $S(P)$ についての $D(P) = S(P)$ という方程式の解ということでしかなく，どこに社会の「認識」にまつわる「不動点」といった議論があるのかと思われることでしょう。

ところで，価格 P というのは誰が決めるのでしょうか。標準的な経済学理論において，これは，天の神様が決めるということになっています。つまり「全ての主体は**価格受容者**（Price Taker）である」ということになっています。需要者も供給者も，全て自分が価格を設定できるような主体とは考えません。全員が価格を所与としています（そうでなければ，独占や寡占の議論になります）。そして，価格を所与として需給を表明した後，需要と供給のバランスが等しくなければどうなるのか，その場合価格はどう変わるのか，そこが今欠落している部分なのです。つまり，前々項において「価格調整」と呼んだ部分です。

価格調整メカニズム：この欠落部分を補足するのが，一般均衡理論における**ワルラス的な模索過程（タトヌマンプロセス）**に代表される「価格調整メカニズム」です。つまり競売人のようなものを想定し，総需要が総供給を上回るとき，その財の価格を上げ，逆のときは，その財の価格を下げる，というような「お話」です。もちろん，そのような都合の良い主体は存在しません。加えて「総需要が総供給を上回るときその財の価格を上げ，逆のときはその財の価格を下げる」といった単純な調整で，均衡価格にたどり着くことができるということについても，特別な想定（たとえば第 12 章を見よ）がないかぎり，一般的には反例（Scarf による）が与えられています。

ここで重要なのは，しかしながらそういったメカニズムの事実上の「調整」力などではありません。要は「均衡でない限り必ず価格が動く」という「お話」であり，そしてその「動かない」ときが均衡である，すなわち

「需給表明と価格調整というプロセスの**不動点**」＝「均衡」

という**定義**なのです。このとき各主体にとって**価格が所与**，言い換えればそれがどう変わるのかは「知らない」（＝自分がそれを変えることができるとは思っていない）という「認識」こそが，まさにこの世界観を支える思想であるとい

えます。

一般均衡理論(多数個の市場が同時に均衡する条件を考える設定)における上記の定式化は極めて有名であり,とりわけ「一般均衡解の存在」問題は「ブラウワーの不動点定理」と上記の不動点議論が**同値命題になる**というエレガントな数学的内容をもって整理されています。これが Theory of Value, G. Debreu から今日に至る経済学理論の骨格であり,その本質を形成する知見なのです。

章末問題

【問題 1】(商品空間)商品空間を R^ℓ と置くことにともなって,(1) **整数制約**すなわち商品の数量を必ずしも実数に取れないような商品についてどう考えるか,(2) 日付が変われば別の財と考えるのであれば**耐久財**についてどう考えるのか,まとめなさい。

【問題 2】(価格空間)同じ駅前にあるコンビニと量販店とで,同一銘柄の同一規格の飲料水が異なる価格で販売されていることが,**一物一価**という概念(一つの商品に一つの価格が決まるべきこと)に反するかどうか,厳密な商品概念とともに検討せよ。

【問題 3】(消費)消費者による商品の購入と,消費の違いを述べなさい。

【問題 4】(生産)(1) 厳密な商品概念の下,ある消費主体が今日,とある土地を所有しており,そして明日もそれを所有しているという状況を,投入と産出,そして生産という概念を用いて,正確に述べなさい。(2) $y_1 \geqq 0$ と $y_2 \geqq 0$ を投入量とし,$y_3 = (y_1^a \times y_2^b)^{1/(a+b)}, a > 0, b > 0$ を産出量とするような技術 Y,$Y = \{(-y_1, -y_2, y_3) | y_3 = (y_1^a y_2^b)^{1/(a+b)}, y_1 \geqq 0, y_2 \geqq 0\}$ について,これが CRS を満たすことを確認せよ。

【問題 5】(均衡)p.35,図 2.4 のミクロ経済学的世界観について,以下の問いに答えなさい。(1) 価格 p が企業および消費者にとって所与である(**Price Taker の仮定**)とすれば,この価格 p を与えたり調整したりしている主体は誰か。(2) 企業の利潤最大化問題は価格 p が与えられればそれで決定したが,消費者の効用最大化問題には所得 w_i が決まる必要がある。これはどのように決まるのか。(3) $s(p)$ および $d(p)$ は $y(p)$ および $x(p)$ とどういう関係にあるか。

3

理論と動学的諸概念

　本章では，前章に引き続き，ミクロ経済学理論の基礎概念，とりわけ**動学的**な**諸概念**についての基礎を，俯瞰的に取り扱います．とは言え，本章の役割は，前章の役割と全く異なります．前章が今日の経済学理論で「記述できている」事柄の基礎であったのに対し，この章は今日「記述できていない」事柄の基礎背景であるからです．

　経済学理論は動学的問題に対して今日なお未完成です．動学的経済理論といえばこのところ制限的な仮定に依拠したマクロ理論ばかりで，精緻なミクロ理論は 1990 年代に「不完備市場」という問題でつき当たった壁を未だ乗り越えていません．そしてその最も重要な理由の中心に，本章で取り扱う「**貨幣**」および「**資本**」の問題があります．

　本章の内容は，したがって，これからの経済学理論を構築していくための一材料です．必ずしも答えの出ていない問題を扱います．基礎的な道具しか用いていませんので内容は学部初年次でも読めますが，大きな枠組みを捉えるつもりで流し読んで下さるのがよいでしょう．全概念の習得に時間をかける必要はありません．大学院の初年次であれば，**条件付き商品**や**市場構造の完備性**などほとんどの概念の定義は極めて重要であり，習得が望まれる内容です．

3.1　日付と出来事

3.1.1　日付および**不確実性**と市場

　「商品」の概念は，それが利用可能な「日付」が異なれば異なる商品とみなすことから，そもそも時間的（動学的）内容を含みます．この場合,「価格所与」という仮定は，一つの市場において「将来にわたる価格が一度に所与となること」と捉えるしかありません．そうすると必然的に (i)「数年先の夕食のおかずまで今日買い注文を入れる」という想定で話を進めるか，(ii)「各期において貯蓄や投資を行いつつ連鎖していく市場を考える」ことになります．

前者は**完全予見** (perfect foresight) モデル，後者は**連鎖的市場** (sequential market) モデル，といった言い方がなされますが，将来にわたって価格が与えられる限りにおいては，両者に本質的違いはありません。正確にいうと，「完全予見モデルで長期的に計画された消費や生産が可能となるように，連鎖的な市場においては市場間の資産のやりとり，すなわち貯蓄や借入れの手段が可能であること（**金融市場の完備性**）」が保証される限り，消費計画や生産計画において両者に本質的な違いが存在しないということです。

現実においては，そのような完備性の条件を市場が満たしていると考えるより，はるかに不完備性が支配しているというべきです。動学的問題においては**不確実性** (uncertainty) が本質です。不確実性ということを商品空間上で捉える場合，次項で見る「条件付き財」あるいは「日付と出来事」という概念が必要になりますが，その下での完全予見とは，「**ありとあらゆる不確実な状況が想定内で，そのありとあらゆる状況に対して市場間の資産のやりとりが可能，すなわち売却したものの価値を，別の任意の状況に向けて貯蓄し得る**」という，きわめて強い金融市場の完備性概念を要請することに他なりません。

動学とともに不確実性ということも考慮するために，前章で述べた「商品」の体系を，日付に加えて「出来事」という概念を用いて，以下ではより詳細に分類していくことにします。現在時点において現在の何らかの出来事が1つ定まっているとしましょう。これは現在時点で明らかな出来事なので，それが何なのかはとりあえず問題としません。そして明日以降の各時点において，我々の商品の意味に大きく影響を与えるような，異なる出来事のあり方が，前もって想定されているとします。たとえば晴れて気温が高いときと雨で低いときで冷たいジュースや傘の意義・満足度が異なることは容易に想像できるでしょう。あるいは風邪が流行しているときとしていないときでは，マスクの重要性が異なるでしょう。そういう意味で，その物的性質，利用場所，日付が同一であったとしても人間にとってその意味を全く変えてしまうような各時点での環境の違い，それを**出来事**（事象, event）の違いと呼ぶことにします[1]。

---

[1] 出来事 (event) の違いは，通常各主体にとって天から与えられたもの，たとえば天候のような**自然現象**に代表される要因に用いるものであって，経済モデルを構成する主体の**自由意志**に依存するようなものに用いられることはありません。たとえば幾人かの主体が新しい会社を設立した場

3.1.2 日付と出来事・条件付き商品

我々の今考慮対象としている期間が今期から数期先にわたるものとします。対象となる期間が無限期でもかまいませんが，ここでは簡単化のため有限期としておきます。このとき，1 つの**状態** (state) とは，今期からこの議論の対象とする数期にわたり，上に述べたような「**出来事** (event) がどのように移り変わるか」という，「出来事の歴史の 1 つのあり方」として捉えられるものです。このことを図で表すため，しばしば図 3.1 のような**木** (tree) が用いられます。

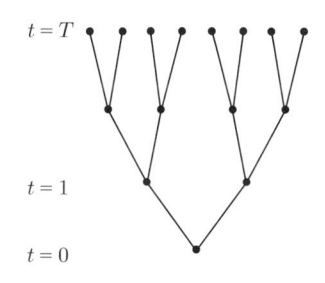

図 3.1 イベントの木 (Event Tree)

縦方向は日付を表し，黒丸が一つの「日付＋出来事」(dete-event) を表します。各黒丸からの枝別れは，各「日付と出来事」(date-event) で見た次の期の可能な出来事 (event) の数（簡単のため有限とし，図では特に各日付の移り変わりごとに 2 としてあります）を表しています。例えば，各黒丸から見て，左側が「晴れ」を，右側が「雨」を表しているといった具合に考えて下さい。$t=0$ の今現在から見て，$t=1$ 時点で「雨」，$t=2$ 時点で「晴れ」，$t=T=3$ 時点で「雨」という event の移り変わりが歴史であったとすると，それは最終的に右から 3 つめの黒丸にたどり着きます。最終的な枝別れの数（図では，最終期

合としなかった場合，のようなことを state に入れると，各主体が事前の段階で**故意に state についての情報操作を行う**というようなことが議論の範疇に入らねばなりません。そういうことは通常の date-event 的問題設定の範疇にはないということです。もちろん「自然」がどこまでで「自由」がどこまでということに線が引けるのかという問題は残ります。一方で人間も自然の一部だといえますし，同時に自然なるものも人間の自由な概念の一つにすぎないともいえます。これは我々にとって「分からない」ことのうちどこまでを考慮に入れるべきなのか，という問題であり，我々の言語や知識が「分かること」と同時に「分からないこと」も増やしていくものである限り，その線引きにはきりがなく，不可能というべきです（p.67 脚注 27）。

である T 期における本数である 8 本）が，この経済における**状態** (state) の数と呼ばれるもので，要するに可能な歴史のあり方の全てを並べたものです[2]。

商品の特徴付けにおいて，(特徴, 場所, 日付) ではなく，(特徴, 場所, 日付と出来事) によってそれを行ったものを，**条件付き商品** (contingent commodity) と呼びます。例えば (傘, 自宅, 明日) ではなく，それを (傘, 自宅, 明日–晴れ) と (傘, 自宅, 明日–雨) のように分類し，異なる商品とみなすということです。

注意（条件付き商品と市場の完備性）：このように商品概念を拡張することによって，通常の条件付きでない商品概念に基づいて行われた種々の経済学理論を，そのまま条件付き商品の世界に当てはめ，利用することができます[3]。たとえば「競争均衡は Pareto-optimal な資源配分状態を導く」（**厚生経済学の第一基本定理**：後出）などを，時間と不確実性の入った条件付き財の状況でも成立するように，定式化できます。もちろんその場合，後出の「市場の完備性」（条件付けられたような形での商品，たとえば「雨の日の傘」といったものが，本当に「雨の日の場合にだけ」という形で売買できる可能性）といった**定理成立のために必要な仮定**は通常に増して厳しくなりますから，その結論の妥当性については別途議論されねばなりません。

注意（不確実性 uncertainty と危険性 risk）：こうした手法は，真の意味での**不確実性** (uncertainty) という問題を，客観的あるいは主観的な確率と，期待値（期待効用）理論などを用いて，とある「合理性」の下で把握可能な**危険性** (risk) という問題に，議論を帰着させようとする試みであるということもできるでしょう。言うなれば，「分からないこと」の一部を「分からないということが分かっているもの」として定式化するのです。もちろんそれが，「分からないことの全て」であるかどうかは，まったく分からないままに，ということです[4]。

注意（状態 state と確率 probability）：議論の出発点として，与えられた state の集合上に，客観的に確率が与えられていることもよくあると思いますが，経済学的な議論においては，しばしばこのような state 全体の集合に，主観的な確率を置いてくるという想定が，自然なものとなることもあります。**共通事前確率** (common prior provability) 仮

---

[2] 図の，各枝 (state) に対して $s_1, s_2, \cdots, s_8$ と名前をつけると，$S = \{s_1, s_2, \cdots, s_8\}$ が state の全体を表す集合（**状態空間 state space**）です。上に行ったような event から state という話の順序を逆にして，まず異なる状態 state が（上で言うと 8 種類）存在し，event というのはその state 一つの部分集合である，というような言い方もできます。例えば $t = 1$ 時点での左側の event は $\{s_1, s_2, s_3, s_4\}$ という state の集合である，という言い方です。確率論ではむしろそちらの言い方が普通になります。

[3] こういった議論を最初に与えたのは Debreu (1959; Chapter 7) です。そこでは，通常の商品概念 (特徴, 場所, 日付) で行われた均衡の存在や最適性の全てにわたる議論が，そのまま条件付き商品に対しても拡張解釈できることが示唆されています。

[4] 先の脚注 1 の最後に述べたように，このような作業はおそらく終わることがないでしょう。

説とは，そのような各主体の主観的確率に対して，同一情報下では，合理的な各主体は同一の主観的確率を持つ，とする考え方であり，しばしばハルサニードクトリン (Harsanyi Doctrine) とも呼ばれます。このような設定は経済学理論のみならず，広くゲーム論的設定において，主観的確率と期待値（効用）概念を用いた「不確実性 (uncertainty) 問題の危険性 (risk) 問題化」に用いられる「根拠の無い」想定でもあります。全く同一の情報を与えられても，人の合理性そのものにいろいろあり得て，異なる結論が出るという方がもっともらしい考え方でしょう。

状態 (state) 概念を用いた日付–出来事 (date-event) 的な商品概念に基づく議論そのものは，経済学理論においては**確率的議論を各人の選好の問題に帰着させること**と分類することもできます。「晴れの場合の傘」よりも「雨の場合の傘」をどのくらい好ましく思っているか，ということに話を帰着させることによって，個人の不確実性下の選択問題を，確率的議論を一切行わず，そこは好き嫌いに織り込まれた問題として，記述可能となるわけです。

条件付き商品という概念は，従って上述した市場の完備性の意味を見誤らなければ，「不確実性の問題を確率論的設定に頼らず記述できる」，その記述力の高さという点でとても有効な数学的道具と言えます。

3.2 貨幣と資本

3.2.1 今日の経済学理論と貨幣

貨幣と，それに加えて資本というものほど，ミクロ経済学理論が本来きちんと取り扱うべきであるにもかかわらず，そうはできていない対象物はないといってよいでしょう。資本財について，今日の一般均衡理論的立場から，その初期の時代に Morishima (1964; Chapter V) が示唆したような，耐久財がその状態を変えて引き継がれるといった記述，例えば先の p.33「**耐久財**」についての注意で示したような考え方が，ミクロ理論で今日意識されることはほぼありません。同様の記述は Debreu (1959) の Chapter 2 と Chapter 3 などでもきちんと述べられていますが，そのような解釈さえ今日忘れられ，既に問うことをあきらめている，というのが理論の実状です[5]。

---

[5]貨幣とは何か，資本とは何か，そういう問いが一切回避され，そうした「ドラマがまさに終わったあとの世界について，あれやこれや気難しく論ずる学問（岩井, 1997; 七章）」となっています。

貨幣を「制度」というよりも「制度的な存在物」として，つまり経済モデルにおけるその**モデルの前提**として，その外側に位置する存在物として取り扱うこと。これは経済学理論として，現代の**法定不換紙幣** (fiat money) といったものをモデル上で捉えようとする場合，今日標準的とさえいえる立場です。

しかしながら，その発祥から本来の貨幣を考えれば，明らかにそれは価値の計算（**価値基準**）ということ，従ってそういった価値を定める方法に深く関連しています。その歴史的に初期の形態は麦などの穀類や家畜，布といった商品に見られるものであり，また歴史的には明らかに中世の手形の出現が紙幣に先行しているように，**贈与**という意味も含めた**信用**は決してその後に来るものではなく，むしろ先立つとさえ考えるべきものです。加えて**価値の保蔵**という問題については，純粋に上述した「耐久財」と同様「技術」に他なりません。

貨幣をモデルの前提として，いわば市場そのもの，交換原理そのものと同様な位置付けに置いてしまうことは，極めて制限的なことです。そのようにしてしまうと，理論は貨幣に対して何も言えず，つまり容易に市場崩壊，経済制度そのものの崩壊，ハイパーインフレーションといった結論を誘導するだけのものとなってしまいます。今日の理論は，貨幣についての取扱いを，今一度根本から見直すべきです。

以下では，まず「貨幣」の持つ歴史的かつ制度的な側面について，理論的な重要性に的を絞って簡単に見ることにします。続いて，「貨幣」と「資本」をミクロ理論的に厳密に取り扱う一つの方法として，世代重複という動学的なモデル設定の方式を紹介し，またその下で貨幣とは何か考えてみましょう。

3.2.2 歴史的な意味での貨幣

経済というのは人間（人類）の活動として，およそ歴史の始まりを更にさかのぼって受け継がれてきたものと考えられます。はるか悠久の昔，チグリス・ユーフラテス沿いに都市国家の成立した古代メソポタミアの時代，その豊かな土壌によって生み出される極めて豊富な麦の収穫高で知られるシュメール人の文明（B.C.3500 年頃）において，おそらくはその**余剰生産物**の保管のためでしょうか，あるいはそれらを用いた**交易**上の記録の必要といったことからでしょうか，人類最初の楔形文字が使用されたと言われています。言うまでもなく，文

3.2 貨幣と資本

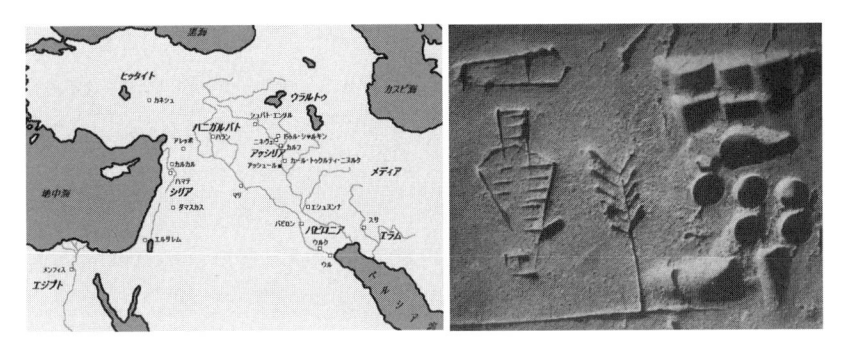

図 3.2　古代メソポタミア地方では麦 60〜80 倍の収穫高があったといわれる。ちなみに今日欧米での大規模集約農業でも 15〜20 倍である。
右：大麦とビール生産の管理者名（楔形文字，BC. 3300 年頃）。

字の使用は人類の知と文明の起源に関わる問題でもあり，「歴史」ということそのもの，すなわち「先史」と「有史」を分ける問題でもあります．しかしながら，何を置いてもそれが**価値の計量**という，極めて根源的な経済学的作業として，それが**文字の発明**と同時に，否，むしろそれを促す形で行われたという事実は，経済という問題と，人間という問題の深いかかわりとして，是非とも記憶にとどめなければなりません．

ケインズは『貨幣論』において，貨幣の役割としては「**交換の媒体**」よりも「**価値の保蔵手段**」よりも，「**価値計量の尺度**」という一見当たり前の機能が，実は最も重要であり本質的であると，その冒頭から述べます (Keynes, 1930)．経済という概念には未だその用語が表れるのに数千年の月日を要するとしても，シュメール人の文化に見られる人類最古の文字，小麦の数量を，恐らくは国家か，村落共同体か氏族あるいは家共同体によるその財産の数量的把握を目的とした記録，あるいは権威による価値の保証，そうしたことは明らかに「貨幣」なる概念の出発点であり，またそこにはその後の世界の「経済」的展開に向けた，経済という概念そのものの起源を見いだすことができます．

このように，人類最古といわれる文化および文字の登場に**価値基準**としての**貨幣**の役割というものを見るとすれば，その機能は**交換の媒体**および**価値の保蔵**といったことよりも，ずっと本質的で重要です[6]．

---

[6]交換の媒体であるためには価値の基準が定かでなければならず，また価値の基準さえ得られた

上記ケインズに見られるような経済学者の認識は，おそらく他の分野における一般的な常識から（良い意味で）最もかけ離れています。理論的には，価値基準さえ明白であれば，交換の媒体としての実物の貨幣と，実物でない信用（クレジット）に相違を見いだすことは困難であり，それゆえにドーナツとコーヒーカップの違いが（位相幾何学的に）分からないのは数学者だけであり，貨幣が何であるか分からないのは経済学者だけという，数ある経済学者に向けた皮肉の中では珍しく畏敬の念のこもったものが存在しているわけです。

実際，経済学者が「マネー (Money)」という単語をもって理論上で何かを語ろうとするとき，それがおそらく日本語で日常的にいうところの「貨幣」を指すということは，まずないでしょう。それは理論上は「**本質的な意味での決済手段となるもの全般**」，したがって，実質的に交換の媒体としての役割を果たすような債務の承認 — **銀行貨幣**といったもの — も含めた**流通貨幣（通貨）**の全体，つまり現金プラス預金を指す場合が基本になります。ミクロ経済学的には，もっと狭く，明確に「政府の発行した法定不換紙幣を中心とする**国家貨幣**」つまり現金の全体をモデル上で表現することもあります。しかし，それはそれで歴史的・文化的背景にも根ざした日常言語としての「貨幣」の，交換における単純な機能的側面を表面上描出しただけの数学的対象物です。

さて，それではもう少し具体的に，歴史の上でのいわゆる（文化的な用法としての）「貨幣」を追ってみましょう。

かつて古代メソポタミアや古代エジプトにおいて穀物が，あるいは家畜や，中国においては絹であったり（実際「貨幣」の「幣」とは「布」のことです），そういった何らかの「商品」が，決済手段すなわち通貨としての貨幣として用いられることは多々ありました。そういったものは**商品貨幣**と呼ばれます。古代の都市国家や共同体の権威は，そうした価値の基準ややりとりにおける取り決めを与えることと，ほぼ同義であったに違いありません。

やがてそうした中から初期の金属製の貨幣が登場します。これは金・銀・銅といった金属本来の価値を基本とし，発行者がその純度（つまりは価値）を保

ならば，単に合意もしくは決済上の互いの相殺といったこと，つまりクレジットも，交換の媒体としては同じ働きをするということを考慮せねばならない。また価値の保蔵という機能も，見方を変えれば現在と将来の間での交換の媒体という機能にほかならない。

3.2 貨幣と資本

図 3.3 (a) リディアエレクトロン貨（表裏），(b) テトラドラクマ銀貨，(c) ソリドゥス金貨

証する意味で，刻印等独特の表象を与えたものです。通貨としての金属製貨幣の最初は，B.C. 7 世紀頃，リディア (Lydia) の王朝（現トルコ付近）で作られた**エレクトロン貨**が有名です（図 3.3）。これは砂金の粒を平たく潰すと同時に刻印を与えた簡単なものです[7]。ただし，実際のところこのリディアのエレクトロン貨のようなものが，一般に流通した「通貨」としてこの時代の主たる決済手段になったというようなイメージをもつとしたら，それは大きな誤解を生むことになるでしょう[8]。貨幣についてこれらの時代，神殿への捧献や儀礼を通じた場合など，義務的，制度的，慣習的に特別な意味を持つ恵贈，対価の意義は，おそらく今日では考えられないほど大きかったに違いないからです。

古代ギリシア時代には，アテナイなどで鋳造された**ドラクマ硬貨**が流通していたことが知られており，これはアレキサンダー大王によりヘレニズム，インド地方にも伝わっています。ササン朝ペルシアなどでもドラクマ（銀貨）が製造され，当時 A.D. 3 世紀頃の唐西域から中央ユーラシアでは広く用いられていたといわれています。そして聖書にも登場する古代ローマの**デナリウス銀貨**[9]，やがてローマ帝国時代から中世を丸ごとつつんで近世に至る「**金属通貨**」の時代が到来します。J.R.Hicks が『経済史の理論』(Hicks, 1969) にて述べるよう

---

[7] よって正確には鋳型を用いた鋳造ではありません。エレクトロンというのは本来は琥珀のことです（琥珀はこすり合わせて静電気を生ずる現象が最初に見いだされたところから，電気がまさにその名称を得たものです）。

[8] K. ポランニー (Polanyi, 1957; Chapter 8) も述べるように，ヘロドトス『歴史』(Herodotus, 2008) の記述でむしろ目を引くのは砂金と神殿への寄進における娘達の役割といったものであって，いわば小額貨幣の使用や普及が，交換市場の普及よりも先立つところを見ることができます。

[9] 「カエサルのものはカエサルに，神のものは神に返しなさい」で知られる，シーザーの肖像の入った銀貨はデナリウス銀貨です。

に「その誇り高き発展系列は，コンスタンティヌスの**ソリドゥス**にはじまり，ビザンツの**ノミスマ**，アラブの**ディナール**や**ディルハム**，フィレンツェの**フローリン**，ヴェネツィアの**ダカット**に引き継がれ，さらにオランダの**グルデン**や英貨**ポンド**にまで続く」のです。それは，あたかもユーラシア大陸における栄枯盛衰，覇権のうつろい，まさに「貨幣」が「信用」であるということを深く歴史が物語るところとして，感慨深く眺めることができます。中でも，コンスタンティヌス帝によるローマ帝国のソリドゥス（ビザンツにおける呼称ノミスマはギリシア語でそのままソリドゥスの意）は，4世紀から11世紀の前半までおよそ700年に近くその価値を保った金貨として，きわめて名高いものです[10]。

さて，このようないわば「目に見える」金属貨幣，硬貨，のみならず，上述したとおり経済学理論においては「決済の手段」の意味での「交換の媒体」たる本質を備えたもの全体について，考えなければなりません。経済学理論が問題にしたいのは，債務の承認ということを広く一般に含め，実質的に貨幣の役割を果たすところのものの全体です。その全体を指す広い言葉としては，先にも述べた**流通貨幣（通貨）**という呼び方がなされるもの，今日的に言えば「**現金通貨**」ならびに「**預金通貨**」を合計した**マネーサプライ（貨幣供給量）**[11]という概念がそれにあたります。

3.2.3　流通貨幣と銀行の歴史

都合上，マネーサプライというような今日的概念を先に出してしまいましたが，それでは何をマネーサプライと呼ぶのが妥当なのでしょうか。この問題についての今日の議論の多さは，そのまま貨幣の何であるかについての我々の理解の困難さを代表しています。そしてその理解のためにはもう一歩，少なくとも「現金」のみではなく「預金」，すなわち**銀行**について知る必要があります。

---

[10]戦士，ソルジャー（Soldier）は，ソリドゥスのために戦う者の意から来たものであり，**中世のドル**とも呼ばれています。とはいえ，ドルは1971年に金兌換と固定相場をやめた時点で，すでにそこから価値はまったく保たれておらず，そこに目をつぶるとしても，戦後70年そこそこのドルをもって，700年の歴史にあえてその名をかぶせるというのも，いささかためらわれます。加えて世界の貿易基軸通貨としてのドルは，ユーロ，円といったもの以上に，中国・ロシアを中心とするBRICsのような新興諸国群の台頭によって，今まさにその地位が揺らぎつつあります。

[11]最も狭くは，預金通貨として当座預金のみを考慮した場合で，その合計はM1と呼ばれ，それに準ずるものという定義をどこまで広げるかにより，M2, M3などと概念は拡張されます。

3.2 貨幣と資本

　よって，問題および概念を再度現代から，まさに今日的な銀行の発祥，あるいは紙幣の発祥の時代でもある，中世あたりまで戻してみることにしましょう。紙幣の発祥として通常位置づけられるのは，中国宋時代における手形です[12]。中国では儒教の教えから金・銀を重視する発想が是とされず，銅銭や鉄銭が主であったのはそのためと言われています。ただ，これらは時として安価すぎる傾向があり，高価値の取引において「重すぎる」という不便を生じます[13]。そうした中で唐の時代から「飛銭（ひせん）」といった手形が存在したことが知られており，とりわけ宋代には価値が低い鉄銭の使用を（銅の産出量不足から）強要された四川において，富豪，商人，金融業者らが組合をもって発行した「交子（こうし）」「会子（かいし）」といった（提示後即時支払いの）約束手形，送金手形が，実質的に貨幣として用いられました。時に北宋朝政府ではこれに目をつけて民間での発行を禁止して官業とし，世界初の**紙幣**の誕生となります[14]。

　これは政府により乱発され，結局は数十年で消えてしまいますが，当初 (1023 年) 36 万貫を備え，発行限度額を 125 万余貫としたといわれています。つまり，政府には貨幣発行における**発行者利得（シニョリッジ）**が発生した形で，その分量について公子は現金化（銅・鉄銭化）されず，人々の間で現金通貨として保有され，しばし国民経済がきちんと回ったということです。

　他の地域においてはどうだったでしょうか。中世ヨーロッパにおける為替手形も，こちらは遠距離を金銀を持ち歩くことの方のリスクを軽減することが目的でした[15]。もちろんそういったことが可能となるためには，中世の都市間に

---

[12] **手形**という言葉について，広い意味で言えば，何らかの約束を交わした証文において，その内容事実を証明するために手の形を押したことがその語源です。ここでは何らかの支払いの約束，その場所，誰が実行するか，その期限等様々でしょうが，それらを総称して，この言葉を用いることにします。概して，**約束手形**（自分が時期を限っていつまでに），**為替手形**（場所を指定する形で第三者を含めて誰がどこで）といった支払いの約定を指すものと解して下さい。

[13] もっとも中央ユーラシア一帯を広くその版図とした**モンゴル帝国**以降は，東は日本まで含めてユーラシアをつらぬく**秤量貨幣**（重さで価値をはかる）**銀**が，事実上の**世界貨幣**となります (たとえば 杉山 (2011) を見よ)。

[14] こういった手形が「提示後即時支払い」であったことから，ひいては「何日までで，割引あるいは利息がどれだけ」といった感覚で持たれたというより，民間発行されていた段階においてさえ，今日の紙幣に近い感覚で用いられていたということが容易に類推されます。

[15] 日本においても同様の意味での為替手形を，江戸時代，両替商が江戸・大坂間でのやりとりに用いたことはよく知られています。網野善彦によれば，そういった為替の存在は少なくとも鎌倉末・南北朝時代には京周辺に見ることができ（岩井, 1997; 第七章），さらに起源をたどれば平安末期の徴税権の委譲システムといったところにまで，さかのぼることができます。

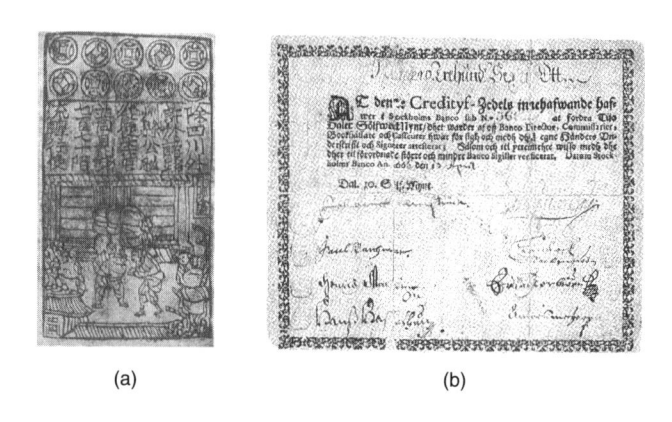

図 3.4 (a) 中国北宋代交子，(b) ストックホルム銀行券

またがる大商会の登場，あるいは商人ギルドの成立や公証人制度といったものを待たねばならなかったはずです。しかし一度それが成立しているならば，手形は明らかに実質的な決済手段です。場合によっては第三者への決済手段にもなり，また行商人ならばそうした商会の扱う他の商品に，その場で買い換えることで，金貨・銀貨など現金貨幣を通さず，次の仕入れができることになります。そればかりか，中世では，この為替手形による支払いを通じて暗黙的に，教会の禁止するところの商業的な利子支払いを，実質的に行っていたといわれています。一説では，フィレンツェの**メディチ家**が初期の銀行業（両替商）として財を築いたのは，この為替取引の利鞘によるものです。いずれにしても，そういった手形と大商会，ギルド，公証人といった制度が，それなりに間違いなく中世の流通貨幣の役割を果たしていた，言い換えれば，現金通貨や金銀のみでは不可能な流動性の創出に一役買っていた，と考えられます。

ヨーロッパにおけるそうした巨大な商会は，やがて商業資本を本格的に支配する近代的な銀行へと発展していきます。商業資本による銀行業はその起源を**仲間衆** (compagnia) や**コメンダ** (commenda) と呼ばれた，今日の株式会社の先行形態に認めることができます[16]。単なる**質屋**の「金貸し」や，**両替商**の「預

---

[16] 例えば Lopez (1976) を見よ。網野善彦によれば，日本でも中世以降，寺社の「勧進」がこれと似た役割を果たします。

3.2 貨幣と資本

(a) (b)

図 3.5 (a) ジェノバ公国サン・ジョルジョ銀行 (1407 年設立)。
(b) 中世のゴールドスミス

金銀行」のレベルではなく，遠隔地交易のための大規模な信用に基づいた商業資本と「流動性創出プロセス」たり得る**商人銀行**の成立は，そのような都市間にまたがる大商会，為替手形という意味での貨幣の成立といったものと時期をほぼ同じくして，明確にその共通の萌芽が見いだされます。

そして，極めて今日的な意味に近く抽象度の高い信用，たとえばその金銀の預り証（**金匠手形** Goldsmith's note）による事実上の決済，銀行通貨や銀行紙幣（1661 年**ストックホルム銀行券**）の発行，あるいは政府の財政と直接に結びついた**中央銀行**（1694 年**イングランド銀行**）といったものが登場してくるのは 17 世紀のことです。

このようにして，商人銀行は，**金・銀との兌換性**ということを「人々に信じ込ませる」ことを通じ，その銀行券の価値を保持する試行錯誤に足を踏み入れます。しかしそれは**銀行券そのものの価値**を，裏付けなく「人々に信じ込ませる」こととどれだけ差のあることといえるでしょうか。**法定不換紙幣**への道筋は，こうして与えられたということです。

3.2.4 世代重複モデルと貨幣および信用

経済学理論において貨幣とは何かという問題について考えるとき，サミュエルソン（Samuelson, 1958）による**世代重複**というモデル設定はとても重要で，また示唆に富んだ分析を可能とする基本的な考え方です。

今期（0期）から未来にわたって来期（1期），来々期（2期），...と永遠に続いていく時間の流れを考えます（**有限期で終わりということにしないところが重要です**）。人は全て2期間生きるものとし，今期と来期を生きる第0世代，来期（1期）と来々期（2期）を生きる第1世代，以後第2世代，第3世代，...を考えます。簡単化のため，各世代は1人からなるものとしましょう。

さらに，各人は若年期（Young期）に有り余る労働力をもって十分な食料を生産できる（苦労なく2単位を手にする）とし，老年期（Old期）には不十分にしか食料を手にできません（簡単に0単位としましょう）。加えて，残念なことにこの世界では食料を**期を持ち越して貯蔵することができない**（perishable）とします。よって，下図のように，もしも自分一人だけの一生で考えるならば，Young期に2単位という多すぎる食料（実際には1単位で十分であるとして）を持ち，かつOld期には何も食べることができないということになります。食料を持ち越せないことに注意して下さい。

```
          0期 1期 2期 3期 ...
           2   0
世代0    |---|---|
               2   0
世代1        |---|---|
                   2   0
世代2            |---|---|
  :                :
```

【最初の状態】
各期の財の総存在量は2であり，各人は若年期2，老年期1単位の消費をおこなう。

さて，それではこの世界において，どのような「**人々の間での資源の再分配**」が可能でしょうか。明らかに，各0期，1期，2期，...において，世界の食料の総量は2単位ずつあります。もし若い世代が余分と思っている1単位を老人世代に譲れば，そしてその代わりに自分が老人世代になったとき，その時期の若年世代から1単位を譲ってもらうことができるならば，世の中は非常にうまく回ることになります。全ての人が若年期と老年期に安定した消費を行いたいと考えている限り，これは非常に望ましい状況です。図で表すと，次ページ上段のようになります。こうすることによって，全ての世代はとても幸福な状況になります。ただしここで，世代0だけ，少し得をしていることに注意して下さい。この世代はもらうばかりで，だれにも渡していません。このような議論

3.2 貨幣と資本

```
          0期 1期 2期 3期 …
               2   1
世代 0    |---|---|
                1   1
世代 1        |---|---|
                    1   1
世代 2            |---|---|
  :                  :
```

【望ましい状態】
各世代が、その老年期において
その時期の若年世代から1単位
の食料を譲り受ける。

では必ずこうした**最初の世代** (initial old) が存在し、得をすることになります。

見えざる手の失敗

ここで極めて重大な事実が存在しています。それは「上のような【**望ましい状態**】が，**市場では絶対に実現可能ではない**」ということです。

なぜだか考えてみましょう。望ましい状態として描かれているのは，世代0を除く各世代が，自分の若年期において食料1単位を手放し，その代わりに自分の老年期において食料1単位を手に入れるという，「**交換（契約）**」行為の結果と解釈できる状況です。したがって，この交換行為を，何らかの価格の下での，**等価値の交換**と見ることによって，つまり各期の食料1単位に技巧的に価格1を割り振ってやることによって，これがあたかも「市場」における交換の結果（契約の結果）と見なすことができます。しかしながら，この議論は**世代0に対して用いることができません**。世代0には，その自らの持分である0期の食料を受け取ってくれる相手が「このモデルの中にはいない」からです。世代0だけは，自分の欲しいもの（1期の食料）に対し，**自分の持ち物（0期の食料）を欲しがってくれる相手が，このモデル内に存在しない**のです。つまり世代0のみ**等価値の交換**という図式から**乖離**しており，この世界でどのように互いの交渉が許されるとしても，決して「交換の恩恵」を得ることができません。等価値のものの交換として描かれる市場という構造において，この主体（世代0）は自分が得るものに対するいかなる対価物も持ち得ていないからです。

それでは，いっそのこと世代0についてはあきらめて，世代1以降で市場経済を運営するということでどうでしょうか。残念ながら，そういうことでは問題は解決しません。市場が結局は「等価値の交換（契約）」ということに帰着せねばならない以上，世代0がこの経済に参加することができないと述べた，ま

さしく同じ理由によって，**世代 0 が参加しない場合，世代 1 が参加する交換契約も有り得ない**のです。実際，世代 1 が持っているものを欲しがっているのは世代 0 だけです。世代 0 に対して，だれからも欲しがられるものを持っていないということで，これを排除すると，世代 1 もまた，残りの世代から欲しがられるものは，何も持っていません。したがって，世代 0 が参加する市場的な交換契約が有り得ないのなら，世代 0 をはずして世代 1 の参加するような，市場的な交換契約もまたありえないのです。

以下，この議論は永遠に繰り返すことができます。結局，「等価値の交換契約」として**市場に実現できる可能性があるのは，全主体に対して最初の資源配分，すなわちだれも何ひとつ交換していない【最初の状態】を保証すること**，それだけなのです。「望ましい状態」どころではありません。この社会に等価の交換を強いるだけでは「最初の状態」から一歩も動けないのです。実際，この経済の各主体に対して，どのように選好を特定化し，どのような価格を持ってこようとも，上の議論を覆すことはできません。市場均衡が最適な資源配分を実現するという**見えざる手の法則**は，この例をもって簡単に否定されるのです。

貨幣による問題の解決

市場が何の役割も果たせないこの状況に対して，問題を劇的に解決するのが「貨幣」なのです。今，第 0 世代が 1 枚の紙切れを持っていたとしましょう。そしてその紙切れに，「**食料 1 単位分**」と書いたとしましょう。それはただの紙切れですが，もしもそれを受け取った人が「**これは食料 1 単位と交換できる**」と「**信じて**」くれたら，どうでしょうか。

第 0 世代はこの紙切れと交換に食料 1 単位を手にします。そして，その紙切れを受け取った第 1 世代は，その紙切れをこんどは第 2 世代に手渡し，代わりに食料 1 単位を受け取ります。以下，第 2 世代，第 3 世代と，後に続く全ての世代が，この 1 枚の紙切れを信じて，各期の市場での「食料」と「紙切れ」の交換を行うわけです。一枚の紙切れの存在によって，市場は「最初の状態」から脱出し，「望ましい状態」をいともたやすく実現するわけです。

サミュエルソンはその論文 Samuelson (1958) において，このような紙切れ（不換紙幣）としての貨幣の役割をみごとに描き出し，貨幣の一つの本質が，「す

べての人がそれを貨幣と信じること」にある，つまりそれは「信用」であればよく，本質的に価値を持つものでなくともよい，ということを示しました。

貨幣とは何か

　サミュエルソンの世代重複モデルが描出した貨幣は，極めて単純ながらも，経済学理論がその根底に持つ重要な構造を浮き彫りにしています。それはまず「交換」および「(異時点間も含めた) 交換の媒体」という貨幣の捉え方であり，加えて「価値の保蔵」そして「貨幣と信用」といった問題を，すべてそこに落とし込む可能性ということです。貨幣を「交換の媒体」と捉えるなら，それはどこか「本質ではなく，過程(プロセス)において用いる道具にすぎない」という直感が付随します。それはある意味正しく，経済学的には**古典派的**な由緒あるところの捉え方ですが，実はたとえ過程(プロセス)にすぎないとしても，**本質ではあり得るかも知れない**という意味で，誤っています。マクロ経済学的には，これは明らかに**ケインズ的**な状況に対応しています。例えばニューディール政策的に，単に穴を掘って埋める，という公共事業でお金をばら撒くことが，上述した第 0 世代 (initial old) への貨幣の無償の配布であるとすると，そうした貨幣が実質的に社会を改善する意味を持つ場合が，十分にあるということです。

　貨幣と無限ということ：上の状況を数学的に深く考えるとき，大事なのは**無限**ということです。上述した状況の改善は，単なる一時期，あるいは有限で終わりのある短期的期間を考慮した状況下ではなく，どういった**定常的な状況**が可能になるか，すなわちきわめて大きく眺めた「世の中のまわり方」ということに，大きく依存しています。

　「有限」の理論である標準的な Debreu (1959) 的世界観を，そのまま動学的な (終わりのない)「無限」の世界観に適用するのは，今日の新古典派を軸とする経済学理論の基本路線です。そしてその場合，「**価値の保蔵**」という貨幣の役割が，形式上単なる「**(異時点間の) 交換の媒体**」という役割に，包摂され，同時に「貯蓄」や「借入れ」の問題が，やはり「交換」の問題に押し込まれてしまうことになります。

　話をあくまで「有限」の範囲に止めるならば，このことの帰結は明白です。交換が等価値の交換である限り，そもそも価値のないもの (紙切れとしての貨幣) には，正の価値がついてはならないという，それだけの話です。これに対して，「無限」の世界観を持ち得る状況においては，いわば「**永続する世界観**」すなわち「**定常的に永続する世の中の回り方**」を，我々が観念として持ちうる，まさしくその対価として，「**貨幣が価値を持つ**」ということなのです。このことを指して，サミュエルソンは，このような貨幣が，ホッブズ・ルソー型の「**社会契約**」であると述べました。

縦のものを横にしただけで罪なく見える,「価値の保蔵」の「交換の媒体」的解釈ですが,「有限」の概念はその解釈の価値を大きく毀損します。動学というものは,「永続する世界観」として議論されねばなりません。「有限」や「割引」の概念は,そのような基本をいともたやすく我々に放棄させます。世代重複のような貨幣に対する基本的議論ですら,その後,必ずしも十分に解明され,理論上明白なものになりえていません。生産の問題,信用の問題,いわば貨幣と資本の関係が,この世代重複程度の単純な設定でさえ,きちんと整理されていないからです[17]。そういうわけで,貨幣と資本の一般均衡理論は,理論家にとって今日なお,ワルラス以来の永遠のテーマとなり続けています。

3.3 市場構造

3.3.1 今日的な市場構造とその完備性

今日の理論上,厳密な意味での市場あるいは市場構造というのは,先の商品概念(場所および日付あるいは日付と出来事を伴って厳密に定義される)を元にして,以下のように定義されます。

> **市場および市場構造**:ある日付(あるいは date-event)において取り引き,すなわち購入あるいは販売の申し入れのできる商品の数量的組み合わせの全体によって形成される商品空間の部分空間[18] を,その日付(あるいは date-event)における**市場** (market) と呼ぶ。ある理論モデルにおいて考察の対象となる market の全体を指して,その理論モデルにおける**市場構造** (market structure) と呼ぶ。

貨幣という問題を,上述してきたように「通貨」(すなわち決済手段としての現金通貨と預金通貨)として考えるなら,我々は貨幣と市場構造ということについて,厳密かつ重要な関係を記述するための基礎を手にしたことです。すなわち,**貨幣とは各市場における決済手段**ですが,**各市場において決済手段は異**

---

[17] 一般均衡理論では,世代重複モデルのような世界は Double Infinity (商品の数と人間の数が共に無限大になり得る)の問題といわれます。Double Infinity の問題は,均衡の存在を含めて生産の入った形で未だ十分に取り扱われているとはいえません (c.f., Urai, 1994)。

[18] この部分空間という数学用語に基づいて定義を正確に述べ直すと,我々は,$x \in \mathbf{R}^\ell$ という数量組み合わせの商品購入申し込みができるなら,その実数 α 倍,αx も申し込みができ,また $x \in \mathbf{R}^\ell$ と $y \in \mathbf{R}^\ell$ という申し込みができるなら $x+y$ という申し込みもできる,つまりそのような商品の組み合わせの全体がベクトルの加法とスカラー倍に閉じたものとなることを想定しているということである。数学的にはベクトル空間のそのような空でない部分集合を(**線形**)**部分空間**と呼ぶ。

3.3 市場構造

なり得る（というよりも時間が異なるのでそもそも当然異ならねばならない）ということ，そして，それらを関連付けるため，厳密には何を投入として何を産出できるかという**技術として取り扱われねばならない**，ということです[19]。

商品空間，価格空間，そして消費主体，生産主体を描くモデルにおいて，各主体が全ての商品（条件つき商品を考慮する場合には全ての将来財も含めて）に関する任意数量個の取り引きが可能であるならば，そのモデルにおいて**市場構造は完備** (complete) であるといわれます。また，そうでないとき，そのモデルにおいて市場構造は**不完備** (incomplete) といわれます。

ここで，市場構造が異時点間にわたっている場合，そういう完備な市場取引が遂行されるために，**必ずしも全ての契約が現時点で一度に行われる必要はない**，と通常の経済学では考えます。もちろん，将来への全ての需給計画が現在時点で一度に行われるなら話は最も簡単です。しかし，それだけではなく，現在市場においては将来市場に向けた適切な資産取引 — すなわち価値の保蔵あるいは売却 — の機会が各主体に保証されており，また各主体がその状態を目指して購買力の適切な移転，保蔵を計画・行動し，事後的にその計画が予定どおり行われた，ということでも一応かまわないと，通常の経済学理論では（完備という）用語上考えるということです。

つまり，「複数存在するかもしれないそうした**完備な市場の理想的な取引状態のうちの一つに，全主体がその実現を目指して注目している**」という前提であれば，その下で，市場の完備性というものは，「現在時点から見ていかなる date-event に属するいかなる市場についても，全主体において適切な資金の調

---

[19] Debreu (1959) の Chapter 2 における記述は，ここまで深く事態を記述・把握すべきことを示唆しています。しかし，実際にそうできているかというと疑問です。事実，Debreu は各市場における決済手段，例えば NY での dollar や London での pound といったことに言及しますが，それらを「実物」として取り扱わねばならない限界から逃れ得ていません（商品 commodity として扱うと明確に書いてあります）。すると，Debreu のスタンスで取り扱える貨幣は（最も単純に考える限り）ここでの用語で言うとせいぜい「現金通貨」であり，「預金通貨」を踏まえた考察には至っていないと考えねばなりません。しかしながら，もし仮に，**銀行あるいは政府＝中央銀行を考え**，そういった主体が特別な「技術」をもって「貸し出しを増やす」ことを「**貨幣の生産プロセス**」と見るようなことを許すならば，「預金通貨」もその範疇にあると言えなくはありません。その場合，「預金通貨」に対して，名目利子率をほんのわずかでも正にしたければ，現金通貨を持つことの意義は，ケインズ的な「流動性選好」とせざるを得ないでしょう。なぜなら，来期に向けて，今期の現金を来期の現金に変換するというだれもが持っている技術と，名目利子率が正になる銀行預金のプロセスとが，両立せねばならないからです。

達・取引ができること」（**金融市場の完備性**）に帰着していると考えるということです。この場合，当該モデルのとある均衡それ自体を一つの根拠として，自己実現的に将来を期待しているという意味で，これを**合理的期待**の下での状況と，分類上呼ぶこともあります。金融市場の完備性は，例えば今期と来期で，来期に s 個の状態 (states) が存在する場合，各 state ごとに独立した支払いを約束する証券（**Arrow 証券**）が存在すること，state に応じた全資産の配当の列によって作られる**資産配当行列**のランクが s であること，といった，ほぼ同じ事柄の言い換えによってもしばしば特徴づけられます。

3.3.2 資産市場の記述と貨幣

実社会における市場と，それを取り扱おうとする理論上の市場概念との間を橋渡しすべく，以下いわゆる実社会の「金融市場」にまつわる用語を取り上げながら，理論が明らかにしようとしていることの範囲を整理していきましょう。

理論上では，まず「**実物 (real) 資産**」と「**名目 (nominal) 資産**」を分類します。ただし，「貨幣」を「通貨」として明確に認識し，またそれを取り扱うにあたって各市場において異なる決済手段とそれら手段間の関係を技術としてきちんと記述するという厳密な作業が完成した後，**名目とは各市場における決済手段と思しきもの 1 単位**（その価値が 0 になる可能性もある）に向けた取引ということにしてしまえば，この区別に重大な意味はなくなります。しかし通常，理論上の名目資産とは，確定的に決済手段 1 単位に向けた取引，すなわち各市場での貨幣となる財の価値が 0 にならないことを前提にした概念です。

さて，市場構造において最初に我々の念頭に浮かぶのは，現在期の商品に対する市場であり，これを今期の「**現物市場 (spot market)**」と呼ぶことにしましょう。今期の現物としての商品（今期の財・サービス）ではなく，それ以外のところに何らかの対価を支払う気持ちがあるとすれば，それは次期以降の何かに対する購入（あるいは契約）と見なされるでしょう。これは現物としての商品を先渡しする契約が有る場合もしくは無い場合の先物取引かも知れませんし，あるいは株式取引などかも知れません[20]。来期以降の何かに向けた取引，その

---

[20] 実務社会における用語では，**実物取引**，あるいは**現物取引**という言葉は上記のような狭い意味ではなく，**信用取引**（証拠金を積んで，先渡し契約をともなわない空売りを認める）ということに

3.3 市場構造

売買を可能としている市場を指して，これを「**資産市場** (asset market)」と呼びます [21]。取り扱われている将来財が，単に将来の実物財である場合，特に**実物資産** (real asset) **市場**と呼びます。あるいは来期の決済単位に対する取引（これは金銭的な貸借契約を含むことができます）を与えるようなものを「**名目資産** (nominal asset) **市場**」と呼びます。その他「**株式市場**（stock market）」などは，これをモデルに導入する場合には，企業の利潤に対する支配権を売買する特別な設定（c.f., Radner (1972)）になりますが，それも広く「将来財に向けた取引を可能としている」市場，すなわち「資産市場」には違いありません。つまるところ，「**資産** (asset)」とは，**来期以降の date-event におけるいずれかの市場に向けた，何らかの権利（リターン）**ということです。

こうした「資産」に対して，さらに**派生的資産（デリバティブアセット）**があります。これは，それ以前にある「基本的資産 (プライマリアセット primary asset)」およびそれから得るリターンに対して，更に「そのリターンがどれだけであった場合にどれだけ支払う」というように，「リターンに対してリターンを決めてある」ような副次的な形で定義された「資産」を指します。派生的なものも含め，「資産」の全体は，しばしば企業会計といった観点からその主体の債権全体を指す概念として「**金融資産**（financial asset）」および「**金融市場** (financial market)」と呼ばれるものを形成していますが，その実態は決して理論的なものではなく，はるかに実社会的，現実的なものです [22]。

対置して，広い範疇で（例えば株式市場なども含めて）用いられます。**先物取引**という言葉もまた，単純に「直物」という意味での現物 (spot) 取引に対応する，広い意味で用いられる表現です。実務用語に合わせると，株式市場などについても，現物取引といった言葉を広げねばなりませんが，ここでは「**実物** (real)」という言葉を「**貨幣的** (nominal)」に対する言葉として取っておき，「**現物** (spot)」という言葉を，「**商品空間内の対応物を持つ**」（あくまで商品空間に関わる概念でありかつその時点の現物取引である）という狭義の表現として，用いることにします。「**先物取引**」は広い意味で（現物の先渡し契約のある場合も信用のみでそれが無い場合も含めて）用います。

[21] 実社会においていわゆる「金融市場」という言葉で述べられるところを理論的に言い表そうとするならばおそらくこの言葉が最も適切ですが，後に述べるように，その構成は株式市場やデリバティブといった派生的資産も含めるなら，その完成した記述があるという意味で用いているのでは決してありません。

[22] 金融市場については，従って経済学理論上よりもはるかに実務上，会計上，法律上といった様々な方向・分類の必要から，用語が錯綜している。単に**決済の時間的長短で分類**した「**貨幣市場**（銀行間取引も含む）」と「**資本市場**」，あるいは**信用の形態で分類**した「**貸出市場**」と「**証券市場**（公社債と株式）」といった言葉も（想定している全体空間を必ずしも一定させないで）用いられたりする。もちろん，**外国為替市場**なども広義の金融市場に含まれる（p.62 の上図を参照せよ）。

```
             （空売無し先渡契約有り）（空売有り先渡契約無し）
    現物市場              |       ／
              ┌ 実物資産（現物・信用）市場   ※短期金融（貨幣）市場
    資産市場 ─┤                   ☆貸出市場
    (金融市場)  │ 名目資産（公債社債・貸出と預金・派生的資産）市場
              │ 株式（現物・信用）市場    ☆証券市場  ※長期金融（資本）市場
              │ *派生的資産（他所で信用と書かれた部分を含む）市場
              └ 外国為替市場                (☆ および ※ は対概念)
```

通貨という意において貨幣の何であるかを理論上できる限り正しく捉えようとするならば，こうした「金融資産全体」の中で現実的に決済力を持つものとして，各 location および各時点 (date-event) における決済手段間の関係および変換技術をともなった形で，把握せねばなりません。今日，資産市場の取引が一層多様化し，国際的な投資機会も一層増えていく中，その記述は一層困難になっているとも言えますが，同時に，多様な資産間の**保険的な役割**を果たすデリバティブや，複数の国家間の**決済手段の多様化**までをも含めるならば，一国の通貨も一つの資産に他なりません。私たちは既に**ハイパーインフレーション**（経済の全システムそのものの損壊）といった問題を，一つの通貨の問題から切り離すべき時代に来ているように見えます。

3.3.3 市場の完備性と裁定取引

市場の完備性ということが重要とされるのは，それが最も自由度の高い選択を各消費主体に可能とする（したがって経済全体として最適な資源配分状態を実現する可能性がある）からですが，それは場合によってはより投機的な側面を市場に呼び起こす原因ともなることには，注意しておく必要があります。先に述べた「合理的期待」のような，一つの完備市場とその一つの取引状態への全主体による注目を前提とした場合のように，各人の世界観（それは予想というよりも，その**状況の実現を目指すもの**）への想定が特殊でしかない場合，やみくもに金融市場の完備化という掛け声で将来市場を増やすことは，単に「**賭博の機会（Keynes）**」を増やすことでしかありません[23]。いずれにしても，グ

---

[23] 先に，「そもそもありとあらゆる state を網羅できるのか」という疑問について，注意を促しました（p.42, 脚注 1, p.44, 脚注 4）。株式市場に対して，Keynes の挙げた美人投票という比喩も有名です。例えば，我々は健全な企業により多く投資したい（投票したい）わけですが，同時に，我々がより多く投資することによってその企業がより一層健全になる，ということがあります。我々

3.3 オプション価格付け   63

ローバルな資産市場を通してきわめて今日的な問題と直結する金融資産市場（不完備市場）の経済学理論は，予想の問題，企業とは何かという問題，貨幣の問題，そしてファイナンス理論とも当然関連を持ちつつ，経済学の静学と動学の境界に位置する，社会記述上の理論の最前線にあるテーマといえるでしょう。

標準的であまりにも整った経済学理論から，いくぶん金融市場構造の煩雑な話題に立ち入った本節を終えるにあたり，**派生資産（デリバティブ）**の代表格と言える「**オプション価格付け**」を例にとって，価格の「**裁定**」ということの基本について見ておくことにしましょう。

堂島米会所：わが国では，徳川時代において，すでに世界に先駆けた先物取引市場の存在したことが知られています。享保15年（1730年）大坂堂島に開設された米の先物取引所がそれです。当時ヨーロッパでも既に先物商品の取引そのものは存在したものの，それらは全て現物取引（先渡し契約を伴う取引）でしかありませんでしたが，大坂堂島における米市場は，証拠金を積み，ある一定範囲内での空売りを認め，限月（げんげつ：決済期限）までの反対売買を行って差益決済が可能となる，まさしく今日的，本格的な先物市場でした。ヒックス (Hicks, 1969; Chapter 3) は正当にもこの日本における高度な「信用」の発達状況を，「下からのもの」，つまり上から強権的に設定・整備されたものではないと見抜いています。いうまでもなく，これは当時日本において，米の相場というものが「信用」の中心たりえたということ，いわば我々は石高制というものによって米本位制の中にいたということと，決して無関係ではありません。

オプション価格付け

以下では，ヨーロピアン・コール・オプションの価格付けという問題を例に，**価格裁定**ということの基本について眺めることにします。

安全資産（safe (riskless) assets）という概念は，その言葉上本来は，いかなる状況（state）においても同一の購買力すなわち実質的な価値をもつような資産を指すべきです。しかし，通常そのような保証を厳密に与えることは困難であり（貨幣でさえ state 毎に異なる物価変動のリスクがあります），理論上も単にこれを固定された名目の意味で，つまり**来期の全市場の価値基準を何らかの意味で揃えることができたとして，その名目で図った価値の受取額の同一性**でもって，そう呼ぶことが通例です。たとえば，来期の円あるいはドルといった貨幣単位を固定して，来期，いかなる状況 (state) においても物価水準が安定

は「分からないこと」に基づいて「分からないことを」増やします。

しているならば，一定の利子支払いを約束する「銀行預金」といったものなどが，もちろんその銀行が破産するような状況を state として除外する限りですが，その典型となります．

本節の最初の項で少し触れた **Arrow 証券**（Arrow securities）というのは，現在考えられている来期の全状況（states）に対し，その各ステートそれぞれについて，それが生じた場合その場合についてのみ，一定の正の価値の支払いを約束するような資産を指します．これも名目すなわち**各市場での決済手段（価値基準財としての貨幣）1 単位の支払いとして固定するのが通例です**．このように「資産」というのは，**互いに異なる将来の各状態において**，基本的には，**何らかの財もしくは金銭の受け取りの権利（リターン）を保証した契約**ということです．

こういった基本的な資産に対して，デリバティブと呼ばれる副次的な資産を考えることがあります．**派生的金融資産**（derivative assets）とは，既に述べたところではありますが，他の資産（asset）の，種々の状態（state）に応じて様々に約束するところのリターンに対して，その約束されたリターンの実現した値に応じ，副次的に何らかの価値を約束する（他のアセットのリターンに応じて，そのリターンが派生的に決まる）そのような資産を指します．たとえば以下で説明する**オプション**と呼ばれるものが，その代表です．

> 例（コール・オプション）：ある基本となる資産（これをプライマリ・アセットと呼ぶ）を「その満期時点において（配当前に） x 円で買うという権利」（権利なので，それを行使してもしなくてもいずれでもよい）そのものを一つのアセット（資産）と考えることができる．これを，**行使価格** (strike price) x 円の（ヨーロピアン）コール・オプションと呼ぶ[24]．

ところで，このようなオプションといったものに対しては，基本となる（プライマリ）資産の価格，およびその他のアセットの価格に応じて，その値段が一意的に決まってしまう場合というのがあります．一見してややこしい権利に対する価格であり，それがいくらになるのか少々分かりにくいのですが，よく考えてみると，その値段がどれだけでなければならないということが，あらか

---

[24] 買う権利（コール・オプション）に対して，売る権利は**プット・オプション** (put option) と呼ばれる．

3.3 オプション価格付け

じめ（他の資産との比較上）決まってしまっている，つまり，もしその値段でなかったら，その資産を際限なく売買することで，際限なく利益を得ることができるということです。そのように決まってくる価格を**裁定価格** (arbitrage price) と呼びます。現実社会において，そうした裁定取引（裁定価格に至っていない金融商品に対してそれを裁定価格に至らしめる取引）の機会があれば，それに気の付いた主体は，金融資産市場において元手不要の大きな利益を得ることになります。ファイナンス理論で有名な**ブラック–ショールズ方程式**は，要するにその問題についての期間とタイミングを連続化，一般化したものであり，その精神という意味ではこの裁定価格という問題に尽きています。次の例題で，その雰囲気を汲み取って下さい。

例題（オプションの裁定価格付け）：今期と来期があり，来期は状態1と状態2の2つの状態があるとする。名目資産（プライマリ・アセットのリターンが状態1のとき300円，状態2のとき100円として）(300,100) に対し，この資産を「来期その配当がもらえる直前に 240 円で買うことのできる権利」（行使価格 240 円のコール・オプション）を考える。上記の名目資産（プライマリ・アセット）の価格が今期 120 であり，また今期銀行にお金を預ける（もしくはお金を借りる）と2割の利子がつくとするとき，この権利（コール・オプション）の価格はいくらになるべきか。

（解答） この権利は，状態1のとき，それを行使して 60 円の利益を得ることができ，状態2のときは行使せずに 0 円の利益を得るということになるであろうから，結局 (60,0) というアセット（状態1のとき 60 円を受け取り，状態2のとき何も得ない）と同価値である。そこで，銀行にお金を 100 円預けること，これは（状態1であろうと状態2であろうと 120 円を受け取るから）アセットとして (120,120) と同じであるが，この安全資産と，プライマリ・アセット (300,100) と，オプション (60,0) の関係を調べてみよう。これは 2 次元空間における 3 本のベクトルの関係であるから，1 本が他の 2 本の線形結合として表されるのではないかと考えられる。実際 $(300,100)a + (120,120)b = (60,0)$ を解いて $a = 30/100$, $b = -30/120$ が得られる。つまり，オプション (60,0) の 1 単位は，プライマリ・アセット 30/100 単位と，銀行預金 $-30/120$（マイナスなので，これは銀行から利子率 20 パーセントでお金を借りることを表す）単位を足したものと同値である。ゆえに，プライマリ・アセットが 120 円，上記の銀行預金は 100 円であったから，$120 \times a + 100 \times b = 36 - 25 = 11$ すなわち，このオプションの価格は 11 円でなければならない。それ以外のいかなる価格も，裁定取引の機会をもたらすのである。■

3.4 予想と均衡
3.4.1 市場と予想そして合理性

しばしば批判的に「経済人」と呼ばれる経済学的な「個人」の取り扱いの中でも，とりわけ単純あるいは限定的なものにならざるを得ないのが「**予想**」あるいは「**期待**」といった概念に代表される「**よく分からないことへの態度**」，あるいはそれも含めて一般に「**合理性とは何か**」ということの取扱いです[25]。とは言え，前章で見た通り，静学的理論というのは抽象的ではあるものの極めてよく整理された体系ですので，本章でここまで見てきたような動学的諸問題，すなわち時間，そして貨幣および資本といったものに対しても，今日の理論がそれを用いたいと考えることは極めて自然なことです。そして実際不完全ではあるにせよ，商品空間および市場構造といった，現在我々の手にしている一般均衡理論の枠組みおよび「合理的」世界観が，これから先も動学を取り扱う上での少なくとも一つの基本ではあり続けるでしょう。

我々の取扱う問題が時間とともに未来に向けてかかわるとき，我々は未来における現時点では「よく分からない」ことについて，それらについては何らかの「**予想**」（経済学理論ではこれをしばしば「**期待**」とも言いますが）をもって，その下での行動決定を行うと考えるのが基本です。つまりそのような，**目的**に対する**手段**という意味での客観性を，**原因・結果**「的」客観性に読み替えていく必要が，およそ社会科学という学問，そしてその理論には存在しています[26]。一つの世界観（広くは概念枠組み）として世の中を割り切れていること，これは「**合理性** (rationality)」ということの，およそ最も深い意味でもあります。そして現代の学問は，すべてカント以来，この「合理性」を「知」の最上位のも

---

[25] もちろんいかに単純な想定であっても，意味がないということではありません。「もしもそれだけ単純な想定をする人々ばかりからなる世界であれば，どのようなことが起こるだろうか」と問うことには，十分な意味があります。たとえばアマルティア・センはその著作『経済学と倫理』(Sen, 1987) において，飢餓・貧困といった問題を，単純な想定下で生じる一般均衡論的な，厳密に示される現象としてとらえることの重要性を強調しています。あるいは経済学理論の真の意義が，歴史上何度もアダム・スミスにおける見えざる手の確認へと帰したことからも見てとれるように，むしろ単純であり，限定的であって，なおかつ何度も我々がそこに立ち返るような，そういった基本想定は，学問的知識を形成する上で必要不可欠なものであり，またその重要な構成要素であることは，深く認識せねばなりません。

[26] それは Weber (1904)『社会科学と社会政策にかかわる認識の「客観性」』以来，今日の社会科学を特徴付けています。

3.4 予想と均衡

のとして位置づけてきたのです。

しかしながら，今日我々はこのことの意義を，少なくともその本当の意義を，今一度問い直すべき時代にいるのかも知れません。本章に入って何度か述べてきたことですが，我々にとって「**漠然としたよく分からないものがある**」ということと，「**どれかはよく分からないが，いくつかの候補としての世界観がある**」というのは全く異なることです[27]。前者が正しいとすると，後者の世界観はいついかなる意味においても偽です。合理性というのはたかがその程度のものです。ありとあらゆる理論というものは，とりわけそれが人間に向けてのものであるならば，**その陳述が常に偽であることを覚悟の上で用いねばなりません**。そして，逆にその覚悟を持つならば，たかが合理性も，さほど捨てたものではありません。

3.4.2 合理性と経済学的均衡

前章にて，静学的にミクロ経済学的世界観として述べた均衡の話を引き継ぎつつ，ここでは動学的な現実社会の描写を含め，今一度，経済学理論における均衡とは何か，考えることをもって本章のまとめにします。

ある時点（あるいは date-event）の市場という概念は，様々な取り引き形態を許容する商品空間の上で，現時点で可能な商品のやりとりはどのようなものかということを表現する，$\boldsymbol{R}^\ell$ の部分空間でした。経済学理論では，そのような可能なやりとりを行うのが，「**交換比率（価格）を所与とした主体，すなわち価格受容者 (Price Taker) のみからなるもの**」であると通常仮定し，そのような市

---

[27] 本章の先の脚注 1, 4, あるいは脚注 23 周辺で述べた，リスク構造やそれ自体に影響を与えるような情報といった考え方は，まさしく経済学理論が「分かる部分」でとりあえず社会を描いたものであるという考え方，とりわけそこに正当性や科学性をもとめようとする場合の問題点と，深く関わります。すなわち「分かる部分」とは何なのかが，そもそも確定できないということが，真の問題点なのです。合理性とは表面的には「分かっている（描けている）こと」を指しますが，**真の知性**は常に「分かって（描けて）いないことがあること」までをも指すべきなのです。「西洋人は考えられない部分は無視する。東洋人は考えられない部分から出立する。」（鈴木大拙『東洋的な見方』上田閑照による後書き，鈴木, 1997）そのような「考えられない」ものは無視するというのが「**唯名論 (nominalism)**」であり，「**確定されないもの (the indefinite)**」あるいは「**定まらないもの (the unsettled)**」として認めるのが「**実在論 (realism)**」とも言えます（坂部, 2012; 第七講）。「知は待つ所有りてしかる後に当たる。その待つ所の者，ひとり未だ定まらざるなり。（『荘子』，金谷, 1971; 大宗師篇）」，あるいはハイエクが「デカルト的合理主義」と呼んでしばしば否定した事柄などが思い起こされます。

場を**完全競争**的な市場と呼びます。対して，価格についてある程度それを操作しうる**支配力**があるような主体の存在する状況は**不完全競争**的であるといわれ，後の章の**寡占・独占**の理論で取り扱うテーマとなります。またそのような主体が存在しないことは，モデルにおいて供給主体が誰であるかということに商品の特性を依存させない**無名性**，あるいは**共通の様式を持つもの** com-mod-ity 性という商品概念の取扱いそのものと，整合的なものであるともいえます。完全競争下において，各主体は，自らの消費，もしくは生産の計画期間がその市場で取り引きされる商品の範囲を超えて将来にまたがる場合にも，それら将来の市場については「**価格予想**」をもって，あたかもその「予想」を所与として計画し，現在市場と将来市場の需給を合わせて決定すると考えることは，ある程度妥当といえるでしょう。

　さらに上の設定を基本として，今日の経済学理論の極めて重要な特徴として挙げるべきなのは，経済というものを「なんらかの根拠，もしくは普遍的な構造の下での安定した状態＝均衡」と**見る**（つまり**均衡理論** Equilibrium Theory **として見る**）ということです[28]。特に，現在市場の**全ての交換比率**が，その市場の全ての商品に対する全主体の需要と供給を同時にバランスさせる水準（一般均衡価格）に決まると考えるのが「**一般均衡理論**」です[29]。ただし，今日においても，完成していると言い切れるのはその議論の「**静学**」的な部分（各主体の行

---

[28] 静学的考察としての，先の「ミクロ経済学的世界観」(p.35) においては，このような言い方はしませんでした。そこでは「需要」＝「供給」で価格が決まるという，あたかもそれが「事実判断」であるかのように，述べていました。しかしそれは，本当に事実判断と言えるでしょうか。もし事実判断と考える人であれば，上の「見る」という表現には戸惑いを持たれるでしょうし，また不満を持たれるかも知れません。しかしながら，そもそも「経済」という概念が何なのか，それはいつ，どのようにして我々の前に概念として登場して来たのか，第 2 章 p.16 や本章の初期の金属貨幣でも触れた問題ですが，広く長い意味と歴史を持った「交易」ということを，そうたやすく狭い意味の「交換」に帰することは乱暴と言わねばなりません。同時に，そのような交易と交換に，共通の起源のようなものさえ一切拒絶するとすれば，それもまた同様に乱暴と言うべきです。

[29] Walras (1874) にはじまるこの理論は今日の経済学理論の骨格をなす考え方ですが，今日にしてなお未完成な部分を大きく含むものでもあります。ワルラスはその問題の複雑さに応じて「**交換の一般均衡**」「**生産の一般均衡**」「**資本の一般均衡**」「**貨幣的一般均衡**」という段階的な取り扱い，モデルの分類を与えましたが，その後 100 年を経て今日，完全に完成していると言えるのはその静学部分（主体の計画期間が市場の範囲内に閉じている）である最初の 2 つのみと言うべきです。ワルラスの一般均衡理論は同時代であるソシュールの言語学にも影響を与えたと言われています (Piaget, 1970)。その意味では，一般均衡理論こそが 20 世紀を代表する「**構造主義**」という考え方の先駆であったと言えるかも知れません。

3.4 予想と均衡

為の計画期間が,その市場の範囲で閉じている場合)にすぎません。そしてその静学的部分に関しては,1950〜60年代,数学における ブラウワー (Brouwer)・角谷などの**不動点定理**を応用することにより,「数学的社会モデルの整合性」ともいうべき「一般均衡の**解の存在**」が証明されました。まさに20世紀の構造主義に支えられた数学の中心である位相数学をもって,その根源ともいえる一般均衡理論が完全なる定式化を見たというのはあまりにも劇的ですが,やはりそれは宿命であったようにも思われます。純粋数学的に,不動点定理は一般均衡存在定理の同値命題でさえあるからです。

「動学」的な一般均衡(ある主体の行為の計画期間が,直ちに直面している市場で取り扱われている財の範囲を超えているような場合)の取り扱いについては,今日大きく分けて2通りあるといえます。一つは (1) **一時的一般均衡** (Temporary General Equilibrium) という考え方です (Hicks, 1939; 9章・10章,森嶋,1950,Grandmont, 1977)。これは各主体が,以前の価格などを前提にしながら,来期以降の価格について**人それぞれの予想をもち**,その下で,とりあえず今期開かれている市場に相当する部分についてのみ,その取り引き(需給の均衡)に注目する,という方法です。もう一つは (2) **合理的期待均衡** (Rational Expectation Equilibrium) という考え方であり,しばしば**完全予見** (Perfect Foresight) 均衡と呼ばれる考え方を正当化するところのものでもあります (Radner, 1972, Duffie and Shafer, 1985)。これは,各主体が来期以降の価格について,その「当該モデルに基づく」という意味での「合理的」な分析によって**全主体が同一の予想を**(偶然なりにも)形成しているという「**合理的期待形成**」という考え方をその基本にしています。そしてその意味では,将来の価格を**完全予見**している(理想的な状況として,将来の全ての価格を人々が予め見越している)という想定も,意味を持つということです[30]。

後者の方法は,恣意的ではありながらも**静学モデルの直接的延長上に動学モデルを置く**ことができる,つまり静学と動学に本質的な差がなくなってしまう

---

[30]このような均衡概念は,しばしば,自己実現的 (self-fulfilling) な予想といったこととも,関連しています。例えば,すべての主体が「不景気」と予想すると,本当に不景気になり,その逆もあり得るといったことで,これは現実にも十分あり得る事柄なのです。従って,聞こえは馬鹿げていますが,決して馬鹿げた想定と一蹴して済ませてしまうべきものではありません。

(あるいは動学理論のそのような部分に,あえて議論を絞って,できることをやる)という,あくまで学問・理論の進展上における利点をもっています。

注意(合理的期待形成):経済学的な世界観(一つのモデルが全体世界として捉えているもの)はあくまで真実の世界の一部分を把捉したものにすぎません。しかしながら,そのことがまた社会を作り上げる一要因となっている(それが我々の「思い込み」であってもかまわない)という極めて社会科学的な側面を強調するならば,合理的期待形成(あるいはその極端な形としての完全予見)という考え方が出て来ます。実際,我々が一つの経済学的世界観(モデル)を支持するのは,そのモデルが我々の「**知り得る限り真の世界を良く叙述しているから**」であり,それは「例え誤っていようとも,その誤っていることを我々が知り得ない(あるいは知ろうとさえしない)」ことと見分けられないかも知れないのです。だとすれば,我々が「とある世界観を持っている」ということを前提とする合理的な議論においては,全てその合理性の根拠というべきものを,そのモデルにおける均衡(世界の在り方についての結論)に帰着させるべきということになるというのは,最も単純に「合理性」という言葉を用いる場合には自然なこととさえ言えます。これが合理的期待形成の「合理的」が持つ意味です。ただしこれは,これまでも述べて来た,そしてこれからも何度か出てくるであろう「**分からない(描けない)**」ことを,**無視する**立場に他なりません。先に述べた**共通事前確率仮説** (p.44),後出の**ダッチブック議論**における**合理性**の意味 (p.76) 等とも比較して,この意義を深く考えてみるのはとても良いことです。

章末問題

【問題 1】(不確実性とリスク) 専門語として,不確実性 (Uncertainty) と危険性 (Risk) という用語の違いを述べよ。

【問題 2】(世代重複モデル) 簡単な世代重複モデルを用いて,厚生経済学の第一基本定理「競争均衡はパレート最適である」が不成立であることを確認しなさい。

【問題 3】(オプションの裁定価格付け) p.65 の例題とその解答を元に,もしもこのオプションを解答にある 11 円ではなく 12 円で買いたいあるいは 10 円で売りたいという人が出てきた場合,具体的にどのような行動で利益を得ることができるか述べよ。

【問題 4】(動学的一般均衡概念) 動学的一般均衡概念として,「一時的一般均衡」と「完全予見均衡」の違いと利点,欠点をまとめなさい。

【問題 5】(発展的課題) p.67 脚注 27 およびその前後の「合理性」についての問題意識は,次章,次々章も含め,本書を通じてその最終章最終 12.6 節まで引き継がれる。また「合理的期待形成」の問題も第 11 章 11.2 節を通じてそれに合流する。意欲的な読者はこれら一連の「合理性」についての議論を,独立に一続きのものとして検討せよ。

4
合理性と選択

　ミクロ理論の出発点は，**合理的な**個人による選択行動にあります。ここで合理的ということには，厳密な数学的意味があります。経済学理論が合理的な個人という言葉を用いる場合の，その言葉の意味をここでは学びます。章の後半では**選択関数**と**顕示選好**という概念について，最後の節では**社会選択**とアローの**不可能性定理**という非常に有名な定理について学びます。

4.1　選　　好

4.1.1　経済学理論における個人とその選好について

　「目的と手段」という問題を自然科学的な「原因と結果」の問題に組み換えることにより，「社会」の「科学」という認識の客観性を担保することを唱えたのが，マックス・ウェーバー（Weber, 1904）であるというのは先にも少し触れました。今日の経済学理論においてこれを最も端的に表すのが，「選好」をもつ主体としての個人の取り扱いです。いわば｜選択の自由を与えられた個人の合理的選択行動として記述可能になるように，そのように各人の背景とともにその選択問題の設定が与えられるとき，初めて社会科学としての経済学理論が，一つの**客観的**な説明（唯一ではないかもしれないが）を与えるものとなる」ということです。このように，主体による選択という問題は今日の経済学理論の根本概念です[1]。

---

[1] 上述 Weber については先の p.66 の脚注 26 周辺を指しています。そもそも自然科学において明確と思われている「原因と結果」にしたところで，厳密に言えば暗黙的な「世界観の設定」を背後に持つものでしかあり得ないという批判（**ヒュームの懐疑**）があります。

一方,そのような取り扱いに対して当然ともいえますが,ミクロ経済学理論で想定される個人主体はしばしば「**経済人** (homo economicus)」と批判的に呼ばれます。真の人間知性という問題との関連（前章脚注 27）でいえば,**議論の出発点として必要不可欠に想定される主体の合理性**なるものも,およそ何らかの意味で限定された特殊なものでしかありえない,ということへの警告として,謙虚に受け止めねばなりません。

さて,それではともかく我々が「選好を持つ個人」から出発点するのは許すとして,その先のことがらについて,おそらく最も一般的に考慮する場合でもなお避けられない理論的制約ということから,話をしましょう。選好を持つ個人なるものを考えるにあたり,経済学理論では通常,個人の選択肢となりうるものの全体からなる**集合** X を考えます[2]。そして,その X という集合上の 2 要素 $x, y \in X$ に対して,「x 以上に y が好ましい」ということを $x \precsim y$ のように表現する,関係 $\precsim$ といったものを想定します。このとき,任意の x, y に対して,ともかく $x \precsim y$ が「成り立つ」か「成り立たない」かは,明白であるものとします。数学的に $\precsim$ のようなものは X 上の **2 項関係** (binary relation) と呼ばれます[3]。すると,ここまで,すなわち個人の選好を集合上の 2 項関係と限定したことで,少なくとも以下を必然的に認めていることになります。

(1) X が「集合である」とあらかじめ限定した時点で,たとえば選択肢の全体 X のそのすべてについては見渡せていない,という状況を排除している。

(2) $\precsim$ が「2 項関係である」と限定した時点で,選好が,成り立つか成り立たないかが,そもそもよく分かっていない,という状況を排除している。

(3) $\precsim$ を「2 項」の関係とした時点で,必ず 2 つの対象 x, y についての条件というだけで,選好の結論を出せる状況のみを考えている（たとえば他人がどう考えているかといったことを参考にしたい人のことなどは排除している）。

---

[2] **集合**については第 1 章で述べましたが,高等学校での水準とさほど変わらず,当面「そこに入るか入らないかが明確に述べられたものの集まり」としてください。本当はそれでは不十分で,たとえば $\{x | x \notin x\}$ などは集合と呼べない（ラッセルの逆理）といった問題があります。今日の数学はより厳密な**公理的集合論**というものに立脚しています。公理的立場と経済学理論について,興味があれば 神谷・浦井 (1996) をご覧ください。

[3] **2 項関係**というのは,ある集合の上で,その「2 つの要素に対して述べられた明確な性質」のことであって,2 つの間にそれが成り立つか成り立たないか,いずれかがはっきりしているものを指す。例えば実数上の大小関係<や等号関係=などは,その代表である。

4.1 選　好

これらは，我々が自然日常における「選好」ということを考えるにあたっては明らかに「制約」と呼ぶべきことですが，数学的な道具と引き換えに，我々はこれらをあきらめざるを得ないということです[4]。今日の経済学はともかくもそうした制約の上に構築されています。しかし，ここまではまだほんの入り口です。もしも「**効用関数**」のような道具に依存した議論を受け入れるなら，次に述べるような「**合理的選好**」という想定を受け入れなければなりません。

4.1.2　合理的な選好

集合 X 上の 2 項関係 $\precsim$ が与えられているとき，その 2 項関係が以下の 2 つの条件を満たすならば，それを X 上の**前順序** (preordering) と呼びます。

> **反射性** (reflexivity)：X の任意の要素 x について $x \precsim x$ が成り立つ。
>
> **推移性** (transitivity)：X 上の任意の 3 要素 x, y, z に関して，$x \precsim y$ かつ $y \precsim z$ ならば必ず $x \precsim z$ が成り立つ。

経済学理論では通常，個々人の選好に対して**反射性**と**推移性**が成り立つものと想定します。つまり，個人の選好は，通常「**前順序** (preordering)」であると仮定されるということです。

個人の選好に対しては，さらにこれに次の**完備性**という条件を付け加えるのが普通です。一般に，集合 X 上の 2 項関係 $\precsim$ が以下の条件を満たすとき，その 2 項関係は**完備** (complete) であると言われます。

> **完備性** (completeness)：X 上の任意の 2 要素 x, y に対して，必ず $x \precsim y$ もしくは $y \precsim x$ のいずれか少なくとも一方が成立する。

個人の選好が，上述した「反射性」「推移性」「完備性」という 3 つの条件を満たすとき，これを「**合理的選好**」と呼びます。これが経済学あるいはゲーム論その他社会科学における最も標準的な個人（選択主体）の設定です。社会科学

---

[4]最後の (3) について少し補足しておくと，例えば「他人の好みに合わせたい」といったことを表現したい場合，あらかじめその相手の選好を知っており，またそれが固定されているといったケースにおいてなら，それに合わせて記述すればよいだけなので，さしたる問題にはなりません。しかし，その相手が「いや，自分は逆に，君とは反対の方を常に好むのだ」などと言い出すと，明らかにどう記述したらいいのか分からない（通常の理論で記述不可能な）状況になります。

の種々理論がこのような想定の上に成立しているということについて，その是非も含め，この先しっかり見ていくことにしましょう．

前順序ではあっても完備ではない例について：R^2 におけるベクトルの大小関係 (p.5) などは，これが前順序ではあるが完備ではないという典型的な例です．たとえば $(1,0)$ と $(0,1)$ の間に，$(1,0) \leqq (0,1)$ も $(0,1) \leqq (1,0)$ も，いずれも成立しません．よって R^2 上の大小関係は完備ではありません．

合理的な選好（選好というものに対しては，以後一貫して記号 $\precsim$ およびそれに添字を用いたもので表すことにします）は，概念としては「より以上に好ましい」を表現する X 上の 2 項関係であったわけですが，以後，$\precsim$ が与えられているとき，「**無差別である**」と「**より厳密に好ましい**」という補助的な二つの概念と，それらに与えられた記号を導入することにします．「**無差別である**」ということを表現する（同じく X 上の 2 項関係）$\sim$ の定義は

$$x \sim y \iff (x \precsim y \text{ かつ } y \precsim x) \tag{4.1}$$

です．また「**より好ましい**」ということを表現する $\prec$ の定義を

$$x \prec y \iff (x \precsim y \text{ かつ } \neg(y \precsim x)) \tag{4.2}$$

とします．このとき任意の $x, y \in X$ について $x \sim y, x \prec y, y \prec x$ のいずれか一つ（一つのみ）が成立する，ということになり，我々の日常用語としての「以上」「同程度」「より好む」といった概念と整合的な，数学的対象物 $\precsim, \sim, \prec$ が準備されたということになります．この「いずれか一つのみが必ず成り立つ」という**三分法** (Trichotomy Law) が成立することについては，各自上記の定義に沿って証明してみてください（章末問題）．またこのとき「$x \precsim y$」と「$x \prec y$ または $x \sim y$」が定義上同値になることは容易に確認できます．合理的選好でなければ，三分法が必ずしも成立しませんので，このような定義の同値性も保証できません．

上のように得られた $\sim$ は，先に述べた「反射性」と「推移性」，およびそれらに加えて次の「対称性」という条件を成り立たせます．

対称性 (symmetricity)：任意の $x, y \in X$ について，$x \sim y$ ならば $y \sim x$ が成り立つ．

4.1 選　好

数学的には，この「反射性」「推移性」「対称性」の 3 条件を満たす二項関係を**同値関係** (equivalence relation) と呼びます。また，$\prec$ は「推移性」および次の 2 性質を成り立たせます。以下 $\not\prec$ は $\prec$ の否定を表します。

　　非反射性 (irreflexivity): 任意の $x \in X$ に対して $x \not\prec x$ が成り立つ．

　　非対称性 (asymmetricity): 任意の $x, y \in X$ について $x \prec y$ ならば $y \not\prec x$ が成り立つ[5]。

これらはすべて，それらの定義から論理必然的に示すことができます。たとえば $\prec$ の非反射性については，もしとある $x \in X$ について $x \prec x$ が成り立つとすると，$\prec$ の定義によって「$(x \precsim x)$ でありかつ $\neg(x \precsim x)$」ということになりますが，これは直ちに矛盾です。よって任意の $x \in X$ について $x \not\prec x$ でなければならないということです。$\prec$ の推移性の証明のためには，上の三分法の成立をまず先に示して，それを使うとよいでしょう。他もだいたい似たような難度ですので，確認はやはり章末問題として読者に任せます。

　上では「以上に好ましい」という概念を出発点として，それに対する記号 $\precsim$ を用いて主体の合理的選好を定義した後，$\sim$ および $\prec$ をそこから導出するという議論を行いました。しかし，逆に「より好ましい」を表現する $\prec$ と「同程度に好ましい」を表現する $\sim$ から出発し，それらの推移性や反射性および完備性（三分法）を想定して，そこから完備な $\precsim$ を定義するという論法も可能であることは想像に難くないかと思います。たとえば $\precsim$ に完備性を認めない，あるいは上記の三分法を必ずしも認めないで話を始めることは十分可能ですので，そういった場合に両方式は必ずしも同値にはなりません。「合理的選好」に話を限るなら，先に述べた定義の同値性がありますので，どちらからどちらを定めてもよいということになってくれるわけです。

　選好とその合理性についての基本的事項は以上ですが，経済学がこの基本の上に構築されているということに関連して，追加的に 3 点ほど，互いに無関係では決してない注意と話題を提供しておきます。

---

[5] ちなみに，とある X 上の関係 $\precsim$ が条件 $x \precsim y$ かつ $y \precsim x$ ならば必ず $x = y$ を満たす（つまり対称的なのは等しい場合に限られる）とき，$\precsim$ は**反対称性** (antisymmetricity) の条件を満たすと言います。反射性，推移性，反対称性を満たす二項関係のことを，数学では「**順序** (ordering)」と言います。

推移性は自然な仮定といえるか：「反射性」はともかくとして，「推移性」は我々の選好を記述する場合に十分自然な条件といえるでしょうか。たとえば「ごくわずかの差異であれば気にしない」というような人間特性は誰しも意識するところでしょうが，これを選好で表したときどうなるでしょうか。「少し位なら減ってもかまわない（同じと考える）」を何度か繰り返すなら，これは大きく減ることになります。もしも繰り返し $x^1 \precsim x^2$, $x^2 \precsim x^3, \ldots, x^{n-1} \precsim x^n$ を用いた末の x^n が最初の x^1 以上に好ましいといえないのであれば，それは数学的に有限回推移性の条件を繰り返すことから得られる結論と食い違います。数学を用いて人間社会を考察するという場合，常にこうしたことに注意せねばなりません。数学に限らず，これは「厳密な議論」が持つ宿命と呼ぶべきものです[6]。

選好の合理性の意義： 選好は個人がその行為を決定するための土台であり，経済学理論的には出発点に相当するものです。我々がその議論を主として「合理的」な選好に限定する背後には，経験的（実証的）というよりも，むしろ議論そのものが成立するための必要性という側面が存在しています。これは必ずしも否定的な意味ではなく，社会科学にとって，本節冒頭にも述べた Weber 的な意味から不可避的かつ積極的に置くべき価値判断，という側面も当然持っています（大事なことは，そういう限定の存在をきちんと把握することです）。たとえば $\prec$ が推移性を満たさない状況 $x \prec y, y \prec z, z \prec x$ は，しばしば選択肢 $\{x, y, z\}$ の下での行為の決定を不可能にします。そういう主体は「x よりも y」，「y よりも z」，「z よりも x」という持ち替えの提案に対し，無限に代価を支払い続けるかもしれません。そういったことを指して，そういう非合理的な主体から成る全体というのは「世界観として成り立たない」，あるいはそういう**非合理的な主体は早晩自然淘汰されてしまうものであって**（後述のダッチブック議論），社会をとらえるにあたっての焦点たりえない，という考え方があるということです。しかし，これに対しては，以下にも述べるような，またこれまでも強調してきた「**定まらないもの**」の実在という立場からの，重要な反論もあるでしょう。

ダッチブック（汚い賭け帳）議論：合理的な確率知識を持たないような主体，例えばコインの表が裏より出やすいと信じているような主体に対しては，彼にとって魅力的に見える賭けを提示しつつ，いくらでもその所持金をまきあげることができる，ひいては，非合理的な概念枠組は自然淘汰されるという意味で，**人間にとって一種，合理性が欠くべからざる性質であるとする**というような論調をしばしばダッチブック議論と呼びます。そもそもは，自らの行為決定を行う場合の主観的確率が，客観的な確率と同様の公理を満たすべき根拠として F. ラムジー（Ramsey, 1931）によってなされた有名な議論です。この議論には，「合理的な概念枠組を持たない」ということと「非合理的な概念枠組を持つ」ということの間の，論理的飛躍があることに注意して下さい。人は「**合理的な概念枠組みを持たない**」けれども，同時に「**非合理的な概念枠組みも持たない**」かも知れま

---

[6] これはいわゆる「専門家」にも通ずるところがあって，それが優れた「専門家」であればあるほど，理路整然と大間違いを犯すことになります。これを防ぐには，時折「人間」に戻って，自らの立ち位置をその「根源から」問い直す作業を繰り返すしかありません。

4.2 効　　用

　前節で取り扱ったような「選好」は，選択肢の集合 X 上の2点 x,y を与えられたとき，いずれかがいずれか以上に好ましいという一種の序列（数学的には前順序と呼ばれるもの）を与えるというものでした。これに対して，経済学理論では X 上に実数値を与える関数を想定することにより，そういった選択肢 x や y がどのくらい好ましいかということについて，それが実数値で表されているような状況を前提とすることがあります。「効用関数」と呼ばれるものです。効用関数は選好よりもむしろ経済学理論では古くから用いられた概念であり，様々な古典的議論とともに今日では経済学理論の中心的道具となっています。ただしこれは合理的選好よりも，なお一層限定された数学的道具です。ここでは合理的選好と効用関数の関係を中心に，効用関数とはいかなる道具であるのか，じっくり考えることにしましょう。

4.2.1　効用関数表現

　効用関数は選好に比べて古くそして特殊な道具です。効用関数を考えている場合我々は必ず選好についても考えているといえますが，逆は成り立ちません。**効用関数による選好の表現** (Utility Representation) という概念に基づいて，まずこの効用関数の特殊性という問題をきちんと考えてみましょう。

　効用関数 (utility function) とは，選択肢の集合 X 上で定義され，実数の集合 $\boldsymbol{R}$ 上に値をとる関数であり，各選択肢に対する主体の満足・喜びの度合いを数値で表現することができるという想定の下で，用いられる概念です。効用関数 $u: X \to \boldsymbol{R}$ を用いて，X 上の2項関係 $\precsim$ を「$x \precsim y$ とは $u(x) \leq u(y)$ であること」と定義すると，$\precsim$ は「反射性」「推移性」および「完備性」を満たします（次定理）。このとき $\precsim$ を，**効用関数 u から導出された選好**と呼びます。逆

---

[7]これは，前章 p.42, 脚注 1 から p.67, 脚注 27 に至って，ここまで何度も強調してきたことです。「西洋人は考えられない部分は無視する。東洋人は考えられない部分から出立する。」（鈴木大拙『東洋的な見方』上田閑照による後書き。鈴木 (1997)。

に，選好 ≾ が，何らかの効用関数 u から導かれた選好と見なせるとき，u を ≾ の**効用関数表現** (utility representation) と呼びます。

定理 4.2.1：効用関数によって表現可能な選好は合理的である。

証明：効用関数 $u: X \to R$ から導出された 2 項関係を $≾^u$ と書く。この $≾^u$ が，反射性，推移性，完備性をそれぞれ満たすことを示す。
　(1) 反射性について：任意の選択肢 $x \in X$ について，関数 u による値 $u(x)$ は当然 $u(x) = u(x)$ を満たすので，$u(x) \leqq u(x)$ すなわち $≾^u$ の定義によって $x ≾^u x$ を満たす。つまり反射性の条件を満たす。
　(2) 推移性について：任意に選択肢 $x, y, z \in X$ をとる。今 $x ≾^u y$ かつ $y ≾^u z$ が成り立っているものと仮定する。このとき，$≾^u$ の定義によって $u(x) \leqq u(y)$ かつ $u(y) \leqq u(z)$ が成り立っている。実数上の $\leqq$（大小）関係は明らかに推移性を満たすので，$u(x) \leqq u(z)$ が成り立つ。よって再び $≾^u$ の定義によって，$x ≾^u z$ が成り立っていることが言える。つまり $≾^u$ は推移性の条件を満たす。
　(3) 完備性について：任意に選択肢 $x, y \in X$ をとる。関数 u による値 $u(x)$ と $u(y)$ に対しては，実数上の $\leqq$（大小）関係が明らかに完備性の条件を満たすので，$u(x) \leqq u(y)$ もしくは $u(y) \leqq u(x)$ の少なくともいずれか一方が必ず成り立つ。よって $≾^u$ の定義により，$x ≾^u y$ もしくは $y ≾^u x$ の少なくともいずれか一方が必ず成り立つ。つまり $≾^u$ は完備性の条件を満たす。　∎

上記定理から直ちに「効用関数を想定するということは合理的選好を想定している」ということがわかります。上記定理の主張の逆，すなわち「選好が合理的であるならばそれは効用関数表現をもつ」は，必ずしも正しくありません。選好が効用関数表現を持つためには，例えば，選好の合理性に加えて「**選好の連続性**（x 以上に好ましい集合と x 以下に好ましい集合は，ともに**境界を含んだ集合 —閉集合— である**）」を仮定する必要があります。これは Debreu (1959), Chapter 4 等に証明のある重要な定理です。**選好の連続性を仮定すると，合理的選好は，連続関数での表現が可能になります**。関数の連続性まで保証されるのは，理論上非常に重要なことです。合理的選好でありながらも，「連続性」仮定を満たさない重要な例があります。それは**辞書式順序** (Lexicographic Ordering) に基づく選好と呼ばれるものです（実例は定理 4.2.3）。この場合，連続性どころか，そもそも実際に効用関数が定義できません。

　辞書式順序に基づく選好（**辞書式選好** Lexicographic Preference）は，果たして我々の現実世界においてまれな例外といえるでしょうか。これについては，

4.2 効　　用　　　　　　　　　　　　　　　　　　　　　　　　　　　79

次項 4.2.2 の最後で取扱います。

4.2.2 辞書式選好と効用関数

X を選択肢の集合とし，$\precsim$ を X 上の合理的な選好（反射性，推移性，完備性を満たす 2 項関係）とします。X が有限集合 $X = \{x_1, \ldots, x_n\}$ あるいは可算集合（可付番集合 countable set）のとき，$\precsim$ は効用関数で表現可能ですが，X が非可算集合の場合には反例があります。

定理 4.2.2：選択肢の集合 X が可算集合であるとき，X 上の合理的な選好 $\precsim$ は，効用関数表現可能である。

証明：X が可算集合であるとは自然数の部分集合と 1 対 1 に対応づけることができるということである。まず X が有限集合の場合，X の要素は $x_1, \ldots, x_n$ というように表現できる。そこで，まず x_1 に対して $u(x_1)$ という実数を，一つまったく自由に定める。次に x_2 を取ってくると，選好が合理的なので三分法が成立しているから，$x_1 \prec x_2$，$x_1 \sim x_2$，$x_2 \prec x_1$ のいずれか一つ，そして一つのみが成立している。そのいずれであるかに応じて，$u(x_2)$ を，先の $u(x_1)$ より大きく，あるいは等しく，あるいは小さく，定めれば良い。以下 x_i に対して，それ以前に定義されている $x_1, \ldots, x_{i-1}$ との三分法に基づく選好の序列的順位に応じて，以前に定まっている $u(x_1), \ldots, u(x_{i-1})$ の値と整合的になるように，$u(x_i)$ の大きさを適宜定めることができるのは（任意の 2 つの異なる実数の間に，適宜それらのいずれとも異なる実数を取ることができるのは当然なので）明らかであろう。また，この作業を x_n まで繰り返せば，最終的に出来上がった $u : X \to \mathbf{R}$ が $\precsim$ の効用関数表現であることも明らかであろう。よって，以後 X が有限集合の場合の証明は終わっているものと考える。以下では可算無限集合の場合，したがってその要素に適宜番号をつけることによって $X = \{x_1, x_2, \cdots\}$ という形であるとみなすことができる場合について考える。

　（第一段階）まず任意に番号 n を固定する。このとき有限集合 $\{x_1, \ldots, x_n\}$ に話を限定した $\precsim$ に対して，上述した有限集合の場合の説明通りに，とある効用関数表現（つまり以下の数値の具体的定義）$u(x_1), \ldots, u(x_n)$ が存在する。

　（第二段階）次に x_{n+1} に関して，この $\{x_1, \ldots, x_n\}$ 上の $\precsim$ の効用関数表現 u が，x_{n+1} も含む形にその定義を拡張可能であるかどうかについて考える。しかしこれは上述した有限集合の場合の定義プロセスに基づいて考えれば，明らかである。実際，上の定義の繰り返しにすぎないが，$\precsim$ に関して順次元を並べ直した形 $x_{i_1} \precsim x_{i_2} \precsim \cdots \precsim x_{i_n}$ に基づいて，x_{n+1} が $\{x_1, x_2, \ldots, x_n\}$ の $\precsim$ 最小元 x_{i_1} に対して $x_{n+1} \prec x_{i_1}$ であるならば $u(x_{n+1}) = u(x_{i_1}) - 1$ などとし，最大元 x_{i_n} に対して $x_{i_n} \prec x_{n+1}$ であれば $u(x_{n+1}) = u(x_{i_n}) + 1$ などと定める。もちろん $x_{n+1} \sim x_{i_m}$（とある $m = 1, \ldots, n$ について）であれば $u(x_{n+1}) = u(x_{i_m})$ とすればよいし，となりあう x_{i_m} と $x_{i_{m+1}}$ にはさまれて $x_{i_m} \prec x_{n+1} \prec x_{i_{m+1}}$ となるときは $u(x_{n+1}) = (u(x_{i_m}) + u(x_{i_{m+1}}))/2$ とで

も定義すればよい。そして，このように定義域を拡張された u が $\{x_1, x_2, \ldots, x_n, x_{n+1}\}$ 上の $\precsim$ に対する効用関数表現になっていることも明らかである。

（第三段階）さて，以上の u の定義域拡張の議論を繰り返すことによって（正確に言うと数学的帰納法によって）$u(x_n)$ の定義は全ての自然数 n に関してなされたと考えることができる。つまり X 上の関数 u が定義されたものと見なすことができる。

（第四段階）最後にこのような u が実際に X 上の $\precsim$ の効用関数表現になっていることを確かめねばならない。（なぜなら，u の定義においてそれが効用関数表現になっているのは，その定義の中で出てくる $\{x_1, \ldots, x_n\}$ の形をした有限部分集合に関してのみの話だからである。）しかし，これを確かめるのは容易である。なぜなら，もしこの u が X 上での効用関数表現になっていないとすれば，ある x_k と x_ℓ が存在して $x_k \precsim x_\ell$ であるにもかかわらず $u(x_k) > u(x_\ell)$ となっていることを意味する。これは m を $m \geq k$ かつ $m \geq \ell$ にとったとき，u が $\{x_1, \ldots, x_m\}$ 上での $\precsim$ の効用関数表現になっていることに矛盾するからである。∎

上はいくぶん長い証明ですが，数学的帰納法というものを前提としつつ，効用関数の構築において先にも挙げた Debreu (1959; Chapter 4) の証明法の基礎にもなっている基本的な議論です。実際 Debreu (1959) の証明は，上の議論に連続性，つまり収束概念とそれにまつわる位相的内容の確認を付け加えただけのものです。

さて，しかしながら X が非可算集合になると，上の証明は簡単には拡張できません。そのために「選好の連続性」という条件と，上述した収束についての位相的議論が必要になってきます。Debreu の証明に興味のある人は，以上の話を基にして，ぜひ原著に当たって下さい。当該証明は，無限とは何かということから，有理数と実数の定義，そして連続性の概念，背理法の用い方まで含んで，大学以降の数学の意義を明確にする恰好の教材です。ここでは，もう一つの重要な事実，非可算集合に辞書式順序を入れるとき，実際に効用関数の定義が不可能となる，その実例を与えておくことにします。

X が非可算集合である場合の前定理の反例：X を実数区間 $[0,1]$ の直積 $X = [0,1] \times [0,1] = \{(x,y) \mid 0 \leq x \leq 1, 0 \leq y \leq 1\} \subset \boldsymbol{R}^2$ とします。もちろん，実数区間 $[0,1]$ が可算集合でない（以下の注意を参照）ことに注意して下さい。X 上の Lexicographic ordering として 2 項関係 $\precsim_L$ を $(x_1, y_1) \precsim_L (x_2, y_2) \iff (x_1 < x_2)$ or $((x_1 = x_2)$ and $(y_1 \leq y_2))$ と定義します。つまり，まず x 座標に関して大小を比較し，x 座標が同じであればはじめて y 座標について大小を比

4.2 効　用

較するということです．このとき，次のことが成り立ちます．

定理 4.2.3: $X = [0,1] \times [0,1]$ 上の関係 $\precsim_L$ は反射性，推移性，および完備性の条件を満たすが，効用関数による表現は不可能である．（この選好 $\precsim_L$ を局所的に図示すると図 4.1 のようなものになる．）

証明: $u: X \to R$ が $\precsim_L$ の効用関数表現であるとする．任意の $x \in [0,1]$ に対して，$u_x = u(x,0)$ および $u^x = u(x,1)$ という 2 つの実数を考えると $u_x < u^x$ であるので，その間に入り込む有理数 $q(x)$ を $u_x < q(x) < u^x$ なるようにとることができる．定義より $x < x'$ であれば $q(x) < q(x')$ であるので，x に対して決まる $q(x)$ を関数とみなすと，これは実数区間 $[0,1]$ から有理数全体の集合の中への 1 対 1 写像となる．これは実数区間 $[0,1]$ が非可算集合であること（以下の注意を見よ）に矛盾する．　■

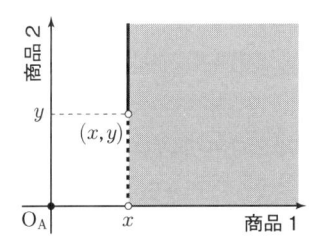

図 4.1　商品 1 の数量を優先する辞書式選好を持つ A が
　　　　点 (x,y) より好む範囲（実線境界含む）．

注意（実数区間の非可算性）：以下，完全に純粋数学的内容ではありますが，実数区間の非可算性ということについての証明を与えておきます．この数学的事実は「無限」ということの意味を含め，現代数学の基本姿勢を示す上で極めて重要な認識であり，また今日の数学的方法の多くの特徴もその議論の内に含んでいます．とりわけミクロ経済学理論のような社会認識において，それを用いる側の立場としてここに細心の注意を払っておくことは大切です．

定理 4.2.4：実数区間 $[0,1]$ は，非可算集合である．

証明：区間 $[0,1]$ に入る小数の全体が可算集合であると仮定して矛盾を導く．ただし，ここで小数と呼ぶのは，0 および循環するものとしないものを含めた無限小数の全体である．0 以外の有限小数は，最小位の数を 1 つ減らし，その次の位以降に 9 を連ねた循環小数と考える．つまり 1 は $0.999\cdots$, 0.03 は $0.02999\cdots$ と考えて，無限小数として

あえて表す．こうすることによって，区間 [0, 1] に入る正の実数の無限小数としての表現方法は一意的となる．つまり小数表現方法は複数あるが，上のように取り決めておけば，数えすぎているということはない．以下，X をそのような無限小数（0 より大で 1 以下であって，ある位から先ずっと 0 ということはない）と 0 からなる集合とする．

もしも X が可算集合であれば，そういった無限小数の全体（X の要素）に番号を付って $x_1, x_2, x_3, x_4, \ldots$ のように表すことができる（$x_1, x_2, \ldots$ 一つ一つが，それぞれ無限小数ということである）．いま，この番号付けを元にして，以下のような無限小数 x を定義する．まず，x の整数部分を 0 とする．次に x の小数第 1 位は，x_1 の小数第 1 位が 1 であれば 2 とし，1 以外の場合は 1 とする．一般に，x の小数第 n 位は x_n の小数第 n 位が 1 であれば 2 とし，1 以外であれば 1 と定義する．このようにして作られる無限小数 x は，明らかに 0.1 以上で 0.3 以下である．そして「ある位から先ずっと 0 ということはない」ように定まっている．しかし，そうであるにもかかわらず，$x_1, x_2, x_3, \ldots, x_n, \ldots$ とそれぞれ小数第 1, 2, 3, $\ldots, n, \ldots$ 位が異なっており，[0, 1] 区間に入りながらも，その区間の無限小数の全てに付された（はずの）いかなる番号づけのある無限小数とも異なっている．つまり x は X に入っていないということになる．これは矛盾である（上の x に対するような定義の仕方と議論の方法を**カントール**の**対角線論法** (diagonal argument) という）．つまり X が可算集合であるということが誤りでなければならない．よって，実数区間 [0, 1] は非可算集合（可算ではない集合）ということになる． ∎

[0, 1] という $\boldsymbol{R}$ の部分集合にしてすでに非可算なのですから，言うまでもなく $\boldsymbol{R}$ そのものも，そして $\boldsymbol{R}$ をその一部分と同一視できる $\boldsymbol{R}^2$, $\boldsymbol{R}^n$ なども，非可算集合です．

注意（辞書式選好は例外的事情か）：辞書式選好の状況とは，$X \subset \boldsymbol{R}^\ell$ 上の選好について，ある点 x のとある近傍においては，特定の一部商品グループの数量だけが注目され，それ以外の数量については無視されているという状況ですが，これは果たして例外的といえるでしょうか．例えばレストランで食事をするという場合，それは単なる『食物』の提供であるのみならず，接客サービス，あるいは場の雰囲気としてのサービスなどの複合的な財・サービスの享受として，我々はそれを消費します．さて，そのような場合，我々はたとえば：

> 『レストランを選択するにあたって，各サービスに大雑把な上中下程度の許容範囲を定めておき，その範囲内においてはまず「食物」を重視，次に「場の雰囲気」を重視，続いて「接客サービス」を重視する』

といった形で選好するといったことはないでしょうか．もしそうだとすれば，我々の日常的選好は大きく Lexicographic Ordering を基本にしているといった方が正しいのではないでしょうか．これは，後章においてエッジワースボックスを解説した後の練習問題 (p.188) ですが，先の図 4.1 のような主体 2 人からなる簡単な経済においては，均衡の

不存在を容易に示すことができます。マルクスが言うように我々は明らかに議論しやすいことだけを選んで議論する傾向を持っています。社会科学の場合「それがまた現実を構成している」ということに特別な重要性があるものの，辞書式選好の問題は，おそらく我々の現実の最大化と思しき行為が，理論のそれと極めて似通いつつ，決してそうではない，そのような一面を示唆し，警告していると言えるでしょう。

4.3 選 択 関 数

4.3.1 顕示選好の弱公理

　ここまで，個人についての「選好」ということに重点を置いて話を進めてきましたが，視点を変えて，個人における「選択」ということから話を進めることもできます。ここではそういう選択と選好との関係について考えます。なお，「選択」ということを「選好」の結果と考える通常の話の方向からすれば，「選択」というのは経済学理論でいうところの「需要」にそのまま当てはまります。その意味で，以下で述べる「選択関数」あるいは「選択対応」というのは，そのまま「需要関数」あるいはもっと一般的に「需要対応」という概念を先取りしたものとなります。そして以下で述べる「顕示選好」という話題も，後に第 6 章 6.3 節で，消費者行動を取り扱う際に，再度登場します。

　選択集合 X において，その背後の選好や効用を必ずしも考えることなく，その空でない部分集合 $A \subset X$ に対して A の中での選択点の候補（複数でもよい）の空でない集合 $C(A) \subset A$ を定めるような「しくみ」が，何かしら頭から存在していると仮定します。このとき，すべての $A \subset X$ に対して $C(A)$ が定まっていなくても構いません。$C(A)$ が定義されているような部分集合 $A \subset X$ の全体を $\mathscr{D}$ と表し，数学的に上記の「しくみ」とは，C を $C : \mathscr{D} \to X$ と見て定義域が $\mathscr{D}$ で X に値をとる 1 対多の『対応』であると，明確に述べることができます。以下，このような C を選択集合 X 上の**選択対応** (Choice Correspondence) と呼ぶことにします。

　ある選択対応が**合理化可能**であるとは，X 上のとある合理的な選好 $\precsim$ が存在して，$x \in C(A)$ ということと，x に対して任意の $y \in A$ が $y \precsim x$ を満たすということが，A に対する $C(A)$ の定義されている限りにおいて，同じであるということとします。このとき，x は A における $\precsim$-**最大元**と呼ばれます。

選択対応が合理化可能であることを保証する条件として**顕示選好の弱公理**(Weak Axiom of Revealed Preference)があります。これは「一度，x も y も選べるという状況の下で x が選ばれているなら，別の状況下でやはり x も y も選べるというとき，y だけが選ばれて x が選ばれないということは生じない」という条件です（証明は，次項 4.3.2 の後半で与えます）。厳密に書くと，選択集合 X 上で定義された選択対応 $C : \mathscr{D} \to X$ が顕示選好の弱公理を満たすとは，以下の条件が成り立つことです。

顕示選好の弱公理（Weak Axiom of Revealed Preference）：任意の $x, y \in X$ および $A, B \in \mathscr{D}$ について，$\{x,y\} \subset A \cap B$ かつ $x \in C(A)$ かつ $y \in C(B)$ であるならば，必然的に $x \in C(B)$ が成り立つ。

選択対応が合理化できないとは，どういった場合でしょうか。そしてそれはどのような問題をはらんでいるでしょうか。選択対応が合理化できない，典型的な状況を挙げるとすれば，たとえば 1 つの決定事項に 2 重の基準が課されている場合などが考えられます。

例（**二重基準の下で合理化できない選択対応**）：ある大学では，その入学試験において一次試験と二次試験を行い，その成績によって合格者を決めている。この大学では二次試験を非常に重視しており，二次試験の点数配分を一次試験の点数に対して 999 対 1 にまで引き上げている。一方で，この大学ではいわゆる一次試験に基づく足切りを行っており，二次試験への出願者がある一定数を越えた場合には，一次試験の成績により下位のものを不合格とすることに決めている。

上の例のような場合，二次試験に絶大な自信をもっている x さん（ただし一次試験はうっかり回答欄を間違えて 0 点だったとします）と，一次試験はまあまあだったけれど，二次試験は大の苦手（おそらく x さんの点数の半分も取れないでしょう）の y さん，そして一次試験も二次試験も絶大な自信をもっている z さん，それぞれの合否について考えてみましょう。3 人ともこの某大学への進学意欲は高く，既に二次試験に出願することは決めているとします。もしも出願者の集合 $A = \{..., x, y, z, ...\}$ というのが，その要素数が足切りに満たない集合であった場合，$C(A)$ には x と z が入り，残念ながら y さんは（ボーダーラインなのですが）不合格ということになるとします。一方で，もし $B = \{..., x, y, z, ...\}$ というのが足切りを越えた要素数を持つ集合であった場合，一次試験に失敗した x さんが不合格となり，ボーダーラインの y さんは合格ということになるとしましょう。この仕組みの下で与えられる選択対応 C は顕示選好の弱公理を満たしていません。$\{x,y\} \subset A \cap B$ かつ $x \in C(A)$ かつ $y \in C(B)$ であるにもかかわらず，$x \notin C(B)$ です。

4.3 選択関数

実際この大学は，二次試験においてかくも極端な過大配点をしておきながら，一方で一次試験による足切りを行うということで，トータルに考えればいったいどのような学生を取りたいのか，十分に説明ができないことになります。どんな学生を取りたいのかよく分からない，トータルなビジョンがない，ということであり，これが，選択対応を合理化できない，ということです。

次項では，選択対応についてのもう少し数学的な詳細を追うことにします。選択対応についての上記のような取り扱い，そしてより進んだ議論については Mas-Colell et al. (1995), Rubinstein (2006) なども参照して下さい。

4.3.2 選択対応についての補論

選択対応とその合理化

選択集合 X 上の選択対応 C の合理化にあたって，上で述べた「x は A における $\precsim$-最大元」という概念を，以下ではより一般的な 2 項関係に対して，定義拡張しましょう。

X 上の 2 項関係 $\precsim$ が反射性を満たすものとし，また $x \prec y$ を「$x \precsim y$ かつ $\neg y \precsim x$」で定義します。このとき，$A \subset X$ において「$x \in A$ に対して任意の $y \in A$ が $y \precsim x$」であるような x を「A における $\precsim$-最大元（$\precsim$-greatest element）」と呼びます。また「$x \in A$ に対して $x \prec y$ を満たすものが存在しない」ような x を「A における $\precsim$-極大元（$\precsim$-maximal element）」と呼びます。上記の最大元および極大元の定義における $y \precsim x$ および $x \prec y$ をそれぞれ $x \precsim y$ および $y \prec x$ に変えると，それぞれ**最小元**（least element）ならびに**極小元**（minimal element）の定義となります。

最大元 greatest element は必ず極大元 maximal element ですが（定義により確認して下さい），その逆は成り立ちません。例えば $\boldsymbol{R}^2$ における大小関係 $\leqq$（これは明らかに完備ではありません）について，$A = \{(1,0), (0,1)\}$ とすれば，$(1,0)$ および $(0,1)$ はともに A における $\leqq$ の意味での極大元ですが，これらはいずれも A における $\leqq$ の最大元ではありません。

もしも $\precsim$ が反射性に加えて推移性，完備性も満たすなら，maximal element は自動的に greatest element となります。つまり両概念に違いはなくなります（これも章末の練習問題としますので，定義に従って各自確認して下さい）。

定理 4.3.1（顕示選好の弱公理と選択対応の合理化）：選択対象の集合 X 上で，A に対して $C(A)$ の定義されているような部分集合 A の全体 $\mathscr{D}$（選択対応の定義域）が，少なくとも X 上の 3 点以下からなる部分集合の全てを含むとするとき，顕示選好の弱公理を満たす選択対応 C は合理化可能である。

証明：任意の $x, y \in X$ に対して $C(\{x,y\})$ が定義されている（2 点からなる部分集合はすべて $\mathscr{D}$ に入る）ので，
$$x \succsim y \iff y \in C(x,y)$$
と定義すると，$\succsim$ は 2 項関係であり明らかに**完備性**を満たす。また，$C(\{x,x\})$ は，それが空でないという条件から明らかに x をその元として持たなければならないということによって，$x \succsim x$ すなわち $\succsim$ は**反射性**を満たす。よって残るのは上で定義された $\succsim$ が**推移性**を満たすということだけである。今，$x \succsim y$ かつ $y \succsim z$ が成り立っていると仮定する。つまり $y \in C(\{x,y\})$ かつ $z \in C(\{y,z\})$ が成り立っているわけである。示したいことは $z \in C(\{x,z\})$ である。定義により x か z のいずれかが $C(\{x,z\})$ に入らなければならない。$z \in C(\{x,z\})$ であれば示すべきことは何もないので $x \in C(\{x,z\})$ とする。このとき $C(\{x,y,z\})$ について考える。次の 3 つのケースが存在する。

(1) $x \in C(\{x,y,z\})$ のケース：このとき $y \in C(\{x,y\})$ と弱公理によって $y \in C(\{x,y,z\})$。さらに $z \in C(\{y,z\})$ と弱公理により $z \in C(\{x,y,z\})$。

(2) $y \in C(\{x,y,z\})$ のケース：このとき $z \in C(\{y,z\})$ と弱公理によって $z \in C(\{x,y,z\})$。

(3) $z \in C(\{x,y,z\})$ のケース。

つまりどのケースでも $z \in C(\{x,y,z\})$ が言える。ところが，このことと再度 $x \in C(\{x,z\})$ ならびに顕示選好の弱公理によって，$z \in C(\{x,z\})$ でなければならない。∎

選択関数 (Choice Function) について：選択対応という言葉を用いてきましたが，特に選択対応の値が単一の要素のみからなる場合は，その値をその単一の要素と同一視して，**選択関数**と呼びます。ところで，この選択関数という言葉は，数学では非常に基本的な道具（概念）として，上記文脈とは全く独立に，よく知られています。X を集合とし，$\mathscr{D}$ を X の空でない部分集合からなる集合の族とします。各 $A \in \mathscr{D}$ に対してその A の要素を 1 つ対応づけるような関数 $f: \mathscr{D} \ni x \mapsto f(x) \in A \subset X$ を，集合族 $\mathscr{D}$ に対する一つの**選択関数** (choice function) と呼びます。今日の数学がその基礎とする公理的集合論において，この選択関数という概念は非常に大きな役割を持っています。「空でない集合からなる上記のような集合族 $\mathscr{D}$ が与えられたとき，それに対して少なくとも一つの選択関数が存在する」という条件は**選択公理** (Axiom of Choice) と呼ばれ，今日の集合論（そして現代数学）を特徴付ける最も重要な公理，そして集合論の公理の中でも最もその根拠に「議論の余地のある」公理として，知られています。たとえば，この公理は『任意の集合は，そこに適当な順序を与えて，その全ての部分集合が最小元を持つようにすることができる』という条件（ツェルメロの**整列公理**と呼ばれる）と同値で

あることが知られています。実数全体の集合 R に，一体どのように順序を与えてやればこの条件が成り立つのか考えてみれば，この我々が依って立つ公理の危うさの一端を，かいま見ることができるでしょう[8]。選択公理はまた極大元の存在に関するツォルンの補題と呼ばれる次の主張とも同値であることが知られています。

> **ツォルンの補題 (Zorn's Lemma)**：空でない集合 X 上に前順序 $\precsim$ が与えられているとする。今 X の部分集合 A で $\precsim$ によって完備に順序づけされているようなものに対しては，必ず上に有界である（ある $x \in X$ が存在して任意の $a \in A$ について $a \precsim x$ となる）ことが分かっているとき，X における $\precsim$-maximal element が少なくとも一つ存在する。

ツォルンの補題は，経済学理論においてもしばしば解の存在や均衡概念の構成に用いられます[9]。

4.4 社会選択

一般的な選択という問題とそのための道具を準備したついでに，個人ではなく社会の選択という問題を考えておくことにしましょう。

選択肢の集合 X というのが，社会全体における，たとえば互いに異なる政策目標であるとか，優先順位を与えるべき公共事業であるといった，その構成員 $i = 1, 2, \ldots, n$ に対して異なる意味をもってくる，相異なる公的選択肢であると考えてみましょう。このとき，その社会を構成する $i = 1, 2, \ldots, n$ という**個々の主体の，X 上の様々な選好のあり方**に対して，それら様々な選好をいわば代表するものとしての**社会全体の選好**をどのように**構築（集計化）**すべきか，という問題が考えられます。この話を中心として，**社会選択理論** (Social Choice Theory) と呼ばれる分野が形成されています。

---

[8] ここで述べているような内容について，きちんと勉強したい人は，標準的な公理的集合論の教科書，例えば Jech (2003), Fraenkel et al. (1973), あるいは Kunen (1980) などをご覧下さい。

[9] 上記のツォルン補題は $\precsim$ を前順序として書いたが，通常のツォルンの補題は上記の $\precsim$ が必ずしも完備でない順序関係 (partial ordering) という前提で，書いてあることが多い。経済学的には上の形の方が役に立つので，上の形で与えておく。実際，上記設定で補題が成立するなら，順序は一種の前順序なので，上掲のツォルンの補題の成立から，極大元の存在が保証され，よって上の補題の方が通常のツォルンの補題よりも強いことを主張していることが分かる。更に上掲の形でのツォルンの補題の成立に疑念のある読者は，前順序 $\precsim$ から $\prec$ を $x \prec y \iff ((x \precsim y) \wedge \neg(y \precsim x))$ によって定義し，かつ $\preceq$ を $x \preceq y \iff ((x \prec y) \vee (x = y))$ と定義して，順序 $\preceq$ に対して通常のツォルン補題を適用し，得られた極大元を用いて，上記ツォルンの補題の成立（つまり上のツォルンの補題と通常のツォルンの補題は同値）を確認せよ。

社会的な選好の集計化という問題に関しては，まず**コンドルセ・パラドックス**と呼ばれる以下の問題の把握が重要です[10]。

コンドルセ・パラドックス: 社会として x, y, z という 3 通りの選択肢があるとします。この社会は A,B,C という 3 名で構成されており，A,B,C はそれぞれ合理的な選好を持って 3 つの選択肢に対する明確な**個人的順位付け**を与えることができている（ある合理的選好で表現されており，しかもどの 2 つも同程度に好ましいということはない）とします。このとき，社会が「**多数決**」という極めて民主的な方法を用い，**社会的な順位**（ある合理的な社会的選好）を決定しようとするのは自然なことです。しかし，コンドルセ・パラドックスが示すのは，多数決の導く不公平極まりない結論です。

社会選択の対象 x, y, z に向けた A,B,C 3 人それぞれの選好を $\prec_A, \prec_B, \prec_C$ で表し，それが今次のような状態であったと仮定しましょう。

$$x \prec_A y \prec_A z$$
$$y \prec_B z \prec_B x$$
$$z \prec_C x \prec_C y$$

すなわち，x, y, z についての選好は，A,B,C 3 名に関して異なっており，その順位は 3 人の間で円環的状況を呈しているわけです。このとき，次の 3 通りの多数決の方法を検討して下さい。

方法 1: まず，x, y についていずれが良いか多数決をとり，その勝者と残る z とを比較して，決着をつける。

方法 2: まず，y, z についていずれがよいか多数決をとり，その勝者と残る x とを比較して，決着をつける。

方法 3: まず，z, x についていずれが良いか多数決をとり，その勝者と残る y とを比較して，決着をつける。

最初の方法 1 によれば，まず x と y の比較に対しては，A と C の 2 票をもって y が採択され，続く y と z の比較に対しては，A と B の 2 票をもって，z が採択されます。ところが方法 2 によれば，まったく同様の議論で x が選択され，方法 3 によると y が選択されることになります。

コンドルセ・パラドックスは社会選択を決定するにあたって多数決が持つ問題点，それを単純に社会のランキングに用いた場合，サイクルが生じ得ること，あるいはそのサイクルを無視して恣意的に比較の順序を選ぶことにより，社会的な選択の結果を操作し得るということを指摘しています。つまり単純に多数決を用いて社会の選好 $\prec$ を作れば，$\cdots \prec x \prec y \prec z \prec x \prec y \prec z \prec \cdots$ のようなことが生じ得るのであり，それを何処かで

---

[10] コンドルセは 18 世紀中後期のフランスの数学・哲学者。一説では社会学の始祖ともいわれており，オーギュスト・コントなどへの影響が知られています。

4.4 社会選択

切り取って,「これが社会のランキングである」と主張すれば,恣意的に結果を誘導できるということです.

このパラドックス(実は逆理でも何でもなく事実ですが)は,「循環しない社会的選好」あるいは「合理的な社会的選好」を「頭から」要求することの数学的な困難さ(不可能性)を容易に我々に予想させます[11].

4.4.1 アローの不可能性定理

X を選択肢の集合とし,2人以上の主体 $i = 1, 2, \ldots, n$ がそれぞれこの選択集合上の選好を持つものとします.それらがどのような選好であるかということについて,とりあえずは固定しないとき,この社会を構成する n 人の選好のあり方 $(\precsim_1, \ldots, \precsim_n)$ に対して,社会の選好 $\precsim$ を決める一般的な方法 F を**社会的選好集計関数** (Social Preference Aggregator) あるいは**社会選択ルール** (Social Choice Rule) と呼びます.これは社会が何を選ぶかということではなく,それ以前に,異なる意見の在り方を社会的にどう集計化するかについてのルールです[12].**アローの一般可能性定理**は,この社会的選好集計関数が満たす条件についての,以下のような主張です.

(1) 全ての主体に関して,ありとあらゆる合理的選好の可能性を考慮したものであること(**Universal Domain**).

(2) 全員が A よりも B が好ましいと表明しているときには,社会的にも A より B が好ましいということを満たすこと(**パレート性**)[13].

(3) 2つの選択対象への社会的選好の決まり方は,その2つの対象に対して各人のつける「選好の成立不成立のあり方のみ」に依存するものであること(**Independence of Irrelevant Alternatives (i.i.a.)**).

以上の,かなり当然と見える条件を満たす限りにおいて,そこに必然的に独裁者的主体が存在しなければならないという,次の条件を主張するものです.

---

[11] 合理的な選好 $\precsim$ から導かれる $\prec$ ($x \prec y \iff x \precsim y$ and not $y \precsim x$) において,上述したような循環は生じ得ません(章末問題).

[12] これに対して,社会が何を選ぶかということを,同様の定義域において定めたもの,つまり n 個並んだ選好から社会的な選択肢 $x \in X$ を1つ決める関数のことを,**社会選択関数** (Social Choice Function) と呼びます.社会選択関数については第 11 章で扱います.

[13] 実はもう一段弱く,社会的には「以上に」でよい.

(4) ある主体 i が存在して，任意の 2 つの選択対象 $x,y \in X$ と合理的な社会的選好 $\precsim_* = F(\precsim_1, \ldots, \precsim_i, \ldots, \precsim_n)$ に関し，主体 i の選好状況が $x \succ_i y$ である限り（他の主体の選好状況がどうであろうとも）必ず $x \succ_* y$ が成り立つ（**独裁者の存在**）[14]。

証明は，次項で与えます（Kreps (1990), Mas-Colell et al. (1995) 等にも同様の証明があります）。仮に，(4) が主張するような「独裁者」はあってはならないということを一つの要求とするなら，上記定理はそのような望ましい社会的集計の方法が存在しないことの主張（不可能性定理）になります[15]。

独裁者について: 上記 (4) において，F が具体的なプロセスとして i の意見を必ず反映させるという宣言とともに定義されているのではありませんから，関数としての F と上記の条件のみから i の独裁という表現を与えることに躊躇いを覚える人もおられるかもしれません。しかし (3) i.i.a. の要請から，他の全員がこぞって反対していようとも，どんな場合でも i の意見が通る，ということなのですから，これが i の独裁を（たとえ i が意識していようとしていまいと）意味しているというのは，独裁という言葉の素直な意味からして妥当ではあります。ついでながらここで，(4) において独裁者と呼ばれる i が $x \sim_i y$ であるような x,y については，社会的順序がどうであるかの指定はなされていません。

多種多様な意見を集計化することの困難さ —— それ自体は前項のコンドルセパラドックスからも知られることがらであったわけですが —— に対処する方法として，信頼すべき一人に種々の判断を委ねるということは，かの直接民主制たるギリシア・アテネの時代からなされてきたことです。しかし，それはあくまで多数決投票などの補助的手段でしょう。独裁者の存在に積極的な意義を見いだすことは困難です。もちろん，i.i.a. は，選好の成否のみの条件であり，その強さといったことに依存させ得ないということから，強すぎる要求です。Universal Domain も現実的な要請とはいえませんし，加えて社会的選好が，「合理的」の全要求を満たさねばならないということもないはずです。しかし，やはり紛れもなくこのアローの定理は，社会的に意見を集約することの不可能性を表現する最も劇的な定理であることに間違いなく，今日なお「社会選択理論」と呼ば

---

[14] 以後，特に混乱を生じない限り $\succ_i, \succ_*$ 等によって，それぞれ合理的な選好 $\precsim_i, \precsim_*$ 等から，その否定として定義される，厳密な選好を表すものとする。

[15] 第 13 章においては，「社会選択関数」と「単調性」という概念を用いて，再度同様の不可能性問題に触れることにします。

4.4 社会選択

れる一分野における中心的命題であり続けています．また，種々の選好の考慮（universal domain）と多数決（パレート性と i.i.a.），それが導く循環（前順序の合成ルールを得ようとするなら独裁）という構図は，基本的なコンドルセパラドックスにおいて，すでに見られるところでもあります．

4.4.2 アローの定理の証明

以下，社会全体の集合を $I = \{1, 2, \ldots, n\}$ で表します．各個人主体の選好は，$\succ_i, \sim_i, \precsim_i, i = 1, 2, \ldots, n$, などと下に添字 i を付して表し，社会の選好は $\succ_*$, $\sim_*, \precsim_*$ といったように $*$ を付して表すことにします．X 上の合理的選好の全体を $\mathscr{R}(X)$ で表すと，社会的選好の集計関数とは，$F: \mathscr{R}(X)^n \ni (\precsim_1, \ldots, \precsim_n) \mapsto \precsim_* = F(\precsim_1, \ldots, \precsim_n) \in \mathscr{R}(X)$ という形をした一つの関数 F ということです．

定理 4.4.1（アローの一般可能性定理）：選択肢の集合 $X = \{x, y, z, \ldots\}$ が少なくとも3点を含む集合であり，社会的選好の集計関数（Social Choice Rule）が前項の (1) Universal Domain, (2) Pareto Property, (3) Independence of Irrelevant Alternatives, を満たすならば，そのようなルールは前項の (4) の意味で独裁的である．

定義（Decisive）：証明に先立って，一つだけ新しい概念を定義しておきます．ある集団 $J \subset I$ が選択肢 x を y より上と決めるに当たって **Decisive** であるとは，全ての $j \in J$ の x, y に対する選好が $x \succ_j y$ であり，一方 J に入らない他の主体 i の x, y に対する選好が全て $y \succ_i x$ である場合に，集計された社会の選好が $x \succ_* y$ である，ということであるとします．

I.I.A. の意味：上の概念と定義を通じ，i.i.a. の意味をもう一度把握し直しておくことは重要です．i.i.a. が主張しているのは上のような社会的順序の集計において，x, y に対する社会的順序を決めるためには，各 $i \in I$ が，x, y に対して，$x \succ_i y, x \sim_i y, y \succ_i x$, のいずれを支持するか（合理的選好なので三分法が成り立ちます）という，$i = 1, 2, \ldots, n$ の「分類表」さえ得られれば，それで十分である，ということ，つまりそれらのみから x と y の社会的順序は決まらなければならない，という要請です．

Decisive という概念は，アローの定理を証明する上で極めて有用で，証明は最初から最後までこの概念の独擅場です．証明では（第1段）まず，ある i と選択肢 x, y が存在して，$\{i\}$ が x を y より上と決めるに当たって Decisive で

あることを示します。次に（第 2 段）そのような Decisive な i が，実は独裁者であることを示します。

証明：(第 1 段) まず，ある i が，ある選択肢 x を y より上と決めるにあたって，単独で Decisive であることを示す。I は Pareto Property より，任意の 2 つの選択肢に関して Decisive な集合である。故に，「何らかの 2 つの選択肢に対して Decisive な集団」というのは必ず存在しているが，そのような Decisive な集団の中で，その構成人数が最小のものを J とする。自然数の性質からそのような J は必ず存在する。以下 J がとある選択肢 x を y より上と決めるに当たって Decisive であるものとし，J の要素数が 2 以上として矛盾を導く。

もし J の要素数が 2 以上であるとすると，それを空でない $J_1 \subset J, J_2 = J \setminus J_1$ という 2 集合に分けることができる。そこで，各主体の選好が，以下のような状況である場合を考える。x, y 以外の選択肢 z を一つ用意して，

$i \in J_1$ について，$\quad x \succ_i y \succ_i z$
$i \in J_2$ について，$\quad z \succ_i x \succ_i y$
それ以外の i（いるとすれば）について，$\quad y \succ_i z \succ_i x$

とする。このとき，件の Decisive 性から $x \succ_* y$ である。また，社会的選好は合理的であるから，z は x および y の双方と無差別ではあり得ないため，$x \succ_* z$ か $z \succ_* y$ かの少なくとも一方が成立する。ところが $x \succ_* z$ が成り立つなら，x を z より上と決めるに当たって J_1 が Decisive，$z \succ_* y$ が成り立つなら z を y より上と決めるに当たって J_2 が Decisive となってしまい，J の要素数の最小性に反する。よって J の要素数は 1 でなければならない。

(第 2 段) ある i と選択肢 x, y が存在して，$\{i\}$ が x を y より上と決めるに当たって Decisive であるとする。以下，この i が独裁者であることを示す。

(2-1) まず $z \succ_i y, z \neq x$ であるとき，z と y についての i 以外の選好に関わらず $z \succ_* y$ であることを示す。i についても i 以外についても，i.i.a. から z と y 以外の関係をどのように想定しても，$z \succ_* y$ であるかどうかについては何の影響も与えないということに，再度注意しておく。そこで，i については $z \succ_i x \succ_i y$ とし，$j \neq i$ に対しては，$y \succ_j x$ かつ $z \succ_j x$ と想定する。このとき，$\{i\}$ の Decisive 性から $x \succ_* y$ であり，Pareto 性から $z \succ_* x$ が従うので，$\succ_*$ の推移性によって，$z \succ_* y$ である。

(2-2) $z \succ_i y, z = x$ であるときも，z と y についての i 以外の選好に関わらず $z \succ_* y$ であることを示すことができる。このときは，$w \neq z$ を取ることができ，$w \succ_i y$ ならば必ず $w \succ_* y$ であることが，(2-1) で既に言えている。そこで，i については $z \succ_i w \succ_i y$ とし，$j \neq i$ に対しては，$y \succ_j w$ かつ $z \succ_j w$ と想定すると，(2-1) から $w \succ_* y$ であり，Pareto 性から $z \succ_* w$，よって $\succ_*$ の推移性から，$z \succ_* y$ である。

(2-3) 更に $x \succ_i z, z \neq y$ であるとき，x と z についての i 以外の選好に関わらず $x \succ_* z$ であることを示す。i については $x \succ_i y \succ_i z$ とし，$j \neq i$ に対しては，$y \succ_j x$ かつ $y \succ_j z$ と想定する。このとき，$\{i\}$ の Decisive 性から $x \succ_* y$ であり，Pareto 性

から $y \succ_* z$ が従うので，$\succ_*$ の推移性によって，$x \succ_* z$ である．

(2-4) $x \succ_i z, z = y$ であるときも，x と z についての i 以外の選好に関わらず $x \succ_* z$ であることを示すことができる．このときは，$w \neq z$ を取ることができ，$x \succ_i w$ ならば必ず $x \succ_* w$ であることが，(2-3) で既に言えている．そこで，i については $x \succ_i w \succ_i z$ とし，$j \neq i$ に対しては，$w \succ_j x$ かつ $w \succ_j z$ と想定すると，(2-3) から $x \succ_* w$ であり，Pareto 性から $w \succ_* z$，よって $\succ_*$ の推移性から，$x \succ_* z$ である．

(2-5) $y \succ_i z, z \neq x$ であるとき，y と z についての i 以外の選好に関わらず $y \succ_* z$ であることを示す．i については $y \succ_i x \succ_i z$ とし，$j \neq i$ に対しては，$y \succ_j x$ と想定する．このとき，(2-3) と (2-4) から $x \succ_* z$ であり，Pareto 性から $y \succ_* x$ が従うので，$\succ_*$ の推移性によって，$y \succ_* z$ である．

(2-6) $y \succ_i z, z = x$ であるときも，y と z についての i 以外の選好に関わらず $y \succ_* z$ であることを示す．実際このときは w を y とも $z = x$ とも異なるように取れる．そこで，i について $y \succ_i w \succ_i z$ と想定し，$j \neq i$ について $w \succ_j z$ と想定する．すると (2-5) から $y \succ_* w$ であり，Pareto 性から $w \succ_* z$ となるので，$\succ_*$ の推移性から $y \succ_* z$ である．

(2-7) 任意の $w, z \in X$ について，$w \succ_i z$，であるとき，w と z についての i 以外の選好に関わらず $w \succ_* z$ であることを示す．$z = y$ の場合は (2-1) と (2-2) で証明が済んでいる．$w = y$ の場合は (2-5) と (2-6) で証明が済んでいる．$z \neq w$ は当然なので，残るのは y, z, w が全て異なる点の場合だけである．そこで，i について $w \succ_i y \succ_i z$ と想定すると，(2-1) と (2-2) から $w \succ_* y$ であり，また (2-5) と (2-6) から $y \succ_* z$ であるので，$\succ_*$ の推移性から $w \succ_* z$ である． ■

章末問題

【問題 1】 選択肢の全体の集合 X 上の合理的選好とはどのようなものか，数学的に厳密に述べなさい．

【問題 2】 式 (4.1) および (4.2) によって X 上に定義される $\sim$ ならびに $\prec$ に関して，「任意の $x, y \in X$ について $x \sim y, x \prec y, y \prec x$ のいずれか一つが，そして一つのみが成立する」という**三分法**を示せ．更に「$x \prec y$ かつ $y \precsim z$ なら $x \prec z$」および「$x \precsim y$ かつ $y \prec z$ ならば $x \prec z$」という 2 通りの**推移性**を示せ．

【問題 3】 合理的な選好とその効用関数表現の可能性について，関係を述べなさい．

【問題 4】 $\precsim$ が X 上の完備な前順序であるとき，x が $A \subset X$ における $\precsim$-**極大元**であれば，それは同時に $\precsim$-**最大元**であることを証明せよ．

【問題 5】 $\prec$ の**推移性**と**非対称性**を示し，それを用いて合理的な $\precsim$ から定義された $\prec$ における選好の循環 (p.89, 脚注 11) は生じないことを示せ．

5
均衡と合理性

　前の章で学んだことは，経済学理論の出発点としての合理的な個人とは何かということでした。そこでは個人の合理性という言葉がはっきりと定義されていました。この章で学ぶのは，しかしながらよく考えると，**合理性ということを定義するのは，そんなに簡単なことではない**，ということです。

　この章の第一の課題は，人間の行動記述にあたって今日最もポピュラーな手段となった，**ゲームの理論の基礎**を学ぶことです。ゲームの理論はミクロ経済学理論に古くからある個人の捉え方と非常に親和的な考え方であり，20世紀においてはミクロ経済学理論の全体系を整理し直すことに貢献しました。今日の経済学理論においては，一般均衡の存在問題や特徴付けをはじめ，独占，寡占，公共財の問題，非対称情報の問題など様々な部分均衡のテーマに関しても，ゲームの理論が有用な概念枠組みを提供しています。

　また，ゲームの理論を学ぶ中，混合戦略と期待利得といった概念を学びますが，最後の節ではその知識を活用し，簡単な**期待効用理論**，そして**意思決定論**のパラドックスの問題について眺めることにします。

5.1 非協力ゲーム理論

5.1.1 経済学とゲーム理論

　経済学理論が，通常は「均衡」という概念によって「社会」の状態をとらえようとすることについて，すでに第2章から強調してきました。もちろん「不均衡」ということをキーワードに経済の状況をとらえようとすることもありますが，そういった際我々は「不均衡」という形で「とらえる」とはそもそもどういうことであるのかについて，合意を持つことが極めて困難です。したがって，ケインズ理論が労働市場の不均衡をとらえる理論であると言いながら，同時に我々は45度線「均衡」あるいはケインズ「均衡」といった言葉を用いま

5.1 非協力ゲーム理論

す。実際，我々が物事をとらえるにあたっては，「見る」，「知る」，といった基本的な認識行為そのものの中に，安定性，焦点を合わせる，あるいは確認するといった，いわば何らかの緊張感の「バランス」に依存した概念が入り込んでおり，それはモデルの中で描かれようとしている主体においても，基本的には同じであるからです。

近年の経済学理論において，とりわけ社会を「見る」ための中心的な道具になっているのはゲームの理論ですが，このゲームの理論の特徴の一つは，「解」という概念，あるいは「均衡」といった概念を種々様々に定めることを許容しながら，全体としての理論を発展させていくということにあります。経済学理論がその形式の中に収まったとまでいうと，明らかに言いすぎですが[1]，およそ「社会」を相手にする「合理的」なアプローチというものにおいて，「均衡」概念を「発展させていく」という点では，まったく同じ方法論の下にあるものとして，ゲームの理論が経済学に大きく貢献しているのは確かなことです。

本節では特に**ゲームの理論**への入門ということに重点を置きつつ，同時にこの分野が問いかける「均衡と合理性」についての重要な知見を紹介することにします。これは同時に，経済学理論における「個人の合理性」という概念に向けた重要な問いかけでもあります。

フォン・ノイマン (von Neumann) に始まる「ゲームの理論」(von Neumann and Morgenstern, 1944) は，一言でいえば人間行動を記述するための数学的手段であり，経済学的な概念，とりわけ市場と価格という概念に必ずしも限定されない，**その意味では**より一般的な形で，与えられた枠組です[2]。その黎明期から，数学的設定に馴染みやすい**協力ゲーム**がその研究の中心でしたが，Nash (1950) による均衡概念をもとに，今日では**非協力ゲーム**もまた，経済学理論のみならず，他分野との関連，応用も含めて極めて重要な位置を占めています。前もって簡単にではありますが，いくつかの諸概念をまとめておきます。

---

[1] 一般均衡体系を，厳密にはゲームと呼べないことに，実はこのことは深く代表されています。
[2] しかしながら，社会の成り立ちを，いわばプレイヤーと戦略と利得のみで描ききるべきものとしてとらえてしまうならば，それはむしろ「内観性」や「社会の実在性」に開かれた社会科学としての経済学より，狭い世界観になってしまうということにも，注意を払う必要が（近年一層）感じられます。具体的な問題点は，本章を読めばほぼ明らかとなるでしょう。

非協力ゲーム：世界が**プレイヤー** (player) と呼ばれる何人かの主体で構成されているとします。各主体は各々の行動を決定するにあたって，まずその人にとって可能な行動（**戦略** strategy）の全体が，選択集合として与えられているものとして下さい。そして，選択した自らの行動と，社会を構成する他者の行動の全体が，一つの社会的な「行動の結果」として，各プレイヤーにとっての**利得** (profit)，あるいは選好の対象となってくるような状況を想定して下さい。このような状況で各人がどのように相手のことや世界の全体のことを考え，いずれの行動（戦略）を選択するか，そのようなゲームの**解** (solution) として，世界の状態の説明を与えようとするのが**非協力ゲーム理論** (non-cooperative game theory) です。今日，様々な経済学的問題が非協力ゲームの設定の下で描写されています。

協力ゲーム：一方，**協力ゲーム理論** (cooperative game theory) は，その出発点から，**結託** (coalition) と呼ばれる，世界の中で可能な「人々のグループ化のあり方」を想定します。そして，それらが実際に結成された場合にどれだけの利得を，グループとして保証できるか，それが関数として頭から与えられているものとします。そうした中で実際にどのような「安定的な結託」が社会において構成されるかを議論するものです。協力ゲームにおいても，その安定的という意味ごとに，様々な「**解概念**」(solution concept) が存在します。

解概念：ゲームの理論では，「解」概念は常に開かれた（様々な考え方のある）問題として与えられてはいますが，基本的には非協力ゲームに置いては「ナッシュ均衡」概念，協力ゲームに置いては「コア」といった概念が，その議論の中心的な「解」概念，もしくはそこに迫るための重要な道具として用いられます。

本章では，以下非協力ゲームに基づいて，ゲームの理論の入門的解説を行いますが，これは初学者にとって簡単であること，既に2章で触れたナッシュ均衡と経済学的一般均衡に関係があること，そしてそれがまた個人の合理性という問題に深い関係があるからということによります。しかし，これは決して協力ゲームと経済学理論の関係が希薄であるという意味ではありません。コアと経済学的均衡の一致定理，収束定理，あるいは公理的特徴付けなど，経済学理論とゲーム理論の数学的に内容の深い話は，むしろ協力ゲームの概念を待ってはじめて得られるものです。協力ゲームの話は，第8章までお待ちください。

5.1.2 非協力ゲーム

何人かの主体について，まずその各人にとって可能な行動の全体が選択集合として与えられており，そこから選択した自らの行動と他者の行動の全体が一つの結果を生み，それが各人にとっての利得，効用，選好の対象になってくる，

5.1 非協力ゲーム理論

という前項で述べた**非協力ゲーム理論** (non-cooperative game theory) の基本設定を，数学的に厳密に書くと，以下で述べる**戦略形の n 人非協力ゲーム**というものになります．

まず，n 人の**プレイヤー** (player) $i = 1, \ldots, n$ と，各プレイヤーの**戦略集合** (strategy set) $X_1, \ldots, X_n$ を考えます．この各々が各プレイヤーにとって可能な行動（**戦略** strategy）の選択集合です．全てのプレイヤーが一つずつ自らの戦略を自らの戦略集合中から決定したとして，そのような戦略の並び $(x_1, x_2, \ldots, x_n)$ を一つの**戦略プロファイル** (stratety profile) と呼びます．戦略プロファイルの全体からなる集合を X で表しましょう．数学的には X は $X_1, \ldots, X_n$ の**直積**と呼ばれるものであり，記号 $\prod_{i=1}^{n} X_i$ などと表されます．X は可能な戦略の組のありかた全体を表す空間ですが，同時にそうした戦略の組が，それぞれ社会における一つの「結果」と結び付いていると想定し，X 上で定義されて各人の，その社会における「結果」に応じた，利得あるいは効用を表す関数 $F_1: X \to \boldsymbol{R}$，$F_2: X \to \boldsymbol{R}, \ldots, F_n: X \to \boldsymbol{R}$ を考えます．これらを各プレイヤーの**利得関数** (payoff function) と呼びます．

(1) **Players**: $i = 1, 2, \ldots, n$
(2) **Strategy Sets**: $X_1, X_2, \ldots, X_n$
(3) **Payoff Functions**: $F_1, F_2, \ldots, F_n$

以上のリストを，**戦略形**もしくは**標準形**の n 人非協力ゲームと呼びます．

非協力ゲームには上述した戦略形（標準形）の他に，展開形と呼ばれるものがあります．**展開形のゲーム**についてその正確な叙述は後章（第 11 章）に譲りますが，上のような「各自の戦略集合から戦略を選ぶ」という設定を，複数人のプレイヤーにとってその戦略の選び方に順番のある形（**手番のあるゲーム**）に直したものです．具体例で見た方が簡単ですので次節に続けます．

5.1.3 合理性の共通認識

一つの非協力ゲームの設定が与えられたとき，しばしば暗黙的に前提されている重要なことが 2 つあります．一つは『全プレイヤーが前項 (1) (2) (3) のような，自らの置かれている数学的設定そのものに関する共通の認識をもつ』という

『ゲームの**数学的構造** (structure) についての共通認識 (common knowledge)』ということです．そしてもう一つは，『全プレイヤーが利得について**わざわざ損をするような戦略を選ばない**という意味で合理的であり，またそのことを**互いに知っている**』という『**合理性** (rationality) についての共通認識 (common knowledge)』ということです．

しかしながら実は「わざわざ損をするような戦略はとらない」という程度のことを「互いに知り合う」といったレベルでさえ，そのとき我々がどのような行為をとるのかという問題について，一般的な取り扱いは極めて難しいのです．もっと深刻に言うと，そうであるとすれば，果たして「合理性とは何なのか」について，つまり「合理性の共通認識とは何なのか」について，我々は本当に定義し得るのか甚だ怪しいということなのです．以下に展開形のゲームによる，とても興味深い例を挙げておきます．

例（ムカデゲーム） 図 5.1 にあるのは「ムカデゲーム」と呼ばれる，手番のある非協力ゲームです．プレイヤーは 1 と 2 であり，○および●印はそれがいずれかの手番であることを示しています（上に 1 とあればプレイヤー 1 の手番であり，2 とあればプレイヤー 2 の手番です）．そこから矢印とともにある印「U と D」はその手番においてとることのできる 2 つの戦略（Up と Down）を表しています．矢印の先はゲームの進行（次の手番）を表し，数字の並びが書かれているところは，ゲームの終了と 2 人のプレイヤーそれぞれの利得（上段の数字がプレイヤー 1 の取り分，下段がプレイヤー 2 の取り分）を表すものとします．

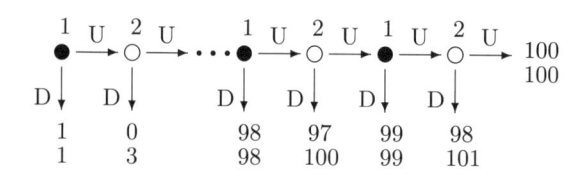

$$
\begin{array}{ccccccccccccc}
& \overset{1}{\bullet} & \overset{U}{\to} & \overset{2}{\circ} & \overset{U}{\to} & \cdots & \overset{1}{\bullet} & \overset{U}{\to} & \overset{2}{\circ} & \overset{U}{\to} & \overset{1}{\bullet} & \overset{U}{\to} & \overset{2}{\circ} & \overset{U}{\to} & 100 \\
& D\downarrow & & D\downarrow & & & D\downarrow & & D\downarrow & & D\downarrow & & D\downarrow & & 100 \\
& 1 & & 0 & & & 98 & & 97 & & 99 & & 98 & & \\
& 1 & & 3 & & & 98 & & 100 & & 99 & & 101 & &
\end{array}
$$

図 5.1　ムカデゲーム：非協力・展開形・手番のあるゲーム

このゲームにあるのは，極めて興味深い次のようなストーリーです．まず 2 人の取り分を見ると，最も右の方，100,100 というのは，2 人にとってかなり大きな利得です．特にプレイヤー 1 にとってはこれは最高の利得です．ところが，プレイヤー 2 にとっては，これを決定する最終の手番（最も右端の○）において，U ではなく D をとった方が（100 よりも 101 の方が大きいので）得なのです．よって，プレイヤー 2 は最終手番で絶対に U はとらないはずです（「わざわざ損をするようなことはしない」という「合理性」の仮

5.1 非協力ゲーム理論

定)。プレイヤー 1 はそのことを知っているはずですので(「合理性の共通認識」という仮定),はじめから最も右端の結果で取ることのできる 100 は諦めているはずです。するとプレイヤー 1 にとっての最終手番(右から 2 つ目の●)において,プレイヤー 1 は U ではなく D をとると考えられます。これは U をとった場合の結果(2 がその後 D を取り,98,101 という結果になった場合の取り分である 98)よりも,ここで D をとった結果 99,99 における 99 の方が得だからです(「合理性」の仮定)。ところが更に,プレイヤー 2 もそのことを知っているはずです(「合理性の共通認識」による)。よって,プレイヤー 2 は,自分が最終から 2 つ目の手番(右から 3 つ目の○)において,U をとったら自分の取り分は 99,99 の 99 であることを知っているわけです。故にその手番においてプレイヤー 2 は U ではなく D をとるはずです。その場合の 97,100 における 100 の方が得だからです(「合理性」の仮定)。ところが,プレイヤー 1 もそのことは承知です(「合理性の共通認識」)。よってプレイヤー 1 は,その前の手番(右から 4 つ目の●)において,U をとって自分の取り分が 97,100 の 97 となるよりも,D をとって 98,98 の 98 を選びます(「合理性」の仮定)。

さて,ここまで来て,もしこの右から 4 つ目の●がゲームのはじまりであったら,ゲームはいきなりプレイヤー 1 が D をとることで 98,98 となって終わることを,我々は「合理性の仮定」と「合理性の共通認識の仮定」のみから導き出せることになります。言わばこれが「ゲームの解」であると言いたいところです。

しかし少し待って下さい。このときの取り分をよく見て下さい。98,98 というのは,最初の(一番右端の)結果 100,100 に比して,双方の利得が減ってしまっているわけです。この程度であれば,まだ良いかも知れませんが,同様のことを,つまり 100,100 という右からはじめて 2 つの手番を戻して 99,99 と 2 人の利得を 1 ずつ減らしたプロセスを 99 回繰り返すなら,手番を最右辺から 198 番戻して,最左辺に書かれた手番,プレイヤー 1 が D を取り,1,1 が結果であるという結論にまで行き着くのです。あなたは,このムカデゲームを見て,もし仮にプレイヤー 1 としてこれをプレーするとして,果たしてプレイヤー 1 がいきなり D を取り 1,1 に落ち着くという結論を,「解である」と言いきれるでしょうか。

利得に関して「わざわざ損をするような戦略はとらない」という,ほぼ「自明」かつ「最低限度」の合理性に対する要請と,その合理性の共通認識という,たったそれだけのことについてさえ,我々はそれが「ゲームの解」というべきものを導くにあたってきわめて不適切な結果を導くことを知るわけです。このように「合理性」とは何であるかを一般的に論ずることは困難と言うべきなのか,あるいは「このレベルのゲーム論的設定とその解」に関連させて合理性を問うことそのものが誤りと言うべきなのか,いずれにしても経済学理論家あるいはゲーム理論家にとって事が深刻であるのは疑いありません。

ゲームの解と認識論的価値: そもそも人間行動において『合理的』とはどういうことなのか,『正しい』とはどういうことなのか,そういった人間知性を深く問うことができる形式は社会科学特有のものですが,このような事態に関しても(例えば,先に述べたWeber 的社会認識における客観性やコンドルセ・パラドックスから導かれる循環に向けた独裁と同様)我々は前提として不可避的に入り込まざるを得ない価値判断によって,混乱に収拾をつけるしか無いように思われます。もう少し厳選された言葉を用いるならば,これは『認識論的価値 (epistemic value)』(Putnam, 2002; p.30) という,ものごとの「認識」という段階ですでに必然的に入り込まざるを得ない「価値」の問題です。すなわち,いかに基礎的と見える問題をとらえる場合でも,我々は何らかの「信念」というべき「価値判断」を「前提」とせねばならないこと,つまり現状でいえば,各プレイヤーの想定やゲームの背景に,もう一歩踏み込んだ「各人の世界観」(必ずしも「共通」認識ではなく)といったものを加味する必要性が,示唆されるということです。そのような基礎的信念に基づいて,全プレイヤーが,ある意味,一つの,「合理的」な説明のつく戦略の自明なプレイの仕方を決めることのできる状況をもって,そのような戦略組 (profile)を非協力ゲームの**解** (solution) と呼ぶしかないのではないかということです。必要とあらば,その背後の世界観を名称に加え,○○ミニマックス解,△△ナッシュ解などと呼ぶにとどめるということです。

ともかく以下では非協力ゲームの solution という概念はいったんお預けにしましょう。そして,代わりに我々はゲームの solution への手がかりとなりそうな「何らかの数学的に明確な意味で安定的な戦略の組」という意味での「**均衡**」という言葉を用いることにします。最も重要な均衡概念として,**ナッシュ均衡** (Nash equilibrium) があげられます。次項からは,もっぱらその話になります。

5.1.4 ナッシュ均衡

戦略 profile $(x_1^*, x_2^*, \ldots, x_n^*)$ が**ナッシュ均衡** (Nash equilibrium) であるとは,各プレイヤー $i = 1, 2, \ldots, n$ について, i が単独でその戦略を x_i^* から他の $x_i \in X_i$ に変更したとても, i の利得が大きくはならないこと,すなわち

$$F_i(x_1^*, \ldots, x_i, \ldots, x_n^*) \leqq F_i(x_1^*, \ldots, x_i^*, \ldots, x_n^*)$$

ということが,全ての $i \in I$ および $x_i \in X_i$ に関して成り立つことをいいます。2 人ゲームの場合でいうと,互いに相手が戦略を変えない限り,自分の戦略の変更だけでは,利得を増大できないような状態です。

以下は,プレイヤーが 2 人の戦略形ゲームを,典型的なバイマトリックス表現(行をプレイヤー 1 の戦略,列をプレイヤー 2 の戦略とし,各行列要素は数

字の並びをもって左がプレイヤー 1，右がプレイヤー 2 の利得をそれぞれ表す）で与えたものです。左のゲームにおいては戦略組 $(s1, t1)$ および $(s2, t2)$ が共にナッシュ均衡です。右のゲームにおいては $(s1, t2)$ および $(s2, t1)$ が共にナッシュ均衡になります。

		Player 2	
		t1	t2
Player 1	s1	1, 1	0, 0
	s2	0, 0	10, 10

		Player 2	
		t1	t2
Player 1	s1	0, 0	9, 10
	s2	10, 9	0, 0

　左のゲームでは，2 つのナッシュ均衡のうち $(s2, t2)$ が 10,10 という，両者にとって最も好ましい結果を実現しています。$(s1, t1)$ はそれに比して 1,1 という，両者にとって全く劣った非最適な結果ですが，それでもナッシュ均衡には変わりありません。このようにナッシュ均衡は，必ずしも社会の最適な状態を保証するものではありません。場合によっては全ての参加者にとって改善可能なのです。また，10,10 のような最適な結果，つまり誰にとっても最高の利得が得られている結果が存在する場合でも，そのナッシュ均衡に向けた何らかの合意形成が（ゲームの設定外のことになりますが）必要ということです。

　右のゲームにおいて，2 つのナッシュ均衡の結果は，右上の 9,10 および左下の 10,9 という，きわめて対称的なものになっています。右上のナッシュ均衡はプレイヤー 2 にとって都合が良く，左下のものはプレイヤー 1 にとって都合が良いということです。このような場合，両者の話し合い等によって右上，または左下の結果が（たとえ非公式にゲームの設定外でも）合意されることには，困難が予想されます。しかしながら，合意がなければプレイヤー 1 は左下を狙い，プレイヤー 2 は右上を狙うことによって，結果 $(s2, t, 2)$ のような 0,0 といった最悪状況に陥る可能性も十分にあることを思えば，何らかの妥協が社会的に得られることはありそうです。現実世界ではこのような場合，慣習や法律など上からの強権によって右上あるいは左下などが定まっている場合が見いだされます。例えば日本において車は左側通行ですが，アメリカにおいては右側通行と法律によって定められている，といった状況です。

　このように，「ナッシュ均衡」概念は，非協力ゲームの解（の候補）を与える

有力な手がかりです。けれども Nash 均衡が複数存在しているような場合，いずれの Nash 均衡も，それを取ることの，何かあらかじめの合意や上からの強権的指示といった天下り的な意味がなければ，その「ゲームの解」としての可能性を主張することは，一般には難しいことがわかります。

5.1.5 純粋戦略と混合戦略

そもそも，非協力ゲームにおいて一般にナッシュ均衡は存在するとは限りません。例えば次のようなゲームにおいては，いずれの戦略組もナッシュ均衡ではありません。

		Player 2	
		t1	t2
Player 1	s1	10, 0	0, 10
	s2	0, 10	10, 0

そこで，戦略組をここまでのように，**純粋**な戦略 $s1, t1$ といったものだけに限定するのではなく，$s1$ と $s2$ の**混合**，$t1$ と $t2$ の**混合**（もちろん本当に混合するのではなく，**確率的に混合**するという意味です）といった概念を許容することは自然な発想であり，またその場合に得ることのできる長所も大きなものなのです。以下では混合戦略およびその場合の利得，すなわち**混合戦略に拡張されたゲーム**という概念を説明します。

混合戦略 (mixed strategy) ということを，簡単のため戦略集合が有限集合である場合に限って説明します。純粋戦略の集合を $X_1 = \{s_1, \ldots, s_m\}$ とするとき，そのいずれの戦略をとるかということを**確率変数**（値 $s_1, s_2, \ldots, s_m$ いずれかの目がでるような，仮想的サイコロを振る行為）ととらえ，その**分布** σ（すなわち目の出方の確率）を戦略として指定することを考えます。つまり合計が 1 となるような非負の実数値として

$$\sigma(\{s_1\}) \geqq 0, \ldots, \sigma(\{s_m\}) \geqq 0, \quad \sum_{k=1}^{m} \sigma(\{s_k\}) = 1$$

を定めることをもって，一つの戦略とすることを考えます。一つの確率分布 σ

5.1 非協力ゲーム理論

を固定すること $(\sigma(s_1), \ldots, \sigma(s_m)$ という m 個の実数を定義すること) が，一つの戦略ということです．このような，言わば確率付きの戦略を，**混合戦略**といいます．このとき，$\sigma(\{s_1\}) \geqq 0, \ldots, \sigma(\{s_m\}) \geqq 0, \sum_{k=1}^{m} \sigma(\{s_k\}) = 1$ を満たすような $\sigma(s_1), \ldots, \sigma(s_m)$ という m 個の実数の決め方は無限個あるので，戦略は一気に無限個になります．具体的に書くと

$$\{(x_1, \ldots, x_m) \mid x_1 \geqq 0, \ldots, x_m \geqq 0, \sum_{k=1}^{m} x_k = 1\}$$

(数学的には $m-1$ 次元の標準単体) が，その戦略集合です．

確率測度: 確率変数とその分布を与えると述べましたが，より厳密な数学表現を用いると，X_1 という集合上に**確率測度**を定義すること，と言い換えることになります．これは X_1 において，基本的と考えられる部分集合の族 $\mathscr{S} \subset \{A \mid A \subset X_1\}$ を考え，この族の要素 $S \in \mathscr{S}$ を**可測集合** (measurable set) と呼び，可測集合 S に対しては，S の要素のいずれかが戦略としてとられる確率 $P(S) \in \boldsymbol{R}_+$ を与えるような $P: \mathscr{S} \to \boldsymbol{R}_+$ という仕組み (数学的構造) です．一般に戦略集合 X が無限集合で与えられた場合などを含めると，混合戦略は X 上に定義される確率測度としてとられることになります．

以下，一般に n 人のプレイヤーで話をすることもまったく概念上は何ら変わりなく容易ですが，とりあえず記法上の見やすさを優先して，プレイヤーが 2 人の場合で話を進めることにします．n 人の場合についても，考え方は全く同様です．各プレイヤーの戦略集合を $X_1 = \{s_1, \ldots, s_m\}$, $X_2 = \{t_1, \ldots, t_n\}$ として，それぞれの上の混合戦略 σ および τ がとられたとします．このとき，戦略として混合戦略を許すと同時に，以下に示すように利得にもその混合戦略の下での**期待値**をあてはめることによって，ゲームの利得概念も拡張することができます．つまり，ゲーム概念そのものを拡張することができるわけです．混合戦略組 (σ, τ) は，各純粋戦略組 (s_i, t_j) に対して，そのような戦略組が実際にとられる確率を，積 $\sigma(s_i)\tau(t_j)$ として与えますから，全ての結果に対してその生じる確率をかけて足し合わせることにより，(σ, τ) ├ の利得の期待値を各プレイヤーごとに，以下のように計算できます．ここで F_1, F_2 は各プレイヤー元来の利得関数です．

$$E(F_1; \sigma, \tau) = \sum_{i=1}^{m} \sum_{j=1}^{n} \sigma(s_i) \tau(t_j) F_1(s_i, t_j)$$

$$E(F_2;\sigma,\tau) = \sum_{i=1}^{m}\sum_{j=1}^{n}\sigma(s_i)\tau(t_j)F_2(s_i,t_j)$$

各プレイヤーに対し，これらを**混合戦略下の利得関数**として定義するわけです．

混合戦略でゲームを考えることの利点の一つとして，各プレイヤーが有限個の純粋戦略を持つ有限人の非協力ゲームを考えた場合，純粋戦略で考えるとナッシュ均衡は前述のように必ずしも存在しなかったのですが，混合戦略で考えた場合には，ナッシュ均衡（**混合戦略ナッシュ均衡**）が必ず存在する，ということが挙げられます．証明は第8章で紹介する角谷の不動点定理のきわめてシンプルな適用になります (Nash, 1951)．）

5.1.6 ナッシュ均衡と非協力ゲームの解

前項で見た混合戦略という概念を用いつつ，戦略形非協力2人ゲームの代表的な例を見ながら，ナッシュ均衡と非協力ゲームの解，そして「合理性」ということについて，やや深く考察を進めていくことにしましょう．

強支配戦略の繰り返し適用 (iterated strict dominance)

		Player 2		
		t1	t2	t3
Player 1	s1	1, 1	4, 5	5, 4
	s2	2, 3	5, 1	1, 0

		Player 2		
		t1	t2	t3
Player 1	s1	2, 9	2, 0	1, 4
	s2	1, 0	1, 9	10, 4

左側のゲームでは，一瞥してナッシュ均衡の判断は難しいかも知れません．純粋戦略の均衡をまずチェックしていってもよいのですが（高々6通りです），ここでは $t2$ と $t3$ に着目してみましょう．プレイヤー2にとって，$t2$ はプレイヤー1の戦略に応じて5または1であり，$t3$ は4または0です．つまり，プレイヤー1の戦略に関係なく，$t2$ を選んだ方が $t3$ を選ぶよりも，常に利得が高いということになっています．このような場合，$t2$ は $t3$ を**強支配** (strictly dominate) する，と言います[3]．強支配される戦略 $t3$ は，いわば「合理性」か

---

[3] 強支配する (strictly dominate) というのは「常に高い」場合で，時によって高く，常に「以上」である場合には**弱支配**する (weakly dominate) と言います．

ら，そしてナッシュ均衡の候補という意味からも，決して取られないと判断できます。そこで「合理性の共通認識」から，そして，相手の戦略としてそれがありえない場合の，ナッシュ均衡の候補を探すという意味からも，戦略 $t3$ を，即ち一番右の $t3$ の列を，消してしまうことが許されます。バイマトリックスをそのような 2 行 2 列としてしまえば，さらにここでプレイヤー 1 の立場から，プレイヤー 2 が $t1$ をとろうと $t2$ をとろうと，戦略 $s2$ の方が戦略 $s1$ より strictly dominate していると結論できます。この結論に従ってプレイヤー 1 が「戦略 $s1$ を取らない」と決定することは，上の「合理性の共通認識」を前提にした形の「合理性」であるので，その根拠は弱まりますが，やはりナッシュ均衡を探すという意味だけから考えれば，プレイヤー 2 の可能性のある戦略という観点から出てくる結論なので，プレイヤー 1 が $s1$ を取ることは排除できます。このような操作は **Iterated Strict Dominance** と呼ばれています。$t3$ 列と $s1$ 行がマトリックスから消えてしまえば，あとはもう 1 行 2 列，$s2$ 行と $t1$ および $t2$ 列が残るのみです。ここで，これまでと全く同じ議論の繰り返しによって，プレイヤー 2 の目から見て，もはやプレイヤー 1 の戦略として $s2$ しか取られないことが分かっている下で，$t1$ が $t2$ を strictly dominate して，$(s2, t1)$ という戦略組だけが残ることになります。そこで，この戦略を眺めて見ると，実際これはナッシュ均衡であることが分かります。

この作業によってナッシュ均衡でない戦略組が全て消せるとは限りませんが，純粋戦略のナッシュ均衡があるとすれば，それは最後に残ったものの中にあると言えます[4]。また最後に残った一組があれば，それは必ずナッシュ均衡です[5]。

右側のゲームにおいて，今度は純粋戦略で考えて明らかな強支配関係はありませんが，混合戦略の下で言えていることがあります。$t3$ に $\epsilon > 0$ の確率を置くような player 2 の混合戦略は，いつでもそこを 0 にして，$\epsilon/2$ ずつ $t1$ と $t2$ に振り分けた方が，player 1 の戦略いかんにかかわらず，受け取る期待利得の改善になります。$t3$ では確実な 4ϵ ですが，$t1$ と $t2$ に振り分けると，player

---

[4] 純粋戦略のナッシュ均衡は，誰のどの段階の視点でも強支配され得ないので，この作業で消されることはあり得ません。

[5] 結論を否定して，プレイヤー i がそれを改善可能だとすれば，それは，そのプレイヤー i の改善可能な戦略を消すことができた段階の強支配性と矛盾します。

1 の戦略いかんにかかわらず、期待値 $9\epsilon/2$ になります。このことから、$t3$ への確率が正であるような混合戦略は、全てそれを 0 にした何らかの戦略により strictly dominated であるということになります。従って、$t3$ には 0 という確率を置くことがナッシュ均衡を見つけるにあたって、あるいは先ほどと同じく合理性の観点からと言ってもよいですが、前提とされてよいことになります。混合戦略での strict dominance では、確実に 4 を手に入れることができた $t3$ が、期待値という点のみで dominated strategy と分類されてしまいます。もちろん、これは期待値を元にして話をしている限り仕方のないことです。そして、$t3$ が有り得ないということから、この戦略を消してしまって、さらに Iterated Strict Dominance をもって $s2$ が排除され、$(s1, t1)$ が唯一のナッシュ均衡ということになります。もし Player 2 が多少でもリスク回避的ならば、player 1 にとって 10 という最大利得が $s2$ の下で見込めることからも、以上の推論はかなり怪しげなものになるでしょう。

囚人のジレンマ／検事の弟

		囚人 2	
		黙秘	供述
囚人 1	黙秘	5, 5	−3, 8
	供述	8, −3	0, 0

		囚人 2	
		黙秘	供述
検事の弟	黙秘	10, 5	−3, 8
	供述	8, −3	0, 0

左のゲームは『囚人のジレンマ』という名称でよくしられたゲームです。盗みをはたらいた共犯と思しき 2 人の囚人が別々に取調べを受けています。立件に向けあと一歩のところまで来ているものの、厳しい取調べにもかかわらず、両名共口が固く黙秘を決め込んでおり、決め手となる供述が得られません。そこで、取調べ官が囚人 1 および 2 に向け、個別に提案をもちかけます。「自分のことについては何も話さなくていい。もう一人の囚人について、何か証言をしてくれ。そうすれば早々に釈放してやるし、お前について今後何かあっても情状酌量してやろう。」マトリックスは、この提案にもとづいての利得を記したものです。両名共に黙秘を続けた場合の利得は、両名共に証拠不十分で釈放となる 5, 5 だとします。一方が供述をし、他方が黙秘した場合は、供述をした者だけが早々に釈放され、利得は 8 となり、もう一方は一人罪をかぶって、情状酌

5.1 非協力ゲーム理論

量もされず -3 の利得となります。両者が供述した場合，無事立件できて両者に罪を問うことができ，両者の利得が $0, 0$ になるとしましょう。

　このゲームの言わんとするところは，2 人の囚人が共に供述を拒む $5, 5$ を実現する**協調解**があるにもかかわらず，**ゲームの唯一のナッシュ均衡は両者共に供述を選んでしまう $0, 0$ という非協調解**のみだということです。事実，「供述」戦略はいずれの囚人においても「黙秘」戦略を strictly dominate していることが分かります。現実世界においても，**互いに協力すればより良い結果になるにもかかわらず，ゲーム的状況が互いに被害を与え合うところへと導くことが**しばしば見られます。こうした場合，どうすれば協調解へと向かうことができるのか，その探求が一つの重要な研究動機にもなります（第 13 章の繰り返しゲームを参照して下さい）。

　右のゲームは囚人のジレンマゲームの変形です。違いは囚人 1 が実は検事の弟であるという状況設定と共に，左上協調解における利得が以前の $5, 5$ に比べて $10, 5$ となっている点です。この囚人は実のところ警察側から見て上司の関係者であり，万一この事件が立件できなかった際には，釈放だけでは済まず，警察側からの謝罪の事態ともなり，囚人 1 はそれをもって物質的にも精神的にも見返りを受け，結果の利得が 10 となっています。このときゲームはどう変わるでしょうか。大事な点は，この場合もはや「囚人 1 ＝検事の弟」において，「供述」戦略の「黙秘」戦略に対する強支配性は失われている，ということです。その意味で「検事の弟」に「供述」へと向かわせるような，強支配性に基づいた理由はありません。

　ところが，やはりこの場合においても，結果は共に供述するという**非協調解**に行き着くであろうというのが，このゲームの示唆するところです。実際，ナッシュ均衡的にいえば，唯一のものが右下 $0, 0$ であることは何も変わらないわけですが，もう少しきちんと述べれば，囚人 2 にとっては依然として「供述」の「黙秘」対する強支配 strict dominance が変わらない状況であり，そうである限りは囚人 2 の戦略は，それが真の合理性であればですが「合理性」の仮定によって，「自供」しかあり得ないということになります。そしてそれが「合理性の共通認識」を通じて，囚人 2 における黙秘戦略は消えてしまい，検事の弟にしても，「黙秘」戦略をとる理由がないばかりか，積極的に「供述」を取ること

になるというわけです。

ゲームの理論と真の合理性

　この「検事の弟＝囚人1」という設定は，しかしながらもう少し深い考察をゲームの解ということに関して与えています。上述した結果の根拠は，「囚人2が strictly dominated な戦略を用いない」ことに依存しています。これはいわゆる「合理性の仮定」からです。では本当に「strictly dominated な戦略を用いない」ということは，それほど「合理的」と言い切ってよいのでしょうか。それを「合理的」と呼んで，その「合理性を共通認識」として，なおかつジレンマ的状況に陥ってしまうという，**その事実を認識した上で，なぜその当初の「合理」性を，真の合理性と言い続けることができるのでしょうか。**

　とは言うものの，「非協力ゲームの数学的構造」から考えて，「強支配性 strict dominance」を「合理的」と考えないというような発想は，非協力ゲームの屋台骨を揺るがす大問題であると思われます。おそらくゲーム理論に骨を埋めようという人であれば，さすがに強支配性については，それと共に心中する覚悟ではないでしょうか。またそうでなければ，骨を埋めたいというのが嘘であると思います。けれども，ここは「非協力ゲーム理論」を取るのか，「社会科学の理論」を取るかの，一つの分かれ道というべき事柄です。

　最初に紹介したムカデゲームもそうでしたが，我々は次項以後，dominance solvable あるいは単一のナッシュ均衡であっても，なおその結果が解とは言い難いような例を，見ていくことになります。当然のように考えられている，2戦略間の関係のみで定まる，strict dominance による戦略の排除，あるいはナッシュ均衡の中にあくまで解を求めていこうといった「精緻化 (refinement)」の発想，「**そのこと自体の合理性**」は，いったい何処にあるのでしょうか。

　例えば，仮に囚人2が，「**検事の弟（囚人1）は協調解を理想として実現したがっている**」という，そのようないわば世界観の付加的な初期設定を前提として，またそのような設定を検事の弟にも求めるとして，そういった付加的設定が，各プレイヤーの「基礎的な信念」となり，それらが「共通認識」となっていようといまいと，「反証は不可能」となっているような場合，それを，反証されないという意味での「**一つの合理性**」であるとするのは，おかしなことでしょ

うか。つまり，そういう「信念」を裏切らないような結果，検事の弟の場合であれば，囚人2が「黙秘」であると彼が信じられる限り，彼は「黙秘」を選択するでしょうから，そういった結果に達することをもって，その意味で「黙秘」-「黙秘」が合理的に play されうる解であると主張することは十分可能です。

このように考えていくと，大切なことは「真の合理性とは何か」という透明な追求に直接的な回答を求めることよりも，上述したような世界観の付加的構築に代表される，「**一つの合理化が可能であること**」の立場を広く保つことと，同時にその立場が，合理性の氾濫を引き起こさないような焦点を提供し得るか，ということに尽きてきます。この問題は，上述したような各人の世界観を，ゲームにとっての不完備な情報として取り扱うとすれば，ゲームと情報の完備性の問題になります。第11章で再度取り上げましょう。

唯一のナッシュ均衡とゲームの解

		Player 2				
		t1	t2-0	t2-1	t2-2	t2-3	⋯
Player 1	s1	1, 1	0, 0	0, 0	0, 0	0, 0	⋯
	s2-0	0, 0	10, 10	9, 11	9, 11	9, 11	⋯
	s2-1	0, 0	11, 9	10, 10	9, 11	9, 11	⋯
	s2-2	0, 0	11, 9	11, 9	10, 10	9, 11	⋯
	s2-3	0, 0	11, 9	11, 9	11, 9	10, 10	9, 11
	⋮	⋮	⋮	⋮	⋮	11, 9	⋱

ゲームに唯一のナッシュ均衡があって，しかもそれがゲームの解とは言い難い，という例を見てみることにしましょう。上にあげたものは，戦略が可算無限個あるゲームで，「**大きな数を言い合うゲーム**」として知られているものです。ここで戦略組 $(s1, t1)$ は，「互いに，大きな数の言い合いをしない（言い合いするモードに入らない）」ということを選択した場合で，その場合の利得は 1,1 です。$s2-x$ および $t2-y$ は，それぞれ Player 1 あるいは 2 が「言い合いをすることを選択した上で数 x あるいは y を叫んだ」ということを表現しています。このときの利得は，$x = y$ なら 10,10 であり，$x \neq y$ ならば大きい数を叫んだ方が 11 を取り，小さい数を叫んだ方が 9 を得るものとします。ただし，一

方が「言い合いをしない」ことを選択し，もう一方が「言い合いをする」選択
をした場合には，両者共に利得は 0 となってしまいます．これが $s1$ の行の残
り，および $t1$ の列の残りが示すところです．

容易に確認できるように，このゲームの唯一のナッシュ均衡は $(s1, t1)$，つま
り「互いに言い合いをしない」ことのみです．しかしながら，最低でも 9 を得
る利得を捨てて，両者が 1,1 という取り分を選択するというこのナッシュ均衡
が，現実に play されると考える方は，ほとんどおられないでしょう．

唯一の支配戦略 (Iterated Strict Dominance) 解をもってなお問題となる例

		P2						
		t1	t2	⋯	⋯	t98	t99	t100
P1	s1	1,1	0,0	⋯	⋯	0,0	0,0	0,0
	s2	0,3	2,2	0,0	⋯	0,0	0,0	0,0
	⋮		0,0	⋱	⋱	⋱	⋮	⋮	⋮
	⋮	⋮	⋱	95,98	97,97	0,0	0,0	0,0
	s98	0,0	⋯	0,0	96,99	98,98	0,0	0,0
	s99	0,0	0,0	⋱	0,0	97,100	99,99	0,0
	s100	0,0	0,0	⋯	0,0	0,0	98,101	100,100

上のゲームは先のムカデゲームと極めて似通った利得構造を持った戦略形の
ゲームです[6]．このゲームの唯一の Nash 均衡も左上の $(s1, t1)$ であり，戦略組
(s100,t100) から，利得を改善する各プレイヤーの戦略の変更によって (s1,t1)
まで辿るならば，1,1 という極めて低い利得に向けた「合理的」な道筋を，ム
カデゲームにおいて行った後ろ向きの推論（Backwards Induction）と同様に，
弱支配 (weak dominance) の連鎖的使用の結果として眺めることができます．

そもそも弱支配性の下での戦略の排除は，展開形ゲームにおいては意味のな
いナッシュ均衡の排除（精緻化）において重要なことですが，ムカデゲームに
見るような例が，その連続的使用に対しては慎重であるべき根拠と位置づけら

---

[6]利得 97 や 99 を可能にする s99 と，利得 100 を可能にする t100 が，(s99,t100) では 0,0
を導くといったことから，これは単純にムカデの展開形ゲームを戦略形に直したもの（第 11 章）で
はありません．

5.1 非協力ゲーム理論

れるところです。

しかしながら，ムカデゲーム的状況を上のような戦略形のゲームとして改めて眺め直してみるならば，問題の所在は Backwards Induction に見るような弱支配性ではなく，強支配性であっても連鎖的使用ということそのものにあること，つまりそもそもが dominance solvability ということそのものに存在していることが示唆されます。

実際，上の戦略形ゲームを変形して (s_i, t_j) におけるプレイヤー 1 の利得が 0 であればそれを ϵ/i に，プレイヤー 2 の利得が 0 であればそれを ϵ/j に変更してみると，次のようになります。

		P2						
		t1	t2	$\cdots$	$\cdots$	t98	t99	t100
P1	s1	1,1	$\epsilon, \frac{\epsilon}{2}$	$\cdots$	$\cdots$	$\epsilon, \frac{\epsilon}{98}$	$\epsilon, \frac{\epsilon}{99}$	$\epsilon, \frac{\epsilon}{100}$
	s2	$\frac{\epsilon}{2}, 3$	2,2	$\frac{\epsilon}{2}, \frac{\epsilon}{3}$	$\cdots$	$\frac{\epsilon}{2}, \frac{\epsilon}{98}$	$\frac{\epsilon}{2}, \frac{\epsilon}{99}$	$\frac{\epsilon}{2}, \frac{\epsilon}{100}$
	$\vdots$	$\frac{\epsilon}{3}, \epsilon$	$\ddots$	$\ddots$	$\ddots$	$\vdots$	$\vdots$	$\vdots$
	$\vdots$	$\vdots$	$\ddots$	95,98	97,97	$\frac{\epsilon}{97}, \frac{\epsilon}{98}$	$\frac{\epsilon}{97}, \frac{\epsilon}{99}$	$\frac{\epsilon}{97}, \frac{\epsilon}{100}$
	s98	$\frac{\epsilon}{98}, \epsilon$	$\cdots$	$\frac{\epsilon}{98}, \frac{\epsilon}{96}$	96,99	98,98	$\frac{\epsilon}{98}, \frac{\epsilon}{99}$	$\frac{\epsilon}{98}, \frac{\epsilon}{100}$
	s99	$\frac{\epsilon}{99}, \epsilon$	$\frac{\epsilon}{99}, \frac{\epsilon}{2}$	$\ddots$	$\frac{\epsilon}{99}, \frac{\epsilon}{97}$	97,100	99,99	$\frac{\epsilon}{99}, \frac{\epsilon}{100}$
	s100	$\frac{\epsilon}{100}, \epsilon$	$\frac{\epsilon}{100}, \frac{\epsilon}{2}$	$\cdots$	$\frac{\epsilon}{100}, \frac{\epsilon}{97}$	$\frac{\epsilon}{100}, \frac{\epsilon}{98}$	98,101	100,100

この $\epsilon > 0$ を十分小さくとるとすれば，このゲームは iterated strict dominance をもってやはり唯一のナッシュ均衡としての戦略組 $(s1, t1)$ のみを残すものとなります。この場合の唯一のナッシュ均衡であり，Strict Dominance Solvable な結果としての利得も，1,1 に過ぎないわけです。果たしてこの解は play されるのでしょうか。

かつてゲーム論の基礎を既に習得し終えた大阪大学の学生数百名にアンケートをとったところ，大半がプレイヤー 1, 2 として戦略 $s100$ もしくは $t99, t100$ を取ると返答しました。人気の高い戦略組は明らかに $(s100, t100)$ あるいは $(s100, t99)$ でした。このことから考えると，Iterated Strict Dominance どころか，単なる Strict Dominance さえ，解を見いだすための普遍的に許容される操作と言えるのかどうか，疑問となります。先の検事の弟問題も再度加味すれ

ば,「合理性」とは何かを決める前に,まず**非協力ゲームという形式で社会を問うことの限界について**,考えるべきなのです.

5.2 期待効用理論

非協力ゲームナッシュ均衡の混合戦略において期待値として与えた利得概念とほぼ同様の考え方として,経済学理論においてしばしば用いられる**期待効用** (expected utility) という考え方について,ここで取り上げておきます.

5.2.1 簡単な確率論的背景設定と定義

話が将来のことであっても,あるいはよく分からない現状についてでもかまいません.ともかく $s_1, \ldots, s_k$ という k 種類の異なる世界の状態 (state) が存在し,実際にはそのうちの一つだけが成立するものとしましょう.そのような state の全体を S という集合で表し,これを**状態空間** (state space) と呼びます.この state という言葉の用い方と,先の第 3 章で不確実性に対して用いた同じ言葉に何ら違いはありませんが,とりあえずこれまでの章とは独立に以下を読んで下さっても何ら問題ありません.

今,この状態の空間 S の上に,**確率**が定義されているとします.具体的には前節同様,簡単化のため S が有限集合ということで話をしていますので,$\sigma(s_1) + \cdots + \sigma(s_k) = 1$ となるような S 上の関数 σ が定められているというだけのことです.一般的には S の「部分集合」に対して**測度** (measure) という実数を定義する数学的な構造の話をせねばなりません.ここではそこまではしませんが,言葉の上では今後の議論の発展に向けても都合がよいので,上のような σ を「**確率測度** (probability measure)」と呼ぶことにします.これは,それが S の部分集合に対して,その部分集合に入るいずれかの **state** の生ずる**確率**というものを,$\sigma(\{s_1, s_2\}) = \sigma(s_1) + \sigma(s_2)$ というように自明に定めることができる,という意味を込めています.以後,確率というのは,状態空間 S の「部分集合」に対して定義されるものだという感覚を持って下さることが(数学的に厳密な用語法という意味で)よいことです.

状態の空間 S 上の**確率変数** (random variable) x とは,S 上で定義されて,

5.2 期待効用理論

何らかの値 $x(s)$ を取る関数を指しますが,今,そのような値の集合,つまり x の値域,を C で表し,これを**結果** (outcome) の集合と呼ぶことにします。さらに,C という結果の集合上で定義されており,一つの結果に応じて,一つの実数を与えるような関数,$U: C \to \boldsymbol{R}$ を,**利得関数**と呼ぶことにしましょう。このとき,上述した背後の確率的設定と絡めて,この利得関数のことを**フォン・ノイマン–モルゲンシュテルン効用関数**と呼ぶことがあります[7]。

さて,確率の入った状態空間 S 上で定義され,C に値をとる確率変数 x の全体を,X で表しましょう。また S 上の確率測度を σ とするとき,上述した利得関数(フォン・ノイマン–モルゲンシュテルン効用関数)に基づいて,X 上に与えられる効用水準を,期待値と全く同様の考え方でもって,以下のように定めます。

$$u(\sigma, x) = \sum_{t=1}^{k} \sigma(s_t) U(x(s_t))$$

このように定義した X 上の効用関数を,**フォン・ノイマン–モルゲンシュテルン期待効用関数** (expected utility function) と呼びます[8]。

5.2.2 期待効用関数表現

期待効用という考え方は,上述した確率的な設定 $X = \{x \mid x: S \to C\}$ の要素,いわば S 上の「結果」に対する「くじ」,すなわち将来あるいは現在の不確実な状況における選択および意思決定の定式化において,しばしば用いられるものです。しかしながら,実際には我々が X(「くじ」の集合)上に持つ選好というものが,各 $x \in X$ に対して,上述したような「C 上のフォン・ノイマン–モルゲンシュテルン効用」の存在および S 上の確率測度 σ によって支えられる「期待値」として,表現されなければならないという理由はありません。

---

[7] 一般均衡理論では一時的一般均衡などの動学的枠組みでしばしば用いられます。例えば Grandmont (1977; pp.539–540) 等を参照のこと。

[8] 特殊な場合として,C が各 state 毎に異なる結果として $C = \bigcup_{t=1}^{k} C_t$ のように分割の形で与えられており,$U: \bigcup_{t=1}^{k} C_t \to R$ が,状態 s_t の生じた場合の U の C_t 上への制限,$u^t = U|_{C_t},\ t = 1, 2, \ldots, k$,の全体をもって書き表すことができる場合,これら個々の $u^1: C_1 \to R, \ldots, u^k: C_k \to R$ の方を,いわば各 state 下の効用関数という意味で,フォン・ノイマン–モルゲンシュテルン効用関数と呼ぶこともあります。それに対する期待値を取るという形で定義しても $u(\sigma, x)$ は全く同じです。

実際,現実世界における意思決定(直接的にそういった「くじ」である確率変数 $x \in X$ に対して行動上与えられる)に対して,しばしばそうした(期待効用という)概念と相容れない反例も見いだされます[9]。

それではこのような考え方が正当化される(つまり不確実な状況,S 上の「くじ」($x: S \to C$)に対する評価を,このような期待効用でもって表現できると考えられる)場合とは,どのような場合でしょうか。以下,この意味で,期待効用という考え方が成立する前提ということを,もう少し詳しく見ておくことにしましょう。

σ を S 上の確率測度とします。すると,「くじ」$x \in X$($x: S \to C$)は,同時に C 上の確率測度を,C の任意の部分集合 A に対して $\sigma(x^{-1}(A))$ という値でもって定義することになります[10]。そこで,C 上の確率測度全体の集合を $\mathscr{P}(C)$ とし,目下,「くじ」の**全体からなる集合 X 上の選好は,この $\mathscr{P}(C)$ 上の選好として表現できている**と想定することにしましょう。この $\mathscr{P}(C)$ という空間(C 上の確率測度の全体から成る集合)にはベクトル空間と似た構造を想定することができます。特に,加重平均が定義できます。つまり,$p, q \in \mathscr{P}(C)$ に対して α を実数の閉区間 $[0,1]$ から取ってきたとして,$\alpha p + (1-\alpha)q$ を,

$$(\alpha p + (1-\alpha)q)(A) = \alpha p(A) + (1-\alpha)q(A)$$

と定義すれば,ありがたいことに $\alpha p + (1-\alpha)q$ もまた確率測度($\mathscr{P}(C)$ の要素)になってくれます[11]。

そこで,$\mathscr{P}(C)$ の要素に対しての選好を表す関係 $\precsim$ に対して(つまりこれは上掲の「くじ」に対する選好を目下の想定上含んでいるわけですが),以下のことが成り立っているとしましょう。

公理1: $\mathscr{P}(C)$ 上の $\precsim$ は合理性(反射性,推移性,完備性)を満たす(**合理**

---

[9] 例えば Kreps (1990; Section 3.5) などを見よ。有名なものとして,後に紹介する Allais の Paradox があります。

[10] 正確には,C が有限集合でなければ $A \subset C$ の「可測性 (measurability)」といったことについてきちんと議論せねばならないのですが,ここでは S の有限性から C のあらゆる部分集合に対して,上の値がきちんと定まりますので,今は難しいことは考えなくてかまいません。

[11] これもきちんと議論すると確率論の根本から話をせねばなりませんが,今は S が有限集合なので,きちんと定義に戻れば,簡単に確かめることができます。

5.2 期待効用理論

性公理 Rationality Axiom) [12]。

公理 2: 任意の $p \succ q$ なる $p, q \in \mathscr{P}(C)$ と, $\alpha \in (0,1)$ および $r \in \mathscr{P}(C)$ に対し, $\alpha p + (1-\alpha)r \succ \alpha q + (1-\alpha)r$ であり, 任意の $p \sim q$ なる $p,q \in \mathscr{P}(C)$ と, $\alpha \in (0,1)$ および $r \in \mathscr{P}(C)$ に対し, $\alpha p + (1-\alpha)r \sim \alpha q + (1-\alpha)r$ が成立する (**厳密な代替公理** Strict Substitution Axiom) [13]。

公理 3: 任意の $p \succ q \succ r$ なる $p, q, r \in \mathscr{P}(C)$ に対し, $\alpha \in (0,1)$ が存在して, $\alpha p + (1-\alpha)r \sim q$ とできる (**キャリブレーション公理** Calibration Axiom)。

このとき, 次の定理が成立します。

定理 5.2.1 (キャリブレーションの一意性): 任意の $p \succ q$, $p,q \in \mathscr{P}(C)$, および $\alpha, \beta \in [0,1]$, に対して $\alpha > \beta$ であるとき, そのときに限って $\alpha p + (1-\alpha)q \succ \beta p + (1-\beta)q$ である。

証明: $r_\alpha = \alpha p + (1-\alpha)q, r_\beta = \beta p + (1-\beta)q$ と記す。$\alpha > \beta$ のとき, p を左に q を右に, 線分上の点として r_α, r_β を表すと, 左から $\cdot p$ $\cdot r_\alpha$ $\cdot r_\beta$ $\cdot q$ の順に異なる点として並ぶことになる。公理 2 の前半において $r=p,q$ と置くことにより, 目下 $p \succ q$ から, $p \succ r_\alpha \succ q$, そして $r_\alpha \succ r_\beta \succ q$ を得る。一方, $\alpha \leqq \beta$ とすると, r_α と r_β の位置関係は $\cdot p$ $\cdot r_\beta$ $\cdot r_\alpha$ $\cdot q$ となり, 場合によっては $r_\alpha = r_\beta$ である。ただし, $r_\alpha = r_\beta$ であるならば当然 $r_\beta \sim r_\alpha$ (推移性) なので, $\alpha p + (1-\alpha)q \succ \beta p + (1-\beta)q$ ではない, つまり証明すべきことは終了している。よって, 以下 $r_\beta \neq r_\alpha$, つまり p,q を合わせ 4 点は全て異なる点と考える。ところが, その場合, やはり公理 2 の前半の主張から, $p \succ r_\beta \succ r_\alpha \succ q$ が導かれ, 特に $r_\beta \succ r_\alpha$, すなわち $\alpha p + (1-\alpha)q \succ \beta p + (1-\beta)q$ ではない。以上が証明すべきことであった。 ■

上記定理は, 公理 3 の主張する Calibration の一意性を保証します。実際, $r_\alpha = \alpha p + (1-\alpha)r$, $r_\beta = \beta p + (1-\beta)r$ とすると, 前定理から $\alpha > \beta$ である限り $r_\alpha \succ r_\beta$ であるので, その両方が q と同値であることはあり得ないということです。このとき, 以下に示すように「くじ」全体からなる集合 $X = \{x | x : S \to C\}$ 上に制限した $\precsim$ の期待効用関数表現が可能です。

---

[12] $\succ$ の否定である $\not\succ$ を, 非対称性 (asymmetricity) および否定についての推移性 (negative transitivity) を満たすものとして定める方式もある (例えば Kreps, 1990)。非対称性とは, 任意の $p, q \in X$ に対して, $(p \succ q) \Rightarrow \neg(q \succ p)$ を満たすことであり, 否定についての推移性とは, $\neg(p \succ q)$ を $p \precsim q$ と書いた場合の $\precsim$ についての推移性のことである。そのように $\succ$ および $\precsim$ を定義すれば, $\precsim$ は (容易に確かめられるように) 合理的となる。

[13] $r = p, q$ とすれば, 公理は加重平均上の点に対する主張となる。

定理 5.2.2（期待効用関数表現の可能性）：公理 1，2，3 が満足されるとき，C 上で定義されるフォン・ノイマン–モルゲンシュテルン効用関数 $U : C \to \mathbf{R}$ を用いて，X 上に制限された $\precsim$ を次のように期待効用関数表現可能である．

$$\sigma \circ \hat{x}^{-1} \precsim \sigma \circ \bar{x}^{-1} \iff \sum_{c \in C} U(c)\sigma(\hat{x}^{-1}(c)) \leqq \sum_{c \in C} U(c)\sigma(\bar{x}^{-1}(c))$$

ここで，$\hat{x}, \bar{x} \in X$ であり，これらは $\sigma \circ \hat{x}^{-1}$ および $\sigma \circ \bar{x}^{-1}$ との同一視をもって $\mathscr{P}(C)$ の要素と見なされている．また，上で $c \in C$ についての和は，$S = \{s_1, \ldots, s_k\}$ の有限性から常に有限和として，きちんと定義されている．

証明：具体的に，一つの決め方を示しておく．まず $p \succ q$ となるような $p, q \in \mathscr{P}(C)$ を一組固定する．（そのようなものが存在しないなら，全てのくじは同値なので，任意の $c \in C$ に対して $U(c) = 0$ としておけば良い．）各 $c \in C$ に対して，$x_c : S \to C$ を一点 c への恒等写像とする．このとき，$\sigma \circ x_c^{-1} \in \mathscr{P}(C)$ に対して，公理 1 から来る三分法により，(i) $\sigma \circ x_c^{-1} \succ p$，(ii) $q \precsim \sigma \circ x_c^{-1} \precsim p$，(iii) $q \succ \sigma \circ x_c^{-1}$，のいずれか一つだけが必ず成立する．

公理 3 とキャリブレーションの一意性についての前定理により，(i) の場合，正の数 $\alpha < 1$ が一意的に存在して，$\alpha \sigma \circ x_c^{-1} + (1-\alpha)q \sim p$ が成立する．この場合 $U(c) = 1/\alpha$ と定義する．また (ii) の場合，$\alpha, 0 \leqq \alpha \leqq 1$，がやはり一意的に存在して，$\sigma \circ x_c^{-1} \sim \alpha p + (1-\alpha)q$ となる．このときは $U(c) = \alpha$ と定義する．(iii) の場合は，正の $\alpha < 1$ が一意的に存在して，$(1-\alpha)p + \alpha \sigma \circ x_c^{-1} \sim q$ となる．このときは $U(c) = 1 - 1/\alpha$ と定義する．

もしも $V(p) = 1, V(q) = 0$，そして任意の $c \in C$ に対して $V(x_c) = U(c)$ と定めれば，明らかに V は $\{x \mid x = x_c, c \in C,\ \text{or}\ x = p\ \text{or}\ x = q\} \subset \mathscr{P}(C)$ 上の $\precsim$ に対する効用関数表現であり，同時に U をフォン・ノイマン–モルゲンシュテルン効用関数として，定理の要請を満たす期待効用関数表現が $\precsim$ に対して成立している．

一般に，任意の X の要素 $x : S \to C$ に対して，その値域を $\{c_1, \ldots, c_m\} = \{x(s_1), \ldots, x(s_k)\}$ と重複なく表記すれば，$\mathscr{P}(C)$ の要素として $\sigma \circ x^{-1}$ と $\sigma(x^{-1}(c_1)) \sigma \circ x_{c_1}^{-1} + \cdots + \sigma(x^{-1}(c_m)) \sigma \circ x_{c_m}^{-1}$ とは分布として同じものであるから，$\precsim$ が $\mathscr{P}(C)$ 上の選好である限り，無差別なはずである．従って「$x \in X$ への選好が $\sigma \circ x^{-1}$ という C 上の確率分布にのみ依存している」こと，そして「その分布は $\sigma \circ x_c^{-1}, c \in C$ の加重平均として書けること」，加えて「公理 2 は，加重平均に対する効用を，それまでに既に定まっている効用の加重平均として新たに定めたとしても，選好と整合的であることを保証すること」によって，$V(x) = \sum_{c \in C} U(c) \sigma(x^{-1}(c)) = U(c_1)\sigma(x^{-1}(c_1)) + \cdots + U(c_m)\sigma(x^{-1}(c_m))$ と定めて X 上の $\precsim$ の効用関数表現となっている．以上によって，定理の主張が示された． ■

5.2 期待効用理論

もしも C が有限集合であれば，上記定理の $U : C \to R$ を用いて簡単に

$$p \succ q \Longleftrightarrow V(p) = \sum_{c \in C} U(c)p(c) > V(q) = \sum_{c \in C} U(c)q(c)$$

と書くことができるでしょう。このとき p が特殊な形として $x : S \to C$ を用いた $\sigma \circ x^{-1}$ のときは，c が $x(s_t)$ であれば，$p(c) = \sum_{x(s_t)=c} \sigma(s_t)$ ですので，

$$V(\sigma \circ x^{-1}) = \sum_{t=1}^{k} \sigma(s_t) U(x(s_t))$$

が，p を $\sigma \circ x^{-1}$ に置き換えて得られる式ということになります。これがもちろん定理では

$$\sum_{c \in C} U(c) \sigma(x^{-1}(c))$$

と書いてある式です。定理は $\sigma \circ x^{-1}$ の形のものに対してのみ，そのようなものへの選好 $\succsim$ をフォン・ノイマン–モルゲンシュテルン効用関数表現できるということですので，C の有限性は問われません。一般に C および S が無限集合となる場合については，上の足し算の議論を積分で置き換えることになります。ただし，そのためには可測性といった数学概念，あるいはルベーグ積分といった，多くの確率論のための数学知識が必要となりますので，これ以上はここでは述べないことにします。

期待効用理論そのものに向けては，その正当性も含めて多くの議論があります。反例とも言うべきいくつかの重要な議論について，付記しておきます。

アレ（Allais）のパラドックス：これは公理 2（代替公理）に対する反例，すなわち期待効用理論に向けた反例として有名なものです。Allais のパラドックスと呼ばれる以下の事例は，「**確実なこと**」に対する特別な思い入れ，あるいは逆に「**0 に近い確率**」に対する特別な感覚があるのではないかということを示唆するものです。「(a) 確実に 50,000 円もらえる」という「くじ」を持っているとして，それを「(b) **30 パーセントの確率で何ももらえないが，70 パーセントの確率で 80,000 円もらえる**」という「くじ」に，交換する気はありますか。次に，「(a′) 1 パーセントの確率で 50,000 円もらえる」という「くじ」を「(b′) 0.7 パーセントの確率で 80,000 円もらえる」という「くじ」に交換するということなら，どうでしょうか。「何ももらえない」という「くじ」とのミックスであると考えれば，(a) から (b) への交換を拒んだ人は，必ず (a′) から (b′) への交換も，拒まなければ，代替公理に反することになります。

エルスバーグ（Ellsberg）のパラドックス：上と同じく「よく分からないこと」より「分かっていること」の方を好ましく思う傾向についての事例です。中が見えない袋の中に玉が 300 個入っており，そのうちの 100 個が赤色であることが分かっています。残りの 200 個は，青か緑のいずれかであることしか分かっていません。このとき，貴方が「赤か青か」を前もって宣言した後，手探りで玉を取り出し，「(A) その色が出てきたら 10 万円受け取る」とします。（赤が少なくとも **1/3** は確実に入っていることに注目して下さい。）貴方は「赤」か「青」いずれを宣言しますか。次に，やはり同じ設定で，「赤か青か」を前もって宣言した後，手探りで玉を取り出し，今度は「(B) その色が出てこなかったら 10 万円受け取る」とします。（赤が入っているとしても最高で 1/3 でしかないことに注目して下さい。）貴方は「赤」か「青」いずれを宣言しますか。

このお話で (A) 条件で「赤」を選んだ人は「赤」の出る確率を「青」の出る確率より，大きいと予想していると考えられます。すると，(B) 条件下では「青」と宣言すべきですが，いずれも「赤」と宣言することを好む人が多いようです。

「結果」の集合上に与えられた確率分布から期待値を計算しているはずであるという意味においては，上の例は間違いなくパラドックスですが，「よく分からないこと」に対する「一段階深い意味のギャンブル性」を忌避している，と解釈すれば，そのような期待値計算そのものの否定とも言えます。つまり，これは決して「現実の人々は合理的ではない」ということではなく，「合理的であるという定義の方が狭すぎる」というべき問題です。ただし，それでは「**真の合理性とは何か**」というと，この定義が極めて難しいことは，すでに何度も強調し続けてきました。本章の 5.1.6 節，ゲーム理論と真の合理性について，そしてそのまた前後でなされた議論を，再度思い出して下さい。

最後に，これらを含めてまとめる意味で，「概念枠組（Framing）」という問題に，注意を払っておきましょう。これは先のヒュームの懐疑（p.71）ともかかわる，重要な考察を提供するものです。

フレーミング (Framing) の問題：上の 2 例，たとえば Allais のパラドックスの条件 (b) において「**30 パーセントの確率で何ももらえないが**」と強調しました。あるいは Ellsberg パラドックスにおいて，「**赤が少なくとも 1/3 は確実に入っていることに注目して下さい**」とか「**赤が入っているとしても最高で 1/3 でしかないことに注目して下さい**」とわざわざ書きました。これらは，もちろん一字一句何ら間違ったことを言ってはいませんが，必ずしも言わなくてもよいことです。しかし，実際にはこれを強調するのとしないのとで，全く効果が異なります。

これらは単なる注意書き，つまり「そうでなければ（一つのモデル＝世界観内で）つい，うっかり，見逃しそうなことに向けて，注意を促しただけ」というレベルでは，幾分済まない問題を提供しています。

実際，これは先のヒュームの懐疑（p.71）と同様の問題を提供しています。「我々は，たとえ思考実験としても，全ての条件が出揃った形で判断するということを，本当にしているのだろうか。常に，何か隠れた条件に依存して，知らず限定された視野の下，最

大化モドキの判断を繰り返しているだけなのではないだろうか。」という問題です。言語体系や推論そのものに対する疑義といったものまで含めれば，我々が何ら隠された前提を持たずして，明確な，何かの判断を自信満々に行っているというような確証を得ることは，不可能です。そうだとすれば，我々の行う判断は，常に特別な「概念枠組」あるいは特別な「世界観」に依存しているのであり，よって「概念枠組」あるいは「世界観」が変われば話が変わってくるのは当然のことと言えます。しかしながら，もっと重大なことは，いかなる「世界観」も決して「全てを語り尽くしたもの」ではないため，たとえ「その世界観においては当然の事柄」であっても，それを強いて「強調すること」によって話が変わってきてしまう，つまりそれは「世界観の更なる（暗黙的な）構築に加担してしまうことになる」のだ，というのが，Framingの問題の真に言わんとするところです。

やはり上の2つのパラドックス同様，「確実である」というのはきわめて特別なことであり得るのであり，裏を返せば，単に「分からない」ということと，「分からないことが分かっている」ということは，また全然違うことなのだということです。これは（もう聞き飽きたかも知れませんが）「分かっていること」と「分からないこと」についての東洋的立場（p.67, 脚注27），p.76のダッチブック議論，等々とも，全く同じ問題を内包しているのです。

章末問題

【問題1】 非協力ゲームが前提する共通認識とは何か。解とは何か。均衡とは何か。

【問題2】 戦略の強支配性の連続使用でゲームが可解であることと，合理性の共通認識の関係を述べよ。

【問題3】 n 人非協力ゲームのナッシュ均衡の定義を述べよ。

【問題4】 囚人のジレンマゲームとムカデゲームの含意をそれぞれ述べよ。

【問題5】 ある個人の効用水準 U は所得 Y に依存し，効用関数は $U = Y^{0.5}$ であるとする。この個人の所得は毎年不確実であり，25%の確率で100万円，75%の確率で400万円である。

(1) この個人の期待所得を求めよ。(2) この個人の期待効用を求めよ。(3) この個人が期待効用に基づき（リスク中立的），いま確実な所得を得られる職業に転職を考えているとすると，毎年どのくらいの所得を確実に得られる職業を選択するか。(4)（発展）本章5.2節で与えた $U : C \to R$ による期待効用関数表現を用いて，適宜 S および σ, C, ならびに x を設定し，当該設問の期待効用を書き改めよ。

6
消費主体の行動

　本章と次章で扱う消費主体および生産主体の数学的行動記述は，いわゆるミクロ経済学理論のど真ん中です．本章では消費主体の行動記述，すなわち**効用最大化問題**，**需要関数**，**双対分析**，**所得効果と代替効果**，といった話題を概説します．読者は，これまでの章，とりわけ 2 章で取り扱った基本的概念，特に商品，価格，消費，生産，といった概念にもう一度出会うことになります．もちろんいくつかの概念は，より経済学理論に独特の形で，数学的に特殊化されています．

　本章ならびに次章の内容は極めて標準的なものです．読者の目的，興味に応じてより詳細な記述，もしくはより抽象的（エレガント）な取扱いが好ましいこともあるでしょう．例えば Varian (1984)，Kreps (1990)，Mas-Colell et al. (1995) といった中・上級レベルの定番的教科書，あるいはここまでも何度かとりあげた Rubinstein (2006) など，それぞれ一長一短ありますが，多くの良書を参考にされるのがよいと思います．

6.1　効用最大化問題の解

　消費者あるいは消費主体という言葉と概念に関しては，既に第 2 章 2.4 節で述べたところですが，ここで再度，特に理論的に重要な部分については重複をいとわず記述していきます．

　経済学理論は，商品空間 R^ℓ 上を舞台として展開される個別主体の活動と，そこに与えられる価値の空間すなわち価格空間を基礎として記述され，消費とは商品空間において，ある主体が自らの満足を得る目的をもって，社会に存在している商品の数量を減少させる，そのような行為であると述べました．消費主体 i の行動は，**商品空間 R^ℓ 上の点**（数ベクトル）として表現されます．このベクトルは，その座標が正であればその商品の消費，すなわち社会におけるその商品の数量を減少させることを表し，また負であれば負の消費として増加

6.1 効用最大化問題の解

させることを表します（p.27 で述べた通り，おそらく労働ということでこの概念は尽きています）。そのような一つのベクトル $x \in \mathbb{R}^\ell$ を指して一つの**消費行動**と呼び，x を消費ベクトルと呼びます[1]。消費者 i にとって物理的に可能な消費行動の全体を $X^i \subset \mathbb{R}^\ell$ と表し，i の**消費集合** (consumption set) と呼びます。消費者 i は X^i 上に選好 $\precsim_i$ を持つものとして記述され，合理性的と連続性が通常仮定されます。第 4 章 4.2.1 項で述べた通り，そうした仮定の下でその選好の連続な効用関数表現が存在します。

（**効用関数連続性の意義**）効用関数が連続関数になるというのは重要なことです。それは以下に述べる**消費者の効用最大化問題**が解を持つために，予算集合が有界（直径が有限）かつ閉集合（境界が閉じている）であれば十分である，ということを意味します。$\mathbb{R}^\ell$ の有界閉集合は数学的には**コンパクト集合**と呼ばれる極めて重要な概念です。コンパクト集合上の連続関数は必ずその集合内のいずれかの点で最大値および最小値をとる（**最大値最小値の定理**）ということがあるからです。たとえば全ての商品の価格が正（0 はないものとする）で $X^i = \mathbb{R}^\ell_+$ つまり全ての商品について非負の量の消費をおこなうことが可能とされているときこの前提が満たされています（確認せよ）。

消費者の効用最大化問題: 消費集合 X_i を $\mathbb{R}^\ell$ の閉かつ凸の部分集合として，$X_i = \mathbb{R}^\ell_+$ に固定する。ℓ 種類の商品の価格 $p = (p_1, \ldots, p_\ell)$ ならびに所得 $w \in \mathbb{R}_+$ を与えられたものとした，消費者 i の最大化問題（効用関数を $u^i : X_i \to \mathbb{R}$ とする）

$$\begin{aligned} &\text{Maximize} \quad u^i(x) \\ &\text{Subject to} \quad p_1 x_1 + p_2 x_2 + \cdots + p_\ell x_\ell \leqq w \\ &\qquad\qquad\quad x = (x_1, x_2, \ldots, x_\ell) \in X_i \end{aligned}$$

を，消費者の**効用最大化問題** (utility maximization problem) と呼ぶ。数学的には，これは**制約条件付き最大化問題**と呼ばれるものである。

上では効用関数に話を限って消費者問題を定式化しましたが，今一度，その背後にある選好に戻って，いくつか重要な概念を定義しておきます。これらは，上記の消費者問題の定式化に付随して，しばしば仮定されます。消費集合 $X_i \subset \mathbb{R}^\ell$ 上の選好 $\precsim_i$ が「$x \leqq y$ ならば $x \precsim_i y$」を満たすとき，選好は**単調** (monotonic)

---
[1] あるいは全座標を意識して，x を消費バンドル，消費バスケット，と呼ぶこともあります。

と言われます。選好が単調であり，加えて「$x \leqq y$ かつ $x \neq y$ であるならば $x \prec_i y$」を満たすとき，**狭義単調** (strictly monotonic) と言われます（**注意 1**）。また，選好が「x 以上に好ましい消費の集合は凸集合である」を満たすとき，選好は**凸** (convex) であると言われます（**注意 2**）。選好が凸であって，しかも「x と同程度以上に好ましいいかなる点 y についても，y と x とを結んだ線分上の点はその両端を除いて全て x よりも好ましい」を満たすとき，選好は**狭義凸** (strictly convex) であると言われます。

選好の狭義単調性を前提にすると，消費集合上の任意の点 x に対して，x と同程度の選好水準を持つ点の集まり $\{y \in X_i | x \sim_i y\}$ は厚みを持ちません。数学的に厳密に述べると，商品空間 $\boldsymbol{R}^\ell$ において，その空間次元を持ったいかなる小さな球体あるいは立方体も，その部分集合にはならないということです。集合 $\{y \in X_i | y \sim_i x\}$ は x を含む**無差別集合** (Indifference Set) と呼ばれます。この無差別集合が $\ell = 2$ の場合であれば無差別曲線に，$\ell = 3$ であれば無差別曲面になる（その次元における厚みを持たない）ということです。厚みを持たないことの証明は，狭義単調性の定義をもってすれば容易に分かることなので，読者に任せます（章末問題）。

注意 1: 上の単調性の概念は数学的には自然だが，経済学ではしばしばこれに加えて「x よりも y が全座標について大きいなら $x \prec_i y$」を満たすことも要請する場合がある。（狭義単調なら，もちろんいずれの意味でも単調性の仮定を満たす。）この要請の下では，単調性という言葉を用いた場合，いつでも「任意の点 x に対して，その点のいくらでも近くに**一層好ましい点を取ることができる**」という性質（局所非飽和性 local nonsatiation property）が成り立つ。この性質は，消費者問題において**その解が予算を余らせることが決してあり得ない**ことを保証する理論上重要な条件である (p.160)。また狭義単調性は，いずれかの商品の価格が 0 となることを均衡から排除する条件として有用である（p.172, etc.）。

単調な選好とその効用関数表現：選好が合理性および連続性の仮定を満たすとき，その効用関数表現が存在する（Debreu, 1959 の定理）ことは以前に述べたが，選好が単調である場合，特にこれを直観的に定義することができる。消費集合が R^ℓ_+ であるとし，R^ℓ の対角線を引くと，商品空間上の任意の点 x に対して，$0 \leqq x \leqq y^*$ を満たす対角線上の点 y^* が存在するが，単調性から $0 \precsim x \precsim y^*$ のはずであるから，線分 $[0, y^*]$ 上に x と無差別な点 y_x が存在せねばならない[2]。原点から y_x までの距離 — もしくは対角

---

[2]実はこの存在には，幾分厳密な数学的証明が必要になる。もし存在しないなら，$[0, y^*]$ と

6.1 効用最大化問題の解

線上の点 y_x を構成する座標の値でも良いのだが —— をもって $u(x)$ と定義すれば,実はこれが連続な効用関数になっている。

注意 2: 上の凸性の条件も数学的には自然であるが,やはり経済学ではしばしばこれに加えて,厳密な関係 $\prec_i$ にも言及し,「x よりも y が好ましいなら x と y を結ぶ線分上の x 以外の点は全て x より好ましい」を満たすことも要請することがある(例えば Debreu (1959) における**凸性**の定義がそうである)。この場合,X_i 上に選好の飽和点が存在していない限り,先に述べた局所非飽和性が常に成り立つことになる。選好の凸性に対応する概念として,効用関数に直接与えられる条件として重要なのが,その**凹関数性**という条件である。効用関数 u^i が凹関数であるとは,定義域の任意の 2 点 x, y と実数 $0 \leqq \alpha \leqq 1$ について,$\alpha u^i(x) + (1-\alpha) u^i(y) \leqq u^i(\alpha x + (1-\alpha) y)$ であることをいう。効用関数が凹関数であれば,そこから導かれる選好が前頁の意味でも Debreu の意味でも凸であることは,容易に確認できる。

選好が狭義凸という条件は,いくぶん強すぎると感じられるかも知れませんが,経済学理論的には重要な条件です。これは以下に述べるような需要「関数」の存在を保証します。

狭義凸な選好とマーシャル (Marshall) 型需要関数:選好が狭義凸なら,消費者問題に解があればそれは一意です。実際 $\bar{x}$ と $\hat{x}$ が異なる点として消費者の効用最大化問題の解であるとすると,$x = (\bar{x} + \hat{x})/2$ は制約条件式を満たし,かつ狭義凸性からより好ましい点ということになり,$\bar{x}$ や $\hat{x}$ が解であることに矛盾します。この条件に基づくと,消費者問題,すなわち p と w を与えられて効用を最大にするような最適な消費を求める問題の一意的な解に対して,それが存在する限り価格ベクトル p と所得 w の関数とみなせることになりますから,それを $x(p, w)$ のように表して,**マーシャル型需要関数** (Marshallian Demand Function) と呼びます。最大化問題の制約条件から容易に確かめられるように,任意の実数 $\alpha > 0$ に対して $x(p, w) = x(\alpha p, \alpha w)$ です。実際,$(\alpha p, \alpha w)$ 下の最大化問題は (p, w) 下と同一になります。よって,解も同一です。これを需要関数の 0 次同次性と言います。

消費者問題については,上記の単調性,狭義凸性,解が X_i の内点であること,等々を場合により前提として,様々な解法があります。一般的には「制約条件付き最大化問題の解の必要条件を導出する」ための**ラグランジュの未定乗数法**という数学手法が用いられます(次章補論 7.5 参照)。以下ではそれに直接

$\{y | x \precsim y\}$ という閉集合(選好の連続性の仮定より)の共通部分をとれば空でない閉集合であるので,その中で最も原点に近い点を y^1 とする。同様に $[0, y^*]$ と $\{y | y \precsim x\}$ の共通部分をとり,その中で原点から最も遠い点を y^2 とする。今 x と無差別な点は対角線上にないのだから $y^2 \prec y^1$ でなければならないが,さらに y^1 と y^2 の中点をとると,その点が $[0, y^2]$ または $[y^1, y^*]$ のいずれかに属さねばならなくなり,矛盾が生じる。

には触れず，ほぼ同値の条件を，経済学的な意味と図形的表現を重視した形で概説します。

6.2 好ましさの向きを代表するベクトル

本項では特に断らない限り消費集合を X で表し $X = \boldsymbol{R}_+^\ell$ であるものとします。消費主体 i を表す添字 i は基本的に省略します。

X 上の選好 $\precsim$ （効用関数表現 u を持つ）に関して，点 $x^* \in X$ で，x^* より好ましい消費点の集合に対するその集合の方向，いわば「**好ましさの向き**」を代表するベクトルが一意的に定まっているようなケースを以下に想定してみましょう。正確には $du(x^*) = (d_1 u(x^*), \ldots, d_\ell u(x^*))$ というベクトルが「$z \succ x^*$ なら $z - x^*$ と $du(x^*)$ の内積が正であり，逆に $z - x$ と $du(x)$ の内積が正なら十分小さく $t > 0$ を取ると $x + t(z - x)$ が x より好ましい」となる．具体的には図 6.1 の $(d_1 u(x^*), d_2 u(x^*))$ のような，x の無差別集合に対する一意的な**接平面の法線ベクトル**が定まっている場合です。

全ての座標が正であるような価格 $p = (p_1, \ldots, p_\ell)$ の下での消費者問題の 1 つの解を $x^* = (x_1^*, \ldots, x_\ell^*)$ とし，さらに商品 k への需要が $x_k^* > 0$ であったと仮定しましょう。このとき，理由は後から述べますが，任意の商品 j に対して

$$\frac{d_j u(x^*)}{p_j} \leqq \frac{d_k u(x^*)}{p_k} \tag{6.1}$$

が成り立ちます（商品 k を商品 2，商品 j を商品 1 と見て，図 6.1 を参照）。したがって，特に，商品 j への需要 x_j^* も正であると想定できるなら，上の j と k を逆転させて，等号成立ということになります。

$$\frac{d_j u(x^*)}{p_j} = \frac{d_k u(x^*)}{p_k} \tag{6.2}$$

この「好ましさの向き」についての均等式のことを，これもまた後からその名称が正当化されることになりますが，**加重限界効用均等式**と呼びます。つまり，上のように好ましさの向きを代表するベクトルが与えられる場合，消費者問題の解である**最適消費点** x^* が $X = \boldsymbol{R}_+^\ell$ の内点に来るなら，加重限界効用均等式が必ず成立するということです。

6.2 好ましさの向きを代表するベクトル

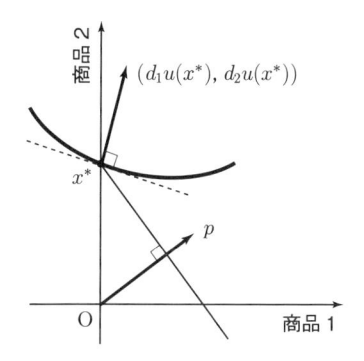

図 6.1 好ましさの向きについての不等式

では，上に述べた「好ましさの向き」に関する不等式 (6.1) の成立を確かめましょう。それを否定する逆向きの不等式 $\frac{d_j u(x^*)}{p_j} > \frac{d_k u(x^*)}{p_k}$ が成り立つとすると，最適消費点 x^* において，商品 k の好ましさに対する商品 j の好ましさの比 $d_j u(x^*)/d_k u(x^*)$ が，それらの間の価格比 p_j/p_k に比べて大きいことになります。すると，正の量を買っている商品 k への需要を少し（$t > 0$ だけ）減らし，商品 j への需要を少し（$t\frac{p_k}{p_j}$ だけ）増やすことで，予算は同じで効用を増大させることができそうです。価格比よりも好ましさの比の方が大きいからです。しかしそれは x^* が消費者問題の解であるということに矛盾します[3]。

効用関数が微分可能である場合，上記 $d_k u(x^*)$ は点 $x^* = (x_1^*, \ldots, x_\ell^*)$ における第 k 変数についての偏導値 $D_k u(x^*) = \frac{\partial u}{\partial x_k}(x^*)$ によって代表することができます。実際，効用関数 $u: \boldsymbol{R}_+^\ell \to \boldsymbol{R}$ の定義域の内点 x^* における導値は，$\boldsymbol{R}^\ell$ から $\boldsymbol{R}$ への線形関数であり，具体的には $(1 \times \ell)$ 行列，

$$\begin{bmatrix} D_1 u(x^*) \cdots D_\ell u(x^*) \end{bmatrix} = \begin{bmatrix} \frac{\partial u}{\partial x_1}(x^*), \ldots, \frac{\partial u}{\partial x_\ell}(x^*) \end{bmatrix},$$

つまり，$\boldsymbol{R}^\ell$ の要素を列ベクトルと見て，それとの行列積として与えられる線形関数でした（第 1 章章末問題）。そして，この線形関数が，x^* という点において，局所的には u を近似しているということが多変数関数の微分（導値）の

---
[3] 式できちんと確認すると，j, k 座標のみに着目して $(d_j u(x^*), d_k u(x^*)) \cdot (-t, t\frac{p_j}{p_k}) = t(d_k u(x^*)\frac{p_j}{p_k} - d_j u(x^*)) > 0$。一方 $du(x^*)$ との内積が正となるベクトル $(-t, t\frac{p_j}{p_k}) = t(-1, \frac{p_j}{p_k})$ は，十分 t を小さく取るとその増減の結果が x^* より好ましいというのが $du(x^*)$ の定義。

そもそもの意味でした。これはつまり，その線形関数のグラフを $(x^*, u(x^*))$ の位置に移動してくると，u のグラフに接しているということです。よって u のグラフの一部分であるところの，$(x^*, u(x^*))$ を通る u の等高線，すなわち x^* の無差別平面に接しているのも，その線形関数の値を一定値とした

$$\left(\frac{\partial u}{\partial x_1}(x^*), \ldots, \frac{\partial u}{\partial x_\ell}(x^*) \right) \cdot x = c$$

という図形であるということになります（c は何らかの定数です）。故に $(\frac{\partial u}{\partial x_1}(x^*), \ldots, \frac{\partial u}{\partial x_\ell}(x^*))$ が無差別平面の接平面の法線ベクトルに他ならないということが分かります。u の定義域を 2 次元とするならば，図形的には効用の山の等高線に対して，この導値がその接線の法線となり，効用の山の高い方向を指すことになります。このことから，一般にこの導値は，**勾配ベクトル** (gradient vector) と呼ばれます（図 6.2）。

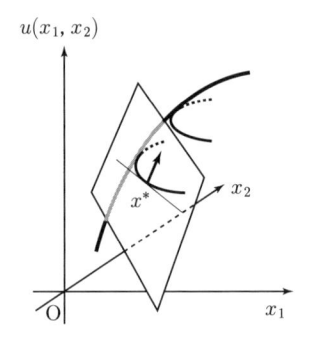

図 6.2　勾配ベクトル (gradient vector)

ここに述べた「好ましさの比率」$d_k u(x^*)/d_j u(x^*)$ は，歴史的には無差別曲線の接線の傾きを表現する意味での**限界代替率** (marginal rate of substitution) と呼ばれるもので，その比率を具体的に与える $\frac{\partial u}{\partial x_1}(x^*), \ldots, \frac{\partial u}{\partial x_\ell}(x^*)$ は，それぞれ商品 $1, \ldots, \ell$ の，点 x^* における**限界効用** (marginal utility) と呼ばれてきました[4]。ここでは「加重限界効用」なる言葉を先に出してしまったわけです

---

[4] 限界代替率や限界効用といった概念以前に「好ましさの向き」として $(d_1 u(x^*), \ldots, d_\ell u(x^*))$ のようなベクトルを与える手法は Rubinstein (2006) による。ここであえて伝統的ではない手法を取ったのは，その方が明らかに数学的に誤謬の無い意味づけを与え得るからである。

6.2 好ましさの向きを代表するベクトル

が，これで「好ましさの比率」と「限界代替率」と「限界効用の比率」が全て同じ事柄を指しているということを，図的に把握できるかと思います。

上述した加重限界効用（不）等式 (6.1)–(6.2) を用いて，次項では具体的に消費者問題の解を求めてみましょう。

6.2.1　コブ–ダグラス（Cobb-Douglas）型効用関数

コブ–ダグラス型効用関数とは，以下のような具体形を持った効用関数です。

$$u(x_1,\ldots,x_\ell) = x_1^{a_1} x_2^{a_2} \cdots x_\ell^{a_\ell}$$

ここで $a_1 \geqq 0,\ldots,a_\ell \geqq 0, a_1+\cdots+a_\ell = 1$ であり，定義域は $x = (x_1,\ldots,x_\ell) \in X = R_+^\ell$ の範囲であるとします。コブ–ダグラス型関数は，全座標が正の領域で微分可能であり，消費集合の内点においては上述した x における「好ましさの向き」を表すベクトルを，点 x における u の導値として得ることができます。係数 $a_1,\ldots,a_\ell$ を全て正にしておけば，この関数形は，狭義単調性，狭義凸性など，経済学理論で通常仮定されるほとんどの要請を自然に満たしていますので，具体例を与える便利な関数形としてしばしば利用されます。

効用関数を上のように特定化し，全て正の価格 $p = (p_1,\ldots,p_\ell)$ と正の所得 w を与えられたとき，消費者の効用最大化問題は以下に見るように非常に綺麗に解くことができます。

消費者問題の解：まず，コブ–ダグラス型関数の形から $a_1,\ldots,a_\ell$ の中に 0 があれば，最大化問題を考慮している限りその商品についての需要は 0 であると固定してしまってかまいません。よって，以下ではそういった商品は無視しているものとし，$a_1,\ldots,a_\ell$ が全て正であるものとして扱います。

目下所得 w は正であり，全ての商品を少量でもよいから正の量ずつ買うことはできますので，効用最大化問題の解 $x^* = (x_1^*,\ldots,x_\ell^*)$ において $u(x^*) > 0$ となるはずです。ゆえに x^* の座標 $x_k^*, k = 1,\ldots,\ell$ は全て正であると考えられます。つまり x^* は内点解であると考えられ，先の加重限界効用等式 (6.2) が消費点 x^* で成立しているはずです。第 k 商品と第 j 商品の座標についてこれを式で書くと，

$$\frac{D_k u(x^*)}{p_k} = \frac{D_j u(x^*)}{p_j}$$

$$D_k u(x^*) = \frac{\partial u}{\partial x_k}(x^*) = a_k (x_1^*)^{a_1} \cdots (x_{k-1}^*)^{a_{k-1}} (x_k^*)^{a_k-1} (x_{k+1}^*)^{a_{k+1}} \cdots (x_\ell^*)^{a_\ell}$$

$$D_j u(x^*) = \frac{\partial u}{\partial x_j}(x^*) = a_j (x_1^*)^{a_1} \cdots (x_{j-1}^*)^{a_{j-1}} (x_j^*)^{a_j - 1} (x_{j+1}^*)^{a_{j+1}} \cdots (x_\ell^*)^{a_\ell}$$

ですので，つまり

$$\frac{a_k (x_1^*)^{a_1} (x_2^*)^{a_2} \cdots (x_{k-1}^*)^{a_{k-1}} (x_k^*)^{a_k - 1} (x_{k+1}^*)^{a_{k+1}} \cdots (x_\ell^*)^{a_\ell}}{p_k}$$
$$= \frac{a_j (x_1^*)^{a_1} (x_2^*)^{a_2} \cdots (x_{j-1}^*)^{a_{j-1}} (x_j^*)^{a_j - 1} (x_{j+1}^*)^{a_{j+1}} \cdots (x_\ell^*)^{a_\ell}}{p_j}$$

が成立するということです。この式は左辺の分母分子に $x_k^* > 0$ をかけ，また右辺の分母分子に $x_j^* > 0$ をかけることで，以下の式となります。

$$\frac{a_k (x_1^*)^{a_1} (x_2^*)^{a_2} \cdots (x_\ell^*)^{a_\ell}}{p_k x_k^*} = \frac{a_j (x_1^*)^{a_1} (x_2^*)^{a_2} \cdots (x_\ell^*)^{a_\ell}}{p_j x_j^*}$$

つまり，$(x_1^*)^{a_1}(x_2^*)^{a_2}\cdots(x_\ell^*)^{a_\ell} = u(x^*) > 0$ で両辺を割って $\frac{a_k}{p_k x_k^*} = \frac{a_j}{p_j x_j^*}$ が解 x^* の満たすべき必要条件です。k, j は任意なので，これは $\frac{a_1}{p_1 x_1^*} = \frac{a_2}{p_2 x_2^*} = \cdots = \frac{a_\ell}{p_\ell x_\ell^*}$ ということになります。最終式からコブ–ダグラス型効用関数についての消費者効用最大化問題の解が容易に求まります。最終式は解 x^* において各商品への支出の比率 $p_1 x_1 : p_2 x_2 : \cdots : p_\ell x_\ell$ が $a_1 : a_2 : \cdots : a_\ell$ となることを示しており，従って $x_1^* = a_1 w/p_1, \ldots, x_\ell^* = a_\ell w/p_\ell$ とすると，事実これが解となっています。

6.3 顕示選好理論

　消費者の行動が効用最大化問題として定式化されている経済学理論の標準的な設定に対し，現実世界の主体は誰もそのような最大化問題を解いてはいないという批判がなされることがあります。これは心しておくべき事柄ではありますが，同時にそのこと自体をもって経済学理論への批判とすることは的外れと言うべきです。

　運動をする主体が何も考えていなくとも，その動きを最大化や極値問題として表現できることはむしろ普通の事柄であり，ましてや「満足」といったものを求めていそうな主体の運動を最大化問題として定式化するのは当然とさえ言えます。さらに踏み込んでいえば，人間の行為がそのような最大化計算として記述され尽くすわけがない，という真実があったとしても，近似的にそのような計算として記述されてはならないということにはなりませんし，そのような想定が役に立たない根拠にもなりません。先にも A. センの仕事として述べた

6.3 顕示選好理論

ように (p.66, 脚注 25)，単純な想定でモデル化した内容から，社会の重大な問題点を描出することこそが，理論の役割です。

意識的であるかないかは横に置いて，一見して効用最大化あるいは合理的選好下の最大元選択になっているのかどうか必ずしも分からない我々の行動を，とりあえず効用最大化行動，あるいは合理的選好下の最大元の選択行動であるといった形で定式化しても構わない，というのは，現実世界におけるその行動データにどのような特徴がある場合でしょうか．この問題に答えるのが**顕示選好の理論** (Revealed Preference Theory) です．先に第 4 章 4.3.1 項において，我々は個人の「選択行動」が「合理的選好」に基づいて，**合理化できる**ための条件として，**顕示選好の弱公理**というものを見ました．先の議論を「価格と所得の下での消費選択」という枠組で改めて考えようというのが，本節の議論です．

必ずしも効用最大化に基づいたとは限らない，価格ベクトル p と所得 w そしてその下での我々の現実の消費行動を組にしたデータが $(x^1, p^1, w^1), (x^2, p^2, w^2),$ ..., (x^n, p^n, w^n) のように n 個，もしくは無限個，与えられているとします．それらを，とある効用関数の下での最大化問題の解と見ることができるとき，当該データは，その効用関数によって**合理化可能である**と言います．

コブ–ダグラス型効用関数と消費行動の合理化：上の言葉を用いれば，前項の最後で確かめたことは，コブ–ダグラス型効用関数 $u(x_1, \ldots, x_\ell) = x_1^{a_1} x_2^{a_2} \cdots x_\ell^{a_\ell}$ が，各商品への支出の比率 $p_1 x_1 : p_2 x_2 : \cdots : p_\ell x_\ell$ を $a_1 : a_2 : \cdots : a_\ell$ と固定するような消費行動（背後に必ずしも効用最大化問題を考えていない）を**合理化し得る**ということである．

6.3.1 顕示選好とその公理

消費，価格，所得のデータ (x^1, p^1, w^1) については，それが消費のデータである限り，効用最大化とは関わりなく，その消費行動が価格ベクトル p^1 と所得 w の下での予算制約式 $p^1 \cdot x^1 \leqq w^1$ を満たさなければなりません．今，データ (x^1, p^1, w^1) と，消費集合上のベクトル x との間で，x が p^1, w^1 の下で決まる予算制約式を満たしている，つまり $p^1 \cdot x \leqq w^1$ となるとき，関係式 $x^1 \succ x$ で表すことにしましょう．この記号でもって表現したいことは，x^1 は x をも選べる環境の下で，x を差し置いて選ばれたのだから，x^1 が x 以上に好ましいということが，**行動により顕示されている**，ということです．さらに $\succeq$ をも

とにして，$x^1 \succsim x$ でありかつ $x^1 \neq x$ であるとき，$x^1 \succ x$ と書き，x^1 は x より**顕示的に選好される**と読むことにします．

顕示選好の強公理: 有限個または無限個の消費データの組 $(x^i, p^i, w^i)_{i \in I}$ が**顕示選好の強公理**を満たすとは以下の条件が成立することをいう．2 個以上の任意有限個のデータ $(x^1, p^1, w^1), \ldots, (x^n, p^n, w^n)$ をそこから選んだとき，

$$x^1 \succ \cdots \succ x^n \tag{6.3}$$

となっているならば，$p^n \cdot x^1 > w^n$ である．つまり $x^n \succ x^1$ は有り得ない．

特に $n = 2$ のときに限って上の条件を要請した場合を，消費データ組に関する**顕示選好の弱公理**と呼びます．第 4 章の一般的な顕示選好の弱公理にこの概念が対応していることを確認して下さい（章末問題）．この顕示選好の強公理を満たすデータの組に対しては，その需要行動を合理的な選好の下での極大元選択問題[5]と見なせるというのが，以下の顕示選好定理です．

定理 6.3.1（**顕示選好定理**）：与えられた任意個のデータ組 $(x^i, p^i, w^i)_{i \in I}$ が顕示選好の強公理を満たすものとする．X が $\{x^i | i \in I\}$ を含む任意の集合であるとき，X 上の完備な前順序 $\succsim$ が存在して，各データはその選好の下でのマーシャル型需要とみなすことができる．

証明 : X 上で部分的に定義されている顕示選好関係 $\succ$ を元に X 上の 2 項関係 $\succ_*$ を「有限個の X の要素 $y^1, \cdots, y^n$ が存在して，$x = y^1 \succ \cdots \succ y^n = y$ なるとき，そのときに限って $x \succ_* y$ である」と定義すれば，$\succ_*$ は定義から直ちに transitive．また顕示選好の強公理から asymmetric（$x \succ_* y$ なら $y \succ_* x$ は有り得ない），従って irreflexive（$x \succ_* x$ となることは有り得ない）となる．$X \times X$ 上の集合の包含関係 $\subset$ を $X \times X$ のパワーセット（その部分集合の全体からなる集合）上の順序と考えて，X 上の irreflexive かつ transitive な 2 項関係の全てを（X 上の 2 項関係，例えば $\succ_*$ は，それを $\succ_* = \{(x,y) | x \succ_* y\}$ と見て $X \times X$ 上の部分集合と同一視できる）順序づけると，$\succ_* \subset X \times X$ を含むような transitive かつ irreflexive な 2 項関係で $\subset$-maximal なものが存在する（Zorn's Lemma）．これを $\succ_1$ で表す．このとき $\succ_1$ は $\forall x, y \in X, x \neq y$ に対して $x \succ_1 y$ もしくは $y \succ_1 x$（つまり完備性）を満たす．実際，もしも $(x,y) \notin \succ_1$ かつ $(y,x) \notin \succ_1$ とすれば，$\succ_2 = \succ_1 \cup \{(z,w) | (z \succ x \text{ または } z = x) \text{ かつ } (w = y \text{ または } y \succ w)\}$ と置くことに

---

[5]効用関数ではなく選好に基づいた消費者問題の記述については第 2 章 p.29 の注意を参照せよ．また，以下定理で存在が証明される合理的選好 $\succsim$ は前順序どころか順序になっている．

より $\succ_2$ は transitive かつ irreflexive で, $\succ_1 \subset \succ_2$, $\succ_1 \neq \succ_2$ となり, $\succ_1$ が $\subset$-maximal であることに反するからである。$\succsim$ を $x \succsim x' \iff (x = x'$ または $x \succ_1 x')$ と定義すれば, $\succsim$ は reflexive, transitive (かつ anti-symmetric, $x \succsim y$ かつ $y \succsim x$ ならば $x = y$ を満たし, つまりは順序となり) かつ complete となる。$\succsim$ は実は $\succ$ の拡張になっているから, 各データがそれを選好と考えた場合の greatest element になることは ($\succ$ に関して既にそうであるので) 当然である。 ■

6.4 双対分析

価格ベクトル p と所得 w を与えられたときの最適消費量ベクトル $x^*(p, w)$ がただ一つに定まる場合に, それを関数としてとらたものがマーシャル型需要関数でした。このとき, その最適な消費量 $x^*(p, w)$ の下での効用水準を, 同じく p と w の関数と考えて, $v^*(p, w)$ と表したもの, つまり $v^*(p, w) = u(x^*(p, w))$ であるわけですが, この関数 v^* を**間接効用関数** (Indirect Utility Function) と呼びます。

さて, 消費者の効用最大化問題に対して, その設定を少し変えた次のような問題を考えてみましょう。あらかじめ効用水準 v と価格 p が与えられたとき, その効用水準を最低限の支出で達成するための消費量 (ベクトル) は何か。この問題は, 消費者の**支出最小化問題**と呼ばれ, また消費者効用最大化問題の**双対問題**とも呼ばれます。

消費者の支出最小化問題 (効用最大化問題の双対)：消費集合 X_i を $\boldsymbol{R}^\ell$ の部分集合とし, ℓ 種類の商品の価格 $p = (p_1, \ldots, p_\ell)$ ならびに効用水準 $v \in \boldsymbol{R}$ を与えられたものとした, 消費者 i の支出最小化問題 (効用関数を $u^i : X_i \to \boldsymbol{R}$ とする),

$$\begin{aligned}
&\text{Minimize} \quad p_1 x_1 + p_2 x_2 + \cdots + p_\ell x_\ell \\
&\text{Subject to} \quad u^i(x) \geqq v \\
&\qquad\qquad\quad x = (x_1, x_2, \ldots, x_\ell) \in X_i
\end{aligned}$$

を, 消費者の支出最小化問題 (expenditure minimization problem) と呼ぶ。

数学的には, 効用最大化問題と同じく, やはり制約条件付き最小 (大) 化問題と

分類されるものです。この双対問題の解となる消費ベクトル $h(p,v)$ が一意的に定まるとき,それを p と v の関数と考え,**ヒックス型補償需要関数** (Hicksian Compensated Demand Function) と呼びます(図 6.3)。また,そのときその消費量の下で最小化されたところの支出額を,同じく p と v の関数と考えて $e(p,v)$ と表したもの,つまり $e(p,v)$ は $p=(p_1,\ldots,p_\ell)$ と $h(p,v)=(h_1(p,v),\ldots,h_\ell(p,v))$ の内積というわけですが,この関数 e を**支出関数** (Expenditure Function) と呼びます。

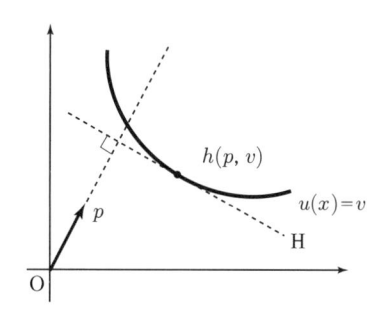

図 6.3 ヒックス (Hicks) 型補償需要関数

これらの関数の関係を $X_i = \mathbf{R}_+^\ell$ で u^i が連続,解は内点,といった取り扱いやすいケースにおいてまとめると,次のように書けます。

$$h(p,v) = x(p, e(p,v)) \tag{6.4}$$

上はベクトル値の関数の関係(商品の次元である ℓ 次元)であることに注意して下さい。式の意味は明白です。つまり価格 p の下で効用水準 v を実現するために最低限必要な支出 $e(p,v)$ とその際の**消費パターン** $h(p,v)$ **が一意的に与えられている状況**は,図 6.3 でいえば,$u(x) \geqq v$ となる x の領域に対して,最も左下に来るような接平面 H が一点で接しているという状況です。このような場合,その接点 $h(p,v)$ が,同様の価格 p と,所得 $e(p,v)$ を与えられた際の効用最大化問題の一意的な解 $x(p, e(p,v))$ であるということです。$h(p,v)$ が内点解なら,H の左下半空間にそれより好ましい点 x^* が存在すると,$h(p,v)$ 以上に好ましく,少しだけ x^* より p で安価な点を u^i の連続性から取れるので,

6.4 双対分析

$h(p,v)$ の支出最小性に矛盾，すなわち式 **(6.4)** は必ず成立します．

スルツキー方程式: $h(p,v)$ および $x(p,w)$ の各成分関数を $h_k(p,v)$, $x_k(p,w)$ のように表します．式 (6.4) に出現する関数が全て運良く，議論上必要な定義域で微分可能であったとしましょう．式 (6.4) の等号が成立している p,v において，商品 k に関する両辺の要素関数の，価格 p_j での偏導値を書き表すと（$x_k(p,w) = x_k(p,e(p,v))$ において p が2箇所に入った合成関数の微分法に注意して），

$$\frac{\partial h_k}{\partial p_j}(p,v) = \frac{\partial x_k}{\partial p_j}(p,e(p,v)) + \frac{\partial x_k}{\partial w}(p,e(p,v))\frac{\partial e}{\partial p_j}(p,v)$$

となります．これを項の入れ替えによって次の形に整理したものを**スルツキー方程式** (Slutsky Equation) と呼びます．

$$\frac{\partial x_k}{\partial p_j}(p,e(p,v)) = \frac{\partial h_k}{\partial p_j}(p,v) + \frac{\partial x_k}{\partial w}(p,e(p,v))\left(-\frac{\partial e}{\partial p_j}(p,v)\right) \tag{6.5}$$

左辺を**価格効果** (Price Effect) と呼びます．これはそのまま Marshall 型需要関数の価格についての微分であって，価格 p_j が変化したときの商品 k へのマーシャル型需要の変化，そのものということです．右辺の第1項を**代替効果** (Substitution Effect) と呼びます．もちろんこの意味も，ヒックス型需要関数の価格についての微分ですので，同一の効用水準を補償されたとした場合の，相対価格の変化がもたらす商品 k への需要の変化ということです．そして右辺の第2項を**所得効果** (Income Effect) と呼びます．この項は幾分複雑ですが，意味としては明確であって，p_j の変化がもたらす同一効用水準補償のために必要な支出の変化のマイナス — つまり所得の増加 — を通した，商品 k への需要の変化，ということになります．

シェパードの補題: スルツキー方程式の所得効果を表す複雑な右辺第2項の積の右側 $\frac{\partial e}{\partial p_j}(p,v)$ は，$e(p,v) = p_1 h_1(p,v) + \cdots + p_\ell h_\ell(p,v)$ という定義に戻ると，積の微分によって，

$$h_j(p,v) + \sum_{s=1}^{\ell} p_s \frac{\partial h_s}{\partial p_j}(p,v)$$

ですが，実は $\frac{\partial e}{\partial p_j}(p,v) = h_j(p,v)$ になってしまうことが知られています（**シェパードの補題**）．実際，十分 0 に近い任意の $\epsilon \neq 0$ に対して，$p_j(\epsilon) = p_j + \epsilon$，ベクトル p の第 j 要素を p_j から $p_j(\epsilon)$ に変えたものを $p(\epsilon)$ で表すことにすると，$h(p,v)$ は効用水準 v を実現することが当然ですから，それを $p(\epsilon)$ で評価したものよりも $e(p(\epsilon),v)$ は大きくないという関係式，

$$e(p(\epsilon),v) \leqq p(\epsilon) \cdot h(p,v) = p \cdot h(p,v) + \epsilon h_j(p,v) = e(p,v) + \epsilon h_j(p,v)$$

を得ます。これを用いて $\epsilon > 0$ なら，

$$\frac{e(p(\epsilon),v) - e(p,v)}{\epsilon} \leqq \frac{(e(p,v) + \epsilon h_j(p,v)) - e(p,v)}{\epsilon} = h_j(p,v)$$

加えて $\epsilon < 0$ なら，

$$\frac{e(p(\epsilon),v) - e(p,v)}{\epsilon} \geqq \frac{(e(p,v) + \epsilon h_j(p,v)) - e(p,v)}{\epsilon} = h_j(p,v)$$

となります。故に支出関数 e が (p,v) において微分可能である限り，$\frac{\partial e}{\partial p_j}(p,v) = h_j(p,v)$ でなければならないということです。

6.5 価格効果・代替効果・所得効果

前項の最後に出てきた価格効果，代替効果，所得効果について，極限概念を用いず，図を用いて直観的に説明してみましょう。また同時に，支出関数，補償需要関数など，前項で出てきた概念を復習することにしましょう。

図 6.4 は，商品 1, 2 の消費計画に直面している主体について，価格の変化 p^* から $\hat{p}$ のもたらす影響（需要点の変化）を表したものです。価格が $p^* = (p_1^*, p_2^*)$ から $\hat{p} = (\hat{p}_1, \hat{p}_2)$ に変化したとき，最適な消費計画が x^* から $\hat{x}$ に変化し，効用水準が $u(x^*)$ から $u(\hat{x})$ に変化したとします。

価格の p^* から $\hat{p}$ への変化は商品間の価格比の変化を伴っています（商品 1 の価格が相対的に上がっている）。この図に見られるケースは当該主体が商品 2 についてあらかじめ財の初期保有を持ち，商品 1 については市場で手に入れよ

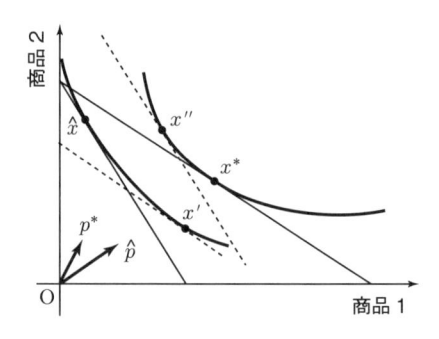

図 6.4 価格効果

6.5 価格効果・代替効果・所得効果

うとしている状況です。2本の予算制約を表す直線の交点が商品2の軸上にあり、この点がその初期保有を表現しています。$p_2^* = \hat{p}_2$ とし、$p_1^* < \hat{p}_1$ とすれば、所得水準が固定されますので、図は純粋にマーシャル型需要に対する価格のみの効果を描出しているものと見ることができるでしょう。

当該価格の変化は購入できる商品の数量組合わせの範囲を減少させていますが、もしも価格比を p^* のままに固定し、それでも $\hat{x}$ と同じ効用水準しか補償されないところにまで、所得の操作が行われたと想定しましょう。これは所得の減少として表現されます。つまり予算制約を表す外側の直線を左下に平行移動した状況で、そのときの最適な消費が x' です。消費計画の変化 x^* から $\hat{x}$ が**価格効果** (price effect) ですが、これを上のように x^* と x' の間の違いである**所得効果** (income effect) と、x' から $\hat{x}$ への変化である**代替効果** (substitution effect) に分けることができるというのが、前項の**スルツキー方程式**の言わんとするところです。

注意: 上の説明では x^* からの変化を、所得効果を先に、代替効果を後に説明しましたが、順序を逆にすることもできます。つまり、効用水準を $u(x^*)$ のままに保持させるよう所得を調整しつつ、価格比のみを $\hat{p}$ に変化させた場合の消費点 x'' を用いる経路です。これら2つの経路($x^* \to x' \to \hat{x}$ と $x^* \to x'' \to \hat{x}$)で、それぞれ所得効果および代替効果は(極限的には一致するものの)微妙に異なります。上記説明において、つなぎに用いた点 x' および x'' を得るために用いた所得の調整は、これらの点の効用水準を実現するために最低限必要な支出という形でなされています。従って支出関数を用いると

$$\hat{p} \cdot x'' = e(\hat{p}, u(x^*)), \quad p^* \cdot x' = e(p^*, u(\hat{x}))$$

となっています。また、それぞれヒックスの補償需要関数表現を用いて

$$x'' = h(\hat{p}, u(x^*)), \quad x' = h(p^*, u(\hat{x}))$$

と表すことができます。

上級財・下級財・ギッフェン財: 単純に所得の増加に対する需要の増減という観点から、所得増大に対して所得効果が正となる財を**上級財**、負となる財を**下級財**といいます。上例で、商品2についての所得効果は x' から x^* と考えれば正であり、$\hat{x}$ から x'' と考えれば負です。つまりある財が上級財であるか下級財であるかは、財の固有の特性ではなくて、その判断の出発点となる需要点に依存しているということです。

一方、無差別曲線が原点に向けて凸であるような通常の状況を考えれば、代替効果の向きは価格比の変化の向きに対して一定です(つまり相対的に安価になった商品が今ま

で以上に購入されます)。価格効果は，このように向きの定まった代替効果と向きの定まらない所得効果の和として得られるので，一般に価格の変化に対する財の需要の変化がどうなるかについて，一概なことは言えません。これは財 j の価格の変化に対する財 j の需要に対してさえそうなのであって，財 j の価格が上がった（下がった）からと言って，財 j への需要が下がる（上がる）といったことは一般には言えません。言い換えれば，所得効果次第で，財 j の需要関数は右下がりではなく，右上がりにもなり得るということです。そのような場合，その財は**ギッフェン財**と呼ばれます。

章末問題

【問題 1】 選好の狭義単調性の下では無差別曲面が厚みを持たないこと（p.122）を証明せよ。

【問題 2】 効用関数が凹関数であれば（p.123）そこから導出される選好が凸であることを示せ。

【問題 3】 消費データ組に関する顕示選好の弱公理が，第 4 章 4.3.1 項の選択対応における弱公理とどのように対応しているか確認せよ。

【問題 4】 図 6.4 の x'' および x' をそれぞれ価格 $\hat{p}$ および p^* 下で各効用水準を実現するための支出関数 e と，マーシャル型需要関数 x を用いて表現せよ。（ヒント：式 (6.4) を用いる。）

【問題 5】 (1) 代替効果の符号がいつも定まっていることを，図 6.4 を用いて確かめなさい。(2) 価格効果と所得効果という言葉を用いて，上級財，下級財，ギッフェン財の定義をきちんと述べなさい。

7

生産主体の行動

　本章で取り扱うのは**生産主体の行動記述**です。前章で取り扱った消費主体の行動記述と平行した記述になります。すなわち，効用最大化問題に対して，**利潤最大化問題**という定式化により，また数学的にはやはり制約条件付き最大化問題として，整理される話になります。消費者の場合と同様の**双対分析**も行われます。間接効用関数，支出最小化問題と支出関数，そして補償需要関数といった道具に対して，**利潤関数**，**費用最小化問題と費用関数**，そして**必要投入関数**といった概念が登場します。

　生産主体については，これをいわゆる「企業」と見る通常の捉え方に加えて，純粋に「技術」と見ることもまた重要であるということを，先の「資本財 p.21」あるいは「耐久財 p.33」のところで強調しました。これは最終的には「貨幣」を含めて「動学的一般均衡理論」という未解決問題（p.58, 脚注 17）につながります。本章では主たる静学的理論に加えて一節（7.2 節）のみ，そういう**動学的理論展開に向けた静学理論からの基本的姿勢**について触れることにします。

　最後の節では，補論として消費主体および生産主体の理論における中心的な数学道具である制約条件付き最大化問題とラグランジュ法についてまとめます。これは純粋に数学的ではありますが，経済学理論における最もポピュラーな道具といえるものですので，誰もが一度はそのきちんとした証明，有用性，その限界等について，大まかにでも把握しておくべき事柄です。

7.1 利潤最大化問題の解

　商品空間を R^ℓ とします。すでに第 2 章 2.5 節で述べたように，一つの**生産行為（生産計画）**とは，投入量を負，産出量を正で表した商品空間 R^ℓ 上の 1 点（ベクトル）として表現されます。生産主体 j にとって，物理的に可能な生産行為の全体を $Y^j \subset R^\ell$ で表し，これを**生産集合** (production set) と呼ぶということでした。

価格を $p = (p_1, p_2, \ldots, p_\ell) \in \mathbf{R}^\ell$ とするとき，生産行動 $y = (y_1, y_2, \ldots, y_\ell)$ $\in Y^j$ と p の内積，$p_1 y_1 + p_2 y_2 + \cdots + p_\ell y_\ell$ は，生産行動 y の価値，すなわち価格 p の下で生産行動 $(y_1, y_2, \ldots, y_\ell)$ のもたらす**利潤**（産出物の価値から投入物の価値を引いた額）を表します．

生産者の利潤最大化問題: 生産集合を $Y_j \subset \mathbf{R}^\ell$ とし，与えられた ℓ 種類の商品の価格 $p = (p_1, p_2, \ldots, p_\ell)$ の下で，利潤を最大にするような生産行動を選択するという問題，

$$\begin{aligned} &\text{Maximize} &&p_1 y_1 + p_2 y_2 + \cdots + p_\ell y_\ell \\ &\text{Subject to} &&y = (y_1, y_2, \ldots, y_\ell) \in Y^j \end{aligned}$$

を，**生産主体 j の利潤最大化問題** (profit maximization problem) と呼ぶ．

上記の生産者問題の解が存在して（**注意 1**）かつそれが一意的であったとすると（**注意 2**），消費者問題の場合と同様に，これを価格 p の関数として考えることができます．これを $y^j(p)$ などと表し，生産主体 j の**供給関数** (supply function) と呼びます．このときの利潤 $p \cdot y^j(p)$ も p の関数と見る事ができますが，これを $\pi^j(p)$ と表し，j の**利潤関数** (profit function) といいます．生産者問題の解は，その目的関数が単に p と y の内積であることから，正の実数 $a > 0$ について $y^j(ap) = y^j(p)$ を満たすことが明らかです（章末問題）．これを供給関数の **0 次同次性**といいます．また当然，利潤については，$\pi^j(ap) = a\pi^j(p)$ が成り立っています．これを利潤関数の **1 次同次性**といいます．これらは上の生産者問題の設定から直ちに出てくることとして，確認が必要です．

注意 1: すでに第 2 章で触れた生産集合への仮定，0 生産の可能性，閉，凸，規模の収穫非逓減，規模の収穫非逓増，規模の収穫一定，等の概念を再確認せよ．生産者問題において解の存在を保証するために消費者問題と同様「領域のコンパクト化」を要請することはもちろんないわけではないが，基本的にはあまりそういうことはしない．これは生産の場合，規模の収穫一定であるコブ–ダグラスや線形の技術などに代表されるように，我々が頭の中で持つ「技術」という概念からしても，またそれに沿って今日まで組み立てられてきた理論の歴史に照らしてみても（地球という舞台がそもそも有界で閉じていると言われればまったくその通りではあるものの）技術にコンパクトという制約を課さないことの方が理論の常識になっているということによる．そして，むしろ利潤

7.1 利潤最大化問題の解

最大化問題の解が「存在するような範囲に価格ベクトル p を選ぶ」，つまりそういう適当な価格空間の定義域の方を制限することによって議論を行うことの方が通例である。

上の生産者問題では，制約式は $y \in Y^j$ という，集合 Y^j に依拠した問題になりますが，生産集合が関数式をもって与えられる場合，例えば $f(y_1, y_2, \ldots, y_\ell) \leqq 0$ のように一本，あるいは複数本の数式で生産集合が与えられる場合，生産主体の利潤最大化問題は制約条件付最大化問題（本章補論を参照）として，数学的に取扱いやすい形となります。一般的には集合 Y^j の点 y と，あらかじめ与えられた価格 p との内積を最大化するという問題は，図形的には図 7.1 に示されるような，ベクトル p との内積が最大になる，すなわち，y から p に下ろした垂線の足元から原点までの長さ（p と y のなす角度を θ とすれば，$p \cdot y = |p||y|\cos\theta$ なので，要は $|y|\cos\theta$ が最大になる）Y^j の点が，最適な生産計画を与えていることになります。

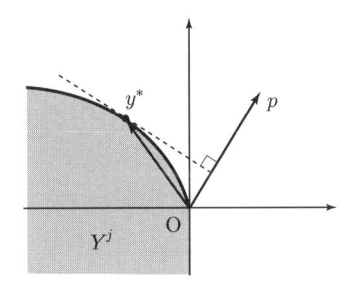

図 7.1　p の下での利潤最大化点 y^*

注意 2: 一意性を得るためには消費者問題の際と同様，生産集合に**狭義凸性**を仮定する（生産集合の場合 y, y' がともに生産集合に入るならば，それらを結ぶ線分の内点に対しては，それ以上 $\leqq$ でありその点とは異なるような生産集合内の点をとることができる）といったことで，容易にその十分条件を得ることができる。ただし，生産集合の狭義凸性ような仮定は，消費主体の選好の場合より　層理論上好ましくないものとなってしまうことには注意が必要である。たとえば，投入物何単位かの組合せに対して産出物何単位かの組合せが比例的に定まるような線形の投入・産出の形式を**生産工程**と呼び，有限個のそうした工程を，各々どれだけの活動水準で操業するか，といった形で生産問題を取り扱う**投入産出分析**や**アクティビティ・アナリシス**（第 9 章 9.2 節）で想定されるテクノロジーの状況（Y^j の形状でいえばこれは 0 を頂点として多面体の形をとる錘形である）は，ほぼ排除されることになる。

Y^j が数式で与えられている場合の中でも特に重要なのは，投入財の種類と産出財の種類が固定されており，財の投入が決まると一意的に産出が定まるという場合（特に，産出財が1種類のとき）です．そのような場合，可能な生産計画の全体は産出と投入の関数関係として把握できます．そのように把握された投入，産出の関係を**生産関数** (production function) と呼びます．

生産関数に基づく生産者問題およびその双対問題については，大事な話なので節を改めて行います（7.3および7.4節）．生産関数をコブ–ダグラス型にするということもしばしば行われます．コブ–ダグラス型関数は1次同次性を満たし，しかも投入財が複数ある場合にはそのうち1つだけを増大させてもそれに対する規模の収穫は逓減的となっており，必ずしも線形ではない1次同次生産関数（規模の収穫一定）の好例です（章末問題）．生産関数に基づいて行われる一連の議論はミクロ静学理論での生産記述の中枢ですが，ここではそこに進む前に一つだけ，生産ということが関わる非常に大切な問題，動学的概念との関わりについて，少しだけ言及しておきます．

7.2 技術と時間および不確実性

先に（第2章）耐久財，資本財といった概念を例にとりつつ，この生産という概念が経済学理論の動学化において無くてはならないものであることを指摘しました．そしてまたそれだけに，この問題の取扱いの難しさが，今日の経済学理論における一つの大きな障壁を形成していると言って過言ではありません．とは言いつつも，生産という問題にかかわる以上，**静学的な経済行動の把握**と，残されている**動学的な問題**について言及しないわけにはいきません．

上述したような生産主体の利潤最大化問題に関して，このような定式化の下では「単純に」見ても[1] 時間の問題は**本質的に捨象されている**と考えなければなりません．例えば生産に時間がかかるものとして，産出物の価値は将来の市場で決まるものであり，その価格予想をどう捉えるかという**予想**の問題，それまでの資金繰りをどうするかといった**ファイナンス**の問題などが，一切捨象さ

---

[1] そして幾分複雑に，無限期の利潤最大化問題を考えるといったことにしたところで，利潤を割り引いて有限の問題にしてしまうのであれば，本質的に変わりありません．

れています。これらに関して，実は**消費者問題の場合にも同様**でした。しかし，消費者問題にはまだ**予算制約式**が存在していましたので，この捨象問題をあえて追求することなく後回しにしたのです[2]。実際，予算制約式という考え方さえ明らかにしておけば，モデルに「貨幣」とか「債券」といった特別な財（商品）概念を導入しさえすれば，「今期の予算制約式」という道具立てをもって，来期の市場に備えた貯蓄や貸借行動を，比較的容易に体系に導入できます。ところが標準的な生産者問題には，そうした道具立てすら準備されていません。

逆にいえば，時間を明示的にモデルに導入し，企業の生産計画にも明確に時間と購入，売却，そしてそれらと生産の関係，資金の準備方法などを記述することにより「**企業の予算制約式**」を明示的に取り扱うことをもって，企業の記述に「時間的要素」を取り戻すということは考えられます[3]。そうした場合，消費者において今期所得から今期消費を引いたものを**貯蓄**と呼ぶように，生産者側においては，そうした予算制約の下，来期以降に消費あるいは投入されることを見込んで今期生産されたところのものが**投資**と呼ばれることになります。もっとも何を真の所得と呼ぶか，まったく同様に何を真の投資と呼ぶかの困難さは，Keynes (1936; Chapter 6) や Hicks (1939; Chapters 9-10) 以降を通じ，すでに経済学理論においては古典的な大問題というべきところに分類されます[4]。

ミクロ経済学理論において，生産を語るにしても同時に厳密な意味での投資という概念が用いられないのは上の理由によるものでしょうが，それでは，標準的には，この投資をはじめとする動学的問題と静学的な生産概念に基づく均衡理論の間にどのような整合性を持たせて経済学理論が成り立っているのか，この点についてはきちんと整理しておく必要があります。

> **静学と動学についての標準的姿勢**：第 3 章で見たように，商品概念は時間（日付）あるいは date-event とともに与えられており，生産

---

[2] 加えて，消費者が無限に生きるという状況は，とりあえず考えないでよいということもあります。「技術」については，無限に生き続ける可能性を考慮せねばなりません。

[3] 例えば Kuga (1996), 久我・他 (1998), など。実際，一時的均衡理論をベースにして森嶋がその出発点（森嶋, 1950）以来，多部門成長理論を通して試みたこともまた，そのような企業の「在庫調整」や「貨幣需要」の記述でした。

[4] そしてその問題は「真の意味での不確実性」ということ，企業の目的関数ということ，そして利潤最大化問題を割り引いて済ませてよいのかという「真の意味での無限ということ」と，不可分に関わります。たとえば使用済みの核燃料棒はゴミなのか資産なのかということです。

概念を時間をまたいだ形で解釈することは問題ない。ただ,「全ての date-event について,生産にともなう投入・産出への**売買契約および支払いは現在時点で行われ,現在時点で清算される**」ものとして扱う。そして,前項のような生産者の利潤最大化問題の定式化が,以下のような特別な意味において,動学的記述になっているものとみなす。即ち,「もしも将来全ての date-event にまたがるこの売買契約と現在時点から見た価格体系,そして現在時点における決済,それらを,**各主体の将来全ての date-event にまたがる価値予想**と,**現実にはまだ必ずしも交わされていない売買および投入・産出の「計画」**として見直した場合,その**価値予想が事後的にも全て当たったなら**,それら計画が**適切な資金調達方法**さえ存在すれば,そのまま**実行可能である**」という意味で,動学的記述になっている。

つまりそういう一種の「**理想状態**」の記述として静学的な記述の意義を動学的状況に対しても保持するということです。

> **理想状態:** ここで言う「理想状態」とは,「各主体が,将来のことがらについても,現在のことがらと同じように何ら不安なく計画できる」という意味のものです。よって,この「理想状態」という表現に,「動学を語るのに静学で良いのか」という,そもそもの問いに関する説得性は一切ありません。上述の「適切な資金調達方法」とは,第3章で述べた**金融市場の完備性**に相当します。ただし,**上記目標のためだけなら,空売りに制約**が入っても差し支えなく,その将来 event で実際に手にするであろう数量を売ることができればそれで良いということです。動学的問題については最終章にて,不完備市場の一般均衡問題というもう一歩踏み込んだ形で取り扱いますが,前もって一言加えておくならば,それは「上述の**不満足な取り扱いでさえ,その先ほんの一歩踏み出すことが極めて困難**」ということです。そのことを踏まえるなら,その不十分さに十分な注意を払うことを条件としつつ,静学的一般均衡理論の重要性がむしろ明確になると言えるかもしれません。

7.3 双対分析

生産者の利潤最大化問題における制約式が,生産関数の形で与えられている場合を以下取り扱います。消費者問題のケースと極めて似通った形で双対分析の枠組みを与えることができます。生産関数に基づく議論は,一般均衡理論よ

7.3 双対分析

りも部分均衡理論的枠組みでより多く用いられるので，本節以下では商品空間 $\boldsymbol{R}^\ell$ 上の設定に依存させず，より一般的な数学的記述でこれを取り扱います。

生産関数に基づく生産者問題: 商品 0 を産出物とし，商品 1 から k を投入物とする生産関数 $y_0 = F(y_1, \ldots, y_k)$ が定義域を $\boldsymbol{R}_+^k$ として与えられており（生産関数という呼び方で生産主体の技術が表現されている場合，投入も産出も正の数量で表現されるのが普通であるので，以下そのように扱う），その下での生産者の利潤最大化問題は，価格 $p = (p_0, \ldots, p_k)$ を所与として，

$$\begin{aligned}\text{Maximize} \quad & p_0 y_0 - (p_1 y_1 + \cdots + p_k y_k) \\ \text{Subject to} \quad & y_0 = F(y_1, \ldots, y_k)\end{aligned}$$

という形で与えられる。このとき，その双対問題として「産出量 y_0 と価格 p を所与としたとき，その生産のために最低限必要な費用はどれだけか」という問題を考える。つまり 価格 $p = (p_0, \ldots, p_1)$ と y_0 を所与とした，

$$\begin{aligned}\text{Minimize} \quad & p_1 y_1 + \cdots + p_k y_k \\ \text{Subject to} \quad & y_0 = F(y_1, \ldots, y_k)\end{aligned}$$

という問題である。これを生産者の**費用最小化問題**と呼ぶ。

明らかに，上の費用最小化において p_0 はこの問題に関係していません。そこでこの問題の解を，例によって一意に存在するものと仮定し，$I(y_0, p_1, \ldots, p_k)$ と表して，これを**必要投入関数** (input requirement function) と呼びます。これは，最適な $y_1, \ldots, y_k$ の各投入量を表していますので，正確にその要素を関数として書くと $(I_1(y_0, p), \ldots, I_k(y_0, p))$ という k 次元のベクトル値関数です。また，そのときの最小化された費用を，やはり y_0 と $p_1, \ldots, p_k$ の関数と見て $C(y_0, p_1, \ldots, p_k)$ と表し，これを**費用関数** (cost function) と呼びます。費用関数はその定義から，$C(y_0, p) = \sum_{j=1}^{k} p_j I_j(y_0, p)$ となります。

上では $y_1, \ldots, y_k$ が，いつでも調整可能であるものとして最小化問題を考えましたが，さらに，一部の投入物の数量は「短期的には調整できず固定されている」といったふうに考えることがあります。そのような状況を考慮して，**短期費用関数** (short run cost function)，そして全投入量を調整可能とする**長期**

費用関数 (long run cost function) といった分類を，与えることもあります。

例えば，第 1 財についてはその投入量が当面 $y_1 = \bar{y}_1$ に固定されているといった状況を考慮し，その他の投入量をその費用最小化問題に対して最も最適に調整した関数を短期費用関数として $SRC(y_0, p_1, \ldots, p_k; \bar{y}_1)$ と表すとすれば，費用最小化の定義から必然的に

$$SRC(y_0, p_1, \ldots, p_k; \bar{y}_1) \geqq C(y_0, p_1, \ldots, p_k)$$

が従います。関数 $SRC(\cdot; \bar{y}_1)$ は，固定した $\bar{y}_1$ が偶然にも（その他の投入量 y_2, $\ldots$, y_k を適宜調整して）とある大きさの産出物 $\bar{y}_0$ および $p_1, \ldots, p_k$ に対する費用最小化問題の解になっている場合，そこに限って $SRC(\bar{y}_0, p_1, \ldots, p_k; \bar{y}_1) = C(\bar{y}_0, p_1, \ldots, p_k)$ と長期の費用関数の値に一致し，$\bar{y}_1$ の固定の仕方が悪くそのような $\bar{y}_0$ が存在しない場合には，常に上方に位置すると考えられます。またそのような交点においては，両グラフが図 7.2 にあるように（価格 $p_1, \ldots, p_k$ を固定して産出物 y_0 だけの関数と見るとき）ともに接線を持つような滑らかな形状であったとすると，**その接線は共通，従って微分可能であればその微係数は等しい**であろうことが図形上明らかかと思います。短期と長期の費用関数の関係は，このように長期のグラフが短期のグラフを底から包むような形となり，交点と見なせる位置では必ず共通の接線を持ちます。このような関係を指して，長期費用関数は短期費用関数の**包絡線**になっていると言います[5]。

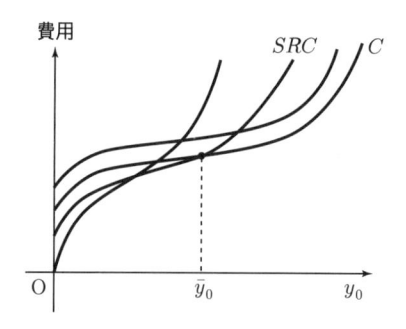

図 7.2 短期費用曲線と長期費用曲線

---

[5]価格 $p_1, \ldots, p_k$ を固定してその記述を省略し，$SRC(y_0; y_1)$ を 2 変数関数と見る。y_0 に対

シェパードの補題：費用関数に対しては，先に消費者の支出関数で見たのと同様の，価格 p_j に関する導値についての考察が可能です．すなわち，$\frac{\partial C}{\partial p_j}(y_0, p)$ は $C(y_0, p) = p_1 I_1(y_0, p) + \cdots + p_k I_k(y_0, p)$ という定義に戻れば，積の微分によって

$$I_j(y_0, p) + \sum_{i=1}^{k} p_k \frac{\partial I_i}{\partial p_j}(y_0, p)$$

となりますが，これが実は $I_j(p, v)$ に等しくなります（シェパードの補題）．実際，十分 0 に近い任意の $\epsilon \neq 0$ に対して，$p_j(\epsilon) = p_j + \epsilon$ とし，ベクトル p の第 j 要素を p_j から $p_j(\epsilon)$ に変えたものを $p(\epsilon)$ で表すことにすると，$I(y_0, p)$ は y_0 を産出する，p の下での最小化された費用水準を実現するものですから，それを $p(\epsilon)$ で評価したものよりも $C(y_0, p(\epsilon))$ は大きくないという関係式

$$C(y_0, p(\epsilon)) \leqq p(\epsilon) \cdot I(y_0, p) = p \cdot I(y_0, p) + \epsilon I_j(y_0, p) = C(y_0, p) + \epsilon I_j(y_0, p)$$

を得ます．これを用いて $\epsilon > 0$ なら

$$\frac{C(y_0, p(\epsilon)) - C(y_0, p)}{\epsilon} \leqq \frac{(C(y_0, p) + \epsilon I_j(y_0, p)) - C(y_0, p)}{\epsilon} = I_j(y_0, p)$$

また $\epsilon < 0$ なら

$$\frac{C(y_0, p(\epsilon)) - C(y_0, p)}{\epsilon} \geqq \frac{(C(y_0, p) + \epsilon I_j(y_0, p)) - C(y_0, p)}{\epsilon} = I_j(y_0, p)$$

となります．ゆえに費用関数 $C(y_0, p)$ が (y_0, p) において微分可能である限り，$\frac{\partial C}{\partial p_j}(y_0, p) = I_j(y_0, p)$ でなければならないことになります．

7.4 部分均衡論のための費用関数と供給関数

この項では，費用関数の形状をさらに y_0 のみの関数と見ることができる場合に話を特化して，必要な定義を与えることにします．これは，ある財の市場にのみ注目してその財の需要・供給曲線を取り扱う部分均衡分析においては極めてスタンダードな設定であり，第 9 章以降で何度も取り扱われます．

前項で述べた一般的な費用関数 $C(y_0, p_1, \ldots, p_k)$ において，投入物の価格 $(p_1, \ldots, p_k)$ が当面固定されているものとし，これを y_0 のみの関数と見たものを，特に部分均衡分析においては費用関数と呼ぶことがしばしばあります．部

して費用最小化のために最適に調整された y_1 が $y_1(y_0)$ と一意的に表せるとすると，$y_0 = \bar{y}_0$ において $C(\bar{y}_0) = SRC(\bar{y}_0; y_1(\bar{y}_0))$ と表せる．本文の主張は $\frac{dC}{dy_0}(\bar{y}_0) = \frac{\partial SRC}{\partial y_0}(\bar{y}_0; y_1(\bar{y}_0))$ である．微分の性質からこの式の成立を検討せよ（**包絡線定理**）．

分均衡分析そのものについての詳細は第 9 章に譲りますが，そこで**総費用関数** (Total Cost Function) と呼ばれるものが，それになります．背景にある考え方は，今，財 0 の市場に着目しており，その他の財の市場価格は変わらないものとして，財 0 の価格の変化にともなってその産出量がどのように変化するかを考えたい（供給曲線の導出）というものです．そのような問題意識の下で，財 0 市場に直面している，ある生産者の目から見た産出量 y_0 とその産出コスト（総費用）の関係を，とりあえず定式化したいということです．

当面 $p_1, \ldots, p_k$ までをも固定してしまうというだけで，$C(y_0, p_1, \ldots, p_k)$ と値が変わるわけではありませんが，関数として着目している独立変数の違いを強調して，あえてこの費用関数を $TC(y_0)$（Total Cost の意味）と表しましょう．

今 p_0 を所与として，このような費用関数を持つ生産者の利潤最大化問題を定式化すると，次のような簡単な形になります．

$$\begin{aligned} &\text{Maximize} \quad p_0 y_0 - TC(y_0) \\ &\text{Subject to} \quad y_0 \geqq 0 \end{aligned}$$

制約条件は，おそらくそういった範囲で通常の生産関数が与えられているであろうとの想定で書いたものですが，実質的に上の問題は制約条件なしの最大化問題となっている，すなわち $y_0 > 0$ で解を持つものであると考えることにしましょう．

利潤が非負であるという条件は $y_0 > 0$ の範囲で $p_0 \geqq \frac{TC(y_0)}{y_0}$ と書くことができます．この右辺 $TC(y_0)/y_0$ を $AC(y_0)$ と書いて，これを**平均費用** (Average Cost) と呼び，関数 AC を**平均費用関数** (Average Cost Function) と呼びます．更に TC が $y_0 > 0$ の範囲で微分可能な関数であるとし，生産者問題の解 $y_0^* > 0$ が存在するとき，その解の満たすべき必要条件を TC の導関数 $MC(y_0) = TC'(y_0)$ を用いて（制約条件がないものと考えて，簡単に極値条件として）表すならば

$$p_0 = TC'(y_0^*) = MC(y_0^*)$$

となります．$MC(y_0^*)$ を y_0^* における**限界費用** (Marginal Cost) と呼び，関数 MC を**限界費用関数** (Marginal Cost Function) といいます．

7.5 補論 —— 制約条件付最大化問題

総費用 TC と平均費用 AC ならびに限界費用 MC の，典型的な形状を図 7.3 に示しておきましょう。数量（ア），（イ），（ウ）はそれぞれ図 7.3 (a) および図 7.3 (b) で対応しています。たとえば（ア）については，図 7.3 (a) で TC の接線の傾き（つまり MC）と原点からグラフ上の点までの傾き（つまり AC）が一致していることと，図 7.3 (b) で $AC = MC$ という交点であることが対応しています。また AC より低い価格では絶対に赤字ですから，上の生産者問題の解のための極値条件 $p_0 = TC'(y_0^*) = MC(y_0^*)$ は，MC が AC を下回っている部分では意味を持ちません。

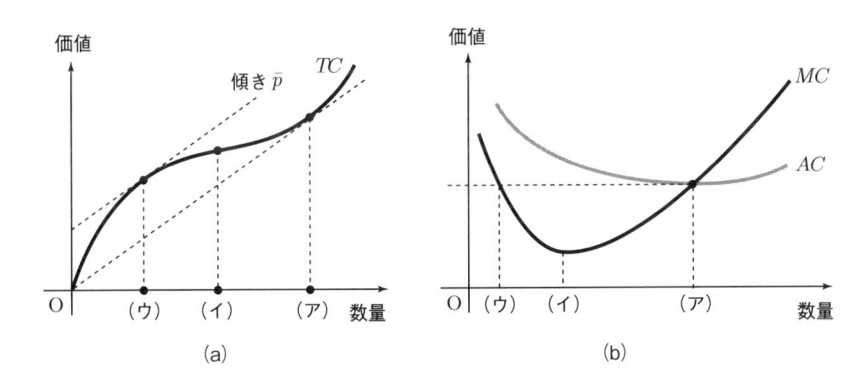

図 7.3 (a) 総費用関数, (b) 平均費用・限界費用・需要

これらの関数と，部分均衡分析における供給関数等との関係については，部分均衡分析を取り扱う第 9 章，またそれ以降，独占・寡占といった具体的テーマを通じても，詳しく議論されることになるでしょう。

7.5　補論 —— 制約条件付最大化問題

前章および本章で与えたような，経済学理論の代表的な最大化問題を取り扱うにあたっては，通常これを**制約条件付最大（最小）化問題**として，以下に述べる数学手法（ラグランジュ未定乗数法）がしばしば用いられます。ここではやや上級の内容になりますが，その鞍点問題としての取扱いを含めて，いくつかの数学的知識と定理をまとめておくことにします。最小化問題は，目的関数

の符号を入れ換えて最大化問題と見ることができますので，以下では最大化問題のみを取り扱います．また等式制約 $g(x) = 0$ は $g(x) \geqq 0$ かつ $-g(x) \geqq 0$ ですので，以下では不等式制約のみを扱います．

$M \subset \boldsymbol{R}^n$ を，最大化の目的関数 $f : M \to \boldsymbol{R}$ および制約条件をつくる関数 $g_i : M \to \boldsymbol{R}, i = 1, \ldots, k$ の共通定義域とします．以下の問題を考えます．

$$\text{Maximize} \quad f(x) \tag{7.1}$$
$$\text{Subject to} \quad g_1(x) \geqq 0 \tag{7.2}$$
$$g_2(x) \geqq 0$$
$$\vdots$$
$$g_k(x) \geqq 0$$

この問題に対して追加的な変数 $\lambda_1, \ldots, \lambda_k$ を導入し，次のような**ラグランジアン** (Lagrangian) と呼ばれる式を作ってみましょう．ここで $x = (x_1, \ldots, x_n) \in M$ です．また $\lambda = (\lambda_1, \ldots, \lambda_k)$ とまとめて書くことにします．

$$\mathscr{L}(x, \lambda) = f(x) + \sum_{i=1}^{k} \lambda_i g_i(x) \tag{7.3}$$

ただし，この新しく追加した変数 $\lambda_1, \ldots, \lambda_k$ には次の条件を加えます．

$$\lambda_1 \geqq 0, \ldots, \lambda_k \geqq 0 \tag{7.4}$$
$$\forall i = 1, \ldots, k, \ \lambda_i g_i(x) = 0 \tag{7.5}$$

最後の条件 (7.5) を**相補スラック条件**と呼びます．以下のことが成り立ちます．

ラグランジュ (Lagrange) 未定乗数法：最大化問題 (7.1), (7.2) に代えて，「式 **(7.3)** について，x が，λ を定数と見てその制約条件なし最大化問題の解になっている」という条件と，さらに条件 (7.2), (7.4) および (7.5) を考えて，それら全てを満たす x^*, λ^* があるとすれば，その x^* は元の最大化問題の解である．

これは，制約条件付きの最大化問題を，制約条件なしの最大化問題の解法に帰着させる，一般的方法となります．目的式および制約式が微分可能性を持ち，

7.5 補論 —— 制約条件付最大化問題

その極値条件を得やすいといった場合には,この手法が極めて有効な解法のテクニックを与えます(具体例は,本項の後半で与えます)。

この手法では,$\lambda_i, i = 1, \ldots, k$ という新たな変数が増えて,それらをどう定めるのかということで問題が複雑化して見えますが,実際には $\lambda_1, \ldots, \lambda_k$ の値を定めなければならないのは,最初の最大化の問題に $g_i(x) = 0$ という形で関わってくる条件式についてのみ(相補スラック条件)です。そして,そういった i については,元の最大化問題が λ_i と x の両変数についての極値問題に,変換されているということです。この手法がうまくいくことについて,まず,数学的にはその内容をより一般的状況について述べた次の定理を,確認しましょう。

定理 7.5.1 (Lagrangian の鞍点と最大化問題の解): $x^* = (x_1^*, \ldots, x_n^*) \in M$ ならびに $\lambda^* = (\lambda_1^*, \ldots, \lambda_k^*) \in \boldsymbol{R}_+^k$ が $\mathscr{L}(x, \lambda)$ の $x \in M$ かつ $\lambda \in \boldsymbol{R}_+^k$ における**鞍点**,すなわち,任意の $(x, \lambda) \in M \times \boldsymbol{R}_+^k$ に対して

$$\mathscr{L}(x, \lambda^*) \leqq \mathscr{L}(x^*, \lambda^*) \leqq \mathscr{L}(x^*, \lambda) \tag{7.6}$$

であったとする。このとき

(1) x^* は最大化問題 (7.1), (7.2) の解であり,

(2) 全ての i について $g_i(x^*) \geqq 0$,かつ $\lambda_i^* g_i(x^*) = 0$,

が成立する。

証明: まず (7.6) 式の右側の $\leqq$ によって,

$$f(x^*) + \sum_{i=1}^k \lambda_i^* g_i(x^*) \leqq f(x^*) + \sum_{i=1}^k \lambda_i g_i(x^*)$$

であるので,ある i について $g_i(x^*) < 0$ と仮定すると,その i に関して $\lambda_i \in R_+^k$ を十分に大きくとることによって,当該不等号は成立しないようにできるから,全ての i について $g_i(x^*) \geqq 0$ でなければならないことが分かる。これでまず (1) における半分,x^* が条件式 (7.2) を満たすことが言えた。さらに $g_i(x^*) > 0$ であり,$\lambda_i^* > 0$ と仮定すると,その i について $\lambda_i < \lambda_i^*$ なる $\lambda_i \in R_+^k$ をとることによって,やはり当該不等号が成立しないようにできる。よって全ての i について $\lambda_i^* g_i(x^*) = 0$ でなければならない。これで (2) が示された。次に (7.6) 式の左側の $\leqq$ によって,

$$f(x) + \sum_{i=1}^k \lambda_i^* g_i(x) \leqq f(x^*) + \sum_{i=1}^k \lambda_i^* g_i(x^*)$$

が任意の $x \in M$ に対して成り立つが,上で既に (2) の成り立つことが言えているので

$\sum_{i=1}^{k} \lambda_i^* g_i(x^*) = 0$ が成立しており，これによって

$$f(x) + \sum_{i=1}^{k} \lambda_i^* g_i(x) \leqq f(x^*)$$

が任意の $x \in M$ について言えていることになる．すると x がさらに条件 (7.2) を満たす限り，$f(x) \leqq f(x^*)$ であることになる．よって (1) も示された． ∎

上の定理における，ラグランジアンに対する鞍点という条件式 (7.6) の成立のためには，どのようなことが成り立てばよいか考えてみましょう．

この式の左側の $\leqq$ は，λ^* を与えられたものとして，x^* が $x \in M$ を様々に変えた場合の最大値を実現していることを意味しており，右側の $\leqq$ は，x^* を与えられたものとして，λ^* が $\lambda \in \mathbf{R}_+^k$ をさまざまに変えた場合の最小値を実現していることを意味しています．ところが，x^* が式 (7.2) を満たしているならば，この右側の $\leqq$ は必ず成立します．すると，x^* が制約式 (7.2) を満たし，λ^* が非負条件 (7.4) を満たし，x^*, λ^* での相補スラック条件 (7.5) が成立している場合，「**式 (7.3) に対し，x が λ を定数と見て，その制約条件なし最大化問題の解になっているという条件**」が x^*, λ^* で満たされているということは，すなわち，鞍点条件式 (7.6) の左側等式も成立しているということですので，以上をもって前定理 7.5.1 の条件が全て整うことになります．よって定理の結論 (1) からラグランジュ未定乗数法の主張が示されます．きちんと定理にしておきましょう．

定理 7.5.2（ラグランジュ未定乗数法：十分性）: $x^* \in M$ が条件 (7.2) を満たしており，非負条件 (7.4) および x^* とともにスラック条件 (7.5) を満たす λ^* の下，**制約条件なしラグランジアン (7.3) を M 上で最大化している**ならば，x^* は最大化問題 (7.1), (7.2) の解である．

証明: x^* が λ^* の下，ラグランジアンを M 上で最大化していることから，任意の $x \in M$ について

$$f(x^*) + \sum_{i=1}^{k} \lambda_i^* g_i(x^*) \geqq f(x) + \sum_{i=1}^{k} \lambda_i^* g_i(x)$$

である．この右辺は，x が (7.2) を満たしているとすると，λ_i^* が全て (7.4) を満たす限り第 2 項が非負ということになるので，$f(x)$ 以上である．加えて x^* と λ^* が (7.5) を満たすので，左辺は $f(x^*)$ に等しい．以上のことから x^* は式 (7.2) を満たし，またそれを満たす任意の $x \in M$ に対して $f(x^*) \geqq f(x)$ であることが示された． ∎

7.5 補論 —— 制約条件付最大化問題

実際に,ラグランジュ法を用いて最大化問題を解く場合には,こういった「制約条件なしの最大化条件」を,微分可能性の下での「極値条件」として用いていくことになります。以下では重要な消費者問題,生産者問題をとりあげて,具体例を見ていくことにしますが,ここまでの議論においては,微分可能性はもちろん,連続性さえ必要とはしていないことに,注意して下さい。これらラグランジュ法の言わば「十分性」の確かめに対し,その「必要性」の議論については,もう少しだけ,各関数の形状を具体化しなければ得ることができません。

定理 7.5.3(ラグランジュ未定乗数法:必要性): x^* が最大化問題 (7.1), (7.2) の解であったとする。また, M が凸集合であり,目的関数 f および制約条件式における関数 g_i, $i = 1, \ldots, k$ が全て凹関数であり,ある $\bar{x} \in M$ について $g_i(\bar{x}) > 0$ が全ての $i = 1, \cdots, k$ で成り立つ(**Slater 条件**)とする。このとき,非負条件 (7.4) ならびに x^* とともにスラック条件 (7.5) $\lambda_i^* g_i(x^*) = 0$ を満たす λ^* が存在して, x^* はその下で,**制約条件なしにラグランジアン (7.3)** を M 上最大化している。

証明:条件式の番号を付け直して m 番目までが $g_i(x^*) = 0$ であり, $m+1$ 番目以降が $g_i(x^*) > 0$ であるとする。 $\lambda_{m+1}^* = \cdots = \lambda_k^* = 0$ と置く。もしも $x \in M$ が $f(x) - f(x^*) > 0$ かつ $(g_1(x) - g_1(x^*), \ldots, g_m(x) - g_m(x^*)) \in \mathbf{R}_+^m$ を満たすとすると, x と x^* を結ぶ線分(M が凸なので M 内に入る)は,十分 x^* 近いところで(f および全ての g_i が凹関数,また $i = m+1, \ldots, k$ については $g_i(x^*) > 0$ であることを用いて)その値が全ての g_i に対して非負,かつ $f(x^*)$ よりも大きくできるので, x^* が最大化問題 (7.1), (7.2) の解であることに反する。よって, $x \in M$ かつ式 $f(x) > f(x^*)$ を満たす x に対して決まる集合 $A = \{(f(x) - f(x^*), g_1(x), \ldots, g_m(x)) | x \in M\}$ は, $\mathbf{R}_+ \times \mathbf{R}_+^m$ と共通点を持たない。ところで,もしも $A = \emptyset$ であれば, λ_i を全て 0 とすればよいだけなので,以下 $A \neq \emptyset$ とする。更に A の凸包 co A,つまり A の有限個の点の凸結合の全体もまた, f と全ての g_i の凹関数性によって $\mathbf{R}_+ \times \mathbf{R}_+^m$ と共通点を持たない。なぜなら,その有限個の点を実現している定義域 M の方の点の凸結合が, f と g_i, $i = 1, \ldots, m$ については上の議論と全く同じ条件を満たすからである。従って, $\Gamma = \text{co}\, A - \mathbf{R}_{++}^{m+1}$ とすると,これは 0 を要素としない,非空,開,凸集合となる。よって幾何学形式 Hahn-Banach Theorem (p.12) より, $\mathbf{R}^{m+1}$ の超平面

$$H = \{x | x \in \mathbf{R}^{m+1}, (\lambda_0, \lambda_1, \ldots, \lambda_m) \cdot x = 0\}$$

が存在して $0 \in H$ かつ $\Gamma \cap H = \emptyset$ とできる。加えて,このとき Γ の形状 $\Gamma \supset -\mathbf{R}_{++}^{m+1}$ から容易に $(\lambda_0, \lambda_1, \ldots, \lambda_m) > 0$ に取れて,それで評価して Γ が負であるようにすることができる。このとき,

$$\lambda_0(f(x) - f(x^*)) + \sum_{i=1}^{m} \lambda_i g_i(x) \leqq 0$$

が全ての $x \in M$ で成り立つことになるが，ここから特に $\lambda_0 \neq 0$ であることが言える．何故ならば，もし $\lambda_0 = 0$ とすれば，Slater 条件から，$\bar{x}$ を上式に代入すると明らかに矛盾が生ずる．よって，$\lambda^* = (\lambda_1/\lambda_0, \ldots, \lambda_m/\lambda_0, 0, \ldots, 0)$ と置くことで，上式から，定理の条件を満たす λ^* が得られていることを確かめるのは容易である．∎

前定理は 宇沢-Kuhn-Tucker 定理（Nikaido, 1968; p.52）と呼ばれるものです．上では「最大化の解」という言い方のみを用いました．もちろん最大化の解であることが，微分可能な関数についての1階・2階といった条件で与えられているならば，それに代えれば良いわけです．また，上では x^* が λ^* の下でのラグランジアンの最大化と述べましたが，当然ここで先の鞍点条件 (7.6) が成立していることも，確認できるかと思います（c.f., 二階堂, 1960; p.256）．

例（消費者の効用最大化問題）：価格 $p = (p_1, \cdots, p_\ell) \in \boldsymbol{R}_{++}^\ell$ および資産 $w \in \boldsymbol{R}_+$ を所与とした，消費主体 i の効用最大化問題，

$$\begin{aligned}
&\text{Maximize} &&u(x_1, \cdots, x_\ell) \\
&\text{Subject to} &&p_1 x_1 + \cdots + p_\ell x_\ell \leqq w \\
& &&x_1 \geqq 0 \\
& &&\quad\vdots \\
& &&x_\ell \geqq 0
\end{aligned}$$

の解について考えます．$x = (x_1, \ldots, x_\ell)$ の定義域は $M = \boldsymbol{R}^\ell$ として，制約条件の第1式を，$w - p_1 x_1 - \cdots - p_\ell x_\ell \geqq 0$ と改めて，ラグランジアンを作ると，$\lambda = (\lambda_0, \lambda_1, \ldots, \lambda_\ell)$ として，

$$\mathscr{L}(x, \lambda) = u(x) + \lambda_0(w - p_1 x_1 - \cdots - p_\ell x_\ell) + \sum_{i=1}^{k} \lambda_i x_i \tag{7.7}$$

となります．$w > 0$ ですので，明らかに Slater 条件は成立しており，また目的関数 u を微分可能な凹関数とすると，制約条件についての凹関数性は明らかですから，上の最大化問題の解 $x^* = (x_1^*, \ldots, x_\ell^*)$ に対して前定理を用いることができます．つまり非負の $\lambda_0^*, \lambda_1^*, \ldots, \lambda_\ell^*$ が存在して，x^* はその下でラグランジアン (7.7) の制約条件無しの最大化解になっているということです．ところで，目的関数と全ての制約条件関数が微分可能な凹関数であれば，明らかにラグランジアンそのものもそうであり，微分の局所近似の意味に戻れば容易に分かるように，最大化問題の解は1階の条件で特徴づけられます．すなわち，

7.5 補論 —— 制約条件付最大化問題

$$\frac{\partial u}{\partial x_1}(x^*) - \lambda_0^* p_1 + \lambda_1^* = 0$$
$$\vdots \qquad (7.8)$$
$$\frac{\partial u}{\partial x_\ell}(x^*) - \lambda_0^* p_\ell + \lambda_\ell^* = 0$$

ということです。各式の $-\lambda_0^* p_i$ を右辺に移項して正の価格 p_i で割り,j 番めと k 番めについて,左辺はともに λ_0^* に等しいとおくと,

$$\frac{\frac{\partial u}{\partial x_j}(x^*) + \lambda_j^*}{p_j} = \frac{\frac{\partial u}{\partial x_k}(x^*) + \lambda_k^*}{p_k} \qquad (7.9)$$

ここで,相補スラック条件が $\lambda_1^* x_1^* = 0, \ldots, \lambda_\ell^* x_\ell^* = 0$ ですので,$x_j^* > 0$ とするならば $\lambda_j^* = 0$,そして $\lambda_k \geqq 0$ ということから

$$\frac{\frac{\partial u}{\partial x_j}(x^*)}{p_j} \geqq \frac{\frac{\partial u}{\partial x_k}(x^*)}{p_k} \qquad (7.10)$$

となります。これは前章で「好ましさの向きを表すベクトル」を用いて紹介した加重限界効用不等式 (6.1) に他なりませんが,このようにラグランジアンを用いても導出されるということです。この式に基づいて,例えばコブ–ダグラス型関数などの場合,効用最大化問題が綺麗に解けるということは,すでに前章で学習しました。

例(需要関数の可微分性):先の効用最大化問題において,$M = \boldsymbol{R}_{++}^\ell$ として,例えばコブ・ダグラス型関数の場合のように,正の価格体系 $p = (p_1, \ldots, p_\ell) \gg 0$ の下で,$x^* = (x_1^*, \ldots, x_\ell^*) \gg 0$ が一意的に定まるような,幸運なケースを以下考えましょう。この場合,一意性によって,解 $x^* = (x_1^*, \ldots, x_\ell^*)$ を $x(p,w) = (x_1(p,w), \ldots, x_\ell(p,w))$ とマーシャル型需要関数の形で表すことができますが,この関数の微分可能性について,考えることにします。

$x(p,w)$ は,$(p,w) \in \boldsymbol{R}_{++}^\ell \times \boldsymbol{R}_{++}$ を所与とした先と同じ効用最大化問題の解ですが,既にその解が条件式 $x_1 > 0, \ldots, x_\ell > 0$ であることは(u に対する何らかの都合のよい想定を通じて)仮定されているので,目下の制約条件は予算制約条件のみとしてかまいません。すると,その未定乗数法を通じた必要十分条件として $x(p,w)$ を得るためのラグランジアンは

$$\mathscr{L}(x_1, \cdots, x_\ell, \lambda) = u(x_1, \cdots, x_\ell) + \lambda(w - p_1 x_1 - \cdots - p_\ell x_\ell)$$

となりますが,このとき $x(p,w) = (x_1(p,w), \cdots, x_\ell(p,w))$ は,以下の $\ell + 1$ 本の,変数 $x_1, \ldots, x_\ell, \lambda$ についての方程式系を,λ のある値とともに,満たすということになります。

$$w - p_1 x_1 - \cdots - p_\ell x_\ell = 0 \tag{7.11}$$

$$\frac{\partial u}{\partial x_1} - \lambda p_1 = 0 \tag{7.12}$$

$$\vdots$$

$$\frac{\partial u}{\partial x_\ell} - \lambda p_\ell = 0$$

最初の予算制約式について，これは本来 $\geqq$ ですが，以下，やはり都合よく，効用最大化点では，上と同様 u に対する何らかの都合のよい仮定——例えば局所非飽和性など——により，予算制約が等号で成立している場合を考えることにします[6]。式 (7.12) 以降は，先と同じく 1 階の条件であり，ラグランジアンが凹関数であるといった場合においては，最大化点がこれを満たさねばならないということです。この $\ell+1$ 本の方程式系に陰関数定理（本節末，p.156，定理 7.5.6）を適用すると，もちろんそれが適用可能であるための条件を受け入れるとしてですが，上記のマーシャル型需要関数 $x(p,w)$ の微分可能性についての議論が可能となります。すなわち，$\ell+1$ 本の方程式系 (7.12) を $(x,\lambda,p,w) \in \boldsymbol{R}^{\ell+1+\ell+1}$ に対して $\boldsymbol{R}^{\ell+1}$ の値を定める関数と見て，需要関数はをれを $(0,\ldots,0)$ にするための陰関数であるという形で，陰関数 $x^*(p,w)$ ならびに $\lambda^*(p,w)$ を考える問題設定にするということです。以下，変数名を関数名と区別した方がよいので，ここで関数名を x^* としました。すなわち，

$$f(x^*(p,w), \lambda^*(p,w), p, w) = 0 \tag{7.13}$$

を満たす陰関数として $x^*(p,w)$ と $\lambda^*(p,w)$ がありますので，導関数が

$$D_p x^*(p,w) = -D_p f(x,\lambda,p,w)[D_x f(x,\lambda,p,w)]^{-1} \tag{7.14}$$

$$D_w x^*(p,w) = -D_w f(x,\lambda,p,w)[D_x f(x,\lambda,p,w)]^{-1} \tag{7.15}$$

のように定まるということが，陰関数定理からいえるということです。

例（**所得の限界効用** λ^*）：引き続き，消費主体最大化問題に対して，その解が開集合 $\mathscr{O} \subset \boldsymbol{R}^\ell_{++} \times \boldsymbol{R}_{++}$ 上において微分可能な形で定義された Marshallian demand function $x^*(p,w)$ として与えられているものとします。このとき

$$v(p,w) = u(x^*(p,w)) \tag{7.16}$$

でもって定義される $\mathscr{O}$ 上の関数 v を**間接効用関数** (Indirect Utility Function) と呼んだわけですが，Marshallian Demand Function が微分可能であれば，明らかに v も $\mathscr{O}$ 上微分可能です。

---

[6]最大化点で不等号成立しているような場合については，そのような点で最大化が達成されている場合というのは，効用最大化が，予算制約の内点の一点のみでなされている場合なので，少なくともその周辺の価格および所得の下で，マーシャル型需要は定値関数である。

7.5 補論——制約条件付最大化問題

定理 7.5.4（所得の限界効用）: $\lambda^*(p,w)$ を，式 (7.13) において demand function に付随して出てきたところの $\mathscr{O}$ 上の関数とする．このとき

$$\frac{\partial v}{\partial w}(\hat{p},\hat{w}) = \lambda^*(\hat{p},\hat{w}).$$

証明: 合成関数微分法によって $\frac{\partial v}{\partial w}(\hat{p},\hat{w}) = \sum_{i=1}^{\ell} \frac{\partial u}{\partial x_i}(x^*(\hat{p},\hat{w}))\frac{\partial x_i^*}{\partial w}(\hat{p},\hat{w})$ である．ここで式 (7.12) より $\frac{\partial u}{\partial x_i}(x^*(\hat{p},\hat{w})) = \hat{p}_i\lambda^*(\hat{p},\hat{w}), i=1,\cdots,\ell$ を右辺に代入すると，右辺は

$$\lambda^*(\hat{p},\hat{w})\sum_{i=1}^{\ell}\hat{p}_i\frac{\partial x_i^*}{\partial w}(\hat{p},\hat{w})$$

となる．ところで，$x^*(p,w)$ は効用最大化問題の解であるから，常に $p_1 x_1^*(p,w)+\cdots+p_\ell x_\ell^*(p,w) = w$ を満たす．この式の両辺を w で偏微分し，$(\hat{p},\hat{w})$ で評価すれば

$$\sum_{i=1}^{\ell}\hat{p}_i\frac{\partial x_i^*}{\partial w}(\hat{p},\hat{w}) = 1.$$

以上をまとめて証明すべき式を得る． ∎

上の事実から，λ^* の値は，はしばしば所得の限界効用と呼ばれます．

例（Roy's Identity）: 消費者の費用最小化問題 p.131 に対しても，効用最大化問題とまったく平行した議論を通じて，ラグランジアンをつくり，陰関数定理を適用して，ヒックス型需要関数 $h(p,v)$ および支出関数 $e(p,v)$ の微分可能性について考えることができますが，ここでは詳細は読者に任せます．ここでは，先に，h の微分可能性を前提として，**シェパードの補題** (Sheperd's Lemma)，$D_p e(p,v) = h(p,v)$ を示したことに続けて，もう一つ，**ロアの等式** (Roy's Identity) と呼ばれるものを示しておきます．

間接効用関数の定義から $v(p,w) = u(x^*(p,w))$ であったことを思い起こせば，

$$\frac{\partial v}{\partial p_i}(\hat{p},e(\hat{p},\hat{v})) = \sum_{j=1}^{\ell}\frac{\partial u}{\partial x_j}(x^*(\hat{p},e(\hat{p},\hat{v})))\frac{\partial x_j^*}{\partial p_i}(\hat{p},e(\hat{p},\hat{v})) \tag{7.17}$$

となりますが，ここでまた式 (7.12) を用いて，$\frac{\partial u}{\partial x_j}(\hat{p},e(\hat{p},\hat{v})) = \hat{p}_j\lambda^*(\hat{p},e(\hat{p},\hat{v}))$ を代入すると，

$$\frac{\partial v}{\partial p_i}(\hat{p},e(\hat{p},\hat{v})) = \sum_{j=1}^{\ell}\hat{p}_j\lambda^*(\hat{p},e(\hat{p},\hat{v}))\frac{\partial x_j^*}{\partial p_i}(\hat{p},e(\hat{p},\hat{v}))$$

$$= \lambda^*(\hat{p},e(\hat{p},\hat{v}))\sum_{j=1}^{\ell}\hat{p}_j\frac{\partial x_j^*}{\partial p_i}(\hat{p},e(\hat{p},\hat{v})). \tag{7.18}$$

さらに，Marshallian Demand に対して常に成立する式 $\sum_{j=1}^{\ell} p_j x_j^*(p,w) = w$ を p_i で偏微分すれば，

$$x_i^*(p,w) + \sum_{j=1}^{\ell} p_j \frac{\partial x_j^*}{\partial p_i}(p,w) = 0.$$

それを $(\hat{p}, e(\hat{p},\hat{v}))$ で評価すると，

$$x_i^*(\hat{p}, e(\hat{p},\hat{v})) + \sum_{j=1}^{\ell} \hat{p}_j \frac{\partial x_j^*}{\partial p_i}(\hat{p}, e(\hat{p},\hat{v})) = 0.$$

したがって，式 (7.18) は，

$$\frac{\partial v}{\partial p_i}(\hat{p}, e(\hat{p},\hat{v})) = \lambda^*(\hat{p}, e(\hat{p},\hat{v}))(-x_i^*(\hat{p}, e(\hat{p},\hat{v}))) \tag{7.19}$$

となることが分かり，以下の等式が容易に導かれます．

定理 7.5.5 (Roy's Identity)：所得の限界効用が正であるとき

$$\frac{\frac{\partial v}{\partial p_i}(\hat{p},\hat{w})}{\frac{\partial v}{\partial w}(\hat{p},\hat{w})} = -x_i^*(\hat{p},\hat{w})$$

証明：分子を前定理の証明中の式 (7.19) と全く同様に変形すれば，分母が所得の限界効用であることから，結論は直ちに従う． ∎

注意（陰関数定理）：経済学理論では，微分可能性を元に議論を行う場合，以下の陰関数定理の適用が，非常に基本的なテクニックになります．この定理に習熟しておくことはとても大事なことですので，もっとも一般的な形で，ここにその定理を挙げておきます．また，逆関数定理というものに基づいて，簡単な証明のスケッチも与えておきます．逆関数定理は，直感的にも非常に理解しやすい定理であると思います．逆関数定理についての証明も欲しい場合は，例えば神谷・浦井 (1996) などを参照して下さい．

定理 7.5.6（陰関数定理）：$n+\ell$ 個の実変数 $x_1, x_2, \cdots, x_n, p_1, \cdots, p_\ell$ に関する n 本の方程式からなる系

$$\begin{aligned}
f_1(x_1, x_2, \cdots, x_n, p_1, \cdots, p_\ell) &= 0 \\
f_2(x_1, x_2, \cdots, x_n, p_1, \cdots, p_\ell) &= 0 \\
&\vdots \\
f_n(x_1, x_2, \cdots, x_n, p_1, \cdots, p_\ell) &= 0
\end{aligned} \tag{7.20}$$

7.5 補論 —— 制約条件付最大化問題

が, $(x^*, p^*) = (x_1^*, x_2^*, \cdots, x_n^*, p_1^*, \cdots, p_\ell^*) \in \mathbf{R}^n \times \mathbf{R}^\ell$ という解を持ち, また n 本の $n+\ell$ 変数関数 $f_1, f_2, \cdots, f_n$ が全て $\mathbf{R}^{n+\ell}$ 上のある開集合 A 上 C^r 級 $(r \geq 1)$ であるものとする. さて, いま $(x_1^*, x_2^*, \cdots, x_n^*, p_1^*, \cdots, p_\ell^*) \in A$ における $f_1, f_2, \cdots, f_n$ それぞれの偏導値についての関係式

$$\det \begin{pmatrix} \frac{\partial f_1}{\partial x_1}(x^*, p^*) & \frac{\partial f_1}{\partial x_2}(x^*, p^*) & \cdots & \frac{\partial f_1}{\partial x_n}(x^*, p^*) \\ \frac{\partial f_2}{\partial x_1}(x^*, p^*) & \frac{\partial f_2}{\partial x_2}(x^*, p^*) & \cdots & \frac{\partial f_2}{\partial x_n}(x^*, p^*) \\ \vdots & \vdots & \ddots & \vdots \\ \frac{\partial f_n}{\partial x_1}(x^*, p^*) & \frac{\partial f_n}{\partial x_2}(x^*, p^*) & \cdots & \frac{\partial f_n}{\partial x_n}(x^*, p^*) \end{pmatrix} \neq 0$$

が成立したとしよう. このとき, $(x_1^*, x_2^*, \cdots, x_n^*) \in \mathbf{R}^n$ の開近傍 U と $(p_1^*, \cdots, p_\ell^*) \in \mathbf{R}^\ell$ の開近傍 V が存在して, 各 $(p_1, \cdots, p_\ell) \in V$ に対して方程式系 (7.20) を満たすような $(x_1, x_2, \cdots, x_n) \in U$ が唯一つであるようにすることができる. すなわち (7.20) を満たす解の全体は, $(x_1^*, x_2^*, \cdots, x_n^*, p_1^*, \cdots, p_\ell^*)$ の近傍 $U \times V$ に話を限れば, ある関数 $g = (g_1, g_2, \cdots, g_n) : V \to U$ を用いて

$$x_1 = g_1(p_1, \cdots, p_\ell)$$
$$x_2 = g_2(p_1, \cdots, p_\ell)$$
$$\vdots$$
$$x_n = g_n(p_1, \cdots, p_\ell)$$

を満たすような $(x_1, x_2, \cdots, x_n, p_1, \cdots, p_\ell)$ の全体として表現することができる. しかもこのとき, ℓ 変数関数 $g = (g_1, g_2, \cdots, g_n)$ も C^r 級であり, その $\hat{p} = (\hat{p}_1, \cdots, \hat{p}_\ell) \in V$ における導値は ($\hat{x} = g(\hat{p})$ として)

$$\begin{pmatrix} \frac{\partial g_1}{\partial p_1}(\hat{p}) & \cdots & \frac{\partial g_1}{\partial p_\ell}(\hat{p}) \\ \frac{\partial g_2}{\partial p_1}(\hat{p}) & \cdots & \frac{\partial g_2}{\partial p_\ell}(\hat{p}) \\ \vdots & \vdots & \vdots \\ \frac{\partial g_n}{\partial p_1}(\hat{p}) & \cdots & \frac{\partial g_n}{\partial p_\ell}(\hat{p}) \end{pmatrix}$$
$$= - \begin{pmatrix} \frac{\partial f_1}{\partial x_1}(\hat{x}, \hat{p}) & \cdots & \cdots & \frac{\partial f_1}{\partial x_n}(\hat{x}, \hat{p}) \\ \frac{\partial f_2}{\partial x_1}(\hat{x}, \hat{p}) & \cdots & \cdots & \frac{\partial f_2}{\partial x_n}(\hat{x}, \hat{p}) \\ \vdots & \vdots & \vdots & \vdots \\ \frac{\partial f_n}{\partial x_1}(\hat{x}, \hat{p}) & \cdots & \cdots & \frac{\partial f_n}{\partial x_n}(\hat{x}, \hat{p}) \end{pmatrix}^{-1} \begin{pmatrix} \frac{\partial f_1}{\partial p_1}(\hat{x}, \hat{p}) & \cdots & \frac{\partial f_1}{\partial p_\ell}(\hat{x}, \hat{p}) \\ \frac{\partial f_2}{\partial p_1}(\hat{x}, \hat{p}) & \cdots & \frac{\partial f_2}{\partial p_\ell}(\hat{x}, \hat{p}) \\ \vdots & \vdots & \vdots \\ \frac{\partial f_n}{\partial p_1}(\hat{x}, \hat{p}) & \cdots & \frac{\partial f_n}{\partial p_\ell}(\hat{x}, \hat{p}) \end{pmatrix}$$

で与えられる. (つまり, $f(x(p), p) = 0$ の両辺を微分して得られる式, $D_x f(x(\hat{p}), \hat{p}) Dx(\hat{p}) + D_p f(x(\hat{p}), \hat{p}) = 0$ ということである.)

証明: ここでは, 逆関数定理を所与とした簡単な証明のスケッチを与える. より詳しい説明が必要ならば神谷・浦井 (1996) 等を見よ. 逆関数定理を所与とする. $F(x, p)$ を

$(f(x,p),p)$ と定義すれば,逆関数定理によって F^{-1} が存在する. $F(x,p) = (0,p)$ であることと, F の one one 性から, local には p を決めれば $F(x,p)$ で $(0,p)$ に写る x が $x(p) = \mathrm{pr}_{R^n} F^{-1}(0,p)$ として一意的に定まる.(ここで pr_{R^n} は最初の n 次元への射影である.) 逆関数定理から,これが微分可能であることはすでに言えている.この導値の具体形は $f(x(p),p) = 0$ の両辺を p で微分して $D_x f(x(p),p) Dx(p) + D_p f(x(p),p) = 0$ となることから従う. ∎

章末問題

【問題1】 p.138 における供給関数の 0 次同次性と利潤関数の 1 次同次性を証明せよ.

【問題2】 コブ・ダグラス型の生産関数が 1 次同次性を満たすことを確認せよ.また複数の投入財のうち 1 つだけを増大させてもそれに対する規模の収穫は概して逓減的となり,よって必ずしも線形ではない 1 次同次生産関数(規模の収穫一定)の例となっていることを確認せよ.

【問題3】 費用関数,長期費用関数,短期費用関数についてその定義を簡潔にまとめよ.

【問題4】 総費用関数,平均費用関数,限界費用関数についてそれぞれその定義を簡潔にまとめよ.

【問題5】 マーシャル型需要関数に対して本書で示したのと同様の方法で,ラグランジアンをつくり,陰関数定理を適用して,ヒックス型需要関数 $h(p,v)$ および支出関数 $e(p,v)$ の微分可能性を導出しなさい.

8
基礎的な一般均衡分析

一般均衡というのは経済学理論の「世界観」です。本章で扱うのは，静学的な一般均衡理論の基本事項です。第 1 節では，最も基礎的な**単純交換経済**における，均衡の存在と安定性についての図的概観を与えます。同時に，**エッジワース・ボックス・ダイアグラム**という，単純交換の最も簡単な状況を図解する道具を用いて，**パレート最適性**そして**厚生経済学の第一・第二基本定理**という，経済学理論における最重要課題を解説します。

第 2 節では，**個人所有経済**，**生産の一般均衡**という静学的一般均衡のその標準的内容を全て備えた概念の下，やはりその均衡の図的な概観と，**ワルラス法則**という，所得の流れがモデル内で閉じていることを表現した，一般均衡モデルの基本特性を学びます。

最終節は，生産の一般均衡モデルの下，資源配分の最適性の議論を一歩深めた協力ゲーム的概念としての**コア資源配分**と，**レプリカ経済**における**コア収束**という概念，そして**厚生経済学の第一・第二基本定理**を扱います。これらはその証明の細部を追うとすれば上級レベル，大学院での基礎に相当する内容ですが，今日の経済学理論における最重要の知見であり，初学者もその概要を押さえておく価値が十分にあります。

8.1 単純交換経済と一般均衡の基礎

8.1.1 均衡存在および安定性の図的概観

消費主体を $i = 1, 2, \ldots, m$ とし，それらの消費集合を $X_1, X_2, \ldots, X_m \subset \boldsymbol{R}^\ell$ とします。各主体は $e^1, \ldots, e^m \in \boldsymbol{R}^\ell$ という**初期保有** (initial endowment) を持ち，市場において価格 $p = (p_1, \ldots, p_\ell)$ を所与として，以下のような効用最大化問題に直面しているものとします。

$$\text{Maximize} \quad u^i(x^i) \tag{8.1}$$

$$\text{Subject to} \quad p_1 x_1^i + \cdots + p_\ell x_\ell^i \leqq p_1 e_1^i + \cdots + p_\ell e_\ell^i \tag{8.2}$$

$$x^i = (x_1^i, \ldots, x_\ell^i) \in X_i \tag{8.3}$$

この最大化問題の意味は明白です。初期保有 e^i を価格 p の下で全て売り、その金額を所得として、自らの消費計画 $x^i \in X_i$ を効用最大化問題という形で立てているということです。

図 8.1 がその典型的な状況を示しています。図の網の部分（境界を含む）が $p \cdot (x^i - e^i) \leqq 0$ の範囲になりますが、これがすなわち $p \cdot x^i \leqq p \cdot e^i$ ということですので、予算制約条件を表す範囲になります。もしも選好に局所非飽和性（p.122）が仮定されておれば、選好を最大化する点というのは X_i の形状ではなく、必ず予算制約によって制限を受けて最大化を実現しているということになりますので、そのような最大化点 x^i_* は必ず $p \cdot (x^i_* - e^i) = 0$ すなわち予算制約式を等式で満たします。

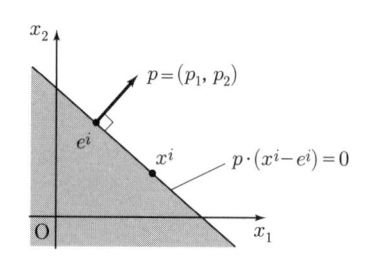

図 8.1 単純交換経済の場合の消費者問題

以下そういった消費主体 $i = 1, 2, \ldots, m$ からなる単純交換経済の一般均衡状態とその存在を図的に把握します。図 8.2 (a) で表されるような消費者について、その初期保有 $e^1, e^2, \ldots, e^m$ ならびに需要点 $x^1_*, x^2_*, \ldots, x^m_*$ を商品空間上で全て加えたものが総供給 $e = e^1 + e^2 + \cdots + e^m$ および総需要 $x_* = x^1_* + x^2_* + \cdots + x^m_*$ であり、これらは図 8.2 (b) のような状況になっています。

図 8.2 (b) において、総供給点 e を通り $p = (p^1, p^2, \ldots, p^\ell)$ に垂直な平面（図では破線）上に総需要点 x_* が来るというのは、予算制約式 $p \cdot (x^i_* - e^i) = 0$ の総和が $p \cdot (x_* - e) = 0$ となるという事実によります（後で生産の一般均衡の際に一般的に述べますが、この等式の成立を**ワルラス法則**と呼びます）。全主体が予算制約に従う限り、総需要の額と総供給の額は常に等しいという式です。

上述のようなワルラス法則が成り立っているとしても、一般に、この総需要 x_*

8.1 単純交換経済と一般均衡の基礎

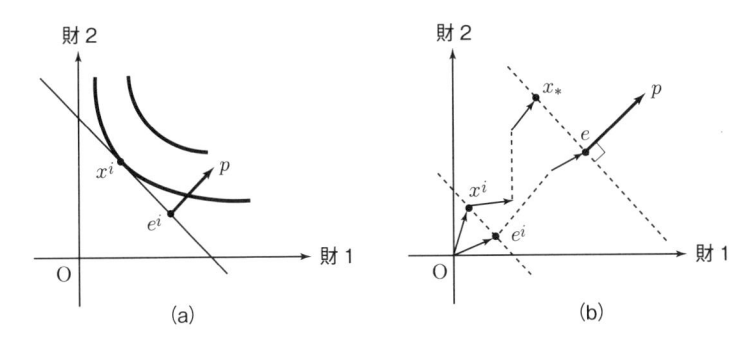

図 8.2 代表的消費者の選択 (a) とその集計 (b)

が総供給 e に等しくなるとは限りません。総供給である e は今の場合（単純交換経済として）固定された点ですが，x_* は与えられた価格 $p = (p^1, p^2, \ldots, p^\ell)$ に応じて変化します。これがある価格の下，偶然にも都合よく $x_* = e$ となっているような場合を，単純交換経済の**一般均衡状態**と呼びます（そのときの価格を**一般均衡価格**と呼びます）。

これまでも基礎概念の章（第 2 章，第 3 章）から何度か述べてきたように，経済学理論は，経済の状態がこの一般均衡状態にあるものとして，様々な議論を行います。しかし上に述べたように，仮に全ての主体が価格を所与として最大化行動をとったとしても，その結果の需給状況が一般均衡状態になるとは限りません。では一般均衡状態，あるいは一般均衡価格は，誰がどのような調整によって，そこに導くことが可能なのでしょうか。そもそも一般均衡という状態は，必ず存在すると言い切れるのでしょうか。

これは一般均衡の**存在問題**および**安定性問題**という数理経済学の中心テーマですが，これにきちんとした答を与えることは（第 12 章で行うものの），幾分学部レベルを越えた話になってしまいます。そこで，図 8.3 のような 2 財の場合に話を簡単化し，ひとまず図による直感的説明を与えることにしましょう。

財 1 の価格が財 2 の価格に比べて非常に高い場合

　　　　Case 1: $p' = (p'^1, p'^2)$, $p'^1 > p'^2$

と，その逆

　　　　Case 2: $p'' = (p''^1, p''^2)$, $p''^1 < p''^2$

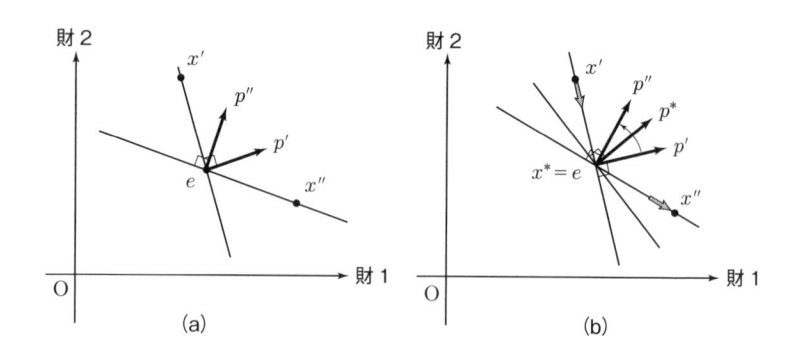

図 8.3　単純交換経済における一般均衡の存在

を考えます。Case 1 のとき，各消費者の選択が，相対的に安価な財 2 に片寄る傾向があると考えるのはさほど不自然ではありません。故にそれらを加え合わせた総需要もまた，財 2 に片寄って図 8.3 (a) の x' のようになると考えられます。一方 Case 2 においても，同様の考察から総需要は安価な財 1 に片寄り，図 8.3 (a) の x'' のようになると考えられます。このような e, x', x'' の位置関係を認めるならば，均衡の存在を次のように直観的に述べることができます（図 8.3 (b) を参照）。

> **価格 p' の下では総需要 x' が総供給 e の左側に位置し，p'' の下では総需要 x'' が総供給 e の右に位置する。もしも価格を p' から p'' までひと続きに変化させたとき，対応する総需要点が x' から x'' までひと続きに動くとすれば，p' と p'' の間に p^* という価格が存在して**（図 8.3 (b)）**その下での総需要 x^* が総供給 e と一致する，つまり左から右に入れ替わる瞬間があるはずである。**

上の太文字となった部分の前半，安い価格の下でより多く需要されているということは，総需要関数が取扱いやすい良い形状をしているということであり，後に出てくる**粗代替性**という概念の基礎となって，均衡の安定性と一意性を保証する条件となります。太文字部分の後半，価格に応じて総需要点がひと続きに—途切れず— 動くということ）は，数学的に厳密に述べれば**総需要関数の連続性**であり，不動点定理という位相数学の定理を通して均衡の存在を保証する

重要な条件となります。

ここでは単に図による直感的な指摘に止めましたが，読者は後節において再度これらの概念，条件と出会う機会に，上述した図的状況と議論を再度思い出して下さることが，その理解の助けとなるでしょう。

8.1.2 資源配分に関わる諸概念

各消費者について，それぞれの消費集合から消費計画（行為）を一つずつ選択して並べたもの $(x_1, x_2, \ldots, x_m)$ を，消費主体 $i = 1, \ldots, m$ がつくる社会における一つの**資源配分** (allocation) と呼びます。$I = \{1, 2, \ldots, m\}$ がつくる社会において，社会全体の財の総存在量は，目下単純交換経済ですので，各主体の初期保有量の総和，すなわち $e = \sum_{i=1}^{m} e^i$ で与えられているものとしましょう。

資源配分 $(x_1, x_2, \ldots, x_m)$ は，その消費計画の総計 $\sum_{i=1}^{m} x_i$ が，この社会全体の財の総存在量 $e = \sum_{i=1}^{m} e^i$ に等しくなるとき，**実現可能**（feasible あるいは attainable）であるといわれます。

各消費集合上に，2項関係としての preference $\precsim_1, \precsim_2, \ldots, \precsim_m$ が与えられているものとしましょう。各 $i \in I$ について「$x \precsim_i y$ でありかつ $y \precsim_i x$ でない」ことを「$x \prec_i y$」で表すことにします。allocation $(x_1, x_2, \ldots, x_m)$ が**パレート最適** (Pareto Optimal) であるとは，以下 2 条件が満たされることをいいます。

(1) $(x_1, x_2, \ldots, x_m)$ は attainable である。
(2) 他の attainable な資源配分 $(y_1, y_2, \ldots, y_m)$ で「全ての $i \in I$ について $x_i \precsim_i y_i$ かつ少なくとも一人の i について $x_i \prec_i y_i$」を満たすようなものが存在しない。

効用を用いて簡単に述べれば，それは「実現可能な資源配分」であって，かつ「誰かの効用を増大させるには，誰かの効用を減少させざるを得ない」そのような状況です。経済学理論においてこの概念は極めて重要かつ基本的であり，理論上「最適」といえば，通常はこの概念を指すものと考えてよいでしょう。

資源配分 $(x_1, x_2, \ldots, x_m)$ が，全ての個人 i にとって自分一人で達成できるその初期保有 e^i 以上には好ましいという場合，これを**個人合理性** (Individual Rationality) を満たす資源配分と呼びます。また，実現可能な資源配分状態が，

全ての主体にとっての最大化問題の解（ここでは単純交換経済なので消費主体の効用最大化点）にもなっている場合，これを**一般均衡資源配分** (General Equilibrium Allocation)，あるいは**ワルラス資源配分**（Walras Allocation）と呼びます。

以下，経済学理論上重要なこれらの概念を，2 人 2 財という特殊な場合に話を限って解説します。特殊な場合とはいえ，この以下の例が示す状況は紛れもなく一般均衡問題であり，経済学理論の本質を理解するにあたってこれはこの上なく重要な例と認識して下さい。

8.1.3　2 人 2 財: エッジワース・ボックス・ダイアグラム

2 人 2 財の単純交換経済（2 人の主体 A と B が，商品 1 と商品 2 という 2 種類の商品についての初期保有量を持ち，それらの交換を行うのみの経済）を描出してみましょう。これに当たっては，以下に示す**エッジワース・ボックス・ダイアグラム** (Edgeworth Box Diagram) という極めて便利な作図が存在します。次の図 8.4 を見てください。この図は左下が A にとっての原点，右上が B にとっての原点を表し，横軸が商品 1 の数量を，縦軸が商品 2 の数量を表現しています。左下 O_A から順方向に見ると黒点 e は A の 2 商品の初期保有を表しており，一方で右上の O_B を原点として，本を逆さにして逆方向から見れば，黒点 e は B の初期保有を表してもいます。箱の中のいずれの点も，左下，右上から 2 重に眺めれば，A と B への配分合計が社会における商品 1・2 の総存在量となり，一つの**実現可能な資源配分状態**を表すことになります。

図 8.4 で，O_A–O_B をつないだ曲線は，A と B の無差別曲線の随所における共通接点をつないだものです[1]。この曲線は**契約曲線** (contract curve) と呼ばれます。この曲線上の点は，主体 A と B 双方にとって互いに「相手の効用を下げることなしには，自己の効用をそれ以上上げることのできない」状態を表していますので，このような資源配分状態が，先にきちんと定義した**パレート最適** (Pareto optimal) ということです。

---

[1] 正確にいうと，そういうものが一意的にあればの話です。一般には，A と B 両者にとって「その点から見てより好ましい点の集合」が「その点を通る直線」によって厳密に分離されるような，そういうことのあり得る点の集合であり，このボックス内の点の部分集合と言うべきであって，途切れたり，太くなったり，場合によっては空集合にもなるでしょう。

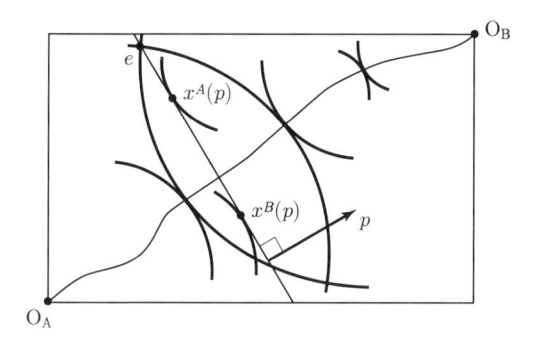

8.1 単純交換経済と一般均衡の基礎

図 8.4 エッジワース・ボックス・ダイアグラム

この 2 人だけからなる交換の世界において，この図は点 e を通る直線で，商品 1 と商品 2 の交換比率を表現しています。2 人だけからなるこの経済において，この交換比率はもちろん，この経済における価格 $p = (p_1, p_2)$ に他なりません。

つまり，2 商品に対する価格 $p = (p_1, p_2)$ が一つ与えられたとき，**消費者 A および B の直面する予算制約式**が，やはり**図中に一本の直線で描けている**ということになります。この世界では，A と B 両者とも何か欲しいものを買うには元々持っているものを売るしかありませんから，価格比すなわち交換比というのは当然といえば当然の話です。A の予算制約式は，初期保有配分 e を A 側から見て，そこを通り p を法線とする直線です（図 8.5 (a)）。B の側から e を見た場合には，A の側から見た場合と 180 度法線が回転したものになります（図 8.5 (b)）。図 8.5 の (a) に (b) を 180 度回転させて（点 e を同一点と見て）張り合わせたものが図 8.4 であり，結局，図 8.4 では同一直線で A と B 両者の予算制約を表せているということです。

再度図 8.4 に戻ると，消費者 A の無差別曲線は左下から右上に向けて高い効用の等高線を描くように描かれており，価格 p での予算線と接する点 $x^A(p)$ は p の下での A のマーシャル型需要点を表しています。同様に消費者 B の無差別曲線は，右上から左下に向けてより高い等高線を表すように描かれています。そしてやはりその最も高い等高線が予算線と接するところ，$x^B(p)$ が，B の価格 p の下でのマーシャル型需要を表しています。価格 p の下では 2 人の需要点

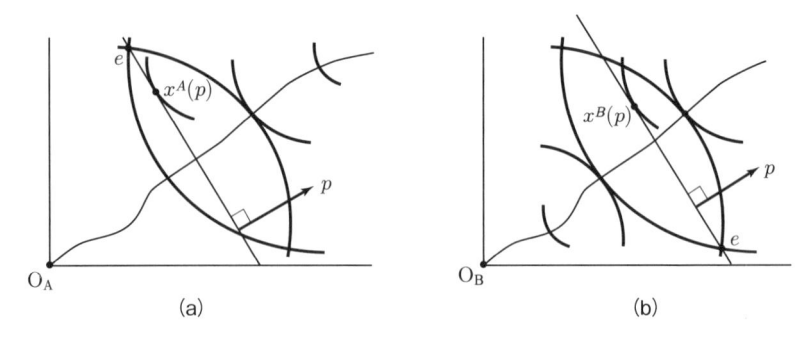

図 8.5 (a) 価格 p の下での A の予算制約, (b) 価格 p の下での B の予算制約

$x^A(p)$ と $x^B(p)$ が異なる点になっているので, 2 人がそのように需要を表明しても (需給バランスが一致してないことがボックス上の同一点でないことで直ちに表現されており), それは社会全体における均衡, すなわち合計して総量が社会のそれと等しくなるようなものにはなっていません (図 8.6 (a))。

しかし運よく, ある p^* の下で偶然にも $x^A(p^*)$ と $x^B(p^*)$ が同一点に来た場合 (図 8.6 (b)), これは先に一般的に述べた図 8.2 のような場合の総需要と総供給の一致を, 2 人 2 財のケースで述べたものに他なりませんが, この場合が 2 人 2 財単純交換経済における**一般均衡** (general equilibrium) であり, p^* が**一般均衡価格** (general equilibrium price) ということです。

契約曲線はパレート最適な資源配分を表す点の集まりでしたから, 図 8.6 (b)

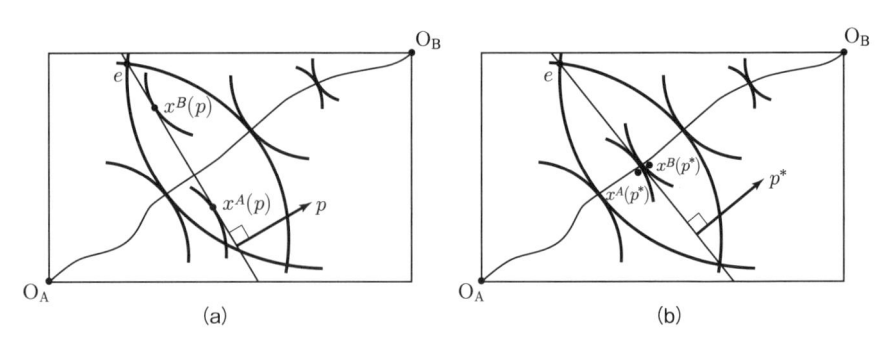

図 8.6 (a) p 下で不均衡, (b) p^* 下で均衡

8.1 単純交換経済と一般均衡の基礎

が示すように，2人2財の単純交換のような場合，「**競争均衡は必ずパレート最適な資源配分状態を実現する**」ことが分かります。これを「**厚生経済学の第一基本定理** (The first fundamental theorem of welfare economics)」と言います。**第二基本定理**はそのほぼ逆の主張で，「任意のパレート最適な資源配分状態は各主体の初期保有の移転，すなわち初期の**所得移転を適当に行うことによって**，所得移転後の競争均衡として実現できる」というものです。これは生産が入ると自明ではありませんが，選好が凸の場合の単純交換でいうならば，パレート最適な点をそのまま移転後の初期保有と見なせばよいだけですので，ほぼ自明な内容ですらあります。しかしながら，我々が市場経済というシステムをなぜ肯定し得るかという意味では，極めて重要な社会認識と言わねばなりません。

なお，エッジワース・ボックス・ダイアグラムは一般均衡の存在についても直感的な説明を与えてくれます。一般均衡資源配分は，契約曲線上にあって，その点を通る共通接線がちょうど初期保有資源配分 e を通る場合であると言うことができますが，そのような点が必ず存在するかどうかについて，次のように考えることができます。

図 8.7 の (a) において，契約曲線上の左下の点 x' では，その点を通る共通接線は明らかに e を通りません。今，e を通る直線 L を，それが契約曲線上の点から伸ばした共通接線とは必ず1回だけしか交わらないように取れるとしましょう。このとき x' から伸ばした共通接線と L の交点は y' であり，これは明らかに e の左に位置します。同様に右上の点 x'' から伸ばした共通接線は，点

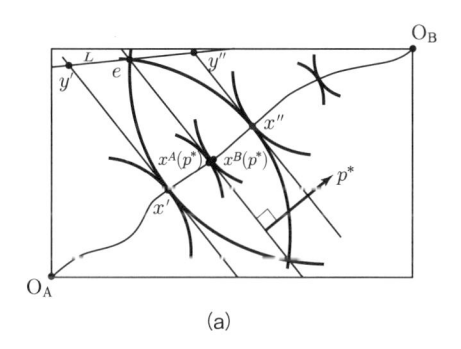

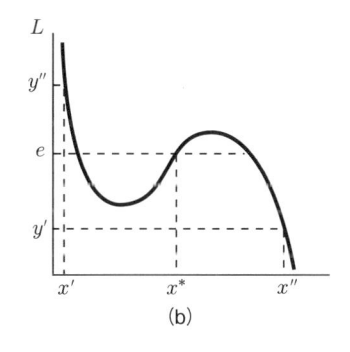

図 8.7 (a), (b) p^* 下で均衡

y'' すなわち e の右に位置する点で L と交わります.もし,契約曲線上を点 x' から x'' まで連続的に動いたとすると,そしてその場合に共通接線がやはり連続的に動いたとすると(これは効用関数が微分可能であれば,その導関数の連続性に帰することになりますが),共通接線が少なくとも1回,必ず点 e を通るであろうことは明白です.

図 8.7 の (b) のように,L を縦軸にとり,横軸を契約曲線上の点とすると,上に述べたように少なくとも1回は e から水平に伸ばした破線を通り,典型的には「奇数回」通るであろうことが分かります.もちろんこれは「典型的には」ということです.特異な場合,ちょうど方程式の重根のように偶数回になることも,あるいはグラフが e の水準で水平になるなら無限回になることもあります.

8.2 生産の入った個人所有経済の一般均衡

8.2.1 ワルラス法則と模索過程

前節で取り扱った単純交換のケースに対して,本節で扱う生産の入った一般均衡という概念は,単にそこに生産を入れたものというよりも,ミクロ・マクロを問わず,また静学・動学さえも問わず,今日の経済学理論の骨格を成す基本のモデルとして位置づけられているものです.**個人所有経済** (private ownership economy) あるいはアロー–デブリュー経済 (Arrow-Debreu Economy: Debreu, 1959) とも呼ばれる当該モデルは,今日の静学的な経済学理論における標準的世界観であり,いわば第1章からここまでの消費,生産,均衡概念の総括とも言えます.以下,簡潔にまとめてみましょう.

(1) 生産主体:生産集合 $Y_j \subset R^\ell$ を持つ生産主体 $j = 1, \ldots, n$ が存在し,各々価格 $p = (p_1, \ldots, p_\ell)$ を所与とした**利潤最大化問題**を解いて,最適行動を決定する.

(2) 消費主体:消費集合 $X_i \subset R^\ell$ と効用関数 $u^i : X_i \to R$ を持つ消費主体 $i = 1, \ldots, m$ が存在し,各々価格 $p = (p_1, \ldots, p_\ell)$ と**所得の決定構造**(注意1)の下で決まる所得を所与とした**効用最大化問題**を解いて,最適行動を決定する.

8.2 生産の入った個人所有経済の一般均衡

(3) 以上の設定の下で**市場における総需要と総供給の均衡**を与える価格を**一般均衡価格**と呼ぶ．

上記設定における「**所得の決定構造**」については下の注意 1 に述べます．それを除くと，残る全概念はここまでミクロ経済学理論として扱われてきたことがらの総まとめとして，理解されるでしょう．

注意 1: このモデル内の所得の流れが閉じるため，即ちこのモデルが一つの**世界観**として閉じるためには，上述した消費者の所得の源泉が何であるかが明確にされる必要があります．このとき，「誰かが支払ったものは誰かが受け取っている」 **Closed Circulation of Income** ということが，モデル全体（社会）として成り立っているように，工夫されねばなりません．Private Ownership Economy においては，消費者 i は初期保有 $e^i \in R^\ell$ を持ち，また各生産主体 $j = 1, 2, \ldots, n$ の利潤への請求権として，割合 $0 \leqq \theta_{ij} \leqq 1, j = 1, \ldots, n$ を持つものとされ，これらが所得の源泉となります．θ_{ij} は消費者 i の企業 j に対する**株式保有割合** (share holding) と呼ばれます．

このとき i の所得は

$$W_i(p) = p \cdot e^i + \sum_{j=1}^n \theta_{ij} \pi^j(p) \tag{8.4}$$

として定められます（ここで $\pi^j(p) = p \cdot y^j(p)$ は，価格 p の下での生産主体 j の利潤）．このように定めて，上述した Closed Circulation of Income が成立していることを示すのが，次のワルラス法則です．

ワルラス法則： 上の式 (8.4) で与えられる所得を用いて，消費者 i の予算制約式を等式として $p \cdot x^i = W_i(p)$ と書き，これを全ての i について足し合わせると，以下の恒等式を得ます．Share Holdings の和は，その意味からして，各 j において $\sum_{i=1}^m \theta_{ij} \leqq 1$ ですが，特にこれが $\sum_{i=1}^m \theta_{ij} = 1$ である，すなわち利潤は全て株主に分配されるものとして，扱います．

$$p \cdot \sum_{i=1}^m x^i = p \cdot \sum_{i=1}^m e^i + p \cdot \sum_{j=1}^n y^j(p) \tag{8.5}$$

この式の右辺の 2 項を左辺に移項して p で括ると,「経済全体での超過需要の総価値額は,人々が予算制約に従いかつ利潤は全て分配し尽くされている限り,常に 0 （ワルラス法則 Walras' Law）」ということを表す次の式となります。

$$p \cdot \left(\sum_{i=1}^{m} x^i - \sum_{i=1}^{m} e^i - \sum_{j=1}^{n} y^j(p) \right) = 0 \tag{8.6}$$

人々の予算制約式を不等式 $\leqq$ で考えると,上のワルラス法則も $\leqq 0$ で成り立ちますが,これを**広義のワルラス法則**と呼ぶこともあります。消費者について,常に**予算制約いっぱいに消費を行う**というようなことを想定して良ければ,予算制約式が等式であるか不等式であるかに悩まされずに済みます。このための仮定としての「選好の**局所非飽和** (local non-satiation) 性：任意の $x \in X_i$ と x を含む任意の開集合 U に対して,x よりも好ましい $x' \in U$ が存在する」については,先の単純交換の場合 p.160 でも述べた通りです。

超過需要の価格に対する 0 次同次性：上記ワルラス法則と同時に注意しておくべきことがあります。先に生産主体の議論をした際,生産主体の生産行為決定についての価格に対する 0 次同次性ならびに,利潤関数についての 1 次同次性が極めて一般的に成り立つということを確認しました（p.138）。個人所有経済においては,個人の所得を表す式 (8.4) から明らかなように,個人の所得 $W^i(p)$ は p に関して 1 次同次 $W^i(ap) = aW^i(p)$（a は実数で ap が種々関数の定義域に入ることを前提として）となることがいえます。すると消費主体の効用最大化問題（p.121）において,所得 w を価格の 1 次同次関数と考えることができるのですから,マーシャル型需要関数の 0 次同次性（p.123）より,明らかに消費者の消費行為決定についても価格に関する 0 次同次性,すなわち「x^i が p の下での効用最大化解であることを満たしているなら,ap の下でも満たしている」が成り立ちます。すると,生産主体の場合も合わせて,個人所有経済において,**価格 p の下での経済全体の消費主体の需要の和** $\sum_{i=1}^{m} x^i(p)$ **も,生産主体の供給の和** $\sum_{j=1}^{n} y^j(p)$ **も,0 次同次**です。したがって超過需要

$$f(p) = \sum_{i=1}^{m} x^i(p) - \sum_{i=1}^{m} e^i - \sum_{j=1}^{n} y^j(p)$$

8.2 生産の入った個人所有経済の一般均衡

も(関数と見て) **0 次同次性** $f(p) = f(ap)$ を満たすことが分かります。

超過需要が満たす 2 つの重要な性質,「ワルラス法則」と「0 次同次性」について見たわけですが, 他にはどのような性質を期待することができるでしょうか。我々は第 6 章および第 7 章で, 超過需要関数を構成する個々の需要関数および供給関数の存在および微分可能性を保証する条件について見てきました。連続性については, 微分可能であれば連続ですので, 第 7 章最後の陰関数定理の適用が一つの保証となります[2]。しかしながら, 連続性や微分性といった, 極めて関数として基本的な性質以外に, 我々は経済学理論特有の, 何か特性を, この超過需要関数に期待することはできないでしょうか。

実は, 超過需要関数に対して, 上に挙げた「**ワルラス法則**」と「**0 次同次性**」以上の要請を, 前もって経済学的に自然な仮定から導く事はできない, という有名な定理があります。これはデブリュー–マンテル–ソーネンシャインの定理と呼ばれるものです。要するに, 超過需要関数の形状は, もちろん選好(需要関数)や技術(供給関数)に依存するのですが, それらに凸性や単調性といったそこそこ経済学的に認められる仮定を付け足したところで, **所得効果**の影響, つまりそれが正または負の定まった符号を持たないということの影響が大きすぎて, 経済全体での需要と供給の集計化にあたっては, 価格とその需給の動向に, ほとんどいかなる前提も許容し得ないということです(同定理については再度第 12 章で触れます)。これによって, いわば均衡についての一般的なミクロ的基礎の下での研究が, ワルラス法則を満たす 0 次同次の $f : \boldsymbol{R}_+^\ell \to \boldsymbol{R}^\ell$ という関数の研究に, 数学的には帰着してしまうことになります。

均衡と模索過程:引き続き, 超過需要が価格 $p = (p_1, \ldots, p_\ell) \in \boldsymbol{R}^\ell$ の関数であるとして, つまり全ての主体の需要および供給が p の関数になっているとして, 話を続けましょう。超過需要

$$f(p) = \sum_{i=1}^m x^i(p) - \sum_{i=1}^m e^i - \sum_{j=1}^n y^j(p)$$

---

[2] より一般的にはいわゆる Berge の Maximum Theorem (Debreu, 1959; 1.9.k (4), Ichiishi, 1983; 2.3 節) の適用によって, 保証されることになります。

が 0 に等しいと置いた式は，言うまでもなく**市場の均衡式**すなわち需要と供給が等しくなっているという式ですが，これは本来 ℓ 次元のベクトルの式ですから，それを要素ごとに並べて書き表すと（右下の添字が $1, 2, \ldots, \ell$ という商品の座標を表しているとして），

$$f_1(p_1, \ldots, p_\ell) = \sum_{i=1}^{m} x_1^i(p_1, \ldots, p_\ell) - \sum_{i=1}^{m} e_1^i - \sum_{j=1}^{n} y_1^j(p_1, \ldots, p_\ell) = 0$$

$$f_2(p_1, \ldots, p_\ell) = \sum_{i=1}^{m} x_2^i(p_1, \ldots, p_\ell) - \sum_{i=1}^{m} e_2^i - \sum_{j=1}^{n} y_2^j(p_1, \ldots, p_\ell) = 0$$

$$\vdots$$

$$f_\ell(p_1, \ldots, p_\ell) = \sum_{i=1}^{m} x_\ell^i(p_1, \ldots, p_\ell) - \sum_{i=1}^{m} e_\ell^i - \sum_{j=1}^{n} y_\ell^j(p_1, \ldots, p_\ell) = 0$$

となります。上の体系をしばらく（∗）と呼ぶことにしましょう。このように眺めると，市場の一般均衡が，$p_1, \ldots, p_\ell$ という ℓ 個の未知数を持つ ℓ 本の連立方程式体系（∗）であるということが分かります。方程式の数と変数の数が一致していますから，この体系には解がありそうです[3]。解とはもちろん**一般均衡価格**に他なりません。

上記均衡体系の独立性：上の ℓ 本の式は独立ではありません。実際，ワルラス法則は，上の ℓ 本の方程式にそれぞれ $p_1, \ldots, p_\ell$ を掛けて足し合わせると 0 であるということを主張しています。一方で $0 = (0, \ldots, 0)$ という価格が均衡ではありえないということが言えているとすると（たとえばいずれかの消費者の選好に狭義単調性の仮定 p.122 が入っているなど）f の 0 次同次性から価格の方も $\sum_{k=1}^{\ell} p_k = 1$ のように足して 1 といったものに規準化することが許されますので，$p_1, \ldots, p_\ell$ のうちで本当に決めねばならないものは $\ell - 1$ 個です。また 0 でない価格がついている商品に関して，その商品以外の市場が全て需給均等を満たしているとすると，明らかにその商品についてもワルラス法則から需給が均等しておらねばならないことが言えます。つまり，実際にはこの体系（∗）は $\ell - 1$ 個の変数を決める $\ell - 1$ 本の方程式体系です。

経済学理論において，その「価格所与」という大前提に基づいて話を進めていくと，話の出発点として所与とする価格 $p = (p_1, \ldots, p_\ell)$ から，生産主体の生

---

[3] ただし，中学校でも習ったように，方程式の数と変数の数が一致している事は，方程式が解を持つための，必要条件でもなければ十分条件でもありません。

産者行動と利潤, 消費主体の所得と消費者行動を通じて総需要ならびに総供給が与えられ, そして総供給と総需要の均等を問う ℓ 本からなる方程式体系（＊）（これは＝0 で成立しているかどうか分からない）に至ります。この一連のプロセスにおいて, 最後の ℓ 種類の需給のバランス, つまり需給の大小あるいは等号の成立に応じて, 需要が供給を上回るときその商品の価格を上げ, 下回るときその商品についての価格は下げるというような調整をおこなうことで, 新たな価格 $p' = (p'_1, \ldots, p'_\ell)$ を得るような**価格調整過程**を考えることができます。この過程を繰り返すことで, 最初の p が均衡価格でなくとも, 最終的には均衡価格にいきつくことができるでしょうか。

一般均衡理論と呼ばれる体系の創始者であるワルラスは, それができるのではないかと考えました。この価格調整過程に関する直感は, 数学的には必ずしも正しくない（均衡価格に行き着くとは限らない反例がある）のですが, 現実的に有り得る重要な市場の一面を抽出しているのも事実であり[4], 今日, **模索過程**（Tâtonnement Process）という名で呼ばれています[5]。

8.2.2 経済全体のテクノロジーと生産可能性集合

生産の入った経済の一般均衡を数学的にきちんと取り扱っていく上で, 最も重要と言える概念・道具は, 経済全体のテクノロジーおよび経済全体の生産可能性集合です。

消費主体は $i = 1, 2, \cdots, m$, 生産主体は $j = 1, 2, \cdots, n$ だけ存在します。消費主体 i は前述通り $(e_i^1, \cdots, e_i^\ell)$ という初期保有を持ち, 生産主体 j の行動すなわち生産に制約を与えるのは, その生産集合 Y_j です。

今, 利潤最大化ということから離れて, 各生産主体がその技術的な可能性, すなわち Y_j の中から任意に生産行動を指定することができるとしましょう。つまり, 生産主体 j に $y^j = (y_1^j, \cdots, y_\ell^j)$ という生産集合 Y_j 上の点を, 利潤最大化という問題に一切とらわれず, 選ばせるということです。生産主体 $1, \ldots, n$ がそれぞれ $y^1 = (y_1^1, \cdots, y_\ell^1), \cdots, y^n = (y_1^n, \cdots, y_\ell^n)$ という生産行為を選んだ

---

[4] 例えば 森嶋 (1950) の第一章が, 株の取引市場を例に出してその具体的描写を与えています。
[5] こういった価格調整過程が均衡価格に収束するための条件については第 12 章で扱います。

とすると，全体としては $y^1 + y^2 + \cdots + y^n$ すなわち，

$$y^1 + y^2 + \cdots + y^n = \left(\sum_{j=1}^n y_1^j, \cdots, \sum_{j=1}^n y_\ell^j \right)$$

という行動がとられたことになります．右辺は単なる，数ベクトルの各座標どうしで定義した和です．右辺の第 k 座標は，財 k について合計で $y_k^1 + y_k^2 + \cdots + y_k^n$ という産出，あるいはマイナスなら投入が，全体として行われていることを表すことになります．この大きさ，$y^1 + y^2 + \cdots + y^n$ を y で表現します．y は各生産主体の行動に応じてさまざまな値をとるでしょうが，y がとり得る値の範囲全体を集合 Y で表すことにします（図 8.8）．

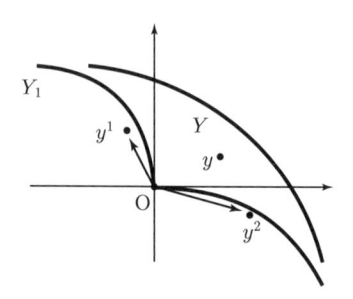

図 8.8 経済全体のテクノロジー Y

厳密に表すと，

$$Y = \{y | y = y^1 + \cdots + y^n, y^1 \in Y_1, \cdots, y^n \in Y_n\} \tag{8.7}$$

です．分かりやすく言えば，Y はすべての生産主体が協力したときに得られるテクノロジー，すなわち n 個の生産主体を全体としてあたかも **1** つの生産主体であるかのごとく見なした場合のその技術に相当します．Y はしばしば**経済全体のテクノロジー**と呼ばれます．

さらに消費者 $i = 1, 2, \cdots, m$ の初期保有にも注目すると，消費者 i が $e^i = (e_1^i, \cdots, e_\ell^i)$ という初期保有物を持つとして，合計すれば，

8.2 生産の入った個人所有経済の一般均衡

$$e^1 + e^2 + \cdots + e^m = \left(\sum_{i=1}^{m} e^i_1, \cdots, \sum_{i=1}^{m} e^i_\ell \right)$$

となります。これも $e = e^1 + e^2 + \cdots + e^m$ と簡単に表しましょう。e は先の単純交換経済の場合と同様，**その経済に最初から存在する財の総量を表すベクトル**になります。Y の任意の要素 y は，すべての生産主体が協力して得られる財の変形技術ですから，$e + y$ は**すべての生産主体とすべての消費主体が協力して得られる一つの達成可能な生産計画**です。そのような $e + y$ の全体，すなわち

$$\{e + y | y \in Y\} \tag{8.8}$$

を $e + Y$ で表します。$e + Y$ は「この経済のすべての消費者とすべての企業が協力して得られる可能な生産パターンの全体」であり，この経済の**生産可能性集合** (Production Possibility Set) と呼ばれるものです。図形的に $e + Y$ は，経済全体のテクノロジー Y を単にベクトル e だけ平行移動したものです (図 8.9)。

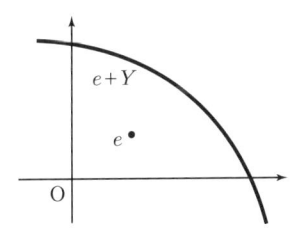

図 8.9 生産可能性集合 $e + Y$

8.2.3 生産の一般均衡存在と安定性の図的概観

生産の一般均衡についても，その存在と安定性についての図的な概観を与えておきましょう。

単純交換の場合と同様に，財の数を 2 と限定すれば，生産の入った一般均衡解の存在についても，図を用いて直観的に確認することができます（なお，生産の一般均衡の存在および安定性についてのきちんとした議論は第 12 章で扱います）。n 個の企業（生産主体）と，m 人の消費者が存在するものとします。

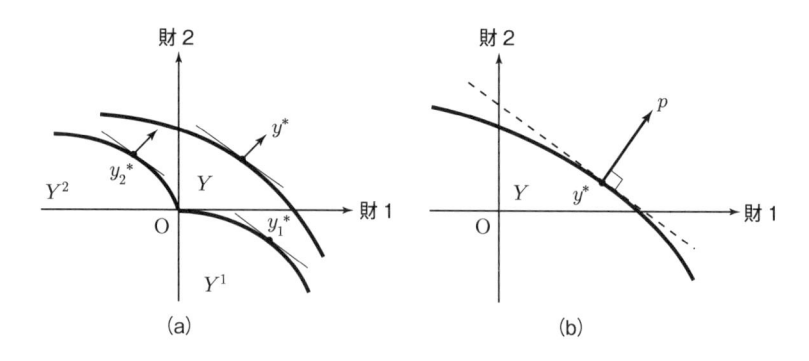

図 8.10　個別企業の利潤最大化と経済全体としての利潤最大化

単純交換の場合に対して新たに考慮すべき問題は企業の利潤最大化行動ですが，ここで鍵を握るのは「仮に n 企業が存在して各自利潤最大化が行われているとすると，そのとき同時に経済全体のテクノロジーに関しても利潤最大化が行われている」という事実です。

このことを図で表すと図 8.10 のようになります（章末問題で確認）。市場における需給均等条件を問題とする限り，我々が知りたいのはこの「経済全体として集計された企業の行動」ですから，その点で我々は個々の企業の行動にあえて立ち戻る必要はありません。経済全体のテクノロジー $Y = Y_1 + Y_2 + \cdots + Y_n$ をもとに，価格 p のもとで企業は全体として図 8.10 の y^* 点で表されるような行動をとります。

さて次は消費者 i の選択問題です。単純交換経済と異なるのは，各消費者の資産として企業からの利潤の分配分を計上せねばならぬという点です。価格 $p = (p_1, p_2)$ の下での消費者 i の予算式は（初期保有 (e_1^i, e_2^i) の下で），

$$p_1 x_1 + p_2 x_2 = p_1 e_1^i + p_2 e_2^i + [\, i \text{ への企業利潤分配} \,] \tag{8.9}$$

と表せます（図 8.11 (a) 参照）。図からもわかるように，消費者 i の予算制約式は単純交換の場合の図 8.1 と比べて企業から受け取る利潤の分だけ右上にくることになります。どれくらい右上にくるかは，与えられた価格 p に依存するので表現困難ですが，右辺の利潤の分配をすべての消費者について加え合わせ

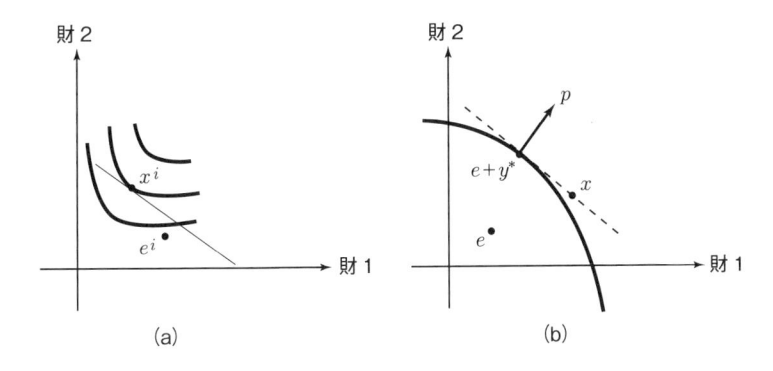

8.2 生産の入った個人所有経済の一般均衡

図 8.11 代表的消費者の選択とその集計

た合計については，直ちに分かります．それは企業利潤の総額 py^* （y^* は p のもとでの経済全体の利潤最大化解）にほかなりません．従って，このような各消費者の需要点

$$x^i = (x_1^i, x_2^i), \ i = 1, 2, \cdots, m \quad (これらは上式 (8.9) を満たす)$$

をすべて足し合わせた総需要 $x = x^1 + x^2 + \cdots + x^m$ は，式 $p \cdot x = p \cdot e + p \cdot y^*$ すなわち $p \cdot (x - (e + y^*)) = 0$ を満たすことになります[6]．よって経済全体の需要 $x = x^1 + x^2 + \cdots + x^m$ および供給 $e + y^*$ の関係は図 8.11 (b) のようになります（ベクトル $x - (e + y^*)$ が p と垂直です）．

さて以上の考察をもとに，前節と同様一般均衡の存在を見ることにしましょう．財 1 の価格が財 2 の価格に比べて非常に高い場合

　　　Case 1: $p' = (p'_1, p'_2), \ p'_1 > p'_2$

と，その逆

　　　Case 2: $p'' = (p''_1, p''_2), \ p''_1 < p''_2$

を考えます．単純交換の場合と同様 Case 1 のとき，p' の下で各消費者の選択が相対的に安価な財 2 に片寄る傾向があると考えるのは自然です．また，企業の選択点も安価な財 2 を投入して高価な財 1 を産出するため財 1 方向に片寄るとします．従ってそれらを加え合わせた総需要および（e を加えた）総供給

---
[6]これは 価格 × (総需要 − 総供給) = 0，すなわち先に示したワルラス法則そのものです．

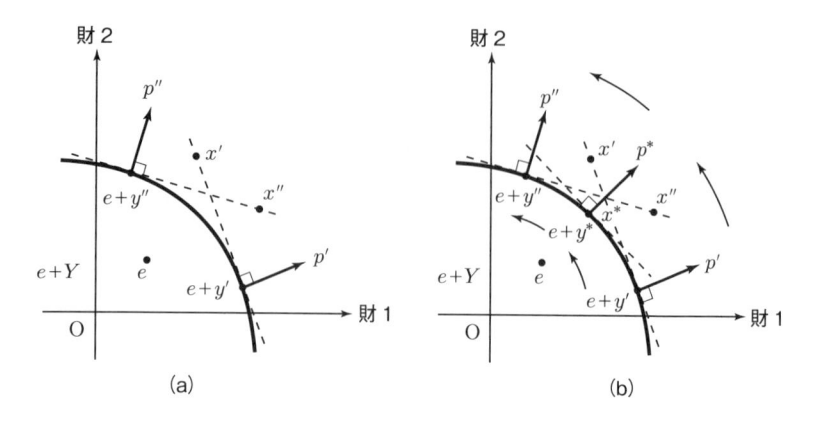

図 8.12　生産経済における一般均衡の存在

も同様に片寄り，図 8.12 (a) の x' および $e+y'$ のようになります。一方 Case 2 においては，同様の考察から p'' の下での総需要は安価な財 1 に片寄り，総供給は高価な財 2 に片寄って図 8.12 (a) の x'' と $e+y''$ のようになると考えられます。このとき我々は，均衡の存在を次のように直観的に述べることができます（図 8.12 (b) 参照）。

> 価格 p' の下では総需要 x' が総供給 $e+y'$ の左側に位置し，p'' の下では x'' が $e+y''$ の右に位置する．もしも価格を p' から p'' まで連続的に変化させたとき，対応する総需要点も x' から x'' まで，総供給点も $e+y'$ から $e+y''$ まで連続的に動くとすれば，p' と p'' の間に p^* という価格が存在して，その下での総需要 x^* が総供給 $e+y^*$ と一致する（左右の位置関係が入れ替わる）はずである．

先の単純交換の場合と全く同様に，上の前半の太文字部分は，後の第 12 章で取り扱う均衡の安定性および一意性を保証する**粗代替性**という概念の特殊ケースであり，太文字部分の後半の条件（価格に応じて総需要点と総供給点が連続的に動く）は，**総需要関数および総供給関数の連続性**に相当します。

8.3 厚生経済学の基本定理およびコア同値定理

8.3.1 生産経済における実現可能な資源配分

単純交換経済で与えた資源配分にまつわる諸概念を，生産経済においてきちんと定義し直しておきます。

生産可能集合 $e+Y$ を用いて，この経済における**実現可能** (attainable) **な資源配分** を定義できます。これは単純交換経済の場合と全く同じ考え方です。商品は ℓ 種類存在しますので，消費主体 i の消費行動は $x^i = (x_1^i, x_2^i, \cdots, x_\ell^i) \in X_i$ と表されます。消費者 $i = 1, 2, \cdots, m$ について，各々の消費行動を $x^1, x^2, \cdots, x^m$ とするとき，それら m 個を並べたリスト $(x^1, x^2, \cdots, x^m) \in X_1 \times X_2 \times \cdots \times X_m$ をその経済における一つの**資源配分**と呼び，資源配分 $(x^1, x^2, \cdots, x^m)$ が $x^1 + x^2 + \cdots + x^m \in e + Y$ を満たすとき，**実現可能な資源配分**と呼びます。

8.3.2 生産経済のパレート最適な資源配分

上述した実現可能な資源配分の概念をもって，単純交換経済の場合と全く同様に，パレート最適概念も定義されます。各消費集合上に，2項関係としての preference $\precsim_1, \precsim_2, \cdots, \precsim_m$ が与えられているものとします。各 $i \in I$ について「$x \precsim_i y$ でありかつ $y \precsim_i x$ でない」ことを「$x \prec_i y$」で表すのもこれまで同様です。allocation $(x^1, x^2, \ldots, x^m)$ が**パレート最適** (Pareto Optimal) であるとは

(1) $(x^1, x^2, \ldots, x^m)$ は attainable であり

(2) 他の attainable な資源配分 $(y^1, y^2, \ldots, y^m)$ で「全ての $i \in I$ について $x^i \precsim_i y^i$ かつ少なくとも一人の i について $x^i \prec_i y^i$」を満たすようなものが存在しない

ということです。単純交換経済と異なるのは，attainable の概念が，今や $e + Y$ によって与えられている（単純交換の場合は e であった）ということだけです。

8.3.3 生産経済のコア資源配分

ここまでの設定に加えて，社会を構成する I の部分集合 $J \subset I$ が，いわばグループ J だけで新たな社会（J 社会）を構成すると考えたとき，その J 社会の生産可能性集合を Y_J で表しましょう。元の I によって構成される社会の

allocation $(x^1, x^2, \ldots, x^m)$ に対して,J によって構成される J 社会の allocation $(\cdots, y^j, \cdots)_{j \in J}$ が

> (3) $\sum_{j \in J} y^j \in Y_J$ すなわち $(\cdots, y^j, \cdots)$ の $j \in J$ に関する総計は J 社会で attainable であり,「全ての $j \in J$ について $x^j \precsim_j y^j$ かつ少なくとも一人の j について $x^j \prec_j y^j$」

を満たすならば,グループ(協力ゲームの専門用語でこれを**結託** (coalition) と呼びます)J が allocation $(x^1, x^2, \ldots, x^m)$ を**ブロック** (block) する(J に関しては**改善** improve on する)と言います。

 パレート最適な資源配分というのは,**最大結託 J によってブロック(改善)されないような資源配分である**,と言い換えられます。その社会において,可能ないかなる結託 $J \subset I$ によってもブロックされないような資源配分のことを**コア資源配分** (core allocation) と呼びます。

8.3.4 生産経済の一般均衡資源配分と厚生経済学の基本定理

 生産経済の一般均衡という概念については,すでに厳密に定義して来たところですが,再度 allocation という概念を通じて,まとめておきます。

 いうまでもなく,これは社会における行動が「与えられた価格」を元にして決定されている状況およびその下での資源配分状態について考えるということです。生産については,社会全体の生産可能性集合の中に,与えられた価格 p の下で最もその価値が高い社会的生産が存在する場合のみを考え,またその範囲に価格を限定し,産出物の価値から投入物の価値を引いた値として最も高い社会的利潤 $W(p)$ を与えるような**社会的に効率的** (efficient) な生産が,常に行われているものと想定します。加えて,社会を構成するメンバー $I = \{1, 2, \ldots, m\}$ の各 $i \in I$ に対して,その下での社会的利潤の分配額 $W_1(p), W_2(p), \ldots, W_m(p)$,$W_1(p) + W_2(p) + \cdots + W_m(p) = W(p)$,が一意的に定まっているものとしましょう[7]。このとき,経済 $((X_i, W_i)_{i \in I}, Y)$ の**一般均衡資源配分**(競争均衡資源配分・ワルラス資源配分)とは allocation $(x_1^*, x_2^*, \ldots, x_m^*)$ であり,

---

[7]ここでは Y を社会全体の生産可能性集合,すなわち先の言葉を用いると消費主体の初期保有の合計 e の価値額 $p \cdot e$ は,この $W(p)$ に含まれているものと考えています。

8.3 厚生経済学の基本定理およびコア同値定理

(1) 価格 p の下で社会的利潤を最大にする（$W(p)$ という額を与える）社会的生産 $y^* \in Y$ は $\sum_{i \in I} x_i^* = y^*$ を満たす（**市場均衡条件** market clearing condition）[8]。

(2) 各 $i \in I$ について，x_i^* は消費集合 X_i の要素のうち，価格 p および資産 $W_i(p)$ の下での予算制約を満たす中で $\precsim_i$ maximal な消費計画である（各消費者の**主体的均衡条件**）。

を満たすようなものです。p は**市場均衡価格**です。

定理 8.3.1（**厚生経済学の第一基本定理**）競争均衡資源配分 $(x_1^*, x_2^*, \ldots, x_m^*)$ は，以下の条件が満たされている限り，パレート最適である。

予算効率性条件: 競争均衡価格 p の下，各消費者 $i \in I$ について，$W_i(p)$ より安価な消費計画であってかつ現状と無差別であるようなものがない（例えば無差別曲線に厚みがあるようなことがない）。

証明: 資源配分 $(x_1^*, x_2^*, \ldots, x_m^*)$ がパレート最適でないと仮定して矛盾を導く。ある実現可能な資源配分 $(z_1^*, z_2^*, \ldots, z_m^*)$ で，全ての $i \in I$ について $x_i^* \precsim_i z_i^*$ かつ少なくとも一人の j について $x_j^* \prec_j z_j^*$ であるとする。全ての人で価格 p の下での効用最大化が行われているという主体的均衡条件から，上記 j に関して次のことが言える。

(a) p の下での z_j^* の価値は $W_j(p)$ に比べて**厳密に大きい**。

また，予算効率性条件から，全ての $i \in I$ について

(b) p の下での z_i^* の価値は $W_i(p)$ に比べて**大きいかまたは等しい**。

したがって (a) と (b) より，$\sum_{i \in I} z_i^*$ の価値は $W(p) = W_1(p) + W_2(p) + \cdots + W_m(p)$ より大きい。すなわち $\sum_{i \in I} z_i^* = z^* \in Y$ の価値が $W(p)$ より大きい事になるが，これは $W(p)$ が p の下で最も大きい社会的利潤（社会的生産計画の価値）を与える大きさであることに矛盾する。∎

上で主張される内容「競争均衡資源配分はパレート最適である」が，**厚生経済学の第一基本定理**ですが，生産を考えない経済（純粋交換経済）においては，これより一層強い命題として「**競争均衡資源配分はコア資源配分である**」が成立します（次節）。ただし，生産を含む場合には幾分制限的な想定が必要です。

---

[8] やはりここでも，y^* は消費主体の初期保有の総計 e を含むものとして考えられています。

厚生経済学の第二基本定理は，上のほぼ逆の主張「任意のパレート最適な資源配分状態は，各主体に初期の所得移転を適当に行うことによって競争均衡として実現できる」です．証明には選好の凸性の仮定，位相数学における分離定理など，幾分深い議論が必要で，かつ通常は一般均衡より少し弱い，各人が費用最小化をしている状態としか示せません（例えば Debreu, 1959; Chapter 6）．ここでは，先にラグランジュ法の必要性証明でも使った幾何学形式 Hahn-Banach 定理を用い，かつ一般性は幾分失うものの，「より好ましい集合」の開集合性に基づいて一般均衡資源配分であることを直接的に示す証明を与えておきます[9]．

定理 8.3.2（厚生経済学の第二基本定理） 全ての消費者の選好が凸であり，生産可能性集合 Y が凸集合であるとする．パレート最適な資源配分 $(x_1^*, x_2^*, \ldots, x_m^*)$ が以下の条件を満たすとき，それはある価格 p および p の下で社会的な最大利潤を実現するような生産可能性と結びついた所得分配 $W_1^*(p), \ldots, W_m^*(p)$，$\sum_{i=1}^m W_i^*(p) = W(p)$ の下での競争均衡資源配分と見ることができる．

非飽和点条件：x_i^* が選好の飽和点でない消費主体 i が一人は存在し，またそのような全ての消費主体 i にとって，x_i^* より好ましい点の集合は x_i^* をその境界点の一つとする $\boldsymbol{R}^\ell$ の開集合である[10]．

証明：資源配分 x_i^* が選好の飽和点でないような消費主体の集合を $J \neq \emptyset$ で表す．各 $i \in J$ について $X_i^* = \{x \in X_i \mid x \succ_i x_i^*\}$ と定義する．仮定により，これらは全て非空凸集合であり，特に $\boldsymbol{R}^\ell$ の開集合である．ここで $G = \sum_{i \notin J} x_i^* + \sum_{i \in J} X_i^* - Y$ とおく．パレート最適性の定義から，G は 0 を含まない．また Y も非空凸であるから，G は 0 を含まない非空，凸，開集合となる．よって，幾何学形式 Hahn-Banach 定理 (p.12) より，$\boldsymbol{R}^\ell$ の超平面 $H = \{x \mid x \in \boldsymbol{R}^\ell, (p_1, \ldots, p_\ell) \cdot x = 0\}$ が存在して $0 \in H$ かつ $G \cap H = \emptyset$ とできる．特に $p = (p_1, \ldots, p_\ell)$ を任意の $x \in G$ に対して $p \cdot x > 0$ となるようにとることができる（負なら $-p$ を使う）．$\sum_{i=1}^m x_i^* = y^* \in Y$ と y^* を定め，また各 $i \in J$ に対して $\hat{X}_i^* = X_i^* \cup \{x_i^*\}$ と定めると，$\hat{G} = \sum_{i \notin J} x_i^* + \sum_{i \in J} \hat{X}_i^* - Y$ は G の閉包に含まれ，$0 \in \hat{G}$ であるから，$0 = x_1^* + \cdots + x_m^* - y^*$ は p の下 $p \cdot x$ を $x \in \hat{G}$ で最小化している．

---

[9] 先に内点解であるということを通じて，費用最小化条件から効用最大化条件を導いた p.132 で式 (6.4) に向けてなされた議論と一部類似点があります．また，ここでの証明には順序性を用いていないことにも，注意を促しておきます．

[10] 全ての消費主体にとって x_i^* が飽和点である場合でも，資源配分の和が Y の要素として，何らかの p の下での利潤最大化条件を満たすということが言えるなら，定理は自明に成り立つ．

8.3 厚生経済学の基本定理およびコア同値定理

各 $i = 1, 2, \ldots, m$ に対して $W_i^*(p) = p \cdot x_i^*$ と定義する。$\sum_{i=1}^m W_i^*(p) = p \cdot y^*$ なので、もしも p の下 Y の要素 y で $p \cdot y > p \cdot y^*$ となるものがあるとすると、$x_1^* + \cdots x_m^* - y$ を考えることで、任意の $x \in \hat{G}$ に対して $p \cdot x \geqq 0$ であることに反する。よって、p の下で y^* は社会の最大利潤 $W(p)$ を実現する社会的に効率的な生産になっている。

同様に、任意の $i \in J$ について、p の下 $x_i \in X_i^*$ が $p \cdot x_i < p \cdot x_i^* = W_i^*(p)$ だとすると、$x_i + \sum_{j \neq i} x_j^* - y^*$ を考えることで、任意の $x \in \hat{G}$ に対して $p \cdot x \geqq 0$ であることに矛盾する。故に $p \cdot x_i \geqq W_i^*(p)$, $i \in J$ である。ところが、ある $i \in J$ で $p \cdot x_i = W_i^*(p)$, $x_i \in X_i^*$ とすると、X_i^* が $\mathbb{R}^\ell$ の開集合であるという目下の仮定によって、ある $x_i \in X_i^*$ については $p \cdot x_i < W_i^*(p)$ ということになってしまうから、実は任意の $x_i \in X_i^*$ について $p \cdot x_i > W_i^*(p)$ でなければならない。すなわち x_i^* が $W_i^*(p)$ 下の主体的均衡点であることが任意の $i \in J$ について示された。

任意の $i \notin J$ で、飽和点が $W_i^*(p)$ 下の主体的均衡点であることは明白なので、以上により、パレート最適点 $(x_1^*, \ldots, x_m^*)$ が $W_1^*(p), \ldots, W_m^*(p)$ という社会の最大利潤 $W(p) = p \cdot y^*$ を実現する社会的に効率的な生産 $y^* \in Y$ 下の一つの所得分配を通じた、競争均衡資源配分であることが示された。 ∎

コア資源配分についても、やはり同様の逆方向を目指した定理が成立します。これは「コア資源配分状態は、**十分に大きな**経済においては競争均衡資源配分になる」というもので、先のものと合わせて**コア同値定理**と呼ばれます。もっとも基本的なものは Debreu and Scarf (1963) におけるレプリカ経済についての議論であり、これについて次節で見ることにしましょう。

8.3.5 レプリカ経済とコア同値定理

まずは準備として、再度 Edgeworth Box Diagram を用いて、2人2財単純交換ケースにおけるコア資源配分、一般均衡資源配分など様々な資源配分がどのようなものになるか、図的に確認することから始めましょう。

まず、2人経済において結託 (coalition) と呼べるものは（消費主体の名前をそれぞれ主体 1 および主体 2 として）$\{1, 2\}, \{1\}, \{2\}$ の3つしかありません。このうち $\{1, 2\}$ は経済全体ですから、これによってブロックされないというのはパレート最適ということに他なりません。また $\{1\}$ および $\{2\}$ は、各消費主体にとって自分一人で実現できるものについて考えるということですから、これらによってブロックされないとは個人合理性を満たすということです。つまり 2人の単純交換経済において、コア資源配分であるとは、**パレート最適であり、個人合理性の仮定を満たす** (Individually Rational)、つまり契約曲線上の

点であり，いずれの主体にとっても，自分一人で実現できるところ以上に好ましいということが満たされておれば，十分であるということです。

図 8.13 において，契約曲線上の a から d までの範囲は，この経済のコア資源配分であると言えます。このうち競争均衡資源配分は共通接線が e を通る点 c のような状態でなければなりません。点 b のように，e から引いた線分が共通接線とは異なる場合，これは競争均衡資源配分ではありません。

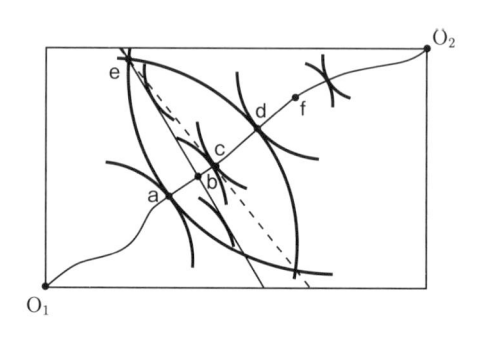

図 8.13 コア資源配分・競争均衡資源配分

このように，一般にコア資源配分であっても，それが競争均衡資源配分状態であるとは限りません。しかしながら，一般に競争均衡資源配分はコア資源配分であると述べることができます。先に定理 8.3.1 を述べた際と全く同様の設定をもって，まずこのことを定理にしておきましょう。

経済 $\mathscr{E} = \{(X^i, \precsim^i, W_i)_{i=1,2,\ldots,m}, Y\}$ を考えます。W_i は，生産可能性集合 Y の中で，価格 p を所与として評価したとき最大となる点が存在するそのような p のみを定義域とし，その場合の最大値 $W(p)$ に対して一意的に $W(p) = \sum_{i=1}^{m} W_i(p)$ を満たして決まる i への所得分配を表す関数とします。

定理 8.3.3（競争均衡はコアである） 先の定理 8.3.1 の予算効率性と全く同様の条件の下で，結託 J 社会における生産可能性集合 Y_J が以下の条件を満たすならば，競争均衡資源配分はコア資源配分である。

劣分解性条件：Y_J と Y の関係は「任意の価格 p の下，Y_J の中で実現し得る利潤が，$W_i(p)$ の総計すなわち $\sum_{i \in J} W_i(p)$ を上回る

8.3 厚生経済学の基本定理およびコア同値定理

ことがない」ようなものである。

証明：先の定理 8.3.1 の証明と全く平行的である。競争均衡資源配分 $(x_1^*, x_2^*, \ldots, x_m^*)$ がコアでないと仮定して矛盾を導く。ある結託 J が存在して，J 社会の生産可能性 Y_J の下で実現可能な資源配分 $(z_j^*)_{j \in J}$ で，全ての $j \in J$ について $x_j^* \precsim_j z_j^*$ かつ少なくとも一人の $j' \in J$ について $x_{j'}^* \prec_{j'} z_{j'}^*$ であるとする。全ての人で価格 p の下での効用最大化が行われているという主体的均衡条件から，上記 j' および任意の $j \in J$ に対して次のことが言える。

(a) p の下での $z_{j'}^*$ の価値は $W_{j'}(p)$ に比べて**厳密に大きい**。

また，**予算効率性条件**から，全ての $j \in J$ について

(b) p の下での z_j^* の価値は $W_j(p)$ に比べて**大きいかまたは等しい**。

したがって (a) と (b) より，$\sum_{j \in J} z_j^*$ の価値は $\sum_{j \in J} W_j(p)$ より大きい。従って**劣分解性条件**によって，p で評価するいかなる Y_J の要素の価値よりも大きいことになるが，これは $\sum_{j \in J} z_j^* \in Y_J$ つまり J 社会での $(z_j^*)_{j \in J}$ の実現可能性に反する。∎

単純交換経済においては Y_J が $\{\sum_{j \in J} e^j\}$ すなわち初期保有の和なので，上記の劣分解性条件は自動的に成り立ちます[11]。

この節の残る目標は，上記主張のいわば逆方向，つまりコア資源配分ならば競争均衡資源配分ということが，どのような場合に言えるのかということです。もちろん先に Edgeworth Box Diagram で確かめた通り，2 人 2 財で簡単にコアであっても競争均衡でない例（前の図の点 b のような場合）が確認できています。古典的な Edgeworth のアイデアを受けて Debreu and Scarf (1963) が厳密に取り扱ったのは，次のような可能性です。

> 経済 $\mathscr{E} = \{(X^i, \precsim^i, W^i)_{i=1,2,\ldots,m}, Y\}$ の各登場人物 $i = 1, 2, \ldots, m$ について，これをいわば個人というよりも，個人の基本的な種々タイプを表すものと考え，そのようなタイプを持つ人が複数人，2 人ずつ，3 人ずつ，…あるいは n 人ずつ存在するような経済（レプリカ経済）を考える。このとき，「元の経済 $\mathscr{E}$ のコア資源配分のうち，競争均衡資源配分ではないようなものは，十分大きな n 人レプリカ経済 $\mathscr{E}^n$ を考えた場合，その $\mathscr{E}^n$ に複製した資源配分が，$\mathscr{E}^n$ のコア資源配分ではなくなる」のではないか。

---

[11] 定理 8.3.1, 8.3.2，そして定理 8.3.3 を，効用関数ではなく一般に選好で書いていますが，実のところ証明ではこれら選好の順序性さえ用いていません。実際これらの証明は選好の順序性を用いずに成されています（各定理の条件の書き方がこれを許容しています）。

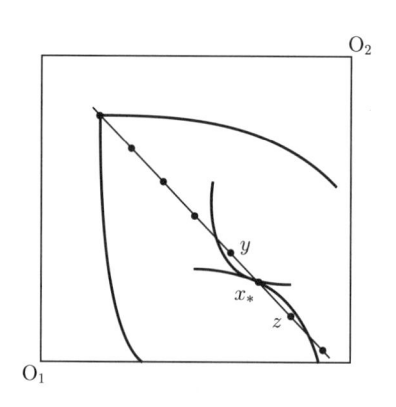

図 8.14　競争均衡でないコア資源・配分 x_*

　言い換えると,「任意のレプリカ経済 $\mathscr{E}^n$ においても,そのレプリカ資源配分が $\mathscr{E}^n$ のコア資源配分であると言いきれるような元経済のコア資源配分ならば,それは競争均衡資源配分である(**コアのレプリカ収束定理**)」ということです。

　2人2財の単純交換経済 $\mathscr{E} = \{(X^i, \precsim^i, e^i)_{i=1,2}\}$, $X^i = \boldsymbol{R}_+^2$ における図 8.14 のような資源配分 $x_* = (x_*^1, x_*^2)$ を元に,簡単にこのことを確かめて見ましょう。図中 ● は等間隔で打たれているものとします。この x_* のような状況は,前の図においてはちょうど点 b のような場合に生じています。配分 x_* は**競争均衡資源配分ではありません**。それは x_* における両者無差別曲線の共通接線が明らかに e を通らないことから言えています。しかしながら x_* はパレート最適であり個人合理性を満たしますから,2人経済においては**コア資源配分**です。図から明らかなように,資源配分 y はタイプ1の主体にとってはより好ましく,z はタイプ2の主体にとって好ましいものとなっています。

　後の p.188 の【例題】が示すように,このとき線分 ey と線分 ez の長さは整数比で 2 : 3 ですが,そうすると最小公倍数 6 の需給量を取れるような $3 = \max\{6/2, 6/3\}$ 倍のレプリカ経済において,x_* のレプリカ資源配分は3人のタイプ1と2人のタイプ2からなる結託により,ブロックされてしまいます。

　詳細に進む前に,もう少しきちんと言葉を定義し直しておきましょう。単純交

8.3 厚生経済学の基本定理およびコア同値定理

換経済の場合に記述を限定します[12]。一般に，経済 $\mathscr{E} = \{(X^i, \precsim^i, e^i)_{i=1,2,\ldots,m}\}$ の各登場人物 $i = 1, 2, \ldots, m$ について，それを，その消費集合と選好と初期保有に関して何ら変わることのない n 人に複製して考えた $m \times n$ 人から構成される経済を $\mathscr{E}^n$ と書き，これを $\mathscr{E}$ の n **回レプリカ経済**と呼びます。レプリカ経済においては $i = 1, 2, \ldots, m$ はいわば消費者が持つ m 種類の**タイプ**を表すところと考えることができます。

n 回レプリカ経済に対し，それを $m \times n$ 人から成る単純交換経済と考えることができますので，その意味で $\mathscr{E}^n$ の競争均衡といった概念を考えることは当然可能です。また，$\mathscr{E}^n$ における「資源配分」，「ブロック」，「パレート最適性」，「コア資源配分」なども，その意味ですでに定義済みです。

$\mathscr{E}^n$ において，同一タイプの人には全く同一の配分を与えるような資源配分を，元の $\mathscr{E}$ への資源配分に対する**レプリカ資源配分**と呼びます。同タイプの人に異なる配分を与えることは資源配分の概念上何ら問題ありませんので，レプリカ資源配分が $\mathscr{E}^n$ への資源配分の全てではないことに，注意して下さい。

Debreu and Scarf (1963) の証明したことを，きちんと述べ直しておくと「**経済 $\mathscr{E}$ のコア資源配分 $(x_1, \ldots, x_m)$ で，それが競争均衡資源配分ではないようなものは，十分大きなレプリカ経済 $\mathscr{E}^n$ を考えた場合，$(x^1, \ldots, x^m)$ を $\mathscr{E}^n$ に向けて単純に複製したレプリカ資源配分が，$\mathscr{E}^n$ のコア資源配分ではなくなる**」ということです。言い換えると「**いかなるレプリカ経済 $\mathscr{E}^n$ においても，そのレプリカ資源配分が $\mathscr{E}^n$ のコア資源配分であると言いきれるような $\mathscr{E}$ のコア資源配分 $(x^1, \ldots, x^m)$ は，$\mathscr{E}$ の競争均衡資源配分である**」ということです。

この命題は一般に，選好についてのいくつかの追加的な仮定とともに成立し，その後 Large Economy（主体の集合を測度空間上にとらえ，需要・供給を $\boldsymbol{R}^\ell$ 上の分布として捉えるアプローチ）における**コア同値定理**，あるいはより一般的な仮定の下での**コア収束定理**，といった問題に広く発展しました[13]。以下では，この基本的なレプリカ経済におけるコア収束の問題に限定し，それがなぜ

---

[12]生産については，結託 J 社会で何を生産可能性と呼ぶべきかについての定式化が，普通に行うと**加法的**といった制限的なものになってしまうので割愛します（例えば Debreu and Scarf (1963), Hildenbrand (1974) 等を参照せよ）。

[13]ここではこれ以上触れる余裕がありませんが，Large Economy については Hildenbrand (1974), またより一般的なアプローチについては Anderson (1978) 等があります。Ichiishi (1983)

成り立つかを次の【例題】を通して考えましょう。命題のきちんとした証明については Debreu and Scarf (1963) を参照されることをお勧めしますが，以下の例は，その証明における中枢となるテクニックのエッセンスでもあります。

【例題】（レプリカ収束）前図の 2 人 2 財単純交換経済 $\mathscr{E} = \{(X^i, \precsim^i, e^i)_{i=1,2}\}$ に戻って考えます。資源配分 $x_* = (x_*^1, x_*^2)$ の n 回レプリカ資源配分が，$\mathscr{E}$ の n 回レプリカ経済におけるコア資源配分に入らないような，n に関する十分条件を，理由とともに一つ挙げなさい。

（**解答**）：図中の無差別曲線は，タイプ 1 の主体にとって x_* 下の配分 x_*^1 よりも $y = (y^1, y^2)$ 下の配分 y^1 の方が好ましいことを示している。またタイプ 2 の主体にとっては，x_*^2 よりも $z = (z^1, z^2)$ 下での配分 z^2 の方が好ましくなっている[14]。直線 $e - x_*$ 上の点 y と z について，距離 $e - y$ と $e - z$ が整数比 $2:3$ を持っていることに注目し，タイプ 1 の主体（すなわち x_* よりも y が好ましい）を 3 人，タイプ 2 の主体（すなわち x_* よりも z が好ましい）を 2 人経済 $\mathscr{E}^n$ から取り出してくることができるとする。つまり $n \geqq 3$ であって欲しいということである。このとき，この 5 人からなる結託は，e^1 の状態から 3 人のタイプ 1 の主体が 4 つの ● 区切りぶんの縦軸の財を手放して横軸の財を得ることをもって y^1 に，また 2 人のタイプ 2 の主体が 6 つの ● 区切りぶんの横軸の財を手放し，縦軸の財を得ることをもって z^2 に，それぞれ結託内での再配分を行うことができる。明らかに，これは x_* をブロックする。ゆえに x_* は少なくとも $\mathscr{E}^3$ において，そのレプリカがコア資源配分ではない。

章末問題

【問題 1】（個別の最大化と集計的最大化）p.176 図 8.10 で述べた「価格 p の下で $Y = Y_1 + \cdots + Y_n$ において $p \cdot y$ を最大化」することと「各 $j = 1, \ldots, n$ について p の下で Y_j において $p \cdot y_j$ を最大化する」ことの同値性を確かめよ。

【問題 2】（パレート最適概念と一般均衡概念）エッジワース・ボックス・ダイアグラムを用いて以下のことを確かめよ。

(1) 消費者 A および消費者 B が，ともにまず商品 1 の数量の大小を優先させ，次に商品 2 の数量の大小を優先させるような辞書式選好を持っているとき，パレート最適な

にも詳細な取扱いがあります。

[14] y と z は e と x_* を結ぶ線分上に取られているが，この線分は x_* における無差別曲線の共通接線（x_* というパレート最適点の支持超平面）に対し，その上に乗っている（一致している）ということがありえない（乗っているなら x_* は競争均衡のはずなので）。このことをきちんと認識しておけば，当該議論をより一般的な枠組み（つまり Debreu and Scarf (1963) の証明水準の議論）に適用しうるということも，想像に難くないはずである。

資源配分はどのようなものか.

(2) 消費者 A が上述のような選好を持ち,消費者 B は効用関数 $u(x,y) = x+y$ で表される(x は商品 1 の,y は商品 2 のそれぞれ数量を表す)ような選好を持つとき,パレート最適な資源配分はどのようなものになるか.もし B の効用関数が $u(x,y) = y$ ならどうか.

(3) 消費者 A の選好が効用関数 $u(x,y) = \min\{x,y\}$ で表されており,B の選好が $u(x,y) = xy$ で表されるとき,契約曲線(パレート最適な資源配分状態部分を表す曲線)はどのようなものになるか.

(4) 第 4 章 p.81 の図 4.1 のような主体 2 人からなる簡単な経済においては,競争均衡が存在しないことを示せ.

【問題 3】超過需要関数の 0 次同次性とワルラス法則,そして連続性についてその成立条件を簡潔にまとめなさい.

【問題 4】(厚生経済学基本定理:発展)本書で扱った厚生経済学第一・第二基本定理および競争均衡のコア資源配分性の定理(8.3.1, 8.3.2, 8.3.3)が,全て効用関数ではなく一般的選好の下で(実は順序性にすら言及されずに)示されていることを確認せよ.

9

均衡分析の様々な道具

　本章では，部分均衡分析の基礎と，その他ここまで扱ってきたものと幾分異なる経済学理論の基礎的な道具を，まとめて紹介します。部分均衡分析については，個別市場の **需要曲線**，**供給曲線**，そして **余剰分析** についてのきちんとした解説を与えます。部分均衡分析とは異なりますが，**線型計画の双対問題**，**投入産出分析**，そしてケインズ均衡といった概念も，マクロ経済学との一般均衡理論的な関わりという観点から取り扱います。最後の節では，**国際経済学** の理論からさらにいくつかの道具を紹介します。

　一般均衡分析が，経済学理論的には少なくともその世界観全体を踏まえての議論であるのに対し，部分均衡論は，それを一個別市場の問題として，他の条件はとりあえず固定されて動かないものとして扱うという，経済学的世界観の中でさえ閉じていないものになります。したがって，あくまでその使い方をわきまえなければ，その主張者にとって都合のよい方向にのみ議論を導く，単なる説得の道具にすぎないものにもなりかねません。経済学理論がその政策への提言といった場合に，しばしば相反する複数の主張を持つことがあるとしても，一般均衡理論的に一層望ましい議論を構築するという視点があれば，正しい方向を見定められる可能性が高まります。本章ではできる限り一般均衡論的な議論背景を重んじ，部分均衡分析にも一般均衡的な裏付けを重視しています。

9.1　部分均衡と余剰分析

　本節では，部分均衡分析の出発点として，需要曲線，供給曲線の交点として定まる均衡の分析を厳密に取り扱います。高等学校でも習う特定市場の商品需給から均衡価格をとらえるという部分均衡の基本枠組みについて，ここまできちんと述べてきた一般均衡論的な背景を関連付けます。

9.1.1 準線形の効用関数

部分均衡分析においては,とある商品(商品 1 と呼びましょう)に着目し,さらにそれ以外の商品をすべてまとめて考えるという考え方がしばしば取られます。この考え方は部分均衡論において,需要曲線の導出,またとりわけそれを元にした消費者余剰という概念を用いるにあたって,その裏付けを与える大事な役割を果たします。

準線形の効用関数と所得効果

商品 1 の数量を x_1 とし,その他の商品に対する購買力 (例えば残された Money の量というようなイメージで) を x_2 とし,これら 2 つの数量からなるベクトル (x_1, x_2) に対して,あたかもその 2 財間の選択問題であるかのように主体の行動 (商品 1 への需要) が記述可能であると想定してみましょう。そして,その主体の効用が $u(x_1, x_2) = v(x_1) + x_2$ (v は 1 変数の微分可能な連続関数とする) のように,第 2 財についてはそのままその数量に比例的な形で与えられているものとします。このような効用関数の形状は,部分的に線形の形状ということで**準線形** (quasilinear) であるといわれます。このとき,この消費主体の効用最大化問題の解すなわちマーシャル型需要は,もしそれが存在するならば,商品 1 の需要量が所得には依存せず,価格比にのみ依存することがいえます。つまり,商品 1 に対する「所得効果が 0 である」ことを確かめることができます。

実際 x_2 の価格を 1 に固定してしまって,所得 w と商品 1 の価格 $p_1 > 0$ を与えられたものとした消費者の効用最大化問題は

$$
\begin{aligned}
&\text{Maximize} \quad u(x) = v(x_1) + x_2 \\
&\text{Subject to} \quad p_1 x_1 + x_2 \leqq w \\
&\qquad\qquad\quad\; x = (x_1, x_2) \in \boldsymbol{R}_+^2
\end{aligned}
$$

と書けますが,ここで $w > 0$ が十分に大きく,内点解であることを期待できる (少なくとも少しは x_1 を消費しようとする) ケースだけに以下注目するとして,その解 (x_1^*, x_2^*) の満たすべき必要条件を次のように求めることができます。

まず，内点解であることを前提としますので，制約条件の $x \in \mathbf{R}_+^2$ は実際には効いていないと考えて無視できます。制約条件 $p_1 x_1 + x_2 \leqq w$ は，もし不等号 $<$ が成立しているなら x_2 を少し増加することで必ず効用を増大させることができますから，解において必ず等号成立していることも前提できます。故に，不等式ではなく等式制約 $p_1 x_1 + x_2 = w$ と考えても最大化問題は同じになります。そこで等式制約として $x_2 = w - p_1 x_1$ を最大化の目的式 $v(x_1) + x_2$ の x_2 に代入しましょう。すると以下を得ます。

$$v(x_1) + w - p_1 x_1$$

これを目的関数として，制約条件なしで x_1 のみを変数として最大化すると考えれば

$$v'(x_1) = p_1 \tag{9.1}$$

が最大化の必要条件となります。

すなわち，式 (9.1) の示すところによれば，この最大化問題の解は p_1 さえ決まれば（内点解である限り）w に依存しないということです（図 9.1）。これは，内点解である場合（所得 w が十分に大きいことなどが必要ではあるものの）**準線形効用関数の下で，所得効果が 0 であること**を示しています。この事実は，後出の消費者余剰概念を正当化することに深く寄与します。

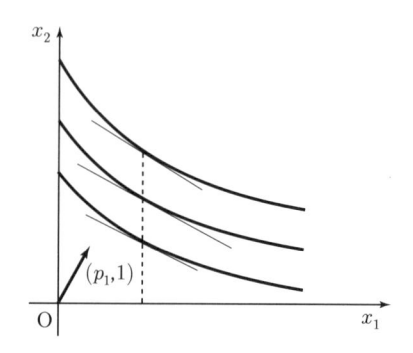

図 9.1 準線形効用関数における所得効果

9.1.2 需要曲線と供給曲線

部分均衡分析

以下本節では，ある特定の商品（以下商品 0 と呼ぶ）を売買する市場にのみ着目します。残りの商品については全部まとめて「残された Money」というようなイメージで把握し，個々商品については考慮しません。生産の場合には，投入財などで言及することはあるとしても，それらの価格は固定されており動かないものとされます。消費主体は全て前項で述べたような準線形の効用を商品 0 と購買力（Money）の間で持つものとし，生産者は全て第 7 章 7.4 節で述べられたような生産量 y_0 についての総費用関数 $TC(y_0)$ を持つものとします。

需要曲線

商品 0 のみの売買市場に直面している消費者 i が，所得 W_i を Money で持ち，また Money の価格は 1 であるとして，商品 0 の価格 p の関数として，商品 0 への需要 $x_i(p)$ が得られるとします（マーシャル型需要関数）。そのような消費者が $i = 1, \ldots, m$ のように m 人いるとすると，これらの消費を全て加えて $x(p) = \sum_{i=1}^{m} x_i(p)$ が，市場全体の総需要の，価格を変数とした関数表現となります。これを，価格を縦軸に，数量を横軸にとった（つまり独立変数を縦軸にとった）形でグラフにしたものが，**需要曲線** (demand curve) と通常呼ばれるものです（図 9.2 (a)）。需要曲線が右下がりになるのは，現在の仮定の下では極めて正当です。個別の需要関数において所得効果が 0 であると期待されますので，残るは代替効果だけということになりますが，その財が相対的に

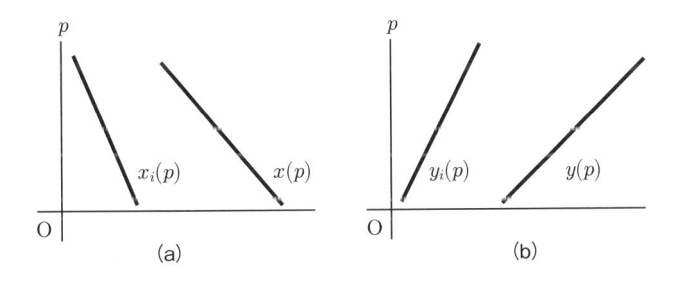

図 9.2 (a) 需要曲線，(b) 供給曲線

安くなった場合の代替効果の符号は，無差別曲線の形状が下に凸である限り決まっています．もちろん安くなった財は多く買われるということです．

供給曲線

次に供給曲線について考えましょう．商品 0 のみの売買市場に直面している生産者 j の総費用関数，平均費用関数，限界費用関数をそれぞれ TC_j, AC_j, MC_j とします．商品 0 の価格を p として，それを与えられたときの最適な供給量は，先に述べた生産者問題の解として $p = MC_j(y)$ を満たすような y であることが必要条件となります．これが十分条件でもあるとして[1]，さらに MC_j が 1 対 1 である[2]と仮定すると，最適解 $y_j(p)$ は $y_j(p) = MC_j^{-1}(p)$ と表すことができます．つまり以上の想定の下では MC_j という関数（独立変数を横軸にとって）のグラフが企業 j の個別の**供給曲線** (supply curve) を表すことになります（図 9.2 (b)）．これを個別の供給関数と見る場合には，もちろん縦軸が独立変数です．企業が $j = 1, 2, \ldots, n$ のように n 企業存在するとして，総供給関数は $y(p) = \sum_{j=1}^{n} y_j(p)$ であり，そのグラフが市場の**供給曲線**です．個別の供給関数はつまるところ限界費用関数でしたから，限界費用が単調に増大（最

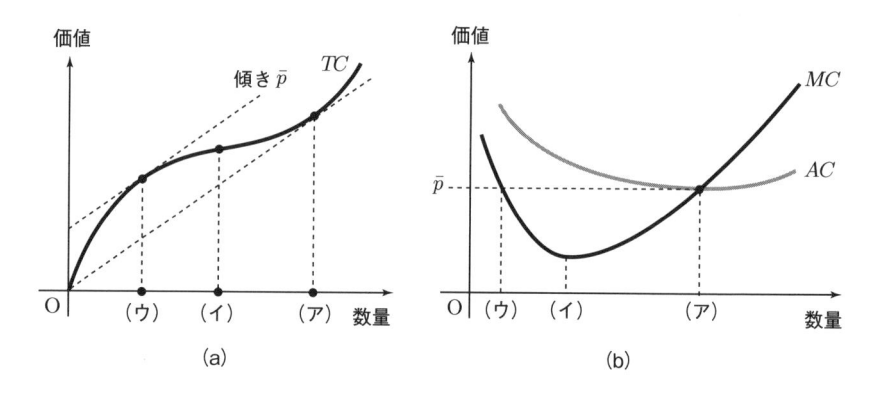

図 9.3 (a) 総費用関数, (b) 平均費用・限界費用・需要

---

[1]たとえば $p \leqq AC_j(y)$ というような y の範囲であることや，総費用関数が原点に向けて凸であるというようなことがあればこれを保証できます．

[2]たとえば限界費用が単調増加的であるといったことを想定します．

終 1 単位の生産費が単調に増大)するなら右上がりということになります。こ
れも技術が凸で規模の収穫逓減的であれば，最終的な 1 単位の生産費は増大し
ますので，そういった場合には典型的な状況です。

先に第 7 章でも挙げた総費用 TC と平均費用 AC ならびに限界費用 MC の
典型的な形状を再度図示しておきます。図 9.3 で（ア）より右の部分で，MC
は AC を上回りますので，このとき始めて利潤が正となり，MC は個別供給曲
線とみなされます。市場の需要が十分大きくなければ，例えば価格が $\bar{p}$ より上
のとき，市場の総需要の数量が（ア）に満たないような場合には，市場に任せ
てこの財が供給されるということは，あきらめねばなりません[3]。

9.1.3 余 剰 分 析

消費者余剰・生産者余剰

引き続き，商品 0 の購入に直面して，各消費主体についての**所得効果を考慮
する必要がない**場合を取り扱いましょう。価格 p の下で $x(p)$ という総需要関数
が需要曲線として右下がりで与えられているものとします（図 9.4 参照）。前項
で述べた通り，現在の仮定からこの状況は妥当といえますが，特にここでは需
要曲線が下がった後また上がったりしないということによって，その**逆関数を
とることができる**という観点からこれを見ることにします。このとき，この需
要関数 $x(p) = \sum_{i=1}^{m} x_i(p)$ のその逆需要関数に対して，**第 $x(p)$ 単位目の需要
には，価格 p を支払う用意**（Willingness to Pay）が需要する側にあるととらえ

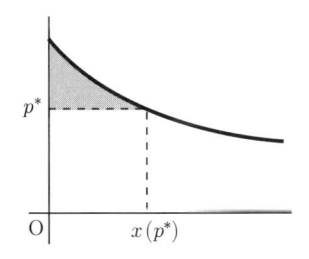

図 9.4 消費者余剰

---
[3]第 10 章の**自然独占**の例は，需要曲線と MC のグラフの交点が（ア）よりも左に来てしまうほ
ど，市場の需要が小さい場合の議論である。

て，最初の第 1 単位目の需要から市場価格 p^* での需要量 $x(p^*)$ に至るまで，需要の各 1 単位毎に，その Willingness to Pay の総和 **The Total Willingness to Pay** を取るという概念について考えてみましょう．

これは数学的には，0 から $x(p^*)$ まで逆需要関数 x^{-1} の定積分をとるということになります．この Total Willingness to Pay すなわち定積分 $\int_0^{x^*(p)} x^{-1} dx$ から，実際に支払った代金 $p^* \times x(p^*)$ を引いた額（図 9.4 の網部分）を**消費者余剰** (consumers' surplus) と呼びます．

直感的には，各需要単位において，その単位が出現するために必要であった Willingness to Pay と市場価格 p^* の差は，その需要単位において支払わずに済んだ金額であり，また言うなれば「ここまでは支払ってもよい」と考えられた金額と，「実際に支払った金額」の差であるので，確かにこの差の総計は，何らかの需要者側の余剰ひいては厚生を表し得る概念ではあるようにみえます．

けれどももう少し正確に述べるならば，この話を一人の消費者だけに向けて考えればすぐに気がつくように，市場価格 p^* の下で $x(p^*)$ という需要量があるという場合，その十分低い p^* という金額で 2 単位あるいは 3 単位を買うと主張する人がいるはずです．仮に安い金額で 2 単位買う人でも，1 単位目に高い金額を支払わされた後で，さらに 2 単位目を安い金額で買うとは限りません．つまり普通に所得効果が正（資産が減少すると Willingness to Pay も下がる）と考えれば，上述した Willingness to Pay を全て足し合わせるという議論は，見積もりとして大きすぎです[4]．

けれども，今所得効果がないものとしてよいのであれば，高い金額を 1 単位目に支払って資産が減少した後でも，やはり低い金額（自分がもともと 2 単位買うと思っていた金額）まで下がれば，2 単位目を買うことになります（それがまさしく所得効果が 0 ということです）．この意味で，需要側の「支払ってもよい代金の総和」と「実際に支払った総額」の差という意味での消費者余剰という概念は，はじめて確かに一つの指標として筋が通ることになります．

---

[4]所得効果が正なら過大評価，負なら過小評価とも言えますが，そもそも Willingness to Pay が支払いの結果として変化するということを受け入れるなら，そのような，種々の収入や支払いプロセスの中でコロコロと変わるようなものを，厚生の指標にするということそれ自体が疑わしくなると言うべきです．

9.1 部分均衡と余剰分析

一方,生産者の場合にも,これと同様の概念を持つことができます.市場価格 p^* の下で $y^* = y(p^*) = \sum_{j=1}^{n} y_j(p^*)$ という供給量があるとき,最初の1単位から y^* という数量に至るまで,**供給される生産物各 1 単位毎に,その 1 単位を市場に供給してもよいとされた価格**(これは逆供給関数,すなわち採算の取れている範囲では限界費用)と実際に市場で売ることのできる価格 p^* との差に着目し,その総和を取ったものです(図 9.5 の網の部分).これが**生産者余剰** (producers' surplus) です.生産者余剰は,図 9.5 の網の部分ですが,各個別の供給曲線が MC_j で与えられているとして,また各 TC_j が MC_j の積分値として与えられていると考えてしまえば最も明らかですが[5],この場合 $p^* \cdot y^* - \sum_{j=1}^{n} TC_j(y_j^*)$ であるように,結局これは**全生産者の利潤の総和**に他なりません.生産者にはそもそも所得効果のようなものはありませんから,生産者余剰はすなわち利潤として,明確に定まります.

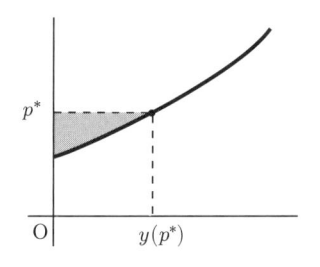

図 9.5 生産者余剰

部分均衡分析においては,この消費者余剰と生産者余剰の総和をもって,**市場への参加によって全主体が受ける全体的な厚生の指標**とする議論がなされます.

具体例(課税と死荷重): 価格 p^* および数量 q^* で需給均衡にあった市場に,8%の消費税が課せられたとします.生産側の条件を含めて,その他の条件が何も変わらないとすると,これは消費者には単に当該商品の供給価格が上がったということと認識され,需要曲線の変化といったことにはなりません.生産者にとっても同様です.それは市場に供給される商品の量とその価格の関係として,これまでよりも 8%価格の高い状態,図 9.6 の $1.08\,MC$ で表される状況として描くことができます.課税後の市場均衡価格は消費者からすると $1.08\hat{p}$ であり,生産者にとっては $\hat{p}$,そして取り引き量は $\hat{q}$ となります.

---

[5] たとえば $TC_j(0) = 0$ かつ連続関数で正の定義域全体で微分可能であるような場合.

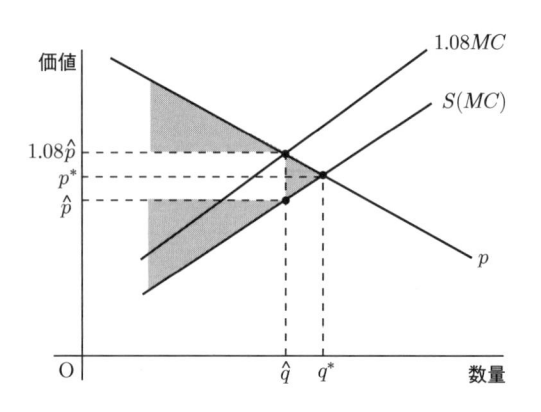

図 9.6　消費税 8%の課税と税収

税収は $0.08\hat{p} \times \hat{q}$ です。

　この場合の消費者余剰，生産者余剰，そして税収の合計を考えると，最初の市場均衡の場合に比して，図の濃い影で表される三角形の分だけ，その合計が減っていることが分かります。このロスは，税金によって市場取り引きの歪められた結果として生じたものと言えます。このように，**物価に影響を与える課税**は，必ず（価格を歪めたことで市場を歪めることから来る）社会厚生上誰によっても取り戻せない損失（**死荷重** Dead Weight Loss）を伴っていると言えます。この意味で，全体的な価格体系に歪みを与えるタイプの**間接税**は良くないもので，所得効果を無視し得る限り，所得や資産に一括的に課税できる**直接税**が望ましいといった論法は，しばしば用いられるものです。

　もしも，いくつかの商品に対する，こういった間接税に頼らなければならないことが前提であるとすると，同一額の税収を得るにあたって，できうる限りこのような損失（Dead Weight Loss）を小さくするように課税する，つまりこの三角形の面積ができる限り小さくなるような商品の市場に高税率をかける（後出 9.4.1 節，**逆弾力性ルール** Ramsey Rule）ということが，考えられます。課税について考える場合，この Dead Weight Loss をできる限り小さくすべきという要請は，課税が市場に与える影響をできる限り小さくすべきという意味で**課税の中立性**と呼ばれます。

9.2　投入産出分析

　ミクロの一般均衡理論とマクロ経済学をつなぐ，その中間的な位置づけにあるのがここで紹介する投入産出分析です。動学という観点から，ミクロ的な一般均衡論が立ち止まっている今日，もう少し大まかにでもよいから経済全体を大きく捉えて議論する視点が必要です。

9.2 投入産出分析

今日一般均衡と言えばミクロ的な消費個人を出発点とする静学か,マクロ的な生産一部門の動学になってしまっています.これに対して,生産「多部門」の動学モデルというものが,むしろ本来の一般均衡という概念に近いものであり,社会的問題意識としても自然なものです.ここでは,そのようなミクロとマクロの中間にあたる世界観として,また加えて,静学から動学に向けてもその重要な橋渡しを与える道具として,レオンチェフ型投入産出分析,フォン・ノイマンモデル等を簡単に紹介します.

9.2.1 レオンチェフモデル

今,一国の経済が $1, 2, \ldots, m$ 個の**部門**に分かれているとします.ここで言う部門とは,第一次産業,第二次産業,第三次産業のような大きな分類であっても,あるいはもっと細かな分類であってもかまいません.ただし,ともかく,ここでその一つの部門では,その**部門全体の総産出量**を代表するための一つの数量単位を与えることができるということが,肝要です.

もし,経済全体でこの m 個の部門が,産出量 $x = (x_1, \ldots, x_m) \in \boldsymbol{R}_+^m$ を持ったとすると,各部門の生産のために,他部門および自分の部門それ自身からの財の投入が必要であっただろうと考えられます.今その**必要な投入量の大きさ**が,第 j 部門 ($j = 1, 2, \ldots, m$) について,その 1 単位産出のために,

$$\text{(投入)} \quad \text{生産} \quad \text{(産出)}$$
$$(a_{1j}, a_{2j}, \ldots, a_{mj}) \mapsto (0, \ldots, 0, 1, 0, \ldots, 0) \tag{9.2}$$

で与えられる(右のベクトルは第 j 要素が 1 である)とします.そして,この投入と産出の比は当面一定であるものと,話を簡単化しましょう.すると,この第 j 財 1 単位のための必要投入ベクトルを第 j 列とするような行列 A を用いて,m 部門の全体で $x = (x_1, \ldots, x_m)$ という産出量のために必要な投入量は,行列の積でもって,

$$Ax = \begin{bmatrix} a_{11} & a_{12} & \cdots & a_{1m} \\ a_{21} & a_{22} & \cdots & a_{2m} \\ \vdots & \vdots & \ddots & \vdots \\ a_{m1} & a_{m2} & \cdots & a_{mm} \end{bmatrix} \begin{bmatrix} x_1 \\ x_2 \\ \vdots \\ x_m \end{bmatrix}$$

と表現できます。産業全体の産出量 x から，x 自身を産出するために産業内で必要とされたこの数量 Ax を引いたものが，一国の各部門の**最終消費** $c = (c_1, \ldots, c_m)$ に回すことのできる数量であることを表現した次の式

$$\begin{bmatrix} x_1 \\ x_2 \\ \vdots \\ x_m \end{bmatrix} - \begin{bmatrix} a_{11} & a_{12} & \cdots & a_{1m} \\ a_{21} & a_{22} & \cdots & a_{2m} \\ \vdots & \vdots & \ddots & \vdots \\ a_{m1} & a_{m2} & \cdots & a_{mm} \end{bmatrix} \begin{bmatrix} x_1 \\ x_2 \\ \vdots \\ x_m \end{bmatrix} = \begin{bmatrix} c_1 \\ c_2 \\ \vdots \\ c_m \end{bmatrix} \quad (9.3)$$

すなわち（ベクトルを $m \times 1$ 行列と見なして）$x - Ax = c$ を，**産業連関分析の基本方程式**と呼びます[6]。

これを方程式と見るというのは，技術を表現する行列 A が，少なくとも今期については固定的と見られるとき，今期の最終需要 c を与えられたものとして，それを実現するような産業における可能な生産水準 x が存在するか，という問題が考えられるからです。変数の意味から，この方程式を特徴づける A，x，c は全て非負実数からなる行列およびベクトルとすべきです。

基本方程式は次のようにも書けます。

$$(I - A)x = c \quad (9.4)$$

この形で眺めると，方程式体系はいっそう明確であり，問題は行列 $I - A$（対角要素以外非正のはずです）が逆行列を持つかどうかという問題であることが分かります。

さて，技術 A を所与とし，最終需要 c（非負）に対してそれに見合う各部門産出量 x の存在を問うこの体系は，A がそもそも現実データから得られているならば，少なくともある現実の $c \gg 0$ の値に対して現実の $x \geq 0$ の値で解けているはずです。この，一つの解を持っているという条件のことを **弱可解性** (Weak Solvability) と言います。面白いことに，このとき $(I - A)$（対角要素以外は非正）は**ホーキンス–サイモン** (Hawkins-Simon) **条件**という主座小行列式なるものに関する極めて特徴的な仮定（それらが全て正であるという）を満たすことが知られており，さらにその下で体系 (9.4) は**強可解性** (Strong Solvability) を

---

[6]以後もしばしば，ベクトルは 1 列型の行列に同一視します。

満たすこと，すなわち任意の $c \geq 0$ に対して $x \geq 0$ の解を持つことが言えてしまいます。そして弱可解性，Hawkins-Simon，強可解性の 3 条件は，実は全て同値であることが証明できます。ここでこの証明を挙げる余裕はありませんが，例えば文献 二階堂 (1960) 等を参照してください。この事実は重要な**産業連関分析の数学的基礎づけ**として知られています。

以下，やはり証明は省略しますが，証明が必要なら 二階堂 (1960) で補っていただくとして，体系 (9.4) をもう少し一般化した次の体系を考えてみます。

$$(\lambda I - A)x = c \tag{9.5}$$

ここで実数 λ が新たに加わりますが，$(\lambda I - A)$ 部分が対角要素以外非正の行列であることは (9.4) と同じです。先の 3 条件の同値性は実際には体系 (9.5) で証明できます（また，それらに加えて $(\lambda I - A)$ が**非負逆行列を持つ**という条件も，それらと同値になります）。先ほど述べたホーキンス・サイモン条件というのは，実はこの λ を十分大きな正の実数として取るならば，$\lambda I - A$ に対して必ず成立する条件であることが容易に分かります。そこで $\lambda(A)$ をそのような λ の最大下界 (infimum) として定義すると，なんと $\lambda(A)$ は A の**非負実固有値で最大**のものになり，しかも**非負固有ベクトルを持つ**ことが言えてしまいます。一般に，非負行列 A に対して定まるこの $\lambda(A)$ は A の特性方程式の**フロベニウス (Frobenius) 根**と呼ばれます[7]。フロベニウス根は，以下にも見るように，斉一成長の問題をはじめとして，線形システムをベースにした種々の経済学議論において，極めて強力な分析道具となります。

9.2.2　GDP 等価

もう一度，第 j 財の 1 単位産出に対する必要投入物を表した式 (9.2) に戻って，この式を，今度は価値（価格）の側面から考えてみましょう。

第 j 部門の財価格を p_j とすると（$j = 1, 2, \ldots, m$），式 (9.2) から，このと

---

[7] $\lambda I - A$ の行列式を 0 と置くと，それは λ の方程式とみなせるが，これを A の**特性方程式**と言う。固有ベクトルは 0 であってはだめなので，$Ax = \lambda x$ が $x \neq 0$ で成り立つには $(\lambda I - A)x = 0$ における $\lambda I - A$ が逆行列を持たないことが必要であり，逆に $\lambda I - A$ が逆行列を持たないなら，その一次変換はある $x \neq 0$ を 0 に写すので，それが固有ベクトルになる。故に特性方程式の根は行列 A の固有値になる。

き第 j 部門財を 1 単位生産するごとに,

$$p_j - (p_1, p_2, \cdots, p_m) \cdot (a_{1j}, a_{2j}, \cdots, a_{mj}) = v_j \tag{9.6}$$

(ここで・は内積を表す) という, 第 j 部門の (生産 1 単位あたり) **付加価値**が発生していることが分かります. これを先ほどと同じく A を用いて行列表記すると, $p = (p_1, p_2, \ldots, p_m), v = (v_1, v_2, \ldots, v_m)$ として

$$\begin{bmatrix} p_1 & \cdots & p_m \end{bmatrix} - \begin{bmatrix} p_1 & \cdots & p_m \end{bmatrix} \begin{bmatrix} a_{11} & \cdots & a_{1m} \\ \vdots & \ddots & \vdots \\ a_{m1} & \cdots & a_{mm} \end{bmatrix} = \begin{bmatrix} v_1 & \cdots & v_m \end{bmatrix} \tag{9.7}$$

すなわち (ベクトルを $m \times 1$ 行列と見てさらにその転置行列を左肩付き τ 記号で表すと)

$${}^\tau p - {}^\tau p A = {}^\tau v$$

あるいはまったく同じ式ですが $p - {}^\tau A p = v$ すなわち

$$(I - {}^\tau A) p = v$$

を得ます. 式の形状から明らかなように, 先程の c から x を求めた体系 (9.4) と転置行列であることを除いて (p, v の非負性も含めて) 何も変わりません. 先の体系で, 例えば Hawkins-Simon 条件が成立するならここでも ($I - {}^\tau A$ に対して) 成立し, 1 単位あたりの付加価値 $v \geq 0$ から, 価格 $p \geq 0$ を求める問題も常に解ける (Strong Solvability) ことになります.

ところで, 体系 (9.7) において, 左辺 = 右辺は産出 1 単位あたりの各部門の付加価値ですが, ここで各部門の産出量 $x = (x_1, \ldots, x_m)$ を両辺に右からかけると

$$\begin{bmatrix} p_1 & \cdots & p_m \end{bmatrix} \begin{bmatrix} x_1 \\ \vdots \\ x_m \end{bmatrix} - \begin{bmatrix} p_1 & \cdots & p_m \end{bmatrix} \begin{bmatrix} a_{11} & \cdots & a_{1m} \\ \vdots & \ddots & \vdots \\ a_{m1} & \cdots & a_{mm} \end{bmatrix} \begin{bmatrix} x_1 \\ \vdots \\ x_m \end{bmatrix}$$

$$= \begin{bmatrix} v_1 & \cdots & v_m \end{bmatrix} \begin{bmatrix} x_1 \\ \vdots \\ x_m \end{bmatrix} \tag{9.8}$$

となります。この値は**産業全体の総付加価値額**すなわち**分配もしくは稼得 GDP**を表しています。

さらに，価格 p を同様に体系 (9.4) の両辺に左からかけると

$$[p_1 \cdots p_m]\begin{bmatrix} x_1 \\ \vdots \\ x_m \end{bmatrix} - [p_1 \cdots p_m]\begin{bmatrix} a_{11} & \cdots & a_{1m} \\ \vdots & \ddots & \vdots \\ a_{m1} & \cdots & a_{mm} \end{bmatrix}\begin{bmatrix} x_1 \\ \vdots \\ x_m \end{bmatrix}$$
$$= [p_1 \cdots p_m]\begin{bmatrix} c_1 \\ \vdots \\ c_m \end{bmatrix} \quad (9.9)$$

を得ます。式の右辺から明らかなように，この大きさは最終需要となった産出物の価値，すなわち**生産 GDP** です。式 (9.8) から ${}^\tau px - {}^\tau pAx = vx$ であり，式 (9.9) から ${}^\tau px - {}^\tau pAx = {}^\tau pc$ ですから，式 (9.8) と (9.9) を満たす限り（すなわち**体系 (9.7) と体系 (9.4)** の解である限り）

$$[p_1 \cdots p_m]\begin{bmatrix} c_1 \\ \vdots \\ c_m \end{bmatrix} = [v_1 \cdots v_m]\begin{bmatrix} x_1 \\ \vdots \\ x_m \end{bmatrix} \quad (9.10)$$

つまり $p \cdot c = v \cdot x$ (**稼得もしくは分配 GDP と生産 GDP が等価**) が成立しているということが分かります。

9.2.3 国内経済と LP 双対問題

前項までは産業連関分析の慣習にしたがって部門ということを単位に議論を展開しましたが，これを部門ではなく商品・財概念に基づいて，そしてそれらをつくる方法（工程）という概念でもって，述べ直してみましょう。

商品は一般に k 種類あるものとし，それらの中で特に**生産要素**（例えば，種々労働サービス，土地用役，資本用役，これらは今問題としている各期の期首において，その用役をもたらすストックとしての「人」「土地」「資本」の存在量をもって総存在量が固定されており，今期の活動の中では作れないとする）が $1, 2, \ldots, m$ まであるものとします[8]。単純に，m 種類の生産要素の投

---

[8] それらへの支払いが，前項の表現を用いれば，稼得国内所得を形成することになる。ここでの

入 $a_j = (a_{1j}, \ldots, a_{mj}) \in \boldsymbol{R}^m$ (これは現在の設定上非負とすべき) に対する産出 $h_j = (0, \ldots, 0, h_{m+1j}, \ldots, h_{kj}) \in \boldsymbol{R}^k$ (最初の m 座標は 0 としておき, それ以外は非負で産出を表す) が, 比例的かつ固定的であったとします. このような投入と産出の固定されたベクトルを, それが実行可能な生産の一つの可能性という意味で, j **工程**と呼び, $j = 1, \ldots, n$ 種類の工程があるものとします. 今, 固定した投入・産出の組 (a_j, h_j) を j 工程の基本単位となる**操業活動** (activity) とし, 以後それがどのレベルで行われるかという**操業水準** (activity level) $x_1 \geqq 0, \ldots, x_n \geqq 0$ を変数として取り扱います.

さて, これらの概念に基づくと, 国内経済を次のようにとらえることができます. まず「生産要素が $b_1, \ldots, b_m$ 単位与えられている状況で可能な生産」という観点から, 操業水準に対する制約としては, 次の体系が得られます.

$$\begin{aligned}
a_{11}x_1 + a_{12}x_2 + \cdots + a_{1n}x_n &\leqq b_1 \\
a_{21}x_1 + a_{22}x_2 + \cdots + a_{2n}x_n &\leqq b_2 \\
&\vdots \\
a_{m1}x_1 + a_{m2}x_2 + \cdots + a_{mn}x_n &\leqq b_m
\end{aligned} \qquad (9.11)$$

ここで, k 種類の商品の価格が $p = (p_1, \ldots, p_k)$ と与えられたとすると, 第 j 工程の 1 操業水準に対して, 次の式は **1 操業水準あたりの付加価値**を与えます. これはこの工程が, その使用する生産要素に対して分配できるところの価値であり, この工程 1 操業水準あたりの産出物の価値です.

$$c_j = \sum_{i=1}^{k} p_i h_{ij} = \sum_{i=m+1}^{k} p_i h_{ij} \qquad (9.12)$$

価格を与えられれば上のように決まる $c_1, \ldots c_n$ に対して, 上述した操業水準 $x_1, \ldots, x_n$ をもって制約条件 (9.11) の下, 以下の大きさを最大化する問題を考

考え方と, 後出するフォン・ノイマンモデルに対して森嶋がフォン・ノイマン革命と呼ぶ耐久的な資本財を産出物として扱う解釈 (Morishima, 1964; Chapter V) の間には, フォン・ノイマンモデルが必ず今期の投入と来期の産出を取扱うものであって, 今期の投入物を今期作るということを排除するため, 何の不整合性もない. ただし, 資本をそのように内生的に扱うならば, その売買もプロセスに入ってくるので, 付加価値の計算は (9.12) のように簡単には書けない.

9.2 投入産出分析

えるとします。

$$c_1 x_1 + c_2 x_2 + \cdots + c_n x_n \tag{9.13}$$

この最大化問題の経済学的意味は，国内経済全体をまとめて考えて，生産要素の取り分となる**付加価値の総計を最大にすべく，最適な操業水準をもとめる**ということになります。これを**国内経済の線型計画**（Linear Programing: LP）**問題 1** と呼びましょう。式 (9.13) の大きさに与える意味は，付加価値の総計ですからもちろん**生産国内所得** (GDP) です。

次に，この国内経済に対して，最初に与えられているのが各工程 1 操業水準あたりの付加価値 $c_1,\ldots,c_n$ であるとして，また，変数を生産要素の価格 $p_1 \geqq 0,\ldots,p_m \geqq 0$ であるとして，上述した実物生産の側面を，その裏側である価値の分配の側面から眺めてみましょう。まず，「**1 操業水準あたりの付加価値を 1 操業水準あたりの投入物としての生産要素に分配し尽くす**」ということを，以下のように制約条件としてとらえます。

$$\begin{aligned}
p_1 a_{11} + p_2 a_{21} + \cdots + p_m a_{m1} &\geqq c_1 \\
p_1 a_{12} + p_2 a_{22} + \cdots + p_m a_{m2} &\geqq c_2 \\
&\vdots \\
p_1 a_{1n} + p_2 a_{2n} + \cdots + p_n a_{nm} &\geqq c_n
\end{aligned} \tag{9.14}$$

さらに，それら生産要素の価格は，今期の生産においてその数量が固定された生産要素の存在量 $b_1,\ldots,b_m$ を所与として，その価値の最小化問題として定まるとしてみましょう。つまり最小化するのは

$$p_1 b_1 + p_2 b_2 + \cdots p_m b_m \tag{9.15}$$

です。各生産工程において，1 操業水準あたりの付加価値は式 (9.12) でも見たように，現在の問題設定上，最初の m 種の価値 $p_1,\ldots,p_m$ には依存せず（$p_{m+1},\ldots,p_k$ に依存して）決まる大きさです。この最小化問題の経済学的意味は，そういった付加価値（つまりいくらで売れるかということ）があらかじめ与えられたとして，それら投入物に対し各工程において**付加価値をその価格に比例して分配し尽くすことを条件としつつも，国内経済全体としてはそれら**

投入物の総存在量を見定め,その総価値額,すなわち生産要素への支払い総額が最小になるように,各生産要素の価格を定めるということです。これを**国内経済の線型計画（LP）問題 2** と呼びましょう。式 (9.15) の大きさに与える意味は,国内の生産要素への支払いの総計ですから,すなわち**稼得**あるいは**分配国内所得** (GDI) です。

生産要素と工程の関係を与える式体系 (9.11) の左辺を $m \times n$ 型行列

$$A = \begin{bmatrix} a_{11} & \cdots & a_{1n} \\ \vdots & \ddots & \vdots \\ a_{m1} & \cdots & a_{mn} \end{bmatrix}$$

で,右辺をベクトル $b = (b_1, \ldots, b_m)$ で,また $c = (c_1, \ldots, c_n)$ として,まとめて書いてみましょう。ベクトルは簡便上 1 列の行列（列ベクトル）として扱い,これを特に 1 行の行列として用いたいときには転置記号 τ を左上に付けて表すとすると,(LP 問題 1) は次のようになります。

(**LP 問題 1**)　　　Given　　A, b, c

$$\text{Max.} \quad {}^\tau c x \tag{9.16}$$

$$\text{Sub.to} \quad Ax \leqq b \tag{9.17}$$

$$x \geqq 0 \tag{9.18}$$

同様に,(LP 問題 2) は

(**LP 問題 2**)　　　Given　　A, b, c

$$\text{Min.} \quad {}^\tau p b \tag{9.19}$$

$$\text{Sub.to} \quad {}^\tau p A \geqq {}^\tau c \tag{9.20}$$

$$p \geqq 0 \tag{9.21}$$

となります。2つの問題が,非常に似通った,対称的な構造を持っていることが見て取れるでしょうか。まず所与としている定数群は上下でまったく同じです。上の変数 x は n 次元,下の変数 p は m 次元ですが,それぞれ非負であることが条件とされています（経済学的には A, b, c にも符号の制約が考えられるで

しょうが，今，上記の数学的問題としては，それらの符号には何ら言及しないことにします）。定数行列 A の役割は制約条件を与えるということでは同一ですが，制約条件そのものの大小関係は入れ替わっています。そして目的関数の最大化と最小化が入れ替わっています。また b と c の役割は，最大化・最小化の目的関数と条件式の右辺とで，その位置役割がほぼ入れ替わっています。数学的には，この特徴的な 2 つの問題は，互いに**線型計画問題における双対問題**と呼ばれるもので，次のことが成り立ちます。

定理 9.2.1：（LP 問題 1）および（LP 問題 2）について，それぞれ制約条件を満たす x および p の範囲が空集合でないとすると，以下のことが成り立つ。

(i) 制約条件を満たす任意の x および p について $^\tau cx \leq {}^\tau pb$

(ii) 制約条件を満たすある $\hat{x}$ および $\hat{p}$ が存在して $^\tau c\hat{x} = {}^\tau \hat{p}b$

この定理の (ii) の証明には不動点定理，あるいは少なくとも分離定理という位相数学の幾分進んだ数学定理が必要となるのでここでは割愛します（例えば二階堂 (1960) を見よ）。しかし，(i) の証明は以下に見るように簡単です。

まず x が制約条件を満たすので $Ax \leq b$ の両辺に左から $^\tau p \geq 0$ をかけて

$$^\tau pAx \leq {}^\tau pb$$

です。同様に $^\tau pA \geq {}^\tau c$ の両辺に右から $x \geq 0$ をかけると

$$^\tau pAx \geq {}^\tau cx$$

を得ます。上 2 式の左辺は同じなので，結論を得ます。

定理の (i) によって，(ii) の成立は直ちに $\hat{x}$ および $\hat{p}$ がそれぞれ（LP 問題 1）の最大値，（LP 問題 2）の最小値であることを意味します。よって両問題はともに解 $\hat{x}$ および $\hat{p}$ を持つということも言えます。

定理の (ii) の成立の意味を再度経済学的にいうと，これは「**生産国内所得と稼得（あるいは分配）国内所得の一致**」ということであり，この価格 $\hat{p}$ と操業水準 $\hat{x}$ の下で（直前の 2 式を用いれば）次の関係が成り立っています。

$$^\tau c\hat{x} = {}^\tau \hat{p}A\hat{x} = {}^\tau \hat{p}b \tag{9.22}$$

また，この状況の下では，次のことが成立しています．

(1) 最終生産物の価格を所与とした付加価値 cx の最大化と生産要素費用 pb の最小化．

(2) 赤字工程は操業 0 で，黒字工程では付加価値が分配し尽くされている．

(3) 生産要素については余っているなら価格 0 で，価格が正なら需給が一致している．

各工程 $j = 1, \ldots, n$ について $c_j = \sum_{i=m+1}^{k} p_i h_{ij}$ でしたので，最終生産物の価値総額 ${}^\tau c\hat{x} = \sum_{j=1}^{n} \sum_{i=m+1}^{k} p_i h_{ij} \hat{x}_j$ が，所得の総額 ${}^\tau pb$ によって金額的には過不足なく購入されるということです（生産要素以外の財について，その個別の需給がどうなるかについては，ここでの世界観は論じていません）．

9.2.4 斉一成長経路とフォン・ノイマン成長モデル

斉一成長経路

産業連関分析の基本方程式 $x - Ax = c$ は動学的な式ではありませんが，もしも生産には時間がかかるものとして，$t+1$ 期の生産のためには t 期のうちにその必要投入物が用意されなければならないと仮定すると，次のような体系が得られます．

$$x(t) = Ax(t+1) + c(t), \quad t = 0, 1, 2, \ldots \tag{9.23}$$

技術条件 A を固定して，この体系を満たす動学的な解の中でも特に，ある $\alpha > 0$ が存在して任意の $t = 0, 1, 2, \ldots$ について

$$x(t+1) = \alpha x(t) \tag{9.24}$$

$$c(t+1) = \alpha c(t) \tag{9.25}$$

となる場合，すなわち，一定の成長率（$\alpha < 1$ の場合は負の成長であるがそれも含めて）で経済の産出量 $x(t)$ および最終消費 $c(t)$ が（つまりそのベクトルとしてのバランス比率を守って）変化していくような経路を**斉一成長経路** (balanced growth path) と呼びます．どういう場合にそのような経路が可能であるかを考えてみます．

9.2 投入産出分析

式 (9.24) および (9.25) を繰り返し式 (9.23) に代入して整理すると，結局問題は $t=0$ における次式の成立に帰着します.

$$x(0) = \alpha A x(0) + c(0) \tag{9.26}$$

つまり任意に与えられた $c(0)$ に対して上の $x(0)$ が非負解を持つ条件を確かめればよいということです．書き直せば

$$\left(\frac{1}{\alpha}I - A\right)x(0) = \frac{1}{\alpha}c(0)$$

ですが，これが任意の $c(0)$ に対して非負解をもつための条件は，先に解説した Hawkins-Simon 条件（および他の同値条件）成立と全く同じであることから，A の Frobenius 根 $\lambda(A)$ を用いて

$$\frac{1}{\alpha} > \lambda(A) \tag{9.27}$$

と特徴づけることができます.（$\lambda(A)$ に等しくなると，これは A の固有値なので $(\frac{1}{\alpha}I - A)$ が逆行列を持たなくなってしまい，任意の $c(0)$ に対して $x(0)$ の存在ということは期待できません.）

つまり $\frac{1}{\alpha} > \lambda(A)$ さえ満たせば，任意の $c(0) \geqq 0$ からはじまり，1+ 成長率が α となるような斉一成長経路が存在することになります.

フォン・ノイマン成長モデル

投入・産出型の議論の最後にフォン・ノイマン（von Neumann, 1937）型の多部門成長モデルを紹介します.

今一度，出発点となった，「産出に対する必要投入」という議論，式 (9.2) の精神に戻りましょう．ただし，今度は財の数を $j = 1, 2, \ldots, n$ とし，第 i 生産技術工程における投入物の組 $a^i = (a^i_1, \ldots, a^i_n)$ と産出物の組 $b^i = (b^i_1, \ldots, b^i_n)$ の組み合わせが，可能なかぎり $i = 1, 2, \ldots, m$ 種類与えられているものとして話を始めます.

$$\begin{array}{ccc} \text{投入} & \text{生産} & \text{産出} \end{array}$$
$$(a^i_1, a^i_2, \ldots, a^i_n) \mapsto (b^i_1, b^i_2, \ldots, b^i_n), \quad (i = 1, \ldots, m) \tag{9.28}$$

第 i 工程はこのように，結合生産を許した財の組み合わせ b^i の産出が，その操業水準 1 単位（基本投入 a^i）に対して決まっているものとします。

産業連関分析の場合と同様に，これを第 i 工程の 1 操業水準に必要な投入ベクトルおよび，必然的な産出ベクトルを第 i 列とする形で行列 A および B で表すと，全工程の操業水準を表すベクトルを $x = (x_1, \ldots, x_m)$ として，必要な財の投入量と，必然的な財の産出量がそれぞれ Ax および Bx すなわち

$$\begin{bmatrix} a_1^1 & a_1^2 & \cdots & \cdots & a_1^m \\ a_2^1 & a_2^2 & \cdots & \cdots & a_2^m \\ \vdots & \vdots & & & \vdots \\ a_n^1 & a_n^2 & \cdots & \cdots & a_n^m \end{bmatrix} \begin{bmatrix} x_1 \\ x_2 \\ \vdots \\ \vdots \\ x_m \end{bmatrix}, \quad \begin{bmatrix} b_1^1 & b_1^2 & \cdots & \cdots & b_1^m \\ b_2^1 & b_2^2 & \cdots & \cdots & b_2^m \\ \vdots & \vdots & & & \vdots \\ b_n^1 & b_n^2 & \cdots & \cdots & b_n^m \end{bmatrix} \begin{bmatrix} x_1 \\ x_2 \\ \vdots \\ \vdots \\ x_m \end{bmatrix}$$

となります。前項で見た成長率の考え方を用いて，この産出と投入に 1 期分の時間的な差（タイムラグ）があると考え，$1+$ 成長率を α で表し，操業水準 x は一定に保ちながらも産出量 Bx は必要投入量 Ax の α 倍以上になっているということを要請してみましょう。式で表すと $Bx - \alpha Ax \geqq 0$ あるいは（n 行 1 列のベクトルとして）

$$\left(\begin{bmatrix} b_1^1 & b_1^2 & \cdots & \cdots & b_1^m \\ b_2^1 & b_2^2 & \cdots & \cdots & b_2^m \\ \vdots & \vdots & & & \vdots \\ b_n^1 & b_n^2 & \cdots & \cdots & b_n^m \end{bmatrix} - \alpha \begin{bmatrix} a_1^1 & a_1^2 & \cdots & \cdots & a_1^m \\ a_2^1 & a_2^2 & \cdots & \cdots & a_2^m \\ \vdots & \vdots & & & \vdots \\ a_n^1 & a_n^2 & \cdots & \cdots & a_n^m \end{bmatrix} \right) \begin{bmatrix} x_1 \\ x_2 \\ \vdots \\ \vdots \\ x_m \end{bmatrix}$$

$$\geqq 0 \quad (9.29)$$

つまりまとめて $(B - \alpha A)x \geqq 0$ です。これを（まだそういう都合のよい解 x があるとは限らないですが）まず第一番目の要請とします。

次に，価値の側面を考えます。先に部門の付加価値を算出したときの考え方で各工程の 1 操業水準あたりの産出物の価値額は，財の価格を $p = (p_1, \ldots, p_n)$ として ${}^{\top}pB$ で一度に表すことができます。すなわち

9.2 投入産出分析

$$[p_1 \ \cdots \ p_n] \begin{bmatrix} b_1^1 & b_1^2 & \cdots & \cdots & b_1^m \\ \vdots & \vdots & & & \vdots \\ b_n^1 & b_n^2 & \cdots & \cdots & b_n^m \end{bmatrix}$$

で表される $1 \times m$ 行列です.同じく,各工程の 1 操業水準あたりの投入物の価値額は

$$[p_1 \ \cdots \ p_n] \begin{bmatrix} a_1^1 & a_1^2 & \cdots & \cdots & a_1^m \\ \vdots & \vdots & & & \vdots \\ a_n^1 & a_n^2 & \cdots & \cdots & a_n^m \end{bmatrix}$$

つまり ${}^TpA$ で表されます.フォン・ノイマンモデルにはいくつかの解釈があり得ますが,ここでは全ての財 $1, \ldots, n$ の中に,労働,資本,および土地サービスといったものも含まれており,賃金,利潤,地代のようなものまで,**全て投入への支払いとして記述し尽くされている**と考えます.次期の労働サービスの総量(普通に考えれば背後に人間がいるはずですが)までをも生産工程の中に組み込んでしまったモデルと見ます.したがって,動学化にともない,この価格 p への要請としては,仮に 1+ 物価上昇率(あるいは 1+ 利子率)を β とし,各期でベクトルとしての価格比 p を保ちながら実質価格は変化していくとして,**分配し尽されないような価値の残余は出ないこと**,すなわち 1 操業単位あたりについて,今期の収支(産出が実現するのは次期なので借金をしてでも)$(1/\beta) \ {}^TpB - {}^TpA \leqq 0$ (あるいは ${}^TpB - \beta \ {}^TpA \leqq 0$) が満たされていることを要請します.つまり(1 行 m 列ベクトルとして)

$$[p_1 \ \cdots \ p_n] \left(\begin{bmatrix} b_1^1 & b_1^2 & \cdots & \cdots & b_1^m \\ \vdots & \vdots & & & \vdots \\ b_n^1 & b_n^2 & \cdots & \cdots & b_n^m \end{bmatrix} - \beta \begin{bmatrix} a_1^1 & a_1^2 & \cdots & \cdots & a_1^m \\ \vdots & \vdots & & & \vdots \\ a_n^1 & a_n^2 & \cdots & \cdots & a_n^m \end{bmatrix} \right)$$

$$\leqq 0 \quad (9.30)$$

まとめて ${}^Tp(B - \beta A) \leqq 0$ です.この不等式はとある i 列に関して $\sum_{j=1}^n p_j (b_j^i - \beta a_j^i) < 0$ であることを排除しませんが,もしそういうことが生じているなら,この第 i 工程については価格 p の下では赤字が生じているということです.そのような工程は使われないでしょうから,次の要請も加えます.

$$\sum_{j=1}^{n} p_j(b_j^i - \beta a_j^i) < 0 \text{ となる } i \in \{1, 2, \ldots, m\} \text{ については } x_i = 0 \qquad (9.31)$$

さらに，先の式 (9.29) に関しても，要請を加えます．式 (9.29) についても，とある j 行について不等号 $\sum_{i=1}^{m}(b_j^i - \alpha a_j^i)x_i > 0$ が成立していることを排除してはいません．しかしこの不等式が成り立っているときは，生産水準 x の下で，この j 財が正の量余っているということになります．余っているような財について，価格は 0 であるべきと考えて，次の要請を加えます．

$$\sum_{i=1}^{m}(b_j^i - \alpha a_j^i)x_i > 0 \text{ となる } j \in \{1, 2, \ldots, n\} \text{ については } p_j = 0 \qquad (9.32)$$

以上 (9.29)–(9.32) という要請に加えて，各変数および定数に以下の仮定を加えます．

$$\forall i \in \{1, 2, \ldots, m\}, \forall j \in \{1, 2, \ldots, n\}, \quad a_j^i \geqq 0, \ b_j^i \geqq 0 \qquad (9.33)$$

$$x_1 \geqq 0, \ldots, x_m \geqq 0, p_1 \geqq 0, \ldots, p_n \geqq 0, \ \sum_{i=1}^{m} x_i = 1, \ \sum_{j=1}^{n} p_j = 1 \qquad (9.34)$$

$$\forall i \in \{1, 2, \ldots, m\}, \forall j \in \{1, 2, \ldots, n\}, \quad a_j^i + b_j^i > 0 \qquad (9.35)$$

変数の非負条件と，価格 p および操業水準 x については足して 1 という大きさに規準化して求める（成長や上昇は α および β で記述される）ということです．最後の (9.35) は，モデルの技術的要請から来る特殊な仮定で，いかなる工程 i においても，すべての財 j が投入または産出として使われているということを要請しており，強すぎる仮定です．ただし，どんなに小さい値でも正であればよいということで，とりあえず認めておいて下さい．また，均衡解の存在ということを保証するためだけであれば，この仮定は大幅に弱めることができます（c.f., Kemeny et al., 1956）．

以上 (9.29)–(9.35) までの体系において，それを満たす x, p, α, β を，**フォン・ノイマンモデルの解**と呼びます．x が定まることは，その操業水準に基づいて各期財についての斉一的な成長があることを表し，$1 + \alpha$ が成長率となります．$1 + \beta$ が利子率で p は各期の価格であり，価格比は各期で一定です．この解は設定されたモデルの**斉一的に成長する均衡**を表現しています．

9.2 投入産出分析

この解の存在証明には不動点定理もしくは分離定理といった位相数学における定理が必要になります。証明は原論文 von Neumann (1937) あるいは 二階堂 (1960) に譲りますが，ここでは簡単に示せる以下の一意性についてのみ確認しておきます[9]。

定理 9.2.2：フォン・ノイマンモデル (9.29)–(9.35) の解 x, p, α, β が存在すれば，$\alpha = \beta \geqq 0$ であり，またその値は一意的である。

証明：$x^*, p^*, \alpha^*, \beta^*$ および x', p', α', β' を 2 組のフォン・ノイマンモデルの解であるとする。まず $\alpha^* = \beta^*$ であること（同様に $\alpha' = \beta'$ であること）を示す。

式 (9.29) が x^* および α^* について成り立つことと，式 (9.32) から，$j = 1, \ldots, n$ について p_j^* をかけて和をとれば

$$\sum_{j=1}^{n}\sum_{i=1}^{m} p_j^* b_j^i x_i^* = \sum_{j=1}^{n}\sum_{i=1}^{m} p_j^* \alpha^* a_j^i x_i^* \tag{9.36}$$

同様に，式 (9.30) と (9.31) から，$i = 1, \ldots, m$ について x_i^* をかけて和をとると

$$\sum_{i=1}^{m}\sum_{j=1}^{n} p_j^* b_j^i x_i^* = \sum_{i=1}^{m}\sum_{j=1}^{n} p_j^* \beta^* a_j^i x_i^* \tag{9.37}$$

上の 2 つの式の両辺に $\sum_{i=1}^{m}\sum_{j=1}^{n} p_j^* a_j^i x_i^*$ を加えて整理すると，それぞれ

$$\sum_{j=1}^{n}\sum_{i=1}^{m} p_j^*(a_j^i + b_j^i) x_i^* = (1 + \alpha^*) \sum_{j=1}^{n}\sum_{i=1}^{m} p_j^* a_j^i x_i^* \tag{9.38}$$

$$\sum_{i=1}^{m}\sum_{j=1}^{n} p_j^*(a_j^i + b_j^i) x_i^* = (1 + \beta^*) \sum_{i=1}^{m}\sum_{j=1}^{n} p_j^* a_j^i x_i^* \tag{9.39}$$

上 2 式の左辺は等しくしかも仮定 (9.35) から正である。ゆえに $1 + \alpha^* = 1 + \beta^* > 0$ かつ $\sum_{i=1}^{m}\sum_{j=1}^{n} p_j^* a_j^i x_i^* > 0$ である。後者と式 (9.36) から，$\alpha^* \geqq 0$ が従う。

次に，$\alpha^* = \beta^* = k^* \geqq 0$ および $\alpha' = \beta' = k' \geqq 0$ の一意性を見る。このとき $k' \leqq k^*$ と仮定して一般性を失わない。式 (9.29) が x^*, k^* について $j = 1, \ldots, n$ で成り立つことと，p_j' が全ての $j = 1, \ldots, n$ で非負であることから，

---

[9]簡単に示せると述べたが，二階堂（二階堂，1960; p.241）における当該証明は不十分である。また von Neumann (1937) の証明は，最大成長率の下での一意性しか含意しておらず，この一意性問題への解答としての要求を満たさない。本証明は，村上裕美氏（大阪大学）の示唆に基づく。

$$\sum_{j=1}^{n}\sum_{i=1}^{m} p'_j b^i_j x^*_i \geqq \sum_{j=1}^{n}\sum_{i=1}^{m} p'_j k^* a^i_j x^*_i \tag{9.40}$$

さらに，式 (9.30) が p', k' について $i=1,\ldots,m$ で成り立つことと，x^*_i が全ての $i=1,\ldots,m$ で非負であることから，

$$\sum_{i=1}^{m}\sum_{j=1}^{n} p'_j b^i_j x^*_i \leqq \sum_{i=1}^{m}\sum_{j=1}^{n} p'_j k' a^i_j x^*_i \tag{9.41}$$

を得る。上の2つの式の両辺に $\sum_{i=1}^{m}\sum_{j=1}^{n} p'_j a^i_j x^*_i$ （$\geqq 0$）を加えて整理すると，それぞれ

$$\sum_{j=1}^{n}\sum_{i=1}^{m} p'_j (a^i_j + b^i_j) x^*_i \geqq (1+k^*) \sum_{j=1}^{n}\sum_{i=1}^{m} p'_j a^i_j x^*_i \tag{9.42}$$

$$\sum_{i=1}^{m}\sum_{j=1}^{n} p'_j (a^i_j + b^i_j) x^*_i \leqq (1+k') \sum_{i=1}^{m}\sum_{j=1}^{n} p'_j a^i_j x^*_i \tag{9.43}$$

再度，仮定 (9.35) から上2式の左辺はともに正の値であり等しい。また，下式の右辺は $k' \leqq k^*$ という想定から，上式の右辺以下である。故に上2式の全ての辺は正の値であり，等しい。よって $1+k^* = 1+k'$ すなわち $k^* = k'$ でなければならない。∎

9.3 ケインズ均衡

ここで少し気分を変えて，マクロ経済学における最も基本的な所得決定議論，いわゆる 45 度線分析を追ってみることにしましょう。以下は『雇用・利子および貨幣の一般理論』Keynes (1936) における原典の精神にできる限り忠実に，また一般均衡理論的観点から最も望ましい形に筆者が述べ直したものです。

ここに生産・投資に関する決意・決定を行う**企業者**と，消費・貯蓄に関する決定をおこなう**消費者**があるとします。それぞれ単数でも複数でもかまいません。これら企業者と消費者は（仮に同一人物が双方に関わるような事態が現実にはあるとしても）あくまでモデル上では互いに異なる独立した判断を行う主体として扱われます。これは経済学理論として伝統的かつ標準的な想定です。貨幣が存在しつつ，**価格調整は不活発で以下に述べる消費者の行動規準，特に労働供給には影響を与えないものとします（古典派第二公準の否定）**。企業者の生産水準は利潤最大化（**古典派第一公準**）を保持しながら，**売上額の見通しを所与**

9.3 ケインズ均衡

とする雇用水準の決定問題に帰着でき，売上げ額の増減に応じて雇用水準を増減する誘因がそれと整合的な状況下にあるものとします[10]。

この議論の主役は（原著を除いてほとんど強調されないですが）企業者です。企業者は，期待に基づいてその生産を決意・決定します。消費者の役割はここでは極めて受け身なものであり，最も単純化してしまうと，所得 Y を与えられ，その一定割合 γ（**消費性向** $0 < \gamma < 1$）を消費 C に振り分け，残りを貯蓄 S にまわします。つまり

$$C = \gamma Y \tag{9.44}$$

$$Y = C + S \tag{9.45}$$

ということです。生産決定を担う企業者はその生産水準を決定しますが，それはその各生産水準ごとに，最適な雇用水準（企業者利潤を最大化するような水準）と対応しているものと仮定されます。このとき，その各生産水準ごとに，それにまつわる産出物の総価値額が（よって中間生産物のやりとりを相殺すれば総付加価値額が），決まることになります。この総付加価値額は，それを雇用水準 N の関数と見なせば，ケインズ的「**総供給関数**」$Y(N)$ を与えるもので，「**各雇用水準 N ごとに，供給側の最適化の要請を満たしながら，消費者の手に渡るべき所得の総額水準 $Y(N)$ を与える**」関数となります。

上が議論の半分です。一方で，実際にいかなる水準に生産量（すなわち雇用量もしくは所得）が決まるかは，企業者の気まぐれではなく，企業者が**その生産水準 Y の決意の下で期待できる売上げの大きさ**に依存して決まることになります。この残り半分を，見ていきましょう。

この大きさは売上げ額ですから，本来は需要側（消費者）の最大化に基づく大きさです。これについては，上述した消費性向 γ を通じて簡単に所得で表せる関数となる $C = \gamma Y$ と，それに加えて当面は外生的な要因（来期と今期の価格比を代表する利子率等）から決まる固定的な投資額 I からなるものとしましょう。すると，$\gamma Y + I$，これも雇用水準 N の関数ととらえることができて，$\gamma Y(N) + I$ がケインズ的「**総需要関数**」となります。この額はモデル上の事実

---

[10] 最も自然には一次同次生産関数下で利潤 0 での生産量調整がなされる場合でしょう。

関係として出てきたものですが，同時に「**雇用水準 N の関数として，企業者の目から見て納得の行く，期待できる需要の水準**」という意味を持ち得ます。

以上の設定の下，所得（生産水準，雇用量）の水準は，企業者側の最適化要請に基づいた総供給関数と，消費者側の（消費性向という）慣習的要因に基づいた総需要関数の交点において定まる，と考えるのがケインズ理論の出発点であり，マクロ的な所得決定問題のその最も基本的な形です。

$$(総需要) \quad \gamma Y(N) + I = Y(N) \quad (総供給) \tag{9.46}$$

ケインズはこの等式を与える左辺の総需要を指して「有効需要」と呼びました。これは，当該設定の決意主体である企業者の目から見て，**自らの雇用水準（生産水準）の決意を引き出すに十分な裏付けのある需要額**，といえるものです。

図 9.7 (a) において，もしも企業者の決定する雇用水準 N に対し，その雇用水準を最適とするところの生産水準 $Y(N)$（現状では総付加価値額つまり総供給額と同一視される）が，期待される売上げ $\gamma Y(N) + I$（総需要額）と異なっているなら，企業者はその期待される売上げ額に見合うようにその雇用水準を引き上げまたは引き下げる誘因があるとすると，この交点が「**企業者の生産決意**」ということを通じて，均衡と呼ぶべきものになるということです。

上述した総需要額と総供給額の関係を，雇用量 N を通さずに直接 $Y(N)$ の大きさと総需要価格の関係として描けば図 9.7 (b)，有名な 45 度線分析の図となります。政府支出は I と同様の役割を持ち，また I は利子率の影響を受けますから，**財政政策**および**金融政策**でもって**総需要を管理**することで，所得すな

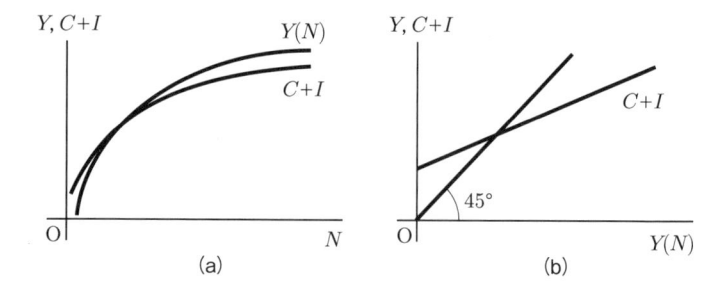

図 9.7 (a) 総需要関数と総供給関数，(b) 45 度線分析

9.3 ケインズ均衡

わち雇用量を政策的に制御するというのがケインズ理論（マクロ経済学理論）のエッセンスですが，その背後にはここで述べたような，企業者側の期待と生産の決意という，均衡を裏付ける不動点構造 (p.38) があるということです。

IS-LM 分析: 必ずしも上述したような企業者の生産決意を前提とはせず，それでも比較的『一般理論』の精神に沿って，上述したケインズ均衡を「ある期における短期の均衡」として，「財市場」および投資決定の過程を踏まえ，さらに「金融資産市場」との関係を通じた2つの市場の一般均衡とみなしたものに，この IS-LM 分析があります。

まず，ケインズ均衡が上述したようなものであるとして，上では総需要を $\gamma Y(N) + I$ ととらえ，それを総供給 $Y(N)$ に等しいとした場合の均衡として雇用量 N の決定と見たわけですが，まず，その議論で固定した投資額 I について，これが**利子率** r の関数

$$I = I(r) \tag{9.47}$$

であるものと考えます。これは，**投資の限界効率表**と呼ばれる図 9.8 のような関係を，利子率（**資金の調達のしやすさ**）と投資額（将来において利益が期待できるものに対する準備額）に対して想定したものです。

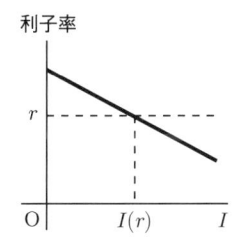

図 9.8 投資の限界効率表

この関係を想定すると，利子率 r が決定すれば，投資 $I(r)$ の決定を通じて，均衡 GDP Y（したがって雇用量）の大きさが $Y = \gamma Y + I(r)$ を満たす Y の大きさとして，具体的には

$$Y = \frac{I(r)}{(1-\gamma)} \tag{9.48}$$

として，決まることになります。これは $I(r)$ すなわち投資額が 1 単位増加したとき，それに応じて均衡 GDP が $1/(1-\gamma)$ だけ増加することを表しており，γ が消費性向であることを考えるとこれは 1 より小さいと考えるのは全く自然であり，また $(1-\gamma)$ はそうすると**貯蓄率**を表すので，それが小さい場合に，それに反比例して投資の増大がもたらす GDP の増加量は大きくなることが分かります。それゆえにこの (1/貯蓄率) のことを投資**乗数**といい，投資 1 単位の増大が GDP にはもっと大きな増大をもたらすことを示すものです。

この乗数効果を含めて，r とその下での $I(r)$ を通じた均衡（つまり $Y = \gamma Y + I(r)$ の解としての）Y の関係を $Y = Y(r)$ と書くと，「r が下がると $I(r)$ が大きくなって Y が大きくなる」という r と Y の関係を得ます（図 9.9 (a)）。これは「投資額」が消費を通じて「貯蓄額」に等しいということを通して得られた関係なので，$I = S$ という消費財市場の均衡への着目を通じたという意味で **IS 曲線**と呼ばれる「利子率 r とケインズ均衡 **GDP** Y の関係」です。

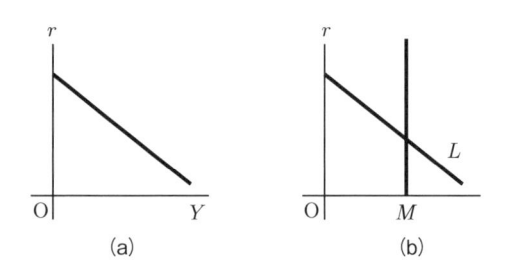

図 9.9　(a) IS 曲線，(b) 流動性選好

さらにこの利子率 r について別の面から考えます。利子率というものを上で「資金調達のしやすさ」と書いたのですが，この資金調達の容易さを，いわば「**流通貨幣の豊富さ**」あるいは「**流動性選好**」なるものに見いだしたのが，ケインズの（上述の消費性向と合わせ）もう一つの重要な世界想定上の鍵です。

ケインズは，もし「**流通通貨の量を政府がコントロールできる**」のであれば，消費性向と同様，比較的固定的と考えてよい次のような**流動性選好表**に基づく**貨幣需要** L（図 9.9 (b) のように右下がりと考えられる）を通じ，利子率をコントロールできると考えました。流動性選好表は，利子率すなわち「**貨幣を銀行に預けず，あるいは銀行に預けたとしても利子が手に入るような形でなく，いつでもそれで決済が可能であるようにしてあることも含め，手元に一期間置いたことにより諦めねばならない費用**」に対し，どの程度の手持ちの流動性すなわち「**今期貨幣を手元に置くことからくる利便性**」を欲するかという関係を与えます。従って，政府のコントロールする貨幣の供給量 M と，そこから（流動性選好表 — 貨幣需要表 — を通して）決まる利子率 r，そしてそこから（投資の限界効率表を通して）決まる $I(r)$，最後に均衡 GDP Y が決定するという仕組みです。

ただし，上記の流動性が最終的に決定される Y に依存せずに決まるとは考えられません。よって，上記の流動性選好が，$L(r, Y)$ すなわち Y にも依存しており，Y が大きくなると上にシフトするような関数であると見なします。これについては，GDP が大きくなるとそれだけ手持ちに置いておきたい流動性が増える**取引動機**や**予備的動機**といったものを考慮するならば，流通する貨幣量 M を一定とし，GDP Y と r の関係として，図 9.10 (a) のように見ることができます。

これは，貨幣供給量 M と貨幣需要 L が等しくなることを前提として，一定量の M の下で Y が大きくなれば（貨幣需要の増大をともなって）r が大きくなるという，GDP

9.3 ケインズ均衡

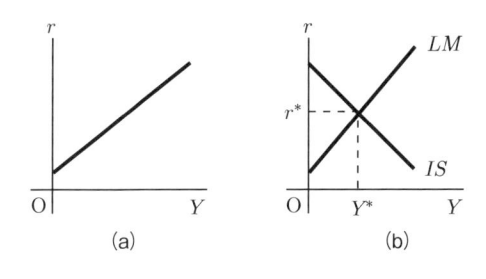

図 9.10 (a) LM 曲線, (b) IS-LM 均衡

Y と利子率 r の関係を表したものです。$L = M$ という金融資産市場の均衡（債券と貨幣の間の選択）を通じたということから **LM 曲線**と呼ばれる「利子率 r と GDP Y の関係」です。

IS 曲線と LM 曲線の交点として，短期的に Y と r の大きさが同時決定されると見た全体系が，IS-LM 分析と呼ばれるものです（図 9.10 (b)）。このとき IS 曲線と LM 曲線の交点 (Y^*, r^*) は，与えられた M の大きさ（政府のコントロールする貨幣供給量）に応じて，議論された内容全てを満たすような方程式系の解として意味づけられます。

企業者による生産の決意というケインズ理論の原型における意図を大事にするなら，上の IS-LM 分析の話はどのように解釈できるでしょうか。

生産決意が政府の政策決定に影響を与えるとすると話が複雑になりますので，とりあえずそのようなことを企業者は想定しないことにします。貨幣供給量 M が一定なら，企業者は，まず自らが決める $Y(N)$ の大きさに対して，貨幣需要曲線 L が決まると想定します（$Y(N)$ が大きくなると L が右上にシフトします）。すると M は一定ですから，図 9.9 (b) **流動性選好表**を通じて資産市場における利子率の大きさが決まります[11]。そして，その利子率から図 9.8 **投資の限界効率表**を通じて決まる $I(r)$ を通じて，企業者は期待しうる有効需要の大きさを想定できます。後は 45 度線の話と同じになります。

政策決定が入るとしても，その政策を外生的に捉えることができるかぎり，その政策を加味する形に上の議論を変形することができるということです。

---

[11] ここで資産市場だけ先に決まってしまうというのは一般均衡理論的には本当は良くない想定です。しかし一時的均衡の考え方で，本来は不必要な，必ずしもアクティブでなくてもかまわない，資産のみの交換プロセスを例えば期首に導入したとしてもモデル上無害にはできますので，この話をそうした交換の機会を一つ置いた，均衡決定の話であると捉えることは可能です。

9.4 その他の分析道具

9.4.1 弾 力 性

消費者や生産者が与えられた価格に対して最適な需要および供給量を決定する問題は経済学理論における典型ですが,このとき与えられた価格が少し変化すれば,消費者や生産者の選択する最適な需要や供給も当然ながら変化します。価格の変化に対して,需要や供給がどの程度変化するか,この関係を考察するにあたって,**弾力性**という概念がしばしば便利なものとなります。

ここでは,消費者の選択に影響を与える所得と価格について,その変化が需要にどの程度影響を与えるかを示す「**需要の所得弾力性**」および「**需要の価格弾力性**」について説明します[12]。

需要の所得弾力性とは,直感的に言えば与えられた価格の下で,所得が1%変化したとき,需要が何%変化するかを表す概念です。需要の所得弾力性を η_m とし,これを式で表すと次のようになります。

$$\eta_m = \frac{\frac{\Delta x_1}{x_1}}{\frac{\Delta m}{m}} = \frac{\Delta x_1}{\Delta m} \frac{m}{x_1} \tag{9.49}$$

ただし,$x_1 > 0$ は財1への需要,$m > 0$ は所得を表し,$\Delta m > 0$ は所得の変化分を,そして $\Delta x_1 > 0$ はそれに対応した財1への需要の変化分を,表します。上では分かりやすさのために **1パーセントの所得の変化**という概念を用いましたが,所得による需要の変化が**微分可能な関数** $x_1(m)$ で表されているとすれば,上式の最右辺における $\frac{\Delta x_1}{\Delta m}$ の極限はその m における導値に他なりませんから,

$$\eta_m = x_1'(m) \frac{m}{x_1} \tag{9.50}$$

が需要の所得弾力性ということの(微分可能性を考慮した場合の)正確な数学的表現として用いられます。

需要の所得弾力性を用いると,第6章の終わりで説明した上級財については $\eta_m > 0$ が成り立ち,下級財については $\eta_m < 0$ が成り立つことになります。また一般に,上級財のなかでも奢侈品ならば $\eta_m > 1$ と考えられ,また必需品は $\eta_m < 1$ と考えられます。

---

[12]価格弾力性の議論は,生産者に向けても全く同様に設定可能です。

9.4 その他の分析道具

需要の価格弾力性とは、やはり直感的に言えば与えられた所得の下で、価格が1%変化したとき、需要が何%変化するかを示す概念です。需要の価格弾力性を η_p とし、これを式で表すと次のようになります。

$$\eta_p = -\frac{\frac{\Delta x_1}{x_1}}{\frac{\Delta p_1}{p_1}} = -\frac{\Delta x_1}{\Delta p_1}\frac{p_1}{x_1} \tag{9.51}$$

ただし、$x_1 > 0$ は財1への需要、$p_1 > 0$ は財1の価格を表し、Δp_1 は価格の変化分を、$\Delta x_1 > 0$ はそれに対応した財1への需要の変化分を、それぞれ表します。価格弾力性を表す式にはマイナスの符号がつけられていますが、これは多くの場合、価格の変化方向と需要の変化方向が逆になるため、弾力性を正の値で表現するためにはこの方が望ましいからです。所得の場合と同じく、価格による需要の変化が**微分可能な関数** $x_1(p_1)$ のように与えられている場合には、上式の最右辺から

$$\eta_p = -x_1'(p_1)\frac{p_1}{x_1} \tag{9.52}$$

が需要の価格弾力性の（微分を考慮した場合の）正確な数学的表現です。

需要の価格弾力性について、$\eta_p > 1$ のとき、その財の需要は**弾力的**であるといい、$\eta_p < 1$ のときは、**非弾力的**であるといいます。需要が非弾力的な場合、価格が少し上昇した場合でも需要そのものはそれに比例する大きさでは変わらないため、その財に対する支出額が増加することになります。

逆弾力性ルール：需要の価格弾力性という概念は、消費税などに代表される間接税の課税のあり方に関する議論でよく用いられます。例えば「各財への税率は、財の需要の価格弾力性に反比例するように設定すべき」という考え方があり、これを「**逆弾力性ルール** (Ramsey Rule) Ramsey (1927)」といいます（章末問題）。この命題に従えば、税の総額が同じであれば、必需品のような財には高い税率を、奢侈品のような財には低い税率を課すことが、資源配分を歪めないという部分均衡論的な Dead Weight Loss に基づく「**税の効率性の観点**」からして望ましいということになります。しかしながら、同時にこのルールでは、奢侈品よりも必需品への支出割合が高い需要者に偏った、たとえば低所得者に偏った課税になるでしょうから、「**税の公平性の観点**」からすると、望ましいものとはいえません。

9.4.2 クモの巣理論

特定の財の市場における需給均衡に向けた調整についての考え方は、価格に

よる**ワルラス的調整過程**と数量による**マーシャル的調整過程**に大別されます。

ワルラス的調整過程は，ある価格の下で需要が供給を上まわっている（下まわっている）場合，超過需要を解消するように価格が上昇（下降）し，価格の変更が市場均衡に向かうという考え方です。

一方，マーシャル的調整過程は，ある財の数量に対して，需要価格（その数量の最後の 1 単位に最高支払って良い価格＝ Willingness to Pay）と供給価格（その数量の最後の 1 単位に最低要求したい価格＝限界費用）とに差がある場合，その差を解消するように需要者および供給者はその数量を増減させるという考え方です。

ワルラス的調整過程にしてもマーシャル的調整過程にしても，**需要曲線が右下がり，供給曲線が右上がりである場合には，価格や取引量が均衡以外の値にあったとしても，必ず均衡に向けて収束することが容易に確認できます。**このような場合，均衡は**安定的**であると言われます。市場の需要曲線が右上がりの場合や供給曲線が右下がりとなった場合には，均衡は必ずしも安定的であるとは言えません。

数量調整に基づいた簡単な市場均衡の動学的記述として，「**クモの巣理論**」があります。現実の経済において，**需要は与えられた価格に対してすぐ望ましい水準に調整されることが可能であり**，調整には時間がかからない一方，供給については，農作物などのように生産に長く時間のかかる財が存在し，**与えられた価格に対して供給量を瞬時に最適な水準に調整するのは難しい**という状況が見られます。そこで，供給量に向けて需要量が瞬時に調整される数量調整を前提とし，需要曲線と供給曲線は固定されて動かないものとしつつ，t 期の供給量 S_t が $t-1$ 期の価格 p_{t-1} の関数であって，需要 D_t の方は t 期の価格の関数であるような場合，ここでの均衡価格がどのような時間的経路をとるか，考えてみましょう。例えば，供給量が

$$S_t = ap_{t-1} + b \tag{9.53}$$

であり，需要量が

$$D_t = cp_t + d \tag{9.54}$$

であるとします。前期を 0 期とし，議論の出発点としての価格 p_0 に基づいて今期 (1 期) の供給 S_1 が決まります。この S_1 と今期の需要 D_1 が等しくなるように，今期の均衡価格 p_1 が決まります。この p_1 に基づいて，次期 (2 期) の供給 S_2 が決まり，そして，この S_2 と次期の需要 D_2 が等しくなるように，次期の均衡価格 p_2 が決まります。このような形で，3 期以降も均衡価格と均衡取引量の動学的経路が記述されます。

上の話に基づいて，固定された需要曲線と供給曲線上に，各期の均衡を時間の経過にしたがってつないでいくと，「クモの巣」のような形状になります（図 9.11）。

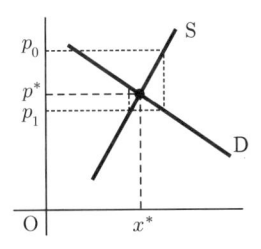

図 9.11　クモの巣

ただし，この動学過程が，図 9.11 のように，固定された需要曲線と供給曲線に対するワルラス的価格調整の結果として得られるであろう需要曲線と供給曲線の交点としての結果（図中 (x^*, p^*) 点）に到達するという意味で，安定的であるかどうかは分かりません。この意味で，「クモの巣」的過程が**動学的に安定であるための条件**は，上の図のように眺めた場合の，「**供給曲線の傾きの絶対値 > 需要曲線の傾きの絶対値**」になります（章末問題）。

9.4.3　比較生産費説 —— リカードの定理

国家間で財の交換，すなわち貿易が行われるのはなぜかという問いに対してリカード (D. Ricardo) は各国の労働生産性の差を用いて，「比較優位の原理」として貿易が行われる理由を説明しました。「**比較優位の原理**」とは，2 つの国が「**絶対的に優位な生産物**」ではなく「**相対的に優位な生産物**」の生産に特化する

ことによって，交換の利益が双方にもたらされるとする考え方です。

例えば，労働を唯一の生産要素として，財1および財2の2種類の財を生産するAとBという2つの国があるとします．今仮に，A国の労働生産性（労働一単位が生産する財1および財2の量とし，簡単のため正の定数として固定します）をa_1, a_2で表し，B国の労働生産性をb_1, b_2で表しましょう．

ここで$a_1 > b_1$あるいは$a_2 > b_2$であることを，「（財1あるいは財2についてのA国の）**絶対優位**」といいます．つまりA国の方がB国よりも（財1あるいは財2について），絶対的に労働生産性が高いわけです．これに対して，$a_1/a_2 > b_1/b_2$であるようなことを「（財1についてのA国の）**比較優位**」といいます．（絶対的には分からないが）比較的にA国は財1の生産が得意であるということを表現しています．

比較優位の原理に従えば，2種類の財いずれについても労働生産性が相手国よりも高い（絶対優位）場合でも，より生産性の高い財のみに生産を特化し，より生産性の低い財を相手国に生産させて貿易を行う方が，両国ともに消費可能な量を増やすことができるということになります[13]．

仮に両国でこの2つの財は必要であり，貿易前に2財ともが2国内でつくられていたとすると，上述のようにA国に財1についての比較優位がある場合，A国の財2の生産に用いられていた労働1単位を財1に振り替えることによって財1はa_1単位増えて財2がa_2単位減少します．一方，B国では逆方向に労働を（x単位）振り替えると，財1をxb_1単位減少させて財2をxb_2単位増加させることができます．$a_1/a_2 > b_1/b_2$でしたから，$a_2 = xb_2$となるようにxを定めれば，$a_1 > xb_1$であるので，確かに「**両国で上手に取引さえできれば，同じ労働力をもって両国の消費できる総量は増える**」ということになります．

この議論は貿易による双方の利益を説明する最も基本的な説明であり，サミュエルソンをして「**直感的には明らかではなく，しかも有用な経済学の定理**」の代表格と言わしめたものですが，もちろん実際には失業の考慮，価格変化と所得の考慮等々を含めて単純すぎるところもあります（章末問題）．

---

[13] リカードのモデルでは，生産要素の国家間の移動が不可能であり，また生産物の輸送費用もかからないことを前提としています．いうまでもなく，生産技術も固定されています．

9.4.4 ヘクシャー–オリーンの定理

貿易が行われる理由と貿易の利益について，リカードは比較優位の原理を用いて説明しましたが，比較優位の原理はいわゆる「垂直貿易」といわれる「生産技術に差のある国家間」での貿易が行われる理由を説明するものです。しかしながら，現実の世界では，「生産技術にそれほど大きな違いがない国家間での貿易」，いわゆる「水平貿易」も活発に行われています。これを説明するモデルが，ヘクシャー–オリーンのモデルです。ヘクシャー–オリーン・モデルは労働のみを生産要素と考えるリカードのモデルと異なり，**資本と労働という複数の生産要素**を前提とし，その賦存量の相違が各国に比較優位をもたらし，貿易が生じることを説明します。

例えば，生産技術が同一である A 国と B 国があり，両国ともに資本と労働を用いて，財 1 と財 2 を生産しているとします。財 1 は資本をより多く用いて生産され（**資本集約的**），財 2 は労働をより多く用いて生産される（**労働集約的**）としましょう。このとき，A 国が資本のより豊かな国であり，B 国は労働のより豊かな国であるとするならば，ヘクシャー–オリーン・モデルでは A 国は財 1 に比較優位をもち，B 国は財 2 に比較優位をもつことになります。従って，A 国が財 1 の生産に特化し，B 国が財 2 の生産に特化し，互いに生産物を交換することで消費可能な量が増えることが予想されるでしょう。これが**ヘクシャー–オリーンの定理**です。

9.4.5 要素価格均等化命題

前項で用いた A 国と B 国の例において貿易が行われるとき，**国家間の移動が行われない生産要素の価格**については，どのような変化が予想されるでしょうか。いま，両国の間で貿易が行われるようになると，両国は比較優位を持つ財の生産に特化して輸出するようになります。A 国は豊富で安価な資本を用いて財 1 を生産し，輸出するようになるでしょうが，このことは A 国内において財 1 の生産に向けた生産要素の需要がこれまでより増大することを意味し，その結果，国内の資本価格の相対的な上昇が予想されます。一方，B 国については豊富で安価な労働を用いて財 2 を生産し，輸出するようになり，財 2 の生産に向けた生産要素の需要が増加する結果，国内の労働価格は相対的に上昇す

ることを意味しそうです。

つまり，このような貿易が行われるようになると，A 国でより安価だった資本の価格は上昇し，一方 B 国でもより安価だった労働の価格が上昇するということが起こりそうです。最終的には両国で資本と労働の価格比が両国において均等化するということが予想されます。これを**要素価格均等化命題**といいます。

このことは，たとえ生産要素の国家間の移動がないとしても，生産物の取引を通じて，間接的にその生産要素を取引していることになる，ということです。

9.4.6 国際貿易その他の定理

ヘクシャー–オリーンのモデルと関連する定理，そして国際貿易についての議論を，最後にいくつかまとめておきましょう。

リプチンスキー定理：ヘクシャー–オリーンのモデルから導かれるものですが，ある国に資本と労働が生産要素として存在しているとき，賦存する生産要素のいずれか，例えば労働が何らかの理由で増加した場合，労働が相対的に豊かになるため，労働集約的な財 2 の生産量は増加し，資本集約的な財 1 の生産の減少が予想されます。これをリプチンスキーの定理といいます。この定理は，**当該の比較優位条件（例えば労働が豊富）の下で，労働の増加は資本集約的な財 1 の生産の増加に何ら寄与しないことを示唆する**ものです。

ストルパー–サミュエルソン定理：リプチンスキー定理と同様，ヘクシャー–オリーンのモデルから導かれる定理として，ストルパー–サミュエルソン定理があります。この定理は，とある生産物価格の上昇（例えば財 1 の価格）が，その財の生産に集約的に用いられている生産要素（資本）の価格を上昇させ，反対に集約的に使われていない生産要素（労働）の価格の下落をもたらす，ということを主張するものです。この定理によれば，比較優位にある財 1 の価格の上昇は，相対的に賦存量の多い資本の所有者にとっては所得の増加をもたらすが，労働によって所得を得ている人にとっては所得の減少をもたらすことになります。つまり，貿易の所得分配に与える影響を特定化する定理であり，とくに**貿易が，比較優位にない財の生産に集約的に使われる生産要素の所有者にマイナスの影響を与える**ことを主張するものです。

幼稚産業保護論：比較優位下においても，仮に適切な所得の再分配まで認めるとするならば，貿易の利益を主張する通常の経済学的議論の中で，およそ保護主義的主張が正当と認められるほぼ唯一といってよい説明は**幼稚産業の保護**でしょう。発展途上国内の製造業者によって作られた財が，国外の先進国で作られた競合する財と比較して，競争に耐えられるものではないとします。しかしそこで，国際競争に耐えられるレベル（生産性が上昇する）まで，一時的にでも政府による何らかの保護・支援（関税や輸出補助

金など) をして，育成してやるならば，将来的には他国よりもずっとその産業が成長する可能性もあります。いわば比較優位の構造そのものを変化させる可能性が認められるという場合です。この考え方は，ドイツの経済学者フリードリッヒ・リストによって唱えられたものとして有名です。幼稚産業保護論には問題もあります。製造業者が保護される環境に甘んじ，生産性を上げる努力を怠る可能性が，常につきまとうということです。そうした場合，関税を課すといった政府の市場への介入は，市場が十分に機能する可能性を妨げ，非効率的な資源配分がもたらされることになります。

章末問題

【問題1】（消費者余剰）通常の部分均衡分析における消費者余剰の概念が，実際の Willingness to Pay を過大に，あるいは過小に評価している可能性について，各人の所得効果の正または負に従ってまとめなさい。

【問題2】（Ramsey Rule）ある商品の完全競争市場において，需要量が $D = -p + 15$，供給量が $S = 2p$ で表されているとする。このとき以下の問いに答えなさい。(1) 市場均衡価格はいくらか。(2) 均衡における需要の価格弾力性を求めよ。(3) いま，財の需要量が $D = -0.2p + 11$ なる別の財の市場があるとしよう。供給関数の形状は上と全く同一とすると，市場均衡価格，市場均衡需給量を計算すれば，これらが上の問いのものとまったく同一であることが確かめられる。もしも消費財などの間接税（従量税）を課す場合，効率性の観点からはどちらの財に対して，税率を高く設定するべきか。

【問題3】（クモの巣過程の安定性）以下の図は，それぞれある市場における需要曲線 D と供給曲線 S を表している。図 (a) から (c) の市場均衡が，「クモの巣」的過程を考えたとき，安定となるかそれとも不安定となるか答えなさい。

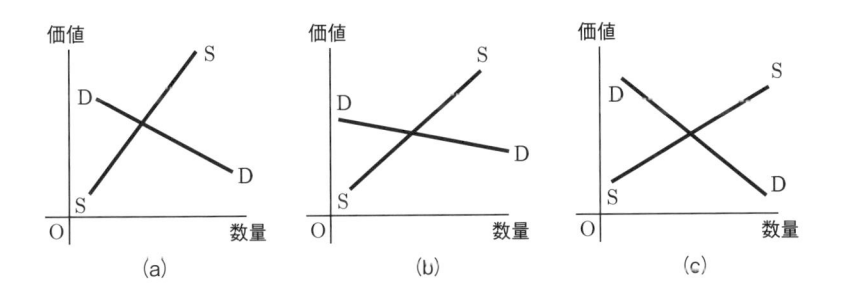

【問題4】（リカードの定理）A 国，B 国両国において，X 財，Y 財が生産されている。両国において，各財を生産するのに必要な生産要素は労働のみであり，各財を1単位生産するのに必要な労働は以下に示す表のとおりであるとする。労働の国際間移動はなく，また労働の質は同じである。

(1) A 国，B 国が X 財を生産する機会費用（それを 1 単位得るために犠牲にせねばならない他のものの価値）を，Y 財の生産という観点から求めなさい。

(2) A 国と B 国が，ともかく比較生産費説に基づいて生産を行い，貿易を行うとする。両国とも所得の半分ずつを各財に支出するとき，両国間で取り引きされる X 財に対する Y 財の相対価格を求めなさい。ただし，各国の労働者数は，A 国は 100 人，B 国は 300 人とする。

国：	X 財	Y 財	労働者数
A 国：	1 人	1 人	100 人
B 国：	4 人	2 人	300 人

【問題 5】以下各々の項目につき，一文ずつで簡単にまとめよ。(1) ヘクシャー–オリーンの定理 (2) 要素価格均等化定理 (3) リプチンスキー定理 (4) ストルパー–サミュエルソン定理 (5) 幼稚産業保護論

10
独占および寡占そして市場の失敗

　ミクロ経済分析としてここまで取り扱ってきたものは，今日の経済学理論，つまり「市場」と「価格」の理論の中枢であり，基本的に「市場」の持つ肯定的役割を強調するものです。本章と次章で取り扱う内容は，そうした市場の持つ肯定的な側面に対し，そのいくつかの前提条件が満たされない場合，あるいは根本から整わない場合，可能性として市場の持つ限界あるいは問題点を指摘また補足するものです。

　第一は「**市場支配力** (market power)」を持つ主体の問題です。これは静学的モデルの大前提である「価格受容行動 (Price Taking Behavior)」が満たされない場合であり，**独占・寡占**をはじめとする**不完全競争**と呼ばれる議論です。

　第二は「**市場の失敗**」あるいは「**外部性** (externality)」の問題と呼ばれるもので，代表的には「**公共財** (public goods)」の最適な供給問題や**コースの命題**といったものが含まれます。

　これらはいずれも，経済学理論そのものの発展の中では古典的な問題として，部分均衡的な道具の活躍の場として，またゲーム論的な取扱いも含むものとして，ポピュラーな位置づけを持つものです。

10.1 独占・寡占

　この問題は，経済学的均衡モデルの最も重要な仮定の一つである「**価格所与 (Price Taker)**」の想定が満たされない場合に生ずる問題です。特に，生産主体が価格を所与とせずに行動してしまう場合の問題は，独占および寡占に代表される**不完全競争** (Imperfect Competition) の問題として，古典的に取り扱われてきました。

　独占・寡占とは，単一または少数の企業で一つの商品の供給を行っている状況をさすものですが，その商品の市場において個々の企業の生産量が市場全体

の供給量に対する十分大きな比率を持ってしまうことから，個々の生産主体が，自らの供給量を増減させることによって**市場価格を上下させることが可能である**（**市場（支配）力** market power **を持つ**）ということを，**自覚してしまう**ことに，問題の本質が存在しています。つまり自覚していなければ問題にならない事柄であり，逆に自覚してしまうならそこそこ多数の企業が存在していても，この問題は存在しています。多数の企業が存在していても，その数が有限である限り，自らの市場全体に及ぼす影響力が完全にゼロということにはなり得ません（もしそうであるなら，市場の均衡概念はその企業の供給能力程度の需給の不一致を，均衡需給の不一致とは認めないということになります）。**自ら創出し得る供給の増減によって市場価格が反応する**，ことを知り得る限り，この問題は存在しており，経済学理論においてこの問題が回避できているのは，あくまで**仮定としての「価格所与」**ということだけなのです。

独占企業の最大化問題：部分均衡分析下で，典型的な独占企業の利潤最大化問題について解説します。

独占企業が自らの供給する財の市場において需要関数 $q = D(p)$ に直面しており，その逆関数（逆需要関数）$D^{-1}(q)$ を $p(q)$ と書き，これを用いて自らの生産量 q から市場価格 $p(q)$ を，操作できると**考えている**ものとします。利潤最大化の問題は，総費用関数 $TC(q)$ が与えられているものとして，

$$\text{Maximize} \quad p(q)q - TC(q) \tag{10.1}$$

という q を選択する最大化問題です。（価格を所与とする通常の利潤最大化問題は，p.146 の定式化で見るように，$pq - TC(q)$ という q を選択する最大化問題でした。）$p(q)$ と $TC(q)$ 両関数の微分可能性を仮定すると，極値条件を満たす q^* は $p'(q^*)q^* + p(q^*) - MC(q^*) = 0$，すなわち

$$p'(q^*)q^* + p(q^*) = MC(q^*) \tag{10.2}$$

を満たすものです。左辺1項目の符号は，通常右下がりの需要曲線を想定している限り $p'(q) < 0$ ですから，負と考えられます。従って独占・寡占下の利潤最大化行動は，負の値に $p(q^*)$ を加えたものが $MC(q^*)$ に等しい，すなわち $p(q^*)$ が $MC(q^*)$ より大きくなるような生産量 q^* として選択されることが分かります。言い換えると，一般に，競争均衡価格（それは必ず MC に等しくなる）に比して，**高い独占価格の下で，少量の生産が行われる**という状態（図10.1）になっていることがいえます。この場合，余剰分析からは，厚生の損失が必ず存在することを指摘できます。独占企業は，つまるところ $MC(q)$ を $p(q) + p'(q)q$ に等しくすべく行動するものとなります。この $p(q) + p'(q)q$ はこの独占企業の収入額 $p(q)q$ を微分したものですから**限界収入関数** (marginal revenue

10.1 独占・寡占

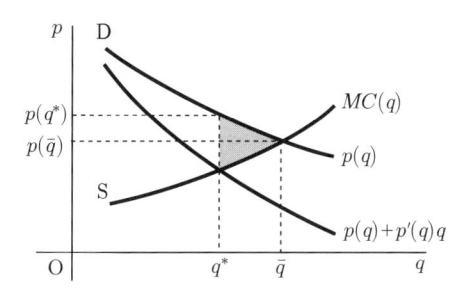

図 10.1 独占による厚生の損失

function) と意味づけることができます。独占企業は（独占企業でなくともですが），限界収入と限界費用が等しくなるところにまで生産量を調整します。このとき，図中の影の入った三角形の部分が，$D = S$ となる競争均衡での生産量 $\bar{q}$ に比べて，独占企業の利潤の増大を差し引いたとしても，消費者余剰との総計の上で損失とみなさざるを得ない**社会的厚生の喪失量** (Dead Weight Loss) を表現しています。なぜなら，$\bar{q}$ 下での消費者余剰と生産者余剰の和は，S 曲線の上側部分と D 曲線の下側部分に囲まれたところですが，q^* の下では総収入を表す $p(q^*)q^*$ の四角形の面積から S の q^* までの下側面積（限界費用の積分なので総費用）を引いたもの（これが独占利潤）と，やはり q^* までの D の下側から総支払い $p(q^*)q^*$ の四角形面積を引いたものの和にしかならず，上記の影の入った三角形部分の損失は誰の手にも入っていないといえるからです。

独占度：独占企業の極値条件 $p'(q^*)q^* + p(q^*) = MC(q^*)$ を通常の最大化問題の極値条件 $p = MC(q)$ と比較する目的で，強いて $p(q^*)$ を括り出して変形して書くと，

$$p(q^*)\left(1 + p'(q^*)\frac{q^*}{p(q^*)}\right) = MC(q^*) \tag{10.3}$$

となります。これは $p(q)$ という関数が逆需要関数 $D^{-1}(q)$ であったことを思い出せば $p'(q^*)$ とは $p(q^*)$ における D の導値（逆関数の微分）に他ならず，従って $p'(q^*) = 1/D'(p(q^*))$ ですから，以下のように変形できます。

$$p(q^*)\left(1 - \frac{1}{-D'(p(q^*))\frac{p(q^*)}{q^*}}\right) = MC(q^*) \tag{10.4}$$

この $-D'(p(q^*))\frac{p(q^*)}{q^*}$ は前章 p.221 の式 (9.52) で見た需要の価格弾力性 $\eta_{p(q^*)}$ に他なりませんから，結局のところ独占企業の最大化条件は

$$p(q^*)\left(1 - \frac{1}{\eta_{p(q^*)}}\right) = MC(q^*) \tag{10.5}$$

と書けることが分かります。つまり，独占価格 $p(q^*)$ がどれだけ限界費用 $MC(q^*)$ か

ら乖離しているかは**需要の価格弾力性の逆数** $1/\eta_{p(q^*)}$ がその指標になるということで，これを（ラーナーの）**独占度**と呼び，独占企業の価格支配力 (market power) の指標と見ることがあります。

10.1.1 寡占市場におけるゲーム論的均衡

現実社会において，多くの市場は完全競争市場か独占市場といった両極端なものというよりも，少数の企業が商品のデザインやブランドイメージといった独自性とともにある程度の市場のシェアを持っていたり，同時に互いの商品が持つ緩やかな代替性によって，価格や生産量について互いに影響を与え合う，相互依存的な状況にあると言えます。いずれの企業も，自社の商品が他の商品によって 100 パーセント代替される — 完全競争的 — とは考えておらず，かといって自分の生産量だけで市場価格を 100 パーセントコントロールできる — 独占状況 — とも考えていないといった状況です。

比較的大きな力を持った数社の生産によって成立しているそのような市場を**寡占市場** (oligopolistic market) と呼びますが，以下では，寡占市場のモデルのうち，同質な財を生産する企業が 2 つしかない**複占** (duopoly) の場合に限定して，いくつかの典型的な寡占市場モデルを見ていくことにします[1]。

企業 A と B を考え，両企業は両者の属する市場の逆需要関数 $p(q) = D^{-1}(q)$ を知っているものとします。市場への供給量 q は，企業 A の供給量 q_A ならびに企業 B の供給量 q_B の和となります。このとき，相手の産出量を所与とする**クールノー–ナッシュ均衡**，それを元に先導者と追随者を考える**シュタッケルベルグ均衡**，あるいは価格競争をおこなう**ベルトラン均衡**，等が考えられます。

クールノー–ナッシュ均衡：注目するのは上述した通り，企業 A と企業 B の存在する，とある財の部分均衡市場です。両企業の生産量を q_A と q_B として，市場における総供給量 q は $q = q_A + q_B$ です。また，各企業の総費用関数は $TC^A(q_A)$ および $TC^B(q_B)$ とします。財の価格 p は，需要関数 $q(p) = D(p)$ の逆需要関数として，両企業から $p(q) = D^{-1}(q)$ のように，認識されています。

各企業の利潤最大化問題は，以下のようなものと想定されます。

企業 A：(関数 p と数量 q_B を所与として) 利潤 $\pi^A(q_A, q_B) = p(q_A + q_B)q_A - TC^A(q_A)$

---

[1] 以下の話を必要に応じ，また可能な限りで n 企業にて展開する作業はほぼ自明であり，さしたる困難もないので，ここに読者への注意喚起のみで済ませておくことにする。

を最大化するような q_A を選択する。

企業 B:(関数 p と数量 q_A を所与として) 利潤 $\pi^B(q_A, q_B) = p(q_A+q_B)q_B - TC^B(q_B)$ を最大化するような q_B を選択する。

両企業が直面する上の利潤最大化問題では，相手企業の生産量を所与としています。これは要するに互いに相手企業の生産量を予想して，自らの利潤を最大化する生産量を決定する，ということです。つまり，非協力ゲーム的な設定で言い換えると，生産量を互いの戦略としているような状況です。

両者において，もしも予想した相手企業の生産量が当たらなければ，予想した生産量を修正し，新しい予想生産量のもとで新たに利潤を最大化するような自己の生産量を再決定することになります。もしも互いに予想生産量が当たっていた場合には，互いに自社の生産量を修正する誘因がなくなります。そのときの生産量の組み合わせ (q_A^*, q_B^*) を**クールノー均衡**といいます。クールノー均衡は，2 つの企業という**プレイヤー**，互いの生産量という**戦略集合**，相手企業の生産量に対して最大化する利潤という**利得**が，明確に記述された「2 人非協力ゲーム」になっており，上記のクールノー均衡は，その意味ではナッシュ均衡でもあります。したがってクールノー均衡を**クールノー–ナッシュ均衡**ともいいます。

クールノー均衡を考える上で，これがナッシュ均衡であることを考慮すれば，先の第 2 章 2.6.2 項でも見た**最適反応**について，次のように注意を払うことが重要です。

企業 A は，q_B を与えられると，上で与えられた利潤 $\pi^A(q_A, q_B) = p(q_A+q_B)q_A - TC^A(q_A)$ を最大化するような生産計画を選びますが，これが一意的であるとすれば，q_B の関数と見なすことができて，$R_A(q_B)$ のように表すことができます。同様に，企業 B についても，同じことが言えて $R_B(q_A)$ のように q_A を所与とした最適戦略を表すことができます。これらは各企業の**最適反応関数**と呼ばれます。

最適反応関数 R_A と R_B は，両者の戦略の集合を S_A および S_B と書くならば，次のような関数 R を定義します。

$$R : S_A \times S_B \ni (q_A, q_B) \mapsto (R_A(q_B), R_B(q_A)) \in S_A \times S_B \tag{10.6}$$

この $R : S_A \times S_B \to S_A \times S_B$ の不動点

$$R(q_A^*, q_B^*) = (R_A(q_B^*), R_B(q_A^*)) = (q_A^*, q_B^*)$$

が，もしあるとすれば，それがクールノー–ナッシュ均衡であるということで，均衡の存在が一般的には**不動点問題**に帰着しています（章末問題参照）。

シュタッケルベルク均衡：クールノー–ナッシュ均衡においては，企業 A 企業 B ともに相手の生産量を予想し，その予想した生産量を前提に利潤を最大化するような生産量を決定しました。しかも，生産量の決定において両企業は対等，言い換えれば，相手の行為決定と自己の行為決定において，考えていることの水準が同一であるようなモデルでした。しかしながら，現実の経済では大きな企業 A と小さな企業 B が同一の市場

で存在し，一方がすでに市場の大きなシェアを獲得している，生産能力が大きい，交渉力に長けるといった違いをもって，両企業の行動原理や情報水準に差のあるケースが存在します。例えば「企業 B は，企業 A の生産量を前提として市場に参入し，企業 A はそのことを見越して利潤最大化を行うべくあらかじめ生産量を決定する」というように，生産量の決定にあたって追随者の行為を見越した企業 A（**先導者** Leader）と後から決定する企業 B（**追随者** Follower）からなる寡占市場のモデルを考えることができます。

基本的な設定は，クールノー・モデルと同じですが，追随者である企業 B の行動決定が，先導者の生産量を所与とした前のクールノー・モデルとまったく同じであるのに対し，先導者である企業 A は，追随者である企業 B のクールノー・モデル的反応関数を，自己の先導者としての生産量決定問題に織り込んで，利潤最大化問題を解きます。このようにして「先導者の生産決定を所与とする追随者の利潤最大化行動」と「そのような追随者の**最適反応**を織り込んだ上で生産量を決定する先導者の利潤最大化行動」が定式化されます。ゲームの手番というよりも，それ以上に**意思決定の水準で公平でない**想定を置いた結果として出てくるこの解を，「**シュタッケルベルグ均衡**」と呼びます。

最大化問題を追随者と先導者で明確に記すと，以下のようになります。話の便宜上，追随者 B を先に書きます。

追随企業 B：（関数 p と数量 q_A を所与として）利潤 $\pi^B(q_A, q_B) = p(q_A + q_B)q_B - TC^B(q_B)$ を最大化するような q_B を選択する。

この追随企業 B の最適反応関数は，先ほどと全く最大化問題が同じですから，$R_B(q_A)$ と書くことができます。この最適反応関数をもとにして，先導企業 A の先導者としての最大化問題が，次のように表せます。

先導企業 A：（関数 p と関数 R_B を所与として）利潤 $\pi^A(q_A, R_B(q_A)) = p(q_A + R_B(q_A))q_A - TC^A(q_A)$ を最大化するような q_A を選択する。

複雑にはなっていますが，関数 R_B が上の企業 B の問題として明確に定まっているのであれば，この企業 A の最大化問題も，明確に定まります。しかもこの問題は A の最大化問題として閉じており，q_A^* をその解とすれば $q_B^* = R_B(q_A^*)$ で，シュタッケルベルグ均衡が得られることになります（章末問題参照）。

製品差別化がされている市場のベルトラン均衡：ここまでのモデルは同一の商品を供給する一つの市場に存在する 2 つの企業が，市場の需要関数を知った上で生産量という**数量的な**競争を行うモデルでした。これに対して，よく似た（代替物となる）2 つの商品を供給する 2 つの企業が，互いに相手の価格を所与としながら，自らの最適な価格設定を行う**価格的な**競争モデルを考えて見ましょう。この場合に行き着く（互いに互いが最適価格となる）価格の均衡は**ベルトラン均衡**と呼ばれます。この均衡も，ゲーム論的な設定で言えばナッシュ均衡となるので，**ベルトラン–ナッシュ均衡**とも呼ばれます。

両企業の最大化問題を，やはり定式化しておきましょう。今度は A, B 2 つの企業は，それぞれ異なる市場の需要関数に直面していますが，その需要関数が相互の価格設定に

依存しており，$d_A(p_A, p_B)$ ならびに $d_B(p_A, p_B)$ という形になるとします。戦略として決定できるのはここでは価格 p_A および p_B です。各市場における生産量は，需要に見合う形で各企業においてなされるものとし，その場合の各企業の総費用関数は TC^A および TC^B とします。

各企業の利潤最大化問題は，以下のようなものになります。

企業 A：(関数 d_A と価格 p_B を所与として) 利潤 $\pi^A(p_A, p_B) = p_A d_A(p_A, p_B) - TC^A(d_A(p_A, p_B))$ を最大化するような p_A を選択する。

企業 B：(関数 d_B と価格 p_A を所与として) 利潤 $\pi^B(p_A, p_B) = p_B d_B(p_A, p_B) - TC^B(d_B(p_A, p_B))$ を最大化するような p_B を選択する。

クールノー均衡の場合と同様に，最大化問題を通じて両企業の最適反応関数 R_A^* および R_B^* を定義可能であるとすると，やはり均衡の存在を一般的には不動点問題に帰着することができます（章末問題参照）。

10.1.2 寡占市場を含む一般均衡

部分均衡理論における独占均衡や寡占のクールノー均衡のような考え方を一般均衡理論的に取り扱ったものとして，均衡の存在についての議論は，かなり古くから行われています。1960 年代の根岸 (Negishi, 1961) にはじまる「主観的な需要関数予想」を出発点としたアプローチがその典型です。簡単に述べると，あらかじめ定められたいくつかの市場（寡占市場）において，各生産主体が「その市場の価格と需要量についての主観的予想」と，「他の全ての生産主体の生産量」を所与とし，自らの利潤が最大になるような生産計画を立て，その下での需給均衡を問うという定式化です。つまり，各生産主体の行動が，通常では単なる価格を所与とする利潤最大化ですが，そうではなく，価格と他の主体の行動，そして各主体の**主観的需要予想**に依存する利潤最大化として，定式化されます。

補足：このアプローチに特有の問題点として，まず企業の利潤関数に凸性の仮定を設けねばならなくなってくるということがあります。これは完全に数学技術上の問題であって，何ら正当化をともなうものではありません。さらに，この「主観的」な需要関数予想を当該モデルにおける「客観的」なものにできないかという**需要関数の客観化** (objective demand function) の問題というのがあります。これらは今日でも未解決の問題であり，特に後者は，「企業の目的」というもう一つの大きな問題とも関連を持って，経済学理論上最も解決困難な位置付けにあるものです。

10.1.3 法と経済

本節で問題にしているような状況は，経済学的世界観において「市場」がよく機能するためには**価格が所与とされなければならない**ということ，つまり**価格支配力**を持つような大きな主体が出てきた場合,「市場を健全なものとして守る」ためには何らかの「法的規制」が必要であるということを，示唆しています。

一般に「社会」をとらえる上で，**経済学的観点**は「個人」と「市場」を中心に世界観を構築し，**個人による自由な行為の結果として社会の良い状況が実現される**ことを，主張しようとするものです。厚生経済学の第一・第二基本定理,コアの収束，極限定理といったものはその代表であり，何よりアダム・スミスによる「見えざる手」はその発想の出発点でした。この点で，同じ社会科学という分類においても，法学的な見地と経済学的な見地はとても対蹠的なものとなります。法の側から見ればしばしば民事訴訟法や刑事訴訟法を典型とするられる市民法的な「下からの」法律（丸山，1999）のような概念範疇において，特に社会的「費用」というような単純な原理にその根拠を帰着させ得るような部分において，法と経済に密な接点が生じます。より一般的には，法学が自然法あるいは自然権といったものを取り扱う場合，社会の秩序について，そのものが下から支えられることに何某かの足場を得ようとする場合です。

逆に経済学の側からは，市場の基本的設定，例えば独占やインサイダー取り引きといったものが，市場の存立そのものを危うくしてしまうような場合において，法との重要な関係が生じます。より一般的には，経済学的な枠組みが未だ不完全な部分において，例えば情報や知的財産といった問題がそうですが，経済学的枠組みそのものを上から規定すべき問題として，つまり「上からの」視座がどうしても社会の秩序にとって不可欠であるという問いに関して，法学との接点が必然的に生じます。

独占禁止法や**証券取引法**における基本的な考え方は，主体が自らの利益を求める行為そのものが否定されるのではなく，その利益を求める過程において，自らの市場に向けた影響力を意識せざるを得ないほどに，その存在が大きくなること（独占あるいはインサイダー情報といったものによって）を問題とするところのものです。要するに**市場そのものの正常な役割・機能を維持する目的をもって必要な最低限の法制度**という法と経済の関係を与えるものであり，古典

10.1 独占・寡占

的とも言える,一つの**静的**な「法と経済」の図式です。

これに対して,我々はもう少し**動的**な「法と経済」の図式にも,常々直面しています。それは「市場」が「個人」を通して「社会」に対して持つ重要な「下からの」役割,ハイエクが「自生的秩序」と呼んだような,国家や法律といったものを超えて,普遍的に「人間」世界に働きかけるところの「市場」の持つ力に関連した,法と経済の問題です。今日の我々の世界に,これまでになかった市場,これまでになかった参加者による取り引き,といったものが増えていくとき,それが旧来の権利関係や,これまでなかった権利関係の整備の必要性を伴って,経済と法の接点が必ず生じます。

次節および次章との関係:やや議論を先取りしますが,本章,次節で扱う「コースの命題」は,通常「市場」では解決されないと見なされるような種々問題(外部性の問題)も,誰がどういう権利を持っているのかという権利関係を明確にすることによって,多く市場で解決できる問題になるということを主張するものです。しかも,その最初の権利関係の確定は,最終的な社会の望ましい状態の実現にとって,さほど重要な役割は果たさない,ということを主張しますので,法と経済の役割分担も明確になります[2]。

次章で我々の扱う非対称情報の議論においては,「レモン(中古車)市場」,「逆選択」や「モラルハザード」といった,通常は「市場」の喪失といったことが強調されます。しかし,実はそうしたメカニズムが,本当は「市場」の真の動き・働きを補完するものであるということに,気付かざるを得ないでしょう。実際,現実として「中古車市場は存在」していますし,「悪貨も良貨と共存」しています。公共財の供給まで含めて[3] 我々がそこに見るのは,むしろ「市場」の持つふてぶてしさとも言うべき可能性 (Viability) であり,それは下から存在するもの,(悪く言えば)広く浅く我々を騙すことで生きながらえるものなのであって,そうやすやすと,その力を失うような代物ではありません。

「法と経済」という見地で我々がこれから見据えるべきものは,したがって「市場」というものの持つ力が,時として「国家」や「法」をも凌駕してしまいかねないような事態に向けた視座です。それは国際化やグローバル化,多国籍

---

[2] たとえば,CO_2 排出権限を明らかにして,排出権市場での取り引きを認めるとき,地球温暖化防止のための合意という通常「市場」では解決できない問題も「市場」の内部の問題になります。しかもその際,どこに権利を認めるかという問題は(当事者各国にとってはもちろん重大ですが)最終的な地球上での CO_2 排出量の減少量の実現にとって,影響がない(いくつかの条件を無視してはいますが,一言で述べると「所得効果を無視できるなら」)ということです。ただし,CO_2 排出量を規制することが,地球温暖化防止に意味がないとすると,この取引の意味は直接的に途上国の「経済発展の権利」に枠を与えているだけです。

[3] しばしば公共財の代表のように語られる港の灯台なども,そもそもはヨーロッパなど,各地において,近世ごく普通に民間により運営,供給されていたといいます (Coase, 1990)。

企業といったキーワードとともに，今日我々に与えられた喫緊の課題でもあります。そのような視座から「大きくなりすぎた私的な力」の暴走に向け，警告を促し，警戒することが，常に必要です。そしてそのような知を有効にしてくれるのも，やはり広い意味での「市場」が持つ下からの力，それは一つの「社会」がその「社会外」との関わりによって常に自ずから変転し，自己自身を創造していく，そのようなダイナミクスです。

10.1.4 自然独占と限界費用価格付け

独占・寡占から，次節の公共財の話をつなぐ話題として，本項では自然独占という問題を取り扱います。この問題は例えば電力事業のように，巨大な資本の投入をその初期に余儀なくさせる[4]ような財の供給において，公共料金をどのように設定すべきかといった問題に対する，最も基本的な議論になります。

図 10.2 (a) は，ある商品の市場にのみ注目し，他の商品の価格は変化しないとして描かれた，その商品を産出する企業の総費用関数 TC です。また，図 10.2 (b) は，その企業の平均費用関数 AC および限界費用関数 MC と，その企業が直面する市場の需要曲線 D の状態を描いています。図 10.2 (a) において数量軸に選ばれた3つの点は，一番右が平均費用 AC の最も低いところであり，図 10.2 (b) における f の数量と対応し，右から2つ目は最も限界費用 MC

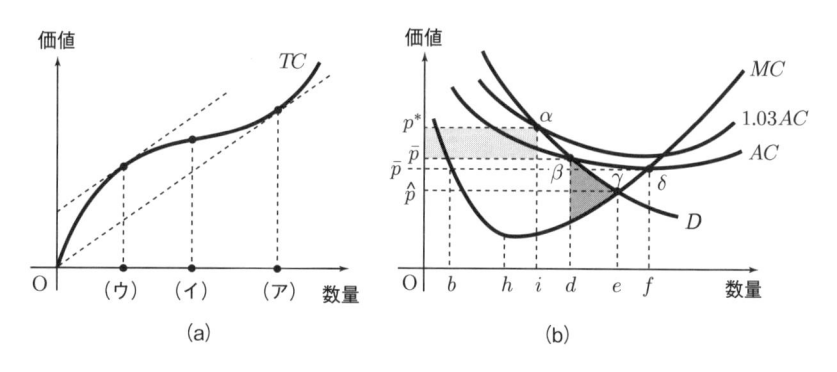

図 10.2 (a) 総費用関数, (b) 平均費用・限界費用・需要

---

[4]そもそも本当にそうした事業が必要なのかどうかについては，ここでの問題外です。

10.1 独占・寡占

が低くなるところなので h と，一番左は MC が AC の最も低い値と等しくなる左側の点ということで，b に対応しています。

図 10.2 (b) は，このような技術を持つ企業が，生産物の価格 p を所与とした利潤最大化行動，つまり価格を所与とした完全競争的な利潤最大化行動をとるためには，需要曲線 D が左下方にありすぎて，市場メカニズムの下でこの財が適切に供給されない状況を表しています[5]。MC 曲線が AC 曲線より上に来ていないかぎり採算は取れません。MC 曲線が供給曲線と呼べるのは図中その数量が f 以上の部分であり，価格が $\bar{p}$ 以下なら供給は 0 です。最初にも述べたように，例えば電力やガス事業のように，莫大な初期投資が必要である場合，こうした状況が生じます[6]。このとき，この企業に公的に独占を認め，その料金を**公共料金**として法的に認可しながら当該の生産を行わせることが考えられます。このような状況を**自然独占** (natural monopoly) と言います。

このような企業にはどのような価格付けを適正なものとして認定すべきでしょうか。企業活動の結果として，どの程度の利益を得ることを認め，料金を認可すべきでしょう。経済学的結論から言えば「**いかなる正の利潤も認めるべきではない**」が正解です。それは，公的に独占が認められているということにより，公平性の観点からしても当然のことですが，それだけではありません。全体的な厚生という効率性の意味でも，こういう企業が正の利潤をあげることには理論上極めて問題があります。以下この問題を詳細に検討しましょう。

利潤最大化行動：たとえば，総費用の 3 パーセント程度を利益にしてよいといった認可方法があるとしましょう。**日本の電力事業に認められている**「**総括原価方式**」は，特定の固定資産に事業報酬率をかける形になっているので，特定の設備費を大きくすることが有利というバイアスがありこれとは幾分異なりますが，基本的な考え方としては同様です。これは，料金体系にすると，丁度平均費用に 3 パーセント上乗せした価格体系であり，図 10.2 (b) における $1.03AC$ と記された曲線が消費者の支払うべき価格を表すことになります。このとき，消費者需要との交点から点 α によって示される価格 p^* の下で，総数量 i が供給されることになります。そうすると電力事業者の総収入は $p^* \times i$

---

[5]「適切に」と申し上げましたが，そもそも，その供給が必要ではないのでは，という可能性については，繰り返しになりますが，ここでは「頭から」排除しているだけです。

[6] もちろん，電力もガスも本当にその財は必要なのか，という問題は深淵で，長期的には徹底的に考え直すべきですが，ここではともかくそういった財の供給とともに，インフラから何から全てがもうそれを前提に成立してしまっている場合であって，とりあえず「短期的には，供給しないと世の中が回らない」という事情だと考えて下さい。

であり，総費用は数量が i のときの平均費用× i ですので，結局図 10.2 (b) の薄い影部分が，電力事業者の独占利潤となります。

平均費用価格付け：この電力事業者に「平均費用価格付け」を命じた場合，電力需給はどうなるでしょうか．需要曲線との交点を見れば点 β の示す価格 $\bar{p}$ の下で総量 d の電力が需給されることになります．このときの生産者余剰は，価格が平均費用で与えられていることから（生産者余剰＝利潤と考えれば）必然的に 0 です．従って，点 β から点 α への移動に伴って，生産者の側における余剰の増大は薄い影部分の大きさのみです．一方消費者余剰を見てみると，明らかに価格が $\bar{p}$ から p^* に高くなることによって，図の p^*-α-β-$\bar{p}$ で記される 4 点に囲まれた（ほぼ）台形の面積分の余剰が失われています．つまり消費者の側から見れば，薄い影部分の利潤に相当する額を税金でまかなって，電力料金が $\bar{p}$ まで下がった方が，ずっと喜びが大きいということです．

限界費用価格付け：話をさらに押し進めると，生産量 d から，さらにもう一単位産出を増やすなら，図中の d のすぐ右にある縦の実線が示すようにその実線の長さ（消費者の支払い意欲）は，その実線の MC より下の長さ（その生産に必要な社会的費用）を上回っています．この状態は産出量が e になるまで成立しています．d から e に至る限界費用曲線の下側の面積は，総費用の増大に他ならず，需要曲線の下側の面積は消費者の支払い意志の増大です．つまり，事業者の赤字を税金で賄うというプロセスさえ厭わないなら，$\hat{p}$ という「**限界費用価格付け**」の下で，線分 β-d と MC 曲線の交点，そして点 β および γ の 3 点で囲まれるほぼ三角形の濃い影部分の面積だけ，社会的には消費者余剰と生産者余剰の合計を増大できます．

つまり自然独占の企業に対しては，利益を認めるどころか，本来**赤字で経営させることの方が正しい**ということです．こうした企業に薄い影部分のような利益を認めることは，例えば技術の選択によって同時に TC（つまり AC）曲線そのものを変化させることが可能であるなら，**より薄い影部分が大きくなるようなタイプの技術を選択することを，企業に認める**ということでさえあり，とんでもない誘因を事業者の側にもたらします．

以上のことから，日本の原子力発電が「社会的厚生を無視した誘因を電力事業者に与えつつ」核燃料サイクルとプルトニウムの産出・保有といった国際政治的要因を背景に，国策として推進されて来たものであることが明らかとなります．正常な競争機会の喪失や利権といった話以前に，このような誘因で事業者が利潤最大化を行うなら，宣伝費その他でコストそのものが変数となる以上，目的関数はその地域住民から最高に取ることのできる利潤（図の薄い影）となり，日本の電気料金が「不当に」高いのは理論的に不可避ということです．

10.2 公共財と市場の失敗

10.2.1 外　部　性

　財によっては，市場での取り引きを通じない形で，とある消費行為，生産行為にともなって，勝手に他者の効用，生産に影響を与えてしまう場合があります。これは**外部性** (externality) の問題と呼ばれ，市場を通じて適切に取り引きされることが困難な商品の重要な例を与えるものです。治安，国防といった「公共財」は，その代表的な例です。これらはそれを不必要とする主体をその受益から締め出すことができず，逆にいえばひとたび供給されれば誰もがそれに**ただ乗り** (free riding) することができるため，私的な需要供給関係（つまり市場）に任せていたのでは，社会全体での供給量がその最適な大きさに比して過小になる「傾向」があります。

> 例（外部経済）：A の消費する商品に，A の近隣にいる主体にとっても正の好ましい影響を与える特性があったとする。たとえば A が自分の家の庭を手入れし，近隣の家から見ても景観その他様々な点から好ましいと感じられるとしよう。A の消費量は A の支出に応じて増えるが，A は自分が進んで出そうと思う金額しか出さない。しかし，もし A の近隣に住む B, C が，A の消費量に応じて，自分達も恩恵を得るところが大きい場合，B, C は A に**交渉**して「金銭的に援助してもよいからもっと消費するよう」頼むかも知れない。ここまで議論してきた「市場」にはそのような機能は備わっていない。もしも，そのような交渉の余地をモデルに導入できるなら，結果として得られる社会の状況は A による「より多くの庭の手入れ」を導くような（つまりその方が社会的に望ましい）ものと予想される。

　この極端な例が**公共財** (public goods) です。道路の整備，国防，治安，港湾の整備など，個人の出費と市場に任せては供給が困難な財については，その外部性に応じて，政府のような全体を代表する主体が国民から税金を徴収し，その財の供給を引き出すことが正当化されます。

　公共財のように「ただ乗り」を許す，周囲にとって好ましいところの特性は**正の外部効果（外部経済）**と呼ばれます。その反対に，ある生産にともなってまきちらかされる公害や，道路の利用時の混雑のように，**負の外部効果（外部不経済）**をもたらす商品も存在します。他人の消費を見て，自分の消費の満足度が異なってくる「流行」や「見栄」なども，広い意味で外部効果と位置づけ

ることができます。一般に市場に任せるのみだと，外部経済のある財については，社会の最適量に比してその供給量が**過小**に，外部不経済のある財は，その供給量が**過大**になる「**傾向**」があると考えられます。

> **例（迷惑施設）**：例えば，A が自分の家の庭をゴミ置き場とすることはれっきとした土地利用であり，正当な生産行為である。しかしおそらくその生産行為は近隣の高級料亭 B に負の外部効果を及ぼす可能性がある。市場を通じたこの問題の結論は，A が利潤の最大化をはかることのみである。しかし B にとって好ましいのは，A と直接交渉し，場合によっては適当な金額を支払ってでも，A の生産活動を縮小してもらうことかも知れない。そしてその交渉が成立する限り，A にとってもそれは悪い話ではない。

外部性に対して，もしも市場で取り扱われていない，その**利害に関する権利関係（所有権）**といったものを明確にし，その権利についての取り引きが可能であるような設定を与えてやることができれば，それを通じて最適な資源配分を実現する可能性が出てきます（外部経済の**内部化**）。一般にこれを**コース (Coase) の命題**と言います。上記の迷惑施設の例で話を続ければ，A の「庭をゴミ置き場とする権利」を認めるか，B の「周辺の美的環境を守る権利」を認めるか，いずれかの権利を設定して，その権利を売買させればよいのです。

この際，仮に**取り引き費用**や**所得（資産）効果**を無視できるとすれば，初期にどのように権利を配分したかということは，結果として生ずる資源配分状態に影響を与えません。なぜなら，資産・権利の配分は，所得効果がないとすると，2 つの企業の利潤最大化主体の場合を典型とするように，各主体にとっての最大化行為の選択に影響しないからです。この観点から，同命題は**コース (Coase) の中立性命題**とも呼ばれます[7]。

> **例（続き）**：A の「庭をゴミ処分場とする権利」を認めた場合，B が一定の金額を支払って，その権利の一部を制限する。B の「美的環境を守る権利」を認めた場合，A が一定の金額を支払ってその権利の一部を買い取る。**所得効果が存在しないなら，その結果として生ずる状況（庭での生産行為の水準）は同じ**（出費がいずれの主体にあるかということだけが異なる）というのが，

---

[7] 『資産効果』や取り引き費用が存在しないとき，例えば，2 企業間で外部不経済が存在しても，2 企業が力を合わせて最高の利潤をあげ，後からそれをどう分けるかということが，最高に儲けるという行為それ自体が何かということと無関係であるように，権利所有の関係が明確になるなら，それだけで，後は市場に任せれば（外部経済の内部化ができて）よいという，話である。

10.2 公共財と市場の失敗

コースの中立性命題の内容である。

外部性という概念について：外部性という言葉は，通常「市場」に対して用いられます。それは経済学理論が「商品空間」をその理論の「舞台」と認識しているからであり，言わばそれを理論から見て，財と財の話であるのに「舞台に乗らない」という意味で用いているからであると思われます。けれども他人の消費を見て自分の消費の満足度が異なってくる「流行」や「見栄」などを，広い意味で外部効果と位置づけるなら，微妙にそれは財と財の関係ではなく，行為と財の関係になります。更に，高い価値がついているということそのものが効用を上げる「金銭的外部性」などになると，もはや本質は財空間ではなく，価格空間と効用の話になっています。

モデル内での誰かの行為が，誰か他の人の，可能な行為の範囲を変えるといったことも，価格や利潤の配当なら内部化されていますが，それ以外のところでそうしたことが生ずるなら，外部性と分類すべきです。外部性という概念を，その最も広い意味で用いるとすれば，とあるモデルにおいて，最も広い意味で主体の行為を記述した場合に（例えば予想や期待なども含めて），それらが各主体における行為の前提としている効用から制約条件まで含めたモデルの枠組みに相互に影響してくることを，指す必要が出てきます。そうした段になれば，そもそも**経済学的な枠組・モデル・知識の限界**ともいうべき「**構造的な外部性**」といった視点が，必要になってくるでしょう。これは銀行の貸出行動や貨幣といった問題でも述べた**真の不確実性** (p.141, 脚注 4) と関わる事柄です。

10.2.2 リンダール均衡その他

私的財のみを想定した一般均衡モデルでは，価格はすべての経済主体について共通でしたが，需要量は異なるものとなりました。公共財の場合，その財の性質上各消費者の消費量が同一ということになったりします。公共財が存在するとき，どのようにしてその価格や供給を，市場均衡論的に取り扱えばよいでしょうか。リンダールは**公共財については個人別に価格を与え，その消費量を表明させる**ことによって，問題が解決できるのではないかと考えました。

この場合，各人にとって価格は所与であり，単純に与えられた価格に基づいて最適な公共財の量を需要すると考えます。このとき，例えば最適な国防のための軍隊の量であるとか，警察のパトロールサービスの量，道路の整備状況，それらは他者が表明してくれたら自分はただ**乗り** (free riding) できるのですが，そのことは**各消費者は忘れている**と想定します。この場合，消費者側について通常の一般均衡理論的想定から変更すべきところは何もありません。

一方，その需要をまかなうための生産については，事情が異なります。とい

うのは，各消費者の個別の需要を合計したものが，社会的な総需要ではないからです。社会的には，各人個別な価格の下で，偶然にも全主体から同一の大きさで需要が表明された，何らかの数量が供給されればそれで良いと考えます。

2人と2財の簡単なモデルで，この状況がどのようなものになるか見てみましょう。

いま，消費者 A と消費者 B，そして公共財を生産する企業（政府）が存在し，また，公共財と私的財があるとします。消費者 A の効用関数は $u_A(g_A, x_A)$ であり，g_A は公共財の消費量，x_A は私的財の消費量とします。消費者 A は初期保有として私的財を e_A だけ持っているものとします。また，消費者 B については，上述の A を B に変えた設定をもつものとします。いま消費者 A にとっての公共財の価格を p_A で表し，私的財の価格は 1 と規準化してしまいます。このとき消費者 A の予算制約式は $p_A g_A + x_A = e_A$ です。B も同様の予算制約式を持ちます。効用最大化条件として，A および B はそれぞれ

$$\frac{D_1 u_A}{D_2 u_A}(g_A, x_A) = p_A, \quad \frac{D_1 u_B}{D_2 u_B}(g_B, x_B) = p_B$$

を満たすことが要請されます。

一方，企業（政府）の公共財生産技術（公共財を g だけ生産するのに必要な私的財 x）を $x = f(g)$ とします。利潤最大化条件は，企業（政府）にとっての公共財の価格を p_g で与えると

$$p_g = f'(g)$$

となるような数量 $g(p_g)$ が供給されることです。ここで，この数量 $g(p_g)$ が $x(p_g) = f(g(p_g))$ という量の私的財を必要としており，またその量は（公共財ですから）g_A であり g_B でもあります。

ここで，社会全体のパレート最適がどのような状況になるか考えましょう。各人の効用水準に適当な加重（ウェイト）$\alpha_A > 0, \alpha_B > 0$ を適当に与えて次のような最大化問題を考えます。

$$\text{Max.} \quad \alpha_A u_A(g, x_A) + \alpha_B u_B(g, x_B)$$
$$\text{Sub. to} \quad (e_A - x_A) + (e_B - x_B) = f(g)$$

10.2 公共財と市場の失敗

ラグランジュ乗数を λ としてラグランジアンを作れば

$$\mathscr{L} = \alpha_A u_A(g, x_A) + \alpha_B u_B(g, x_B) + \lambda((e_A - x_A) + (e_B - x_B) - f(g))$$

となります。ラグランジアンの極値条件によって

$$\alpha_A D_1 u_A(g, x_A) + \alpha_B D_1 u_B(g, x_B) - \lambda f'(g) = 0$$
$$\alpha_A D_2 u_A(g, x_A) - \lambda = 0$$
$$\alpha_B D_2 u_B(g, x_B) - \lambda = 0$$

となり,ここから(第一式の両辺を λ で割って)

$$\frac{D_1 u_A}{D_2 u_A}(g, x_A) + \frac{D_1 u_B}{D_2 u_B}(g, x_B) = f'(g) \tag{10.7}$$

を得ます。これは**サミュエルソン条件**と呼ばれ,公共財の最適供給のための基本条件と位置づけられます。各主体 A, B, 企業(政府)についての上述した最大化の条件と,このサミュエルソン条件を両方加味すれば,価格についての条件

$$p_A + p_B = p_g$$

を得ます。

さて,いま消費者 A の公共財と私的財に対する需要関数を,それぞれ $g_A^d(p_A)$, $x_A^d(p_A)$ とします(B についても全く同様です)。また,企業の公共財と私的財の供給関数をそれぞれ $g^s(p_A + p_B)$ および $x^s(p_A + p_B)$ とすると,上述したパレート最適性のための条件を保持しながら期待されるこの経済の一般均衡は,

$$g_A^d(p_A) + g_B^d(p_B) = g^s(p_A + p_B)$$

および

$$x_A^d(p_A) + x_B^d(p_B) = x^s(p_A + p_B)$$

という形に表現できます。このような資源配分状態と各消費者に対する公共財価格の組が**リンダール均衡**です。

リンダール均衡において,各消費者の公共財の費用負担割合は,消費者の自発的な消費に応じて異なるものとなり,そのようにすることで,公共財を含む

経済が最適な資源配分を達成することが期待できるということです。もちろん，このような均衡が本当に市場均衡として達成されるためには，上で述べた「ただ乗り」の問題が，何らかの形で解決されなければなりません。

章末問題

【問題1】（独占）独占企業による部分均衡市場での価格付け $p'(q^*) + p(q^*) = MC(q^*)$（最初の項は通常負なので，$p(q^*) > MC(q^*)$）と，**ラーナーの独占度**との関係を一文でまとめよ。

【問題2】（クールノー–ナッシュ均衡）ある財の市場において，需要関数が $D(p) = -p + 80$ で与えられており，この財を生産する 2 つの企業 A と B において，各企業の総費用関数が $c_A(q_A) = 8q_A$ と $c_B(q_B) = 32q_B$ のように与えられているとする。このとき，クールノー–ナッシュ均衡におけるこの財の価格を求めなさい。

【問題3】（シュタッケルベルク均衡）ある財の市場において，需要関数が $D(p) = -p + 80$ で与えられ，この財を生産する 2 つの企業 A と B について，各企業の総費用関数が $c_A(q_A) = 32q_A$ $c_B(q_B) = 8q_B$ のように与えられているとする。このとき，企業 A を先導者，企業 B を追随者としてシュタッケルベルク均衡におけるこの財の価格を求めよ。

【問題4】（ベルトラン–ナッシュ均衡）いま 2 つの企業 A と B が，製品差別化のなされている市場において，それぞれの財への需要曲線，$d_A(p_A, p_B) = 120 - p_A + 2p_B$ と $d_B(p_A, p_B) = 120 - 2p_B + p_A$ を持つものとする。d_A, d_B は各企業の直面している需要関数，p_A, p_B は各企業の価格とする。また，総費用はそれぞれ $c_A(x_A) = 12x_A$ と $c_B(x_B) = 3x_B$ とする。x_A と x_B はそれぞれ各企業の生産量であり，直面する需要量をまかなう形で生産が行われる。このとき，**互いが互いに最適な価格づけである状況を**意味するベルトラン–ナッシュ均衡価格を求めなさい。

【問題5】（租税を用いたコース命題の応用例）公害を発生させながら，ある財を生産する企業があるとする。この財は市場で取引され，その需要関数は $d(p) = -2p + 500$ で与えられるとする。また，この企業の供給関数（限界費用関数）は $s(p) = p - 10$ （$c(q) = q + 10$）で与えられており，この財の生産に伴う外部性を考慮してその費用を内部化した場合の限界費用関数は $C(q) = q + 25$ であったとする。このとき，以下の問題に答えなさい。ただし，ここでの企業は 1 社であるが，完全競争企業として行動し，平均費用は限界費用よりも小さいとする。(1) この市場で需給が均衡する価格と生産量を求めよ。(2) 社会的に最も望ましい生産量を求めよ。(3) 上の市場均衡における生産者余剰と消費者余剰を求めよ。(4) この財の取引を市場に任せ，外部性を内部化していない時の厚生の損失を求めよ。(5) 外部性を政府が税でもって内部化するとき，生産量 1 単位につき，どれだけ課税すればよいか求めよ。

11

情報をめぐる経済学理論

　前章で取り扱った「市場支配力」と「外部性」の問題は，経済学理論の限界を補完する議論として古典的な内容ですが，本章で取り扱う「情報」の問題は，比較的近年のもので，アドバースセレクションやシグナリングといった，いわゆる「**情報の非対称性**」と呼ばれる問題を中心に，「**情報の経済学**」と呼ばれる種々の議論を形成するところのものです。本章ではそれに加えて，**合理的期待均衡**における価格の情報伝達機能の問題，ゲーム論における**不備情報**，メカニズムデザイン論の基礎でもあるメッセージ空間としての価格メカニズムの特徴付け，といった理論最先端の話題を取り扱います。

11.1 情報の非対称性

11.1.1 非対称情報

　商品の見た目と，その本当の内容が乖離してしまっており，そのことをその財の持ち手（売り手）のみが知り得るような場合，そのような商品の市場において，買い手の立場からすれば「良品」と「粗悪品」とが入り交じることを予測せねばなりません。また売り手の立場からすると，自らの商品が，たとえ良品であっても，粗悪品かも知れないという目で見られることを覚悟せねばなりません。結果として，良品は市場に出にくくなり，市場に出回る主体は粗悪品のみとなりかねず，場合によっては部分均衡論的に言われる**市場崩壊**（ここでは市場均衡の非存在と対応付けます）という事態まであり得ます。

　これは古く言われる「悪貨が良貨を駆逐する」グレシャムの法則[1]であり，今

---

[1] 貨幣については，市場が「制度上あえて見分けない」ことによって，人々が**良質なものを胎蔵**し，**悪質なもののみ流通する**という現象。

日の経済学では非対称情報下での「Akerlof のレモン（欠陥中古車）市場」の問題[2]，あるいは労働市場での「逆選択 (adverse selection)」問題[3] として，知られるものです。これらは言い方を変えれば，契約前に隠されている知識 (Hidden Knowledge) の問題と言えます（c.f. Akerlof (1970), Rothschild and Stiglitz (1976), etc.）。

またこのような情報の非対称性 (asymmetric information) の問題を，上とは逆に契約後の行為が観察（モニタリング）不可能であるために，きちんと履行されないといった形で定式化した場合，モラルハザードの問題と呼ばれるものになります。契約後に隠された行為 (Hidden Action) の問題と分類できるこの問題は，「隠された情報」に対して，プリンシパル（職務の依頼者）がエージェント（職務の遂行者）への職務の監視（コストを伴うモニタリング）あるいは真面目に職務を遂行するための誘因の設定を最適に行う応用ゲーム理論的な枠組である，プリンシパル・エージェンシー問題 (Principal Agency Problem) として，今日取り扱われています。

11.1.2 非対称情報と市場の一般理論：市場の生き残り問題

非対称情報下での諸問題を，一般均衡理論的に整理しながら以下では取り扱います。部分均衡論的にはいわゆる市場の崩壊といった可能性を含む非対象情報下の均衡の存在問題は，市場の生き残り問題 (Market Viability Problem) と位置づけられることになりますが，実際にはこの市場均衡の存在問題は比較的容易に解決できます[4]。逆選択という現象は，一般均衡理論的には売り手がとある市場から撤退しても，いずれは何処かで売らねばならないということを考えるならば，市場取り引きが縮小する「グレシャム的な取り引きの縮小」はあっても，市場が崩壊する「レモン市場的な崩壊」には，そう簡単にはならないということです。むしろ市場は価格が十分に動くならばそれでよく，また動かなくても逆選択的に取り引きが縮小するといったことが生ずるのみで，いずれに

---

[2] 買い手側で商品の実質を見分けることができない場合，均一の価格下では良い中古車から市場に出回らなくなっていくという話。

[3] 個々の労働者の能力を評価できず均一的な賃金を与えようとすると，そのような会社から，労働者の能力を評価できる会社へと良い労働者が逃げていくという話。

[4] Dubey et al. (1990) 以降に一連の論文があります。

11.1 情報の非対称性

しても生き延びるふてぶてしさを備えているのです。

簡単な一般均衡理論的モデル設定に基づいて，以下見ていくことにしましょう。通常の ℓ 財からなる静学的一般均衡モデルを考えます。簡単のため生産主体は考慮せず，消費主体は m 人とします。今，特定の商品（k と呼ぶ）について，**売り手としての立場**と**買い手としての立場**にまつわる情報の非対称性があるものとしましょう。

> **基本例**：労働が制度上一律的に**時間単位**でしか売買されておらず，しかし実際にはその生産性に個人差があり，社会が欲しているのはエネルギー換算したような**実質的な仕事量**であるとする。労働の売り手はそれを知っているが，買い手はそれがどれだけか雇った後でないと分からない，といった状況が典型例である。Akerlof (1970) における欠陥中古車 Lemon 市場の例は，売り手が自分の車の欠陥（車の実質的なサービス）を良く知っているが，買い手の方は事前にそれを知り得ない，というものである。ただし，買い手もその市場で供給される**労働**や**中古車の平均値**は，知り得るものとされる。

これをモデル化していきましょう。商品 k について，市場において主体 i は p_k という価格の下で x_i 単位を売る場合，**売り手としては実際に市場に供給する量が $a_i x_i$ 単位であってもかまわない**，ここで $a_i < 1$ であっても，あたかも $a_i = 1$ であるかのごとく，販売時点では市場をだますことができるとしましょう。つまり，個人的には i はそのことを知っていますが，k 商品市場のマネージャー（架空の存在ですが便宜上想定します）には売る時点ではそれがばれません。a_i については，ここでは簡単に 0 より大きく 1 以下であるような定数としておきます[5]。市場全体で総供給量は $\sum_{i=1}^{m} a_i x_i \leqq \sum_{i=1}^{m} x_i$ です。ここから，商品 k の市場においては，その市場のマネージャーの平均化調整により，各人は**買い手としては y 単位の購入に対して ay 単位の平均化された商品しか手渡されないものとし，また，そのことはすべての市場参加者によって a の値として予想されている**ものとします。

この a の大きさは，**最終的にはこのモデルの均衡条件として**商品 k の市場における契約量に対する平均供給率 $\sum_{i=1}^{m} a_i x_i / \sum_{i=1}^{m} x_i$ に等しくなっており，各主体はこの比 a をあたかも外生的に与えられたものとして，自らの行動は市

---
[5] a_i が 1 より大きい場合，言わば黙って匿名で寄付行為をする，というような話になりますが，以下では今は取り扱いません。

場に影響を及ぼさないと信じて行動し，商品 k の需給を決定するものとします．ただし，これはある程度簡単化のためですが，この商品 k の市場には「売り手として参加するか，買い手として参加するかいずれか」であることが，たとえばその市場マネージャーの監視の下，ルール付けられているものとします[6]．

全ての商品 $1,\ldots,\ell$ の中で，商品 k だけがこのような特徴を持っているものとして一般均衡問題を考えましょう．商品 k の受け取り比率 $a > 0$ が，全ての商品の価格と同様，各主体にとって外生的に与えられるものとして，主体 i （(X^i, u^i, ω^i) とする）の効用最大化問題（$i = 1, 2, \ldots, m$）は以下のような形になります．

$$\text{Max.} \quad u^i(x^i) \tag{11.1}$$
$$\text{Sub.to} \quad x^i \in X^i$$
$$p_1 x_1^i + \cdots + p_{k-1} x_{k-1}^i + \frac{p_k}{a} \max\{(x_k^i - \omega_k^i), 0\} + p_{k+1} x_{k+1}^i + \cdots + p_\ell x_\ell^i$$
$$\leqq p_1 \omega_1^i + \cdots + p_{k-1} \omega_{k-1}^i + \frac{p_k}{a_i} \max\{(\omega_k^i - x_k^i), 0\} + p_{k+1} \omega_{k+1}^i + \cdots + p_\ell \omega_\ell^i$$

各市場の需給均衡条件は，商品 $s \neq k$ については

$$\sum_{i=1}^{m} x_s^i = \sum_{i=1}^{m} \omega_s^i \tag{11.2}$$

であり，商品 k については

$$\sum_{i=1}^{m} (1/a_i) \max\{(\omega_k^i - x_k^i), 0\} = (1/a) \sum_{i=1}^{m} \max\{(x_k^i - \omega_k^i), 0\} \tag{11.3}$$

です．ただしここで a についての以下の条件が存在します．

$$a = \frac{\sum_{i=1}^{m} \max\{(\omega_k^i - x_k^i), 0\}}{\sum_{i=1}^{m} (1/a_i) \max\{(\omega_k^i - x_k^i), 0\}} \tag{11.4}$$

以上の全ての式を満たす価格 p，消費量 $x^1, \ldots, x^m$ ならびに契約量に対する平

---

[6] そうでないと a_i は各個人の情報識別能力のようなものにあたりますので，$a_i < a$ なる主体は必ずその市場での取り引き行為のみから，理屈上無尽蔵に利益を引き出すことができてしまいます．ただし均衡の存在のためだけならば，**各人の取り引き量に上限さえあればよい**のであって，売り手または買い手いずれかに限定して締め出す必要はありません．よく置かれる仮定は，**初期保有量までの供給量を許す**というものです．

11.1 情報の非対称性

均供給率 a の組が，この経済の一般均衡状態です。上記モデルは一般均衡理論的枠組において情報の非対称性を取り扱う基本的な設定です[7]。

逆選択 (Adverse Selection)

売り手と買い手の間に情報の非対称性がある場合，つまり売り手において明らかな情報（商品の性質の良し悪しなど）が，買い手にとって見分けのつかないものである場合，いわば粗悪品と混ぜて売られる宿命にある良品の所有者がその市場から遠のいてしまうことになる，そのような状況が**逆選択**です。

上記モデルにおいて：主体 i は p および a を所与とした最大化問題に直面しています。主体 i の個人情報である a_i が，もしも市場の平均であると各人が想定している a 以上であれば，式 (11.2) から決まる i の予算集合は凸（不利）となり，a より小さければ非凸（有利）となります。仮に a_i を同一商品の質の差のようなものと考えれば，そういった質のばらつきと情報の偏りが存在するとき，買い手は平均で考えざるを得ないため，このように質の良い商品を供給する者にとって不利，質の悪い商品を供給する者にとって有利な状況が必然的に生じます。均衡もそれを反映せざるを得ないものとなります[8]。「悪貨が良貨を駆逐する（グレシャム）」このような状況を指して，**逆選択** (adverse selection) といいます。

市場の生き残りについての補足：先の注意 6 で述べたような購入と売却を同時に行うことを許容する構造と[9]，そのような購入と売却に対する上限をモデルに設定しない場合には，$a_i < a$ を満たす個人がいる限り，その個人は購入と売却を繰り返すことで予算制約をいくらでも拡大させることができますから，均衡は最も低い a_i 以下に a がなる

---

[7] Dubey et al. (2000) 等を参考にせよ。ただし，ここでは同一主体が売り手と買い手両方の立場をいつでも同時に無限に行使できる**無名性**（anonymity）という想定を置いていない。彼らの言う，完全に互いの顔の見えない取り引きのみで成り立つ市場というのは，各人の市場における売買という「明らかに隠されていない情報」を，あえて「見えない」ものと考え，なおかつ懲罰を与える者にはそれが「見えており」各人もそれを承知しているというちぐはぐな想定を必要としている。これは「各人にとって見ないですむ」という成熟した市場では有り得る想定と「各人にとって個人情報なので他からは見えない」という事実に関する想定を，都合に応じて混同して用いたものである。それに対応して，本来は後者つまり他からは「見えない」情報に立脚して議論されるべきモラルハザードの側面が，不必要に拡大されることになる。今日いかなる貸借にかかわる市場においても個別主体の特定化が明確になされているものであり，それが今後無名性を確保できる状態へと市場の成熟とともにに発展するなどということには何の根拠もない。「意図的」なものにも「事故的」なものにも，区別無く同じ懲罰を与えるという彼らの世界観での安定的な社会の見通しといったものが絵に描いたものでしかないということは，その後サブプライム・ローン問題に端を発する世界的な金融不安をもって，図らずも証明されることとなった。

[8] 上述した予算制約集合の非凸性により，一般均衡の存在には，各主体が k の売り手になるか，買い手になるかを，あらかじめ市場に登録し，その立場を変えないといった設定が必要です。

[9] その場合，直前の脚注 8 で述べた非凸性については，自動的に解消されます。

場合に限られるでしょう。同時にそのような予想と合致する均衡であるためには，この市場にその i を除くいかなる供給があってもならないことになります。k の価格がいかなるものであっても，k 財の供給者が i 以外にも存在する形に各人の選好と初期保有を設定することは，例えばコブ・ダグラス型効用関数などを用いて，容易ですので，そのような場合には k 財の受給が均等し得ないことと同時に，上述したグレシャム的な意味での**市場退縮**にとどまらず，**市場崩壊**を覚悟せねばならないかもしれません。しかしながら一般には，**再販等に規制をかけられること，あるいはそこに現実的にはコストが生ずること**を考慮するならば，そういった市場退縮ではない崩壊というのは現実的な話には分類できない，数学上のお話となります。

モラル・ハザード (Moral Hazard)

各人の行為 (action) についての情報が共有されている場合，あるシステムの下，各個人の主体的な行動の選択の結果として達成される一つの理想的すなわち良いものとされる状態があるとします。そういった各人の行為が，実際には個人情報として隠されている (hidden action) 場合，各人の選択する行為がその「自己の行動が隠された情報である」という非対称性の認識ゆえに上述の理想状態から乖離するとき，その乖離を指して**モラル・ハザード** (moral hazard) と呼びます。

上記モデルでは：$a_i \geq 0$ が個人情報であるという想定の下で各人が必ず供給量を $a_i(\omega_k^i - x_k^i) \geq 0$ にするものと決めて描かれています。これが意図的なものなのか事故的なのかも述べられていません。しかし，ここで想定されているような話そのままだとすれば，各人が自らの $a_i \leq 1$ という，$<$ の場合には情報的な優位性に相当するモデル上の数学表現をあえて利用せず，市場に対して正直に x_i 単位を差し出す，つまり市場に対して正直にふるまうことも選択の可能性としては有り得るとする方が自然です。そう捉えるならば，主体 i について，$a_i < 1$ としておきながら，その最大化問題 (11.1) についてのみ a_i を 1 に変えてそれを解き，しかし市場に手渡される際には $a_i(\omega_k^i - x_k^i) \geq 0$ になっているというような状況もモデルとしては設定可能です。いわば**契約の不履行（デフォルト）**が「**事故的**」であるケースのモデル化です。話を分かりやすくすれば，先の市場マネージャーが不注意で i から市場に収められた財の $1 - a_i$ の割合を必ず毀損してしまうというような架空の話を，背後で想定すればよいでしょう。そうした場合にも，おそらく当該モデルには均衡が存在します。そのような均衡と，i の最大化問題が a_i を用いている，つまり市場に対して不正直を選び得るという場合の均衡に乖離が生ずるとすれば，その乖離に**モラルハザードが存在**しています。なぜなら，主体 i は行動原理として市場に不正直なものを選び得るという条件の下，明らかに「事故的」でなく「意図的に」契約の不履行 a_i を利用したからです。

シグナリング・スクリーニング (Signaling・Screening)

このように情報の非対称性の下での均衡を考えるとき，必ずしもその均衡において個人情報を個人情報としてのみ持つことによって得をしているとは思えない主体，例えば a_i が最も 1 に近い主体や，直前のモラルハザードで述べたところの正直な行動を取る主体が，あえて自らの特性を暴露する（シグナル Signal を出す）ことで，より好ましい市場取り引きの可能性を構築し，好ましい均衡を導くことのできる可能性があります．そういった場合，より好ましい市場均衡において得る利得が十分に大きい主体にとっては，そういった市場を構成するメンバーであることを自ら示す**シグナリング（Signaling）費用**，あるいは外側から，そういったメンバーであることを探ろうとする**スクリーニング（Screening）費用**が多少かかろうとも，利得追求というシンプルな目的の中で，それらの実現が可能になるでしょう．現実の社会状態に，そういった形の均衡として論じるのが相応しいものも多くあります．

情報の非対称性と一般均衡：こうした議論は，部分均衡論的に，またゲーム論的な設定と道具を用いて，応用問題的には広く論じられていますが，一般均衡理論的に整理されているとはいえません．それ故に，非対称情報の問題については，経済学理論が与える**世界観**としての意味づけが，未だ不十分といわねばなりません．上述したようなモデルにおいて，そのコストをきちんと内生化するならば，シグナリングとスクリーニングの間にはコース命題的な中立性が成り立つでしょうし，また逆選択とモラルハザードがどういったレベルで現実と折り合いをつけ，市場構造を構築するかということも，重大な問題です．そういったことを合わせて，いわゆる情報の経済学の問題は，統合的な経済学的世界観の中に，再度位置づけされる必要があります．

11.2 合理的期待と情報の問題について

11.2.1 Radner 合理的期待均衡の概念

Radner (1979) に代表される合理的期待均衡の概念は，情報と一般均衡の問題としても重要です．ここでは，その「価格と情報」に対する問題提起も含め，まとめておきます．以下で想定されるのは，通常の R^ℓ を商品空間とし，価格 $p = (p_1, \ldots, p_\ell)$ を所与とする，標準的な消費者主体の需要決定問題です．

基本設定

主体の全体を表す集合を $I = \{1, 2, \cdots, n\}$ とします。

(i) 各人の需要決定に影響を与える**可能なできごとの全体**を表す集合を E とする。いずれのできごとも，同時には起こることはなく，その要素のうちでどれか一つだけが実際に起こるものとする。簡単のため，以下では E を有限集合とする。

(ii) S を主体の全体が受け取る**シグナル列**の全体を表す集合とする。シグナル列 $s \in S$ とは，$s = (s_i)_{i \in I}$ という形をした n 個の記号の列であって，s_i は主体 i のみに観察できるものとする。簡単のため，以下 S は有限集合とする。

(iii) 各主体は $E \times S$ 上の構造 P_i を持つ。P_i は，i にとって，他者に対して与えられたシグナルが特定化されるほどより精緻化できる，$e \in E$ についての予想を形成する構造であり，それは任意の p の下で常に i の需要行動を決定するのに十分なものであるとする。(例えば，需要決定構造として期待効用最大化が前提とされている場合，P_i を $E \times S$ 上の全ての点で正であるような確率測度 π_i とするといったことが考えられる。) 以下，$P = (P_i)_{i \in I}$ とする。

以上 (E, S, P) と，各 $i \in I$ の需要決定構造の全体が，ここでの世界です。

認識の構造と均衡概念

次に，この世界において，各主体が「頭の中で考えること」について述べます。

(1) 各個人は，E, S, P と自他を含めた需要決定の構造を知っており，価格さえ与えられれば，各 $s \in S$ の下，個人情報 s_i のみの下での自己および他者の需要行動を知ることができる。

(2) 上を一つの根拠として，今 s を一つ固定するとそれに対応する競争均衡価格を知ることができる（計算可能であるような便利な場合を考えている）。また，便宜上，この対応は一意的であるとする（これを**均衡価格関数**と呼ぶ。一意的でない場合，それ自体この以下の議論と均衡概念に深刻な批判を与えるが，批判としては自明であるので，以下では問わない）。

(3) 各 s と，対する均衡価格 p の対応表に基づいて，i は本来 s_i 以外については知り得ないが，均衡価格 p との整合性を見れば，場合によっては，例えば均衡価格 p に対してそれと結びついてくるような $(s_i)_{i \in I}$ が一意的（**均衡価格関数が Fully Reavealing**）であるときなど，E, S, P の構造を知っているのだから，他の個人がどの情報を得ていることによってその価格になっているかの特定化ができる。しかし，それが分かったとき，すでに個人情報 s_i のみで自己の行動を決定していることが合理的でなくなっている可能性がある。各人は，常にこの問いかけを自己に対しておこなうことができるものとする（**不合理性の認知**）。

11.2 合理的期待と情報の問題について

（4）この不合理性を解決する手段として，各個人に「情報の更なる精緻化ができる」と頭から想定すること（更なる精緻化の可能性）によって各 i がその「更なる精緻化」を行なったとして，（つまり「何でも良い」形で他者のシグナルを積極的に類推したとして）その精緻化に沿って新たに得られる均衡価格の対応表に基づいて，その均衡価格と個人情報からなる（3）の意味での精緻化された情報構造が，頭から想定した「更なる精緻化」と「不整合」でないかを問う。

（5）上の意味での不合理性の認知にひっかからない均衡を，**合理的期待均衡**と呼ぶ。

上記の（3）において，不合理性の認知とは，例えば屋内にいても，傘がさかんに売れているのを見て，外で雨が降っていることが分かってしまう，といったことです。しかしながら，そのためには傘が売れるのは雨が降っている場合だけであるという，このモデルでの特有の仮定（均衡価格関数が Fully Revealing であること）を信念とすることが必要です。また「更なる精緻化」において「何でも良い」ということを強調しました。これらは以下の問題提起と関連します。

問題提起（ハイエクの価格の情報伝達機能との関係）：ハイエクの情報伝達の問題と，ここでのシグナル識別の問題に微妙な相違があると思われるのは，ここで言うような意味で price が revealing であるために，各人が知らねばならない情報のすべては，S, E, P を含めたモデルの全体に依存しているという，一つには「閉じたモデル」の仮定への依存ということです。（もしこの依存が問題でないほどに，モデルが一般的であるとするならば，逆に必要なものが途方もない量の知識であるという問題が生じます。モデルを眺めて均衡がどのシグナルの下での均衡なのかを計算できないうちは，誰もそのシグナルを知ることはできません。）

ハイエクが述べていることは，そのような閉じた経済の均衡価格に関するものではなく，新たな商品や技術が登場し，見知らぬ相手との間での取り引きが必要となり，そういった中で新たな秩序を模索していく段階において，必要な情報を伝達する手段として，価格が非常に優れた役割を果たすということであり，それがおそらくハイエクの強調する価格の情報伝達機能です。

11.2.2 合理的期待形成の本来の立場から

Radner の合理的期待均衡においては，各人の「やみくもな精緻化」と，他者の受け取るシグナルへの「勝手な思い込み」を天下り的に一つ固定したとき，シグナルと価格の対応が，シグナルの「さらなる精緻化」を可能にし，最初の，やみくもだった精緻化を正当化する，という話の筋になっています。しかし，この「さらなる精緻化」の合理性はどこにあるのでしょうか。それはそもそも最

初に置いた「やみくもな思い込み」(その下でのシグナルと価格の 1 対 1 対応があるという都合のよい仮定の上に立っている) に根拠を置いています。

つまり，合理的期待形成という「モデルそのものが社会の共通認識となる」アプローチが，いわば「一段階」だけモデル化されておりながら，その「モデル化された」こと自体が，分析している我々とモデル内の主体の間で「社会における合理性の共通認識」になっておりません。すなわちこのモデル (というより均衡概念) が，モデル内の主体の頭の中において，天下り式に規定された「やみくもな思い込み」を前提とした一つの認知モデル以上のものを記述していないという事実が，合理的期待均衡という概念に対する，その合理的期待形成アプローチという本来の立場からの，批判になってしまうということです。

Radner において暗黙的に仮定されているような各主体の認知形式そのものを，各人の能力として E につけ加えていくこと，つまり相手がどのような認知形式を持っているかについての推測を付け加えていくといったことはあり得ますが，当然，最終的にその作業が完成することは，見込めそうにありません。

さらにそのような作業は，終わらないだけでなく，近似としての均衡のあり方についても，疑問を生じさせるばかりです。つまり，上記プロセスを通じて「思い込まなければならない」ことについての複雑さ，すなわち特殊さともいえるものは増すばかりです。それでもなお「合理的期待均衡」という定義の可能性を「合理的期待形成」というスタンスから探るのであれば，我々はそもそもその可能性があるのかということを問題にせねばなりません (最終章最終節)。

11.2.3　思い込みによる均衡の積極的意義付け

しかしながらもう一方で，そういった「思い込み」による均衡に積極的な意義を見いだす立場もあり得ます。例えば全ての人が知り得る以上のことを均衡として知り得る可能性を考慮するというのは，情報の伝達という意味では否定されても，それは本来知り得ること以上の事柄に積極的に推測を持ち込み，最終的にはそれと整合的な均衡へのコミットメントを果たす，つまりは，そういう均衡を掴み取る可能性について，誰も否定することはできません。

その意味で「合理的期待均衡」に意義付けを与えている例をあまり見ないのは，その場合，均衡概念が既に「合理的」という意味を一歩踏み外してしまっ

ているからです。けれども，実際政策といった局面でそれは既に実行されているところです。景気を良くする方向にポジティブな情報の誘導で行おうとするような試みは常々行われていますが，これはそうしたことに相当しています。

11.3 不完備情報と不完全情報

11.3.1 展開形ゲーム

展開形のゲームとその標準形

展開形のゲームについては，これまでも非形式的に何度か取り扱って来ました（例えば第 5 章）が，ここでその数学的に厳密な取扱いを与えておきます。次の (1) から (7) によって規定されるゲームを**展開形のゲーム**と呼びます。

(1) プレイヤー (player) の集合 $I = \{1, 2, \cdots, m\}$ および仮想的なプレイヤー N (自然 Nature) が与えられている。

(2) ノード (node) の有限集合 T および T 上の二項関係 $\prec$ が存在する。ここで $\prec$ は非対称的 (asymmetric) かつ 推移的 (transitive) であり，任意の node $x \in T$ に対して $P(x) = \{y \in T | y \prec x\}$ (x の先行点全体からなる集合) は $\prec$ と等号で全順序（反射性，推移性，反対称性を満たす完備な順序）がつくものとする。

(3) $x \in T$ のうち，集合 $S(x) = \{z \in T | x \prec z\}$ (x の後継点全体の集合) が空集合でないものの全体を X で表す。各 $x \in X$ について，それがどの **player** に属するノードかを決める関数 $\iota : X \to \{1, \cdots, m, N\}$ が与えられている。

(4) $\forall x \in X$ に対して，そのノードでの**選択可能な行為** (Available Actions) を表す集合 $A(x)$ が与えられている

(5) **情報集合** (Information Set) と呼ばれる X の部分集合のいくつかが与えられている。（これについては直後でその条件を付け加える。）

(6) **最終ノードの集合** (Terminal nodes) $Z = \{t \in T | S(t) = \emptyset\}$ 上に与えられる，各 player への利得を表す関数 $u : Z \to R^m$ が存在する。

(7) **開始 (先頭) ノードの集合** (Initial nodes) $W = \{t \in T | P(t) = \emptyset\}$ 上への確率測度 ρ および仮想的プレイヤー Nature に属する各 node t における $A(t)$ 上の確率測度 ρ_t が与えられている。

上述した中で，(5) の情報集合について，それはノードの集合であるが「そこに属するノード間で一方が他方の先行集合に入るというようなことは生じておらず」加えて「同一プレイヤーに属するノードのみから成るものであり，またその各ノードにおいて選択可能な行為 $A(x)$ は同一である」ものとします。こ

れは，情報集合上で，各プレイヤーが，自分はその情報集合内のどのノードにいるのか見分けがついていないことと整合的であるための要請です。

展開形のゲームに対しては，各 player i の単純戦略集合 S_i をうまく定義してやることで，それと同等な標準形（戦略形）のゲームをつくることができます。展開形のゲームが一つ与えられておれば，その Game Tree 上の各情報集合がどの player のものかということと，その情報集合における可能な Action の全体は確定しています。そこで，player i が i に属する Information Set の各々についていかなる Action をとるか，すべて決定するということを，player i の一つの単純戦略と見なすことで一つの標準形ゲームをつくることができます。これを，**もとの展開形ゲームから得られる自然な戦略形ゲーム**，と呼ぶことにします。戦略形から展開形にする方法に，自明なものはありません。

展開形ゲームにおける混合戦略

展開形ゲームにおいて最も自然な意味での "混合戦略" ということを考えるなら，それは "すべての Information Set に対して，それぞれにおいて可能な行動の全体に直接確率測度を与える" ことでしょう。これを **Behaviorally Mixed Strategy** と呼びます。もう一つの自然な "混合戦略" 概念として，展開形ゲームに対して自然に定まる標準形ゲームの混合戦略があげられます。これを，もとの展開形ゲームの **Normal form mixed strategy** と呼びます。

展開形ゲームが**完全記憶** (Perfect Recall) の仮定を満たすとは，任意の情報集合において，「その情報集合の主体であるプレイヤーが，当該の情報集合に至る先行ノードにおいて選択したいかなる**自己の行為の記憶**からも，自分がその情報集合上のどのノードに位置するかについての追加情報を引き出せない」という要請を満たすことです[10]。

定理 11.3.1（Kuhn's Theorem）：完全記憶 Perfect Recall の仮定を満たす展開形ゲームについて，その展開形ゲームの自然な標準形表現の Normal form mixed strategy を一つ選んだとき，それと同値な Behaviorally mixed strategy

---

[10] 形式的に書くと面倒な上に，むしろ何を言いたいのか分かりにくいことになるので省略する。Kreps (1990; p.374) 等を見よ。

が唯一つ存在する。逆に Behaviorally mixed strategy を一つ選んだとき，そのゲームの自然な標準形表現においてそれと同値な Normal form mixed strategy が少なくとも一つ（通常は複数）存在する。

上で二つの混合戦略が同値であるとは，各戦略が導く結果の Distribution が等しいこと，つまり他の全ての player の戦略を任意に固定したとき，自らの混合戦略の下でたどりつく最終ノードについての確率分布が等しいということです。この定理により，**展開形のゲームの問題は，完全記憶を仮定するなら標準形ゲームについての議論に帰着させることができる**ことになります。この定理は自明ではありませんが，直感には非常に沿うものですので，結果のみ確認してこれ以上深く述べないことにします。以上を含め，展開形ゲームの形式的な取扱いについてのより詳細は，Kreps (1990; Chapter 11) 等に譲ります。

11.3.2 不完備情報のゲーム

展開形ゲームにおいて，各情報集合が1点からなるとき，これを**完全情報のゲーム** (Games of Perfect Information)，そうでないとき**不完全情報のゲーム** (Games of Imperfect Information) と呼びます。

第5章で述べたように，戦略形のゲーム $G = (I, (S_i)_{i \in I}, (u_i)_{i \in I})$ を考えるとき，各 player $i \in I$ は自分のみならず，他の全ての player の特性 (character) を明確に知り得ていることが前提となっています。これに対して，Player の集合，戦略の集合，利得関数，といった明らかに明示的なゲームの基本構造の中に，共通認識でない部分を含むような設定を持つゲームを指して，**不完備情報のゲーム** (Games of Incomplete Information) と呼びます。例えば一つのゲームにおいてとある戦略組 (D, r) の下，利得が $(0, 0)$ か $(0, 2)$ か分かっていないような場合，いわば図 11.1 のような2種類のいずれの世界に自分が存在しているのか，プレイヤー2が良く分かっていない，というような状況です。

不完備情報の設定下では，各 player のゲーム基本設定に対する認識がそもそも異なるので，各 player は他者がゲームをどう見ているかについての（一つの主観に基づく）想定から出発するということになります。ところがそういった想定は，なされると同時にその主体のみが知り得る情報となってしまうので，

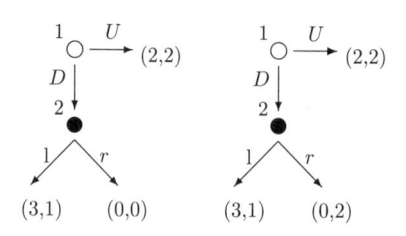

```
        1   U                1   U
        ○ ──→ (2,2)           ○ ──→ (2,2)
       D│                    D│
        ▼                     ▼
        2                     2
        ●                     ●
       ╱ ╲                   ╱ ╲
      l   r                 l   r
     ╱     ╲               ╱     ╲
   (3,1)  (0,0)          (3,1)  (0,2)
```

図 11.1 いずれに属するか player 2 がよく分かっていない

結局その想定に対してのまたまた他者の想定を，さらにその他者の想定に対する想定を，という形で，ゲームの設定記述のための無限連鎖が生じてしまいます[11]。そこで先に第 5 章にて「合理性の共通認識」を述べた際に妥協したのと同じ方法で，このようなゲームの均衡概念を確立すること，すなわち人間の真の合理性の全てを記述することを諦め，ある意味，一つの合理性に基づく「均衡概念」，すなわち「何らかの明確な意味で安定的な戦略組」を得ることで満足しようという立場に専念してみましょう．すなわち，

> **世界観想定をともなうゲームの均衡**: 各人の世界観についての想定とその下で選択された戦略の組を並べたものであって，仮にそれらが全ての主体にとって相互に利用可能な情報となった場合においても，各人の想定と戦略の選択が何ら影響を受けないようなもの．

これを指して，このようなゲームの均衡概念と考えるという立場です．そのような概念は，完備な場合のゲームの Nash 均衡概念と同様，もちろん唯一ではありません．

非常によく用いられる上記の概念の特殊ケースが存在します．それは，「世界観が共有できない」という問題を，便宜的に「世界観が共有できてないことを表現した一つの世界観が共有できている」という**完備（不完全）情報のゲーム**に置き換えてしまい，その Nash 均衡概念を用いるという方法です．この置き換えられたタイプのゲームは**ベイジアンゲーム** (Bayesian Game) と呼ばれ，そ

---

[11] 実はそういった連鎖は完備な設定であっても「合理性の共通認識」の中で相手の合理性に対する認識の内に，すでになされておらねばならないのだが，通常完備な設定の下でのその問題にはあまり触れられない．

11.3 不完備情報と不完全情報

の Nash 均衡は**ベイジアン–ナッシュ均衡** (Bayesian Nash Equilibrium) と呼ばれます。以下にその幾分の詳細を述べておきましょう。

ベイジアンゲーム：各 player の利得関数 u_i は，実際は各人の特性 (character) $\theta_i \in \Theta_i$ というものに依存した，

$$u_i(\cdot, \theta_i) : \prod_{i \in I} S_i \to \mathbf{R} \tag{11.5}$$

なる形をしており，各 player はそれぞれ自分の特性については知るものの，他の player の character についてはよく知らない，という不完備情報ゲームを考えましょう。以下，各 $i \in I$ について player i の特性は Θ_i という集合の要素として表現されているものとします。

さて，この**不完備情報ゲーム**に対して **2 段階の展開形ゲーム**を考え，最初の node を Nature が各人の character を決定するためにさいころを振る node であると見なした**不完全情報ゲーム**にしてしまいます。各人は自己の特性について 2 段階目で知りますが，他者の特性については知り得ないものとし，**Nature** のふるさいころの目の出方は，$\Theta = \prod_{i \in I} \Theta_i$ として，Θ 上の確率分布 ν として，すべての **player** の共通認識になっているとします。形式的には，元の不完備情報のゲームを，不完全情報のゲーム $\tilde{G} = (I, (S_i)_{i \in I}, (u_i)_{i \in I}, \Theta, \nu)$ に変換し，各 u_i は先に述べた $\prod_{i \in I} S_i \times \Theta_i$ 上 ($\prod_{i \in I} S_i$ 上ではなく) の実数値関数とします。この不完全情報のゲームにおける $i \in I$ の単純戦略は，Θ_i 上の関数 $s : \Theta_i \to S_i$ です。すべての player の戦略が $(s_i)_{i \in I}$ と出揃えば，player i の利得は，

$$\int_\Theta u_i((s(\theta_j))_{j \in I}, \theta_i) \, d\nu((\theta_j)_{j \in I}) \tag{11.6}$$

と表されます。このようにして**不完備情報の問題を不完全情報のゲームに帰着させたもの**が往々にしてそのまま不完備情報のゲーム (Games of Incomplete Information) と呼ばれることもあります。

この立場の問題点は，お互いに独自の個人情報を持ち得ている主体が出発点でありながら，そういう主体間で，なぜ各自の特性に関する事前確率 ν を共通認識として持ち得るのか，そのことについて何の根拠も持っていない，という点です[12]。不完備情報の問題を，全てベイジアン–ナッシュ均衡としてとらえるべきであるとするならば，そもそもそのために必要な事前確率を，たとえば教育，宗教，洗脳を通じて共有すべきである，ということになってしまうでしょう。

---

[12] 第 3 章 p.44，共通事前確率 Harsanyi Doctrine と同一の問題点を有すると言ってよい。

11.4 メッセージと制度・メカニズム

11.4.1 制度・メカニズムの公理的特徴付け

　我々が社会の何たるかをとらえようとするとき，その仕組みについて，自然発生的なものにせよ人工的なものにせよ，あるいは全体的なものにせよ部分的なものにせよ，**制度**という概念をもって，それを眺めることがしばしばです．この「制度」という言葉は，経済学をはじめとする社会科学においては重要な意味を持ちます．それは一つには法を中心として定められるところのものですが，より広い意味で，人々の慣習もしくは道徳の一部境界といえる部分までをも含め，**社会の成員の従う（と通常予想される）種々様式**であるとすると，それをたとえば経済学理論において「所与とすべき重大な要因」と考えるか，「固定的ではあっても選択の余地のある問題」ととらえるか，あるいは「より根源的な要因から影響を受け説明すべきもの」ととらえるかによって，学問的スタンスとして全く異なる流れを形成することになります[13]．

　ここでは「制度」を以下のようにとらえます．社会が個々の主体から構成されるものとの立場を遵守し，それをその構成員（各成員はその「消費集合」や「選好」，「初期保有」，「生産集合」，あるいは「予想」のあり方，等々を一つ固定することで特徴づけられる）のリスト $\mathscr{E}$ で表します．そして，そのような社会の可能性の全てを $\mathbf{Econ}$ で表すことにします．加えて，あるメッセージの集合 $\mathscr{M}$ を考えます．これはまさしくある制度をそのようなものたらしめるところの法的なルール記述を背景として，その成員の行動決定パラメターとして取り扱えるような情報（例えば貨幣の数量，価格，税率，所得移転等）の全体と想像して下さい．メッセージ $m \in \mathscr{M}$ と社会 $\mathscr{E} \in \mathbf{Econ}$ を与えられたとき，社会の成員の（そのメッセージとその他設定に基づく）行動の結果として得られる状態 $x \in X$（簡単のため一意とします）について，それを関数とみなして

$$\psi : \mathscr{M} \times \mathbf{Econ} \ni (m, \mathscr{E}) \mapsto \psi(m, \mathscr{E}) = x \in X$$

と書き，これをもって一つの**制度（メカニズム）**と呼ぶことにします．

---

[13] 経済学理論において，古典的な**制度学派**と，今日において新制度派といった表現が用いられる**組織の経済学**との違いは，上の分類で言えば最初のものに近いか，あるいは最後のものに近いか，ということに相当するでしょう．

11.4 メッセージと制度・メカニズム

$\mathscr{E}$ がその成員の数まで含めて様々なものであり得るため，その状態を表す $x \in X$ という値を収める空間についてもいくぶん複雑な構造が必要となるかも知れません。通常の経済モデルであれば，全主体の行為（計画）を列挙し得るような広い空間になるでしょう。このように「メッセージ」と「各主体の行為」についての「関数的記述」という構造を表に出す場合，ψ については「**メッセージを伴った**」制度（メカニズム）と呼ぶ方がよいかも知れません。

このように与えられた「制度」あるいは「メカニズム」に対して，通常ひとつの社会（経済）$\mathscr{E}$ について，あるパラメターの集合 $\mu(\mathscr{E}) \subset \mathscr{M}$ が**均衡パラメターの集合**として，現在着目するところの $\mathscr{E}$ の**均衡状態の集合**

$$\xi(\mathscr{E}) = \{\psi(m, \mathscr{E}) \in X \mid m \in \mu(\mathscr{E})\}$$

とともに，与えられているものとします。

さて，この制度あるいはメカニズム ψ に関して，それが通常受け取られている形状，すなわち「メッセージ」と「行為」に基づいて記述される ψ ではなく，その導く結果である $\mu(\mathscr{E})$ や $\xi(\mathscr{E})$ の特性，あるいはメカニズム ψ に隠されて我々が表面上は意識していない「メッセージと社会状態の関係」を描出した特性（以下それらを〈特性 1〉〈特性 2〉… などと書く）を通じて表現される，以下のような可換図式が成立しているとしましょう。

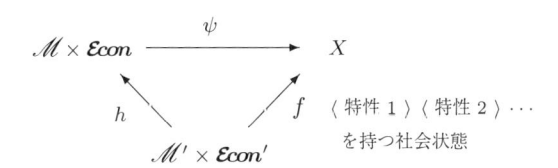

$$\begin{array}{ccc} \mathscr{M} \times \mathscr{E}con & \xrightarrow{\psi} & X \\ {}_h \searrow & & \nearrow_f \\ & \mathscr{M}' \times \mathscr{E}con' & \end{array} \quad \begin{array}{l} \langle \text{特性 1} \rangle \langle \text{特性 2} \rangle \cdots \\ \text{を持つ社会状態} \end{array}$$

ここで f は，ともかく表面的に描出された〈特性 1〉〈特性 2〉… といういわば抽出された「公理」のみをもって，任意に与えられたメッセージの集合 $\mathscr{M}'$ およびメッセージ $m' \in \mathscr{M}'$ と社会（経済）のありかた $\mathscr{E} \in \mathscr{E}con'$ に対して，経済の状態（資源配分の状態など）を対応付ける方法であり，加えて次のことが成り立っているとします。

普遍性: 〈特性 1〉〈特性 2〉… から社会状態が定まるような任意の

$\mathcal{M}' \times \mathcal{E}con$ に対して,一意的に図中 $h : \mathcal{M}' \to \mathcal{M}$ のような射が定まり,上の図式が $f(m', \mathcal{E}) = \psi(h(m'), \mathcal{E})$ の意味で可換となる。

つまり,〈特性1〉〈特性2〉… を満たすようなメカニズムであれば,それは結局のところ ψ を通して実現できる,ということです。

数学的には,このとき $\psi : \mathcal{M} \times \mathcal{E}con \to X$ は,〈特性1〉〈特性2〉… から規定される**普遍写像問題の解**(Solution of the Universal Mapping Problem)と言われ,そのようなものは**本質的にただ一つしかない**(二通りあっても,互いに同一視できる:unique up to isomorphism)ことが言えます(Bourbaki, 1939; 集合論)。すなわち,〈特性1〉〈特性2〉… を満たすことを公理とみなすことによって,そのような公理を満たす唯一のメカニズムとして,当該制度を特徴づけることができます。

一般に,上述したように一つのメカニズムとその下での帰結(均衡)を,他の視点(特に上に述べたようにそのメカニズムが必ずしも意図せず持つような特性など)から逆に特徴づけるような手法を,**公理的特徴付け**(axiomatic characterization)と言います (c.f. 例えば Sonnenschein, 1974)。

11.4.2 社会選択関数

前節で用いた f のように,一般に社会の構成員の特性を与えられたものとして,それに対して社会の状態(資源配分など)を一つ割り当てるという議論は,第4章で取り扱った社会選択理論における社会選択関数と関連付けることができます。残念ですが,本項では以下定理の証明は割愛します。Mas-Colell et al. (1995; ch.21, ch.23) などを参照して下さい。

X を社会の選択肢の集合とし,社会を構成する成員(ここでは m 人と限定)の特徴付けが,簡単にその m 人の X 上の選好の列 $(\precsim_1, \ldots, \precsim_m)$ として与えられるものとします。この m 個の選好の列の全てのあり方(つまり,社会のあり方の全体)を $\mathcal{A}$ で表し,その一つ一つのあり方に対して,社会の選択肢 $x \in X$ を一つ定める関数

$$f : \mathcal{A} \ni a = (\precsim_1, \ldots, \precsim_m) \mapsto f(a) \in X$$

を，社会選択関数 (social choice function) と呼びます．

社会選択関数が**単調性** (monotonicity) の仮定を満たすとは，もともと選ばれていた x は「全ての i に関して以前と比べて x より下のものが増えても上のものは増えてない」という選好変化の下でならやはり選ばれる，ということを指します．つまり $a = (\precsim_1^a, \ldots, \precsim_m^a)$, $b = (\precsim_1^b, \ldots, \precsim_m^b)$, $x = f(a)$ であり，$\forall y \in X, \forall i = 1, \ldots, m, y \precsim_i^a x \Longrightarrow y \precsim_i^b x$, であれば $x = f(b)$ ということです．

社会選択関数の概念はこの単調性という仮定を出発点として，前節の公理的特徴付けや次節のメカニズムデザインの議論とも関連を持つような今日的な形へと，社会選択理論を位置づけることになりました．

社会選択関数についての一般可能性定理

社会選択関数に対しても，第 4 章の社会選好集計関数と同様な条件を要請してみましょう．ただし，社会選好集計関数の i.i.a. に変えて，条件 3 は上に述べた単調性をもって充当するものとします．

> **条件 1 (Universal Domain)**: 社会選択関数 f の定義域 $\mathscr{A}$ は $\mathscr{R}^m$ (X 上の合理的選好を m 個並べたものの全体) または $\mathscr{P}^m$ (X 上の全順序的な選好を m 個並べたものの全体) とする．
>
> **条件 2 (Pareto Property)**: $(\precsim_i)_{i=1}^m \in \mathscr{A}$ 及び $x \in X$ を任意にとる．このとき $x \prec_i y \forall i = 1, 2, \cdots, m$ を満たす $y \in X$ が存在するならば，$x \neq f(\precsim_1, \cdots, \precsim_m)$ である．ただし $\prec_i, i = 1, \cdots, m$ は $\precsim_i, i = 1, \cdots, m$ からそれぞれ導かれた厳密 (strict) な順序 (ordering) を表すものとする．
>
> **条件 3 (Monotonicity)**: $(\precsim_i)_{i=1}^m, (\precsim_i')_{i=1}^m \in \mathscr{A}$ を任意にとり，$x = f(\precsim_1, \cdots, \precsim_m)$ とする．このとき全ての $i = 1, \cdots, m$ および $y \in X$ について，$(y \precsim_i x) \Longrightarrow (y \precsim_i' x)$ であるならば，$x = f(\precsim_1', \cdots, \precsim_m')$ が成り立つ．
>
> **条件 4 (Absence of a Dictator)**: 社会を構成するいかなる成員 i も，その社会選択関数の下で独裁者 dictator ではない．(h が社会選択関数 f の下で独裁者 dictator であるとは，任意の $(\precsim_i)_{i=1}^m \in \mathscr{A}$ および $x = f(\precsim_1, \cdots, \precsim_m)$ について，$x \in \{y | (y \in X) \land (\forall z \in X, z \precsim_h y)\}$ が成り立つことを言う．)

定理 11.4.1（社会選択関数における一般可能性定理）: X が少なくとも要素を 3 つ以上もつとする．社会選択関数が条件 1, 2, 3 を満たすならば，その下で必ず独裁者が存在する．

以下の定義と定理は，次節のメカニズムデザインの話題と絡んで重要です．

条件 5 (誘因整合性 — Incentive Compatibility): 社会選択関数 f の下で i に選好誤表明の誘因がない (No-incentive-to-misrepresent) とは,任意の $(\precsim_1, \cdots, \precsim_m) \in \mathscr{A}$ ならびに任意の $\precsim'_i$ について,$f(\precsim_1, \cdots, \precsim'_i, \cdots, \precsim_m) \precsim_i f(\precsim_1, \cdots, \precsim_i, \cdots, \precsim_m)$ なること,すなわち,i は自らの選好を $\precsim'_i$ であると偽っても得るものがないことをいう。全ての i について選好誤表明の誘因がないとき,f に基づく選好表明メカニズムが誘因整合的であると言う。

定理 11.4.2: X が少なくとも要素を 3 つ以上持つとする。社会選択関数 f の定義域を $\mathscr{P}^m$ とするとき,f が条件 5 を満たすならば f は条件 3 を満たす。すなわち条件 1, 2, 5 を満たす社会選択関数も独裁者的 (dictatorial) である。

社会選択対応と公理的特徴付け

上と全く同様に X 上の合理的選好の全体が $\mathscr{R}^m$ で表されているものとし,$\mathscr{A} \subset \mathscr{R}^m$ を社会の構成員の選好の可能なあり方の全体とします。m 人の成員 $1, 2, \cdots, m$ に対して preference relation $(\precsim_1, \precsim_2, \cdots, \precsim_m) \in \mathscr{A}$ を割り当てたとき,それに対して社会的な選択点の集合 $\varphi(\precsim_1, \precsim_2, \cdots, \precsim_m) \subset X$ を決める対応

$$\varphi : \mathscr{A} \ni (\precsim_1, \precsim_2, \cdots, \precsim_m) \mapsto \varphi(\precsim_1, \precsim_2, \cdots, \precsim_m) \subset X$$

を,**社会選択対応** (social choice correspondence) と呼びます。

社会選択対応の値が,パレート最適な資源配分 $\boldsymbol{PO}(\precsim_1, \cdots, \precsim_m)$,コア資源配分 $\boldsymbol{Core}(\precsim_1, \cdots, \precsim_m)$,ワルラス資源配分 $\boldsymbol{Walras}(\precsim_1, \cdots, \precsim_m)$ といったもの,あるいはその内部になるために φ に与える条件はどのようなものであり得るか,別の角度から特徴付けるという問題を,先の「公理的特徴付け」として考えることができます。

パレート最適性,Core,ワルラス資源配分といったものの何たるかを考えるというアプローチは,不可能性,一般可能性といったことを考える古典的な社会選択理論の問題設定(それはいくつかの満たされるべき分配の特性やメカニズムを公理として,社会的結果の実現可能性を問うものでした)から出発し,メカニズムを固定してその特性の考察にあたる「公理的特徴付け」,そして選択結果あるいは結果の望ましい特性を固定してメカニズムの可能性の考察にあたる次項の「メカニズム・デザイン」という双対的な理論の展開をもたらしまし

11.4 メッセージと制度・メカニズム

た。こうした理論の発展には，社会選択関数の議論に先立って，価格メカニズムの情報集合についての先駆的な仕事である Sonnenschein (1974), Mount and Reiter (1974) といった特徴付けの議論がありました。

「公理的特徴付け (axiomatic characterization)」という手法そのものは，言うまでもなく今日，ゲームの均衡概念や，意思決定論，その他様々なシチュエーションで用いられる道具ですが，先に「(社会) 制度」に対して用いられた「普遍写像性」という概念の重要性を再度強調しておきたいと思います。「普遍写像性」をもって何らかの概念を公理的に特徴付けできるというのは，その公理系 〈特性 1 〉〈特性 2 〉··· によって，その概念を，我々が用いている当該言語や数学 (例えばZF) 下における**一意的な存在物とみなせる** (unique up to isomorphism) ということの保証です。目的とする概念の，単なる言い換えではなく，そうした公理系を，あたかも**当該概念を「指示」する理念**と見るなら，我々はその理念をもって，その理念への賛同もしくはその度合いとともに，その社会科学的概念なり制度といったものが，唯一無二であるということを，特徴付けしているということです。

無限小数の全体として我々の知る実数を，条件付き完備な順序体と特徴付けることも，デデキント切断公理を満たす順序体と特徴付けることもできますが，深遠なのはそれら特徴付けが互いに行き来できるという話ではなく，それらの一つによって特徴付けられる無限小数の全体が，集合として ZF 集合論という言語の下で unique up to isomorphism であるということです。

11.4.3 メカニズム・デザイン

前項までの議論と同様に，社会が m 人の成員 $(1, 2, \cdots, m)$ によって構成され，社会的に実現可能な選択対象全体の集合が X で表されているものとします。このとき，m 個の戦略集合 $S_1, \cdots, S_m$ および社会的選択対象を定める関数 $g : S_1 \times \cdots \times S_m \to X$ (または $g : S_1 \times \cdots \times S_m \to 2^X$) の組 $(S_1, \cdots, S_m, g)$ を**メカニズム**と呼びます。

メカニズム $(S_1, \cdots, S_m, g)$ に対して，各成員の X 上の選好 (ここでは効用関数で与えられているとします) $u_1, \cdots, u_m$ を一つ固定すると，$(I = \{1, 2, \cdots, m\}, S_1, \cdots, S_m, g(u_1(\cdot)), \cdots, g(u_m(\cdot)))$ は一つの非協力ゲームを定義しますが，こ

れをメカニズムと $(u_1,\cdots,u_m)$ から自然に定義されるゲームと呼びます。

$\mathscr{A}$ で社会の成員の選好 (効用関数) の可能な有り方の全体を表し，f を $(u_1,\cdots,u_m) \in \mathscr{A}$ に対して $f(u_1,\cdots,u_m) \in X$ を定める関数 (すなわち社会選択関数) とします。何らかのメカニズム $(S_1,\cdots,S_m,g)$ を考え，各 $(u_1,\cdots,u_m) \in \mathscr{R}^m$ の下で自然に定義されるゲームの均衡を $(s_1^*,\cdots,s_m^*) \in S_1 \times \cdots \times S_m$ とし[14]，それで $f(u_1,\cdots,u_m)$ を実現することができるかどうかという問題を考えます。これを**社会選択関数の遂行問題** (Implementation Problem) と呼びます。

社会選択関数という天下り的な関数に対して，そのような結果を実現するためのいわばゲーム的プロセスを問うわけで，しばしば次のような可換図式をもってこの問題は表現されます。

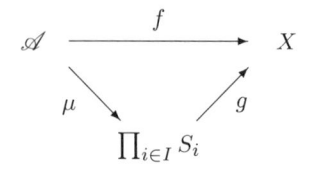

$$\begin{array}{ccc} \mathscr{A} & \xrightarrow{f} & X \\ & \searrow{\mu} \quad \nearrow{g} & \\ & \prod_{i \in I} S_i & \end{array}$$

図中 μ は何らかのゲームの均衡概念と共に定まる関数であり，各 $(u_1,\cdots,u_m) \in \mathscr{A}$ に対して，それとメカニズム $(S_1,\cdots,S_m,g)$ から定まる自然なゲームの均衡 $(s_1,\cdots,s_m) \in \prod_{i \in I} S_i$ を対応付けたものです。この図を可換，すなわち各 $(u_1,\cdots,u_m)$ を f で写しても $g \circ \mu$ で写しても同一の X の要素にするようなメカニズム $(S_1,\cdots,S_m)$ とゲームの均衡概念 μ を見つけるのが**遂行問題** (Implementation Problem) です[15]。

遂行問題はそれ自体抽象化された純粋理論として興味深いものですが，一方でその具体的問題への応用も，今日非常にさかんです。社会的に望ましい何らかの具体的結果に対してそれを上述の社会選択関数の遂行問題としてとらえ，そのような結果を均衡として実現するゲームをデザインする，**制度設計 (メカ**

---
[14] ここでこのゲームに対してどのような均衡概念を用いるかということは，ケースバイケースで異なっていてもよい。

[15] 先の公理的特徴付けの場合と比較すれば，先ほどは「制度」というメカニズムと何らかの均衡概念が固定され，それを**普遍的要素**とする公理系が模索されたのに対し，ここでは「社会選択」という公理ならぬ関数が固定され，メカニズムと何らかの均衡概念をいわば変数として，取り扱っているという，問題の深遠さはともかくとして，議論の対称性は見て取れる。

ニズム・デザイン）と呼ばれる分野がそれにあたります．

章末問題

【問題1】（逆選択とモラルハザード）商品に対する「知識が隠されている」Hidden Knowledge ということと「行為が隠されている」Hidden Action ということをキーワードにして，逆選択とモラルハザードの類似点と相違を簡単に説明せよ．

【問題2】（発展問題：合理的期待均衡と価格による情報伝達）もしも誰かが何かを知っているということが，およそ全て異なる形で結果としての均衡状態に影響を与え得る（均衡価格関数が Fully Revealing）とするならば，人は均衡状態が何であるかということを通じ，自分以外の他者が何かを知っているということを知る可能性がある．その意味での自身の知識の更新があり得ないような均衡が，**合理的期待均衡**である．このとき，仮にその条件だけを考慮すれば，誰かが何かを知っているということは重要では無く，誰かが何かを「知っているのではないか」という憶測だけでも十分ではないか，ということが考えられる．この意味で，合理的期待均衡の概念の拡張を試みよ．

【問題3】（発展問題：不完備情報のゲーム）不完備情報のゲームを不完全情報のゲームとして定式化するとはどういうことか，またその必然性はあるのか，まとめなさい．

【問題4】：自らの選好が何であるかを表明する（嘘でもよい）ことを戦略として，社会選択関数 f そのものを結果を与える関数と捉え，結果の空間に自らの真の選好が入っているようなゲーム（直接表明型ゲーム）を考えることができる．適切な条件下で，「直接表明型ゲームのナッシュ均衡で遂行可能な社会選択関数は独裁者的である」という定理を，先の定理 11.4.2 から導出せよ．

【問題5】（発展問題）制度設計の問題として，ある社会選択関数 f に対して具体的に設計された一つのメカニズムを，普遍写像性質によって一つのメッセージメカニズムとして公理的に特徴付けることができたとする．このとき，その公理系は当初の社会選択関数に対してどのような意味を持っているか．

12

その他のトピックス

　本章では，ここまで論ずることのできなかった数学的・技術的に高度なテーマと，論じ切れなかったトピックスを取り扱います。**一般均衡の存在問題**，超過需要関数を用いた**均衡の安定性・一意性**といった，上級書向けの標準的内容，加えて，**不完備市場の一般均衡理論**という動学問題の基礎，ゲーム理論から，**ナッシュ均衡の精緻化と繰り返しゲーム**（以前の章からの参照上の便宜を図るものです），そして最後の節は，**合理性の数学的記述**という，経済学理論でのゲーデル的な問題設定とその意義に関する純粋理論的な問題提起をもって，本書の締め括りとします。

12.1 一般均衡の存在

12.1.1 抽象経済

　静学的一般均衡の存在において基礎となるのは**抽象経済** (Abstract Economy) と呼ばれる設定です。これは経済システムを非協力ゲーム論的設定にできるだけ近づけて定式化したものであり，Debreu (1952) が今日的な経済学的一般均衡の存在問題解決にあたってその基礎とした社会モデルです。価格調整者を含めたワルラス的一般均衡の枠組を**制約対応**なるものを含めた非協力ゲームの設定における**一般化されたナッシュ均衡**として描き，非協力ゲームの設定に比べて Constraint Correspondence（価格ベクトル p が与えられたとき，それに応じた予算制約範囲を決定するしくみ）の追加が特徴です。また，価格調整者という仮想的 Player が入っていることに注意して下さい。静学的一般均衡の本質は，この価格調整者という仮想的なプレイヤーの存在（その他のゲームの参加者は価格についてそれを所与として行動するということ）に尽きています。

12.1 一般均衡の存在

(1) **Players**：生産者 $j = 1, \ldots, n$, 消費者 $i = 1, \ldots, m$, 価格調整者 h。

(2) **Strategy Sets**: 各 j の生産集合 Y_j, 各 i の消費集合 X_i, h の価格集合 P。

(3) **Constraint Correspondences**: 価格 $p \in P$ が与えられた下での各消費者の予算制約集合 $K^i(p, w_i) \subset X_i$。

(4) **Payoff Functions**：各 j の利潤（最大化）, 各 i の効用（最大化）, h においては**超過需要の価値額（最大化）**。

上記設定中，生産主体の Y_j, 消費主体の X_i, 予算制約集合等については，これまで経済学理論で述べてきた通りのもの（商品空間 $\boldsymbol{R}^{\ell}$ の部分集合）です。ただし，簡単化のためここでは下に示す価格集合 P 内の任意の価格 p の下で，**全ての消費者問題と生産者問題に解がある**ものと仮定します。標準的な消費者，生産者の最大化問題（6 章・7 章）においてこれが満たされるのがどのような場合かは，読者への練習問題とします。

価格集合 P は，簡単化のため $P = \{(p_1, \ldots, p_{\ell}) | p_1 \geqq 0, \ldots, p_{\ell} \geqq 0, \sum_{k=1}^{\ell} p_k = 1\}$ のように $\boldsymbol{R}^{\ell}$ のコンパクト部分集合（$\ell - 1$ 次元標準単体）に取ります。また各消費者の所得 w_i は，生産者の利潤最大化と，背後にその利潤への分配権と初期保有（それらは p.169 で見たように個人所有経済では確定しています）を与えれば，連続関数 $W_i : P \to \boldsymbol{R}_+$ の値として定めることができます。

以上の設定の下で，**実現可能な戦略の組** (feasible strategy profile) $((y_j)_{j=1}^n, (x_i)_{i=1}^m, p)$ とは，それらが (i) **全てのプレイヤーにおいてその戦略集合に入っており**, (ii) **かつ消費主体においては予算制約も満たしている**, すなわち $x_i \in K^i(p, W_i(p))$ であることを言います。実現可能な戦略 profile であり，かつ (iii) **各プレイヤーにおいて他の全てのプレイヤーの戦略を所与としたとき，制約対応も含めた意味で自らのとり得る戦略の中に現状のものよりも良い戦略が存在しないようなもの**を，**抽象経済の均衡**（一般化されたノッシュ均衡 Coneralized Nash Equilibrium）と言います。

定義から明らかに，抽象経済の均衡（一般化されたナッシュ均衡）において，次のことが成り立ちます。

　　価格調整者によって選ばれた価格ベクトル p の下で

(1) 各生産者における**利潤最大化**が行われている。

(2) 各消費者における**効用最大化**が行われている。

そして，全消費者の戦略と全生産者の戦略の下で

(3) **価格調整者**は**価格を現状から変更する必要がない**。

ここで最後の (3) において，価格調整者の Payoff が「超過需要がある商品の価格を上げ，超過供給のある商品の価格を下げる」行為の数学的定式化としての「超過需要の価値額最大化」であることから，「価格を変更する必要が無い」とは，すなわち超過需要が 0 であること（**市場均衡**）を表します。

価値額最大化のプロセスが，なぜ上に言う**均衡でない限り，自分以外の価格に変更する**プロセスになるのか（鍵はワルラス法則 p.170 ですが）について，詳細な説明は以下に均衡の存在議論として与えます。以上が**経済学的均衡** (economic equilibrium) であり，抽象経済の均衡の存在証明は，ワルラス法則を通じて経済学的一般均衡の存在証明の基礎となっています。

均衡の存在: 価格集合を P のような $\bm{R}^\ell$ の部分集合（$\ell-1$ 次元標準単体）に取って良いということの背後には，第 8 章 8.2.1, p.171 で見た超過需要関数を 0 次同次と考えて良いということがあります。以下ではそこで見たような，ワルラス法則（同様に p.170）を満たす連続な超過需要関数を前提として議論を行います。

上記範囲 P はコンパクト集合（$\bm{R}^\ell$ の有界かつ閉部分集合）という，数学的に非常に良い性質を持ちます。特にブラウワーの不動点定理（$\bm{R}^\ell$ の非空，凸，コンパクト部分集合 X において，連続関数 $g : X \to X$ は不動点 $x^* = g(x^*)$ を持つ）が成り立ちます。より一般的には，次の角谷の不動点定理が成り立ちます。

定理 12.1.1（**角谷の不動点定理**）: $\bm{R}^\ell$ の非空，凸，コンパクト部分集合 X において，非空凸値で閉グラフを持つ対応 $g : X \ni x \mapsto g(x) \subset X$ は，不動点 $x^* \in g(x^*)$ を持つ。

この定理は，先の第 8 章 8.2.1 で触れた Berge の Maximum Theorem と並んで，数理経済学では最も頻繁に用いられる基本定理です。

価格集合 P 上で定義された超過需要関数 $f : P \to \bm{R}^\ell$ が存在するとします。1 対多の**超過需要対応**としても以下では全く構わないのですが，ここでは記号の簡便さと以前の章からの続き方を考慮して関数とします。価格が 0 となるような財が存在する状況でもこのような関数が存在するためには，例えば単調な選好を考えるならば**消費集合に上界があるべき**です。以下，全ての消費者の効用は**狭義単調**とし，各消費集合 X_i は上限 $b_i \in \bm{R}^\ell$ を持つようなものであるとし，それら上限の和 $\sum_{i=1}^m b_i$ は全ての初期保有と生産集合の和の厳密な上界，$\sum_{i=1}^m e^i + \sum_{j=1}^n Y_j \subset \{x \in \bm{R}^\ell | x \ll \sum_{i=1}^m b_i\}$，であると

12.1 一般均衡の存在

します。このとき，価格が 0 となるような財については，効用の狭義単調性から，必ず超過需要が正となります。

価格 $p \in P$ の下での超過需要 $f(p) \in \mathbf{R}^\ell$ を最大に評価するような $q \in P$ の集まりを $\psi(f(p)) \subset P$ と表すことにします。すなわち，$q \in \psi(f(p))$ であれば，他のどのような $p' \in P$ に対しても $p' \cdot f(p) \leqq q \cdot f(p)$ となるように $q \in P$ が選ばれているということです。このようなことが可能であることは，P がコンパクトであれば $f(p)$ との内積は連続関数ですから，最大値・最小値の定理によって保証されます。そしてこの対応（これは明らかに 1 対多の対応と見なせます）

$$P \ni p \mapsto \psi(f(p)) \subset P$$

が不動点を持つこと，すなわち $p^* \in \psi(f(p^*))$ なる要素 $p^* \in P$ の存在することが，角谷の不動点定理から言えます[1]。このとき，この p^* は，任意の $p \in P$ に対して

$$p \cdot f(p^*) \leqq p^* \cdot f(p^*) \leqq 0 \tag{12.1}$$

を満たします（左の $\leqq$ は ψ の定義，また右の $\leqq$ はワルラス法則です）。この式から，この「超過需要最大評価」プロセスが，上述したところの「均衡でない限り自分以外の価格に変更する」プロセスであることを知ることができます。実際，均衡でないとすると，$f(p^*)$ のとある座標は 0 でないわけですが，特に正であるとすると，その座標を 1 残りの座標を 0 とするようなベクトル $p = (0, \ldots, 0, 1, 0, \ldots, 0) \in P$ でもって，$p \cdot f(p^*) > 0$ とできるので，式 (12.1) に矛盾します。よって，$f(p^*)$ の全ての座標は負または 0 です。ところがそうだとすると，ワルラス法則が 0 で等号成立するためには $f(p^*)$ の負であるような座標 k について，その価格 p_k^* は 0 でなければなりません。すると，価格が 0 であるような財については超過需要は必然的に正であると，最初に述べたことにこれは矛盾します。故に全ての財について超過需要は 0 である他ありません。

発展的課題：ゲームのナッシュ均衡と，抽象経済の均衡の最も大きな違いを，以下のような観点からとらえておくことは重要です。

> 価格調整者を除くすべてのプレイヤーにおいて，価格ベクトル（すなわち価格調整者の戦略）を所与とするとき，**各生産者のとるべき最適戦略は，他のいかなる生産者および消費者の戦略とも無関係であり，また各消費者のとるべき最適戦略は，他のいかなる消費者の戦略とも無関係である。**

通常のゲームでは，いずれのプレイヤーに関しても，そのプレイヤーの戦略が変われば，他のプレイヤーの利得も変化し得ます。抽象経済の設定では，例えば消費者間にお

---

[1] 厳密に言うと，ψ（通常**価格調整対応**と呼ばれるもの）の非空凸値であること，そして閉グラフ性が示されねばなりません。非空値であることは上に述べました。凸値であることは定義から容易に導かれます。閉グラフ性については，先の第 8 章 8.2.1 で触れた Berge の Maximum Theorem の適用によって，連続関数 f との合成として，保証されます。

いて，そのようなことが成立していないのです。すなわち，経済というメカニズムは，価格さえ所与（Price Taking Behaviors）とするなら，各消費主体が，他の消費主体の行動決定から独立して，独自に自己の最適行動だけを決定できるメカニズムなのです。

非協力ゲーム論において見たことは，囚人のジレンマのように互いの戦略が互いの利得に影響を与える場合，ゲーム論的設定がナッシュ均衡を最適な社会状態から遠ざける可能性でした。一方，経済学的均衡においては，最適（パレート最適）な資源配分状態が常に実現していました（厚生経済学の基本定理）。このような望ましい性質は，上に述べた「各消費主体が，他の消費主体の行動決定から独立して，自由に自己の最適行動を決めることができる」状況と関連していることを，強調しておきます。

12.2 一般均衡の安定性と一意性・超過需要関数からのアプローチ

第 8 章 8.2.1, p.171 および前節でも既に見てきたところですが，本節では 0 次同次でワルラス法則を満たす連続な超過需要関数（需要関数 − 供給関数）に直接基づいた話をします。

もう一度簡単に超過需要関数についてまとめておきましょう。個別生産者 j の供給関数を価格の関数と見て $y^j(p)$ とします。利潤関数は $\pi^j(p) = p \cdot y^j(p)$ となります。消費主体 i の需要関数は，マーシャル型とすると本来価格と所得の関数ですが，所得は価格が決まれば初期保有量 ω^i の価値 $p \cdot \omega^i$ と企業からの利潤の配当 $\sum_{j=1}^{n} \theta_j^i \pi^j(p)$ で一意に決まります（Private Ownership Economy 8.2.1 節参照）ので，これも $x^i(p)$ として，価格の関数としてしまいます。すると，経済全体での**超過需要関数** $f(p)$ を価格の関数として

$$f(p) = x(p) - y(p) = \sum_{i=1}^{m} x^i(p) - \sum_{j=1}^{n} y^j(p) \qquad (12.2)$$

と表すことができます。

本節では簡単化のため**価格の定義域**は $\boldsymbol{R}_+^\ell \setminus \{0\}$ であるとします。先に p.273 でも準備したように，選好に狭義単調性を仮定し，かつ消費集合や生産集合をコンパクトにしてしまうといったことを通じて，f の定義可能性，負または **0** の価格に対しては必ずいずれかの財に対する超過需要が正となってそれが均衡にはなり得ないこと，等を保証しておくものとします。

12.2 一般均衡の安定性と一意性・超過需要関数からのアプローチ

上記の超過需要関数が価格に関して 0 次同次であること，$f(ap) = f(p)$，$a \in \boldsymbol{R}_{++}, p \in P$ は p.171 と同じ理屈で容易に確かめられます．また，このとき p の下での超過需要は p で評価すると 0 である（利潤が全て消費者に配分され，各消費主体が予算を全て余らせないための局所非飽和性条件などがそうしたことを正当化する）こと，

$$p \cdot f(p) = 0 \quad (\text{定義域に入る全ての } p \text{ について}) \tag{12.3}$$

すなわち**ワルラス法則**（p.170）の等号成立も，頭から仮定しておきます．

12.2.1 顕示選好関係と均衡の大域的安定性

価格 p および q を考えます．超過需要関数を通常の個人の需要関数であるかのようにとらえると，$f(p) = x(p) - y(p)$ とはすなわち「p の下での需要が供給を上回っている数量」です．これを q の下で「正の値になるように評価できた」とします．式で書くと

$$q \cdot f(p) > 0 \tag{12.4}$$

ですが，これはすなわち $q \cdot x(p) > q \cdot y(p)$（需要の価値 > 供給の価値）ということ，つまり q の下でだとその需要量がその供給量では「購入できない」ことを意味しています．一方，ワルラス法則 $p \cdot f(p) = 0$ は，p の下で $x(p)$ が供給量 $y(p)$ により常に「購入できる」ことを表しています．さらに，p^* が一般均衡価格，つまり $f(p^*) = x(p^*) - y(p^*) = 0$ だとすると，当然任意の価格 q の下で $q \cdot f(p^*) = 0 \leqq 0$ ですから，$x(p^*)$ は全ての価格 q の下で「購入できる」ことになります．

先に（4 章 4.3.1 項や 6 章 6.3 節で）述べた顕示選好の公理という考え方は「かつて購入できるにもかかわらず選ばれなかったものが選ばれるときは，元に選ばれていたものが購入できなくなっている（顕示選好の弱公理）」ということでした．これをここでの言い方に適用すると

> **超過需要への顕示選好弱公理**: $q \cdot f(p) \leqq 0$ であるならば（$f(q) \neq f(p)$ である限り）$p \cdot f(q) > 0$ である

つまり $f(q)$ が $f(p)$ より好ましいということになります．この主張のとりあえ

ず後半を用いて

$$p \cdot f(q) > 0 \quad \text{のとき, その時に限って} \quad p \prec q \qquad (12.5)$$

のように表し，価格に対するこの関係 $\prec$ を**顕示選好関係** (revealed preference relation) と呼びます (Nikaido, 1968, p.325)。まず，以下の事柄が成立します。

定理 12.2.1: 顕示選好関係 $\prec$ の極小元は，一般均衡価格である。

証明 : 顕示選好関係の極小元 $p^* \in R_+^\ell \setminus \{0\}$ が存在するとする。極小元の定義（それよりも $\prec$ の意味で小さいものは存在しない）によって，任意の価格ベクトル $q \in R_+^\ell \setminus \{0\}$ に対して

$$q \cdot f(p^*) \leqq 0 \qquad (12.6)$$

ということが成立する。もしも $f_1(p^*), \ldots, f_\ell(p^*)$ の中に正の値をとる座標 i があれば，q として e^i (e^i は第 i 座標が 1 であとは 0 の単位ベクトル) をとると，明らかに条件 (12.6) に矛盾。ゆえに $f(p^*) \leqq 0$ である。もしも p^* のある座標が 0 であれば，ある財について超過需要が正になってしまうので，上の議論からこの可能性は排除される。さらに，超過需要が負の値をとる座標 i があれば，ワルラス法則 $p^* \cdot f(p^*) = 0$ からやはりある j で $f_j(p^*) > 0$ でなければならず，上述の議論を繰り返して矛盾となる。ゆえに $f(p^*) = 0$ である。 ∎

さらに，価格調整者の視点からの**均衡価格の安定性**のための条件を，この顕示選好関係を元に与えることができます。$p = (p_1, \ldots, p_\ell) \in \boldsymbol{R}_+^\ell$ の時間的変化を，超過需要の大きさ $f(p) = (f_1(p), \ldots, f_\ell(p))$ によって調整するような通常の**模索過程** (*tâtonnement* process) について，これを連続時間の微分方程式系として表現してみます。価格ベクトル $p = (p_1, \ldots, p_\ell)$ における座標が時間 $t \in \boldsymbol{R}_+$ で微分可能な未知の関数として

$$\begin{aligned}\frac{dp_1}{dt} &= kf_1(p_1, \ldots, p_\ell) \\ &\vdots \\ \frac{dp_\ell}{dt} &= kf_\ell(p_1, \ldots, p_\ell)\end{aligned} \qquad (12.7)$$

を満たすとします ($t = 0$ では右微分)。ここで $k > 0$ は定数で，調整の速度を表します。上記の微分方程式系 (12.7) は一般に**自励系**（右辺の関数が t を独立変数として含まない）と呼ばれる形です。超過需要関数 f は定義域上連続か

12.2 一般均衡の安定性と一意性・超過需要関数からのアプローチ

つ有界として,以下,この微分方程式の解の存在が保証されているものとします。加えて,解の一意性,すなわち初期条件 $t=0$ のとき $p=\bar{p}$ を満たす解が $p(t)=\pi(\bar{p},t)=(\pi_1(\bar{p},t),\ldots,\pi_\ell(\bar{p},t))$ のように一意的に書けること,ならびにその解が $t=0$ での初期値 $\bar{p}$ に関して連続的であることを保証するための条件も整っているものとします[2]。

上記の価格調整過程の系に関して以下のことが成り立ちます。

定理 12.2.2:この系の解について,$p(0)$ を $\boldsymbol{R}_+^\ell \setminus \{0\}$ の任意の点とし,$t=0$ でそこを通る正の半軌道 $p(t)=\pi(p(0),t), t \in \boldsymbol{R}_+$ において,ノルム $\|p(t)\|$ は t によらず一定である。

証明:$p(t)=\pi(p(0),t), t \in R_+$ を上記の系を満たす一つの正の半軌道とする。そのノルムが時間とともにどう変化するかを見るために,$\|p(t)\|$ の自乗を t で微分すると

$$\sum_{i=1}^\ell \frac{d(p_i(t))^2}{dt} = 2\sum_{i=1}^\ell p_i(t)\frac{dp_i(t)}{dt} = 2k\sum_{i=1}^\ell p_i(t)f_i(p(t)) = 0 \tag{12.8}$$

(最後の 0 はワルラス法則)つまりノルムが一定であることが分かる。 ∎

上記の系 (12.7) の解について,その任意の正の半軌道 $\{p(t)|t \in \boldsymbol{R}_+\}$ がノルムの大きさを一定とする範囲にあることが分かったので,以下,価格ベクトルのための空間を $P=\{p|p \in \boldsymbol{R}_+^\ell, \|p\|=1\}$ に制限して考えることにします。

定理 12.2.3(顕示選好関係下の均衡の大域的安定性)[3]:均衡価格 p^* が P における $\prec$ の最小元であるとき,P 内での価格調整過程 (12.7) は p^* に収束する。

証明:p^* が P で $\prec$ の最小元(すなわち P における任意の価格 q に対して $p^* \prec q$ が成り立つ)であるとする。定義によって

---

[2]微分法定式の解の存在,解の一意性,解の初期条件に対する連続性等は,現行の設定では,f に対する連続微分可能性とか,定数 $L > 0$ が存在して $\|f(p)-f(q)\| \leq L\|p-q\|$(リプシッツ条件)を要請することで保証される(たとえばポントリャーギン (Pontryagin, 1963) 等を参照せよ)。加えて $t \in R_+$ 全域で解が定義されるためには,たとえば「各 $i=1,\ldots,\ell$ について $p_i=0$ なら $f_i(p_1,\ldots,p_\ell) > 0$」といった,$f$ に対する**境界条件** (boundary condition) が必要である。

[3]本定理は Varian (1984) の教科書にも見られるものであるが,ここでは条件を少し強め,代わりに証明の詳細を追うことにする。

$$p^* \cdot f(q) = \sum_{i=1}^{\ell} p_i^* f_i(q) > 0 \quad (\text{任意の } q \neq p^*, q \in P \text{ に対して}) \tag{12.9}$$

が成り立っている。このとき $p(t)$ と p^* の距離（の自乗）を時間で微分すると

$$\begin{aligned}
\frac{d(\sum_{i=1}^{\ell}(p_i(t)-p_i^*)^2)}{dt} &= \sum_{i=1}^{\ell} 2(p_i(t)-p_i^*)\frac{dp_i(t)}{dt} = k\sum_{i=1}^{\ell} 2(p_i(t)-p_i^*)f_i(p(t)) \\
&= 2k\sum_{i=1}^{\ell} p_i(t)f_i(p(t)) - 2k\sum_{i=1}^{\ell} p_i^* f_i(p(t)) \\
&= 0 - 2k\sum_{i=1}^{\ell} p_i^* f_i(p(t)) = -2k\sum_{i=1}^{\ell} p_i^* f_i(p(t))
\end{aligned}$$

この最右辺は，(12.9) より $p(t)$ が P に入っている限り負である。つまり少なくとも $p(t)$ は $t \to \infty$ で p^* に（離れている限り）近づく一方である。

ここで，$T \in R$ に対して集合 $Z_T = \{p(t)|t \in [T, \infty)\} \subset P$ をとる。Z_T の R^{ℓ} での閉包 $\bar{Z}_T$ を用いて $Z = \bigcap_{T \in R} \bar{Z}_T$ とすれば，Z はコンパクト集合 $\{p \in R_+^{\ell}|\ \|p\| = 1\}$ 内の有限交叉性を持つ閉集合群の共通部分であるから，空ではない。この Z はコンパクト集合であるので，その中で最も p^* に近い点 $q^* \in Z$ を持つ。この点が p^* でないとして，以下矛盾を導く。

q^* がある Z_T に入るなら証明すべきことは残っていない。その点が最も p^* に近いことと，p^* でない限り p^* に近づかなければならないことに矛盾するからである。そこで q^* がいかなる T についても集合 Z_T に入らないとすると，$\bigcup_{T \in R} Z_T$ 内に点列 $\{q^T\}_{T=1}^{\infty}$ (q^T は Z_T に入る) を取れて，$\lim_{T \to \infty} q^T = q^*$ とできる。この q^* が p^* ではないから，q^* を $t=0$ で通る軌道を $\pi(q^*, t)$ で表せば，条件 (12.9) は $\pi(q^*, \epsilon)$ が任意の $\epsilon > 0$ で q^* から p^* に厳密に近づいていることを意味している。同時に，各 $T = 1, 2, \ldots$ について $\pi(q^T, t)$ を $t = 0$ で q^T を通る軌道とすれば，積分曲線としての定義に戻って

$$\pi_i(q^*, \epsilon) - \pi_i(q^*, 0) = k\int_0^{\epsilon} f_i(\pi_i(q^*, t))dt \quad (i = 1, 2, \ldots, \ell) \tag{12.10}$$

$$\pi_i(q^T, \epsilon) - \pi_i(q^T, 0) = k\int_0^{\epsilon} f_i(\pi_i(q^T, t))dt \quad (i = 1, 2, \ldots, \ell) \tag{12.11}$$

数列 $\pi_i(q^T, 0)$ が $\pi_i(q^*, 0)$ に収束することは間違いなく，また初期値とパラメターに関する解の連続性により $f_i(\pi_i(q^T, t))$ も $f_i(\pi_i(q^*, t))$ に $\forall t \in [0, \epsilon]$ で収束するが，$P \times [0, \epsilon]$ はコンパクトなので，コンパクト集合上の各点収束は一様収束を意味し，結局 (12.11) の右辺の積分値も (12.10) の右辺の積分値に $T \to \infty$ で収束する。ところがこれは $\pi_i(q^T, \epsilon)$ が $\pi_i(q^*, \epsilon)$（これは p^* に q^* より近い）に収束することになり，矛盾である。∎

12.2.2 粗代替性と均衡の一意性

前項最後の大域的安定性の定理は，当然ながら均衡解の一意性もまた同時に保証しますが，古典的な均衡の一意性を保証する条件として（またしばしば均衡の存在や安定性を保証する条件としても）用いられてきた**粗代替性**という概念があります。超過需要関数 $f: \mathbf{R}_+^\ell \setminus \{0\} \to \mathbf{R}^\ell$ についての以下のような条件を考えます（Nikaido, 1968; p.306）。

> **Indecomposable Gross Substitute System** (有限増加形): 超過需要関数 $f(p) = (f_1(p), \ldots, f_\ell(p))$ に対して，$p \geqq q, p \neq q$ とし，$J = \{j \mid p_j > q_j\}$ とする。このとき，$\{1, 2, \ldots, \ell\} \setminus J \neq \emptyset$ であるならば，ある $i \notin J$ について $f_i(p) > f_i(q)$ である。

これは粗代替性の中でも強い部類に属する条件ですが，この想定の下では極めて容易に均衡の一意性を示すことができます。簡単のため，いずれの商品についても均衡価格が 0 になることはない（例えば狭義単調性などを想定して排除できている）とします。このとき $p^* \gg 0$ を均衡価格とし，$\hat{p} \gg 0$ をそれとは価格比の異なる任意の価格ベクトルとすると，$\hat{p}$ は均衡価格ではあり得ないことが言えます。

証明：実際，今 p^* から $\hat{p}$ に価格が変化したと考えて，$p_j^*/\hat{p}_j, j = 1, 2, \ldots, \ell$ の比が最も大きな財の名前を i とすると，$\hat{p}$ に $\frac{p_i^*}{\hat{p}_i}$ をかけた価格 $\hat{p}^*$ について $p_i^* = \hat{p}_i^*$ であり，任意の $j \neq i$ について $p_j^* \leqq \hat{p}_j^*$ かつ少なくとも一つの j について $p_j^* < \hat{p}_j^*$ であることが言えます（$\hat{p}$ と $\hat{p}^*$ は価格比で言えば同じですが，p^* と $\hat{p}$ は仮定により価格比が異なるからです）。故に，i を含むことから空でないところの集合 $\{1, 2, \ldots, \ell\} \setminus \{j \mid p_j^* < \hat{p}_j^*\}$ の中で，少なくとも一つの商品 i' に関して $f_{i'}(\hat{p}^*) > f_{i'}(p^*) = 0$ でなければならないことになります（これがまさしく粗代替性の概念です）。しかしながら，同時にこれは $\hat{p}^*$ すなわち $\hat{p}$ が均衡価格でないことを意味します。 ■

12.2.3 発展的話題

(1) 超過需要関数とベクトル場：前項で価格調整メカニズム（*tâtonnement* process）を微分方程式系として眺めた議論をもう一度簡単に振り返ると，任意の価格 p に対して，超過需要のベクトル $f(p)$ がその（価格）変化の局所的な方向を示していたことが思い起こされます。しかも定理 12.2.2 で見たとおり，価格ベクトルの定義域を $P = \{p \in \mathbf{R}_+^\ell \mid \|p\| = 1\}$ すなわち図 12.1 に見るような正象限の球面に限ると，変化後の価格はやはりその範囲に定まります。つまり超過需要は，定義域となる価格の空間上に，その各点に対する価格

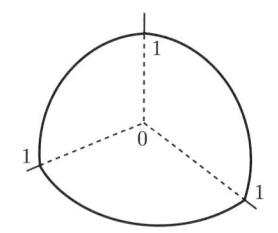

図 12.1　$P = \{p \in R_+^\ell \mid \|p\| = 1\}$

調整の方向を指し示すベクトルとしても，表現可能なわけです。このように，とある集合の各点に付随する形で一つずつベクトルが定まっているようなものを**ベクトル場**と言います。超過需要は普通の言い方をすれば P から R^ℓ への関数ですが，別の言い方をすれば P 上のベクトル場とも言えるわけです。我々は前項で見たように，超過需要という概念が経済学均衡の存在，安定性，一意性などを議論する上で本質的なものであることを知ったところですが，その超過需要という概念は，今や「P 上のベクトル場」という，図形的イメージと幾何学的取扱い対象としての形式を持つに至ったわけです。

　超過需要という概念が持っている特徴を，さらにこの P 上のベクトル場という図形的イメージでもって表現可能な内容に移し替えていくと，次のようになります（図 12.2 を参照）。

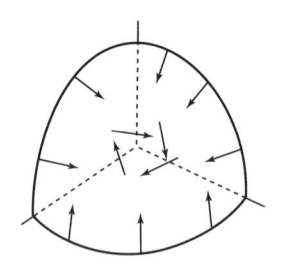

図 12.2　P 上のベクトル場としての超過需要関数

(1) ワルラス法則 $p \cdot f(p) = 0$ は，超過需要を表すベクトルが p を法線とする平面上にある（P と接する）ことを意味する。

(2) P の境界付近で $f(p)$ が P の内側に向いていることは，価格が 0 に近くなった財については，超過需要が正，つまり価格が 0 から離れる方向を向くであろうことに対応する。（例えば選好の狭義単調性のような仮定で保証される。）

(3) 超過需要関数が連続であるということは，ベクトル場において，ベクトルの長さと向きが，なだらかに変化するということに対応している。

(4) 超過需要の値が 0 であること，すなわち均衡であるということは，このベクトル場の 0 点であること，つまり図で言うとつむじのような位置と対応している．

均衡がベクトル場の 0 点として表されるという (4) の内容は，均衡の存在，安定性，一意性といった問題が，完全に図形的問題に帰着したこと，つまり「**(1), (2) によれば境界付近では内に向き，(3) によれば長さと向きが連続的に変わるような，そのような長さと方向を持ったベクトルが，この P という図形の中でどのように 0 になれるか**」という図形的（幾何学的）問題に，置き換わったことを意味します．

(2) 正則経済：前項で，超過需要という経済学的問題が，上述したような幾何学的問題に置き換わったと述べました．しかし，本当に全て置き換わったと言っていいのでしょうか．超過需要には上に述べた (1)–(3) の他に，もっと特徴的な何かがあるのではないでしょうか．

この点について，ある意味残念なことに，そして数学的にはすっきりしたことに，ワルラス法則 (1) と連続性 (3)，加えて P の境界付近での挙動（境界条件 boundary condition と呼ばれる）という意味での (2) のバリエーションを除くと，それ以上のことは「ほとんど」何も言えない，ということがはっきりしています．およそ超過需要関数というのは，凸性や単調性といった標準的な選好への仮定のみから出発するならば，ほぼどんな形状でも取り得る（凸性を入れれば代替効果は方向が定まっていると以前に述べましたが，要は所得効果というものがそれだけいろいろあり得るということです）ということが証明されています（**デブリュー－マンテル－ソーネンシャイン命題**）[4]．故に我々が直面しているのは，まさに他ならぬ前項 (1)–(4) という幾何学的問題に帰着しているのです．

そこで，まずこの 0 点の形状を整理することから始めるということになります．経済 $\mathscr{E}$ が（すなわち超過需要関数 f が一つ）与えられたとき，言い換えれば一つの P 上のベクトル場が与えられたとき，均衡の構造，すなわちベクトル場の 0 点の構造を調べるにあたって，まず最も好ましい事柄は**ベクトル場の 0 点が複数あるとしても孤立している**（vector fields with isolated 0 points）ということです．ベクトル場の 0 点が孤立していてくれるとありがたいのは，まず次の点です．

定理 12.2.4（均衡が有限個であること）：P 上の連続なベクトル場（つまり連続な超過需要関数から作られたベクトル場）が孤立した 0 点しか持たないとすれば，0 点の数（すなわち均衡の数）は高々有限である．

証明：P はコンパクトである．各 0 点は孤立している（正確に言うと各 0 点に応じてある $\epsilon > 0$ 近傍が存在してその範囲内に 0 点は一つしかない）ので，まず各 0 点を全て孤立した形で要素として持つ P の開集合の族 $U_i, i \in I$ が存在する．さらに，均衡でない各点に対しては，超過需要関数 f の連続性によって，その点を含み，その中の点は全て均衡価格でないような開近傍をとることができるから，そのような開集合の族

---

[4] 例えば Debreu (1974), Mas-Colell et al. (1995; 17.E)，等を見よ．

$V_j, j \in J$ をとることができる。このとき $\{U_i | i \in I\} \cup \{V_j | j \in J\}$ は P の開被覆である。P はコンパクトなので，この中で有限個のもの $U_{i_1}, \ldots, U_{i_m}, V_{j_1}, \ldots, V_{j_n}$ でもって，すでに被われている。ここにとられた開集合は全て高々1個の均衡価格しか含まないので，均衡の数は高々有限個でなければならない。∎

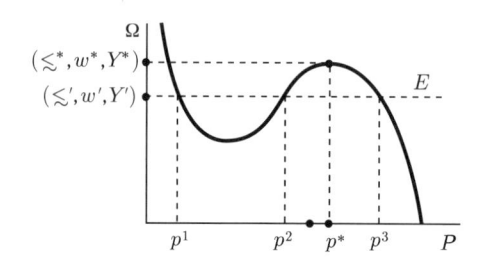

正則経済 (Regular Economy) とは，その超過需要関数のつくるベクトル場が孤立した 0 点を持つための，代表的な条件です。超過需要関数は，主体を消費者 $i \in I$，生産者 $j \in J$ に固定して，個々の主体の需要関数および供給関数の合計として得られるものですが，その個々の主体の需要関数や供給関数は，たとえば**選好** $\precsim^i \subset \boldsymbol{R}^\ell \times \boldsymbol{R}^\ell$，初期保有 $\omega^i \in \boldsymbol{R}^\ell$，あるいは**技術** $Y^j \subset \boldsymbol{R}^\ell$ といった，仮にこれらを変わり得るデータというような意味で諸パラメターと見れば，諸変数を変化させることによって変化します。今，それら諸変数をまとめて**諸パラメターの空間** Ω として縦軸に，また**価格空間** P を横軸にとれたとします。**均衡**というのはそれら**諸変数のある組み合わせ**において実現している状態ですから，この価格空間×諸パラメター空間という空間における，ある図形 E として描かれます（図 12.3）。

図 12.3 均衡多様体

E がこの図において縦軸範囲の最も上から最も下まで届いていることは，**各パラメターに少なくとも 1 つは均衡が対応しているように，パラメターの範囲** Ω **を適宜限定できている**ことを表しています。均衡を特徴付けるのは連続関数やあるいは微分可能な関数によってつくられる等式（最大値などの問題においては内点解を保証する条件等を適宜前提すれば）ですので，通常 E は比較的良い形，局所的にうまく座標を見立ててやれば $\boldsymbol{R}^n$ と同一視できるような形，数学的には多様体と呼ばれるものにとることができます。そこで以下でも E を**均衡多様体**と呼ぶことにします。E が図では滑らかな連続した一本の曲線のように描かれているのは，そのことに対応しています。図で，縦軸 Ω の点は一つのパラメター組 $(\precsim, \omega, Y) = ((\precsim^i)_{i \in I}, (\omega^i)_{i \in I}, (Y^j)_{j \in J})$ を表しており，それはすなわち一つの経済 $\mathscr{E}$ のあり方を表現しています。図中のパラメター組 $(\precsim', \omega', Y') = ((\precsim'^i)_{i \in I}, (\omega'^i)_{i \in I}, (Y'^j)_{j \in J})$ に対して $p^1, p^2, p^3 \in P$ という 3 つの価格が均衡多様体に入る形で対応付けられているのは，それらパラメターによって決まる経済，$\mathscr{E}(\precsim', \omega', Y')$ において，均衡価格が孤立点である（3 つある）状況を表してい

12.2 一般均衡の安定性と一意性・超過需要関数からのアプローチ

ます。

あるパラメーター組の下で均衡が無限個存在するというのは，前定理によると均衡価格が孤立点になっていない場合ですが，これは例えば，図中のパラメーター組 $(\precsim^*, \omega^*, Y^*)$ = $(((\precsim^{*i})_{i \in I}, (\omega^{*i})_{i \in I}, (Y^{*j})_{j \in J})$ と無限個の $p^\nu \to p^*$ が対応付いているような状況です。この状況は，

> **正則条件 (Regular Condition)**: 経済 $\mathscr{E}(\precsim^*, \omega^*, Y^*)$ における超過需要関数 $f(p) = (f_1(p), \ldots, f_\ell(p))$ が，均衡価格 p^* の十分小さな近傍で 1 対 1 関数である

が成立するならば，あり得ない状況です[5]。なぜなら，$p^\nu \to p^*$ なので，p^* の近傍で価格と超過需要のあり方が 1 対 1 対応とすると，p^ν の十分 p^* に近い全てについてそれが均衡価格であることと矛盾するからです。直前の議論は，**正則条件が，均衡価格 p^* が孤立点であるための十分条件であることを**，示しています。そこで，その全ての均衡価格 p^* が正則条件 (Regular Condition) を**満たすような経済** $\mathscr{E}(\precsim, \omega, Y)$ を**正則 (regular) な経済**と呼ぶことにします。当然次のことが言えます。

定理 12.2.5: 正則な経済 $\mathscr{E}$ の均衡（全て孤立点）は，たかだか有限個である。

さて，それでは経済が正則であるという条件は，均衡の存在が保証されたパラメーター空間 Ω の中において，どの程度**一般的な状況**なのでしょうか。この点について考えるため，均衡多様体 E からパラメーター空間への**射影** $\pi : E \to \Omega$（**自然射影 natural projection**）という概念を用います。また記号と説明を簡単にするために，パラメーター空間 Ω として考えているのは消費者 m 人の初期保有のみ，すなわち $\Omega = \boldsymbol{R}^{\ell m}_{++}$ としておきます。この場合，初期保有量の変化に基づく超過需要関数の変動は各消費者における $p \cdot \omega^i$ という所得を通じてのものと考えられるので，その連続性，あるいは微分可能性を仮定することは，通常の需要理論の範囲内で全く妥当なことです。

先ほどの図中のパラメーター組 $(\precsim^*, \omega^*, Y^*) = ((\precsim^{i*})_{i \in I}, (\omega^{i*})_{i \in I}, (Y^{j*})_{j \in J})$ と無限個の $p^\nu \to p^*$ が対応しているような状況，すなわちそういう状況のないことを正則と呼んだその状況にもう一度戻ってみましょう（以後パラメーターの $\precsim$ および Y 記述は省きます）。自然射影 π が均衡点 (p^*, ω^*) の周辺，十分小さな任意の近傍 $U \times V$ において，この均衡多様体 E から Ω への写像として，どのような性質を ($p^\nu \to p^*$ ということから) 余儀なくされているか，ということについて考えます。十分大きな全ての ν について，(p^ν, ω^*) ならびに (p^*, ω^*) は π によって全て同一の $\omega^* \in \Omega$ に射影されているわけです。これは直感的に，(p^*, ω^*) から見て (p^ν, ω^*) が自分に向かって来る，**点列が均衡多様体上に占める広がりを持った空間が，π によっては 1 点に写されることを**

---

[5] 数学的には，正則性は f の微分可能性を仮定し，その最初の $\ell - 1$ 個の価格と $\ell - 1$ 個の財についての（ワルラス法則があるので独立なのは $\ell - 1$ 個の変数に限られる）要素関数でつくるヤコビ行列式が p^* において 0 でないという条件によって言い換えられる。実際，それは逆関数定理（例えば 神谷・浦井，1996; p.238, 定理 6.4.2 参照）によって f の最初の $\ell - 1$ 価格と $\ell - 1$ 財についての局所的な全単射性を保証することになり，$p^\nu \to p^*$ のような状況はあり得ないのである。

意味します。多様体とは，その各点において，各点の近傍がほぼ R^n のような都合のよい空間・平面と同一視できるということでした。その概念で言い換えれば，

> **臨界条件** (Critical Condition): (p^*, ω^*) の近傍で均衡多様体 E を近似する空間 $T_{(p^*,\omega^*)}$ を π によって移した空間の次元が，通常点と比べ少なくとも 1 次元以上（2 点以上が 1 点に写るため）下がる

ということです[6]。均衡多様体上のこのような点 (p^*, ω^*) は，数学的には写像 π の**臨界点** (critical point) と呼ばれます。臨界点を π で写したものは**臨界値** (critical value) と呼ばれ，臨界値以外の Ω の点を**正則値** (regular value) と呼びます。実は先ほどの正則条件 (Regular Condition) における f の局所的な全単射性とここでの臨界条件 (Critical Condition) における π の局所的な全単射性には簡単な行列演算で同値性を見出だすことができます（例えば Balasko (1988; p.96,4.3.1) を見よ）。この意味での正則値に入る経済を，正確には**正則経済** (regular economy) と呼びます。正則でない経済を**特異経済** (singular economy) と呼びましょう。一つの経済を，今パラメター $\omega \in \Omega$ で表現できることに注意し，超過需要関数に対して十分に高いクラスの微分可能性を仮定する（よって先の脚注 5 で述べたようなヤコビ行列式 $\neq 0$ による正則性の定義も可能であるとする）とき，次のことが成り立ちます。

定理 12.2.6：特異経済を表すパラメター全体からなる集合 $\{\omega \in \Omega | \mathscr{E}(\omega) \text{ is singular.}\}$ は Ω においてルベーグ測度 0 の閉集合である[7]。

証明 ： ルベーグ測度が 0 であることについては，Sard の定理[8]という微分位相幾何学上の定理がまったく直接的に適用可能であるので，以下閉集合性について述べる。正則経済 $\omega \in \Omega$ については，定理 12.2.5 よりその均衡は高々有限個である。その有限個のうちの各均衡価格 p^* において，ω の下での超過需要関数の（最初の $\ell - 1$ 変数と要素関数についての）ヤコビアン $J(f_\omega, p^*)$ が 0 でないという状況が成立している。ヤコビアンはその行列要素の連続関数であり，今これらの偏導値は ω に関して連続と仮定できる（これは通常のマーシャル型需要関数で言えば単なる所得項と価格項の関係であり，それら変数に関して十分に高階の微分可能性を目下想定しているという前提）から，均

---

[6] 厳密には E 上の点 (p^*, ω^*) における E の接平面（多様体という意味からは局所的に E を近似したもの）上 π を $(p^*, (\gtrsim^*, \omega^*, Y^*))$ 近傍で線形近似するという概念（これが**多様体上の関数の微分概念**にほかならない）を通して行われる。その π の (p^*, ω^*) 近傍での近似 $d\pi(p^*, \omega^*)$ の値域の次元が，通常は ℓm 次元あるが，それより低くなるというのが正確な表現である。

[7] 数学上，任意の $\epsilon > 0$ に対して，面積（体積）の合計を ϵ 以下とするような高々可算個の集合の和集合に，いつでも含まれるようにできるような集合のことを，**ルベーグの意味での測度が** 0 であると言う。

[8] 「X, Y をそれぞれ m, n 次元の C^∞ 級微分可能多様体とし，$g : X \to Y$ を C^∞ 級微分可能写像とする。$dg(x)$ の値域が n 次元より小さくなるような $x \in X$ を g の critical point と呼び，そのような critical points 全体の集合を C とするとき，$f(C)$ のルベーグ測度は 0 である (Sard の定理)」証明については，例えば Milnor (1965; Section 3) を見よ。

衡価格が有限個であることを考慮して，正則値 ω の近傍は全て正則値であることがいえる。よって，正則経済の全体は開集合（特異経済全体は閉集合）を形成している。　■

　この定理は，特異経済のパラメターとなるような $\omega \in \Omega$ を Ω というパラメター集合からランダムに選んでくるとすると，それを選ぶ確率が 0 であるということを主張しています。つまりそれほど，特異経済というのは数学的には生じにくいものとして位置づけることができるということです。上述した「閉である」という内容は，これに加えて重要な知見です。たとえば実数における有理数全体の集合などは，ルベーグ測度 0 ですが，実数内に稠密に存在していたりします。上述の定理によって，**正則経済の全体は開集合を形成する**ことがいえます。つまり，ランダムに経済を Ω から抽出した場合，それは確率 1 で正則であるばかりか，その正則経済に十分近いいかなる経済 $\omega \in \Omega$ もまた正則であること（すぐ近くに稠密に特異経済が存在していたりしないこと）が保証されるわけです。

　もちろん，こうした数学的叙述には十分な注意を払わなければなりません。定理 12.2.6 の成立のためには，そもそも Ω を「必ず均衡が存在する都合のよい領域」に落としているといった類（その他，関数は微分可能である，最大化解は内点解である，等々）の単に「数学上の便宜性」と言うべきものが，まず山のように先行していることを忘れるべきではありません。そうでなければ「**一般均衡の存在しないような経済について考えることは病的であり異常である**」とか「**一般均衡理論とは社会全体についての議論ではなく特別な市場についての議論なのである**」というような，**本末転倒**もしくは著しく経済学理論の意義を限定してしまうことになりかねません。

12.3　不完備市場の動学的一般均衡理論

　ここで考察の対象とするのは「不完備市場の一般均衡」という概念です。これは**市場構造が必ずしも完備でないにもかかわらず，すべての主体が将来の全 date-event 市場に向けた同一の価格予想を持ち，またその予想が実際に当たるような均衡**です。特に「**実物資産市場における空売りに上限を設けないケース**」は，均衡の存在証明も極めて困難なものの一つで，実際に存在しない反例も存在します（Hart, 1975）。今いえているのは「そうした反例が非常にまれなケースである」ということ，つまりそういったレアケースを除けば一般的 (Generic) には存在するということです（Duffie and Shafer, 1985）。ここではこの概念の持つ問題点を中心に，概説します。

均衡の意義

まず，市場構造がどうしても完備でない場合，つまり state の数に比して資産市場における実物資産等の数が全く足りず，また足りる見込みもなく，異なる最終期の各 date-event 市場に向けて，それぞれ独立に資産を残す手段がないような場合，この場合**完全予見的均衡概念を，この経済に対して見つける意義**について確認します。完全予見というのは，そもそもが「場合によって静学的問題で動学的問題を記述し終えている」ことの確認作業でしかなく，その均衡概念そのものに意義があるとは言い難いものです（概念そのものとしてはむしろ「あり得ない」というべきです）。市場構造が不完備であるというのは，借入れや貯蓄がそもそもままならないといった状況を含むケースですから，最適性といったことがほぼ期待できない中，全主体が同一の価格予想の下で行動するような均衡概念ということの意味が，まず答えられなければなりません。これについては，おそらく次のように答えるしかありません。

> 「この均衡概念の描こうとするものは，たとえ最適ではなくとも**何らかの意味で，その参加者全員が目標として目指していきたい，焦点としての状態**である。モデルにおける市場構造もまた，そういった目標状況を実現すべく整備されたものであり，目指す均衡を達成できる可能性を問う形で，モデルが提起されている。」

つまり，純粋に記述的立場にこだわるのではなく，一部，社会にとっての規範的立場を，均衡概念の背景に取り入れるということです。そうすると，この均衡は「**正しいから（合理的に）期待される**」のではなく「何らかの意味で**望ましいから期待される**」ことになります。

この「**望ましさ**」は，厳密な最適性のように理論上のものではなく，極めてアバウトで現実的なものです。例えば 2011 年 3 月 11 日まで，原子力発電所が地震によって全電源喪失し，メルトダウン，メルトスルーもしくはそれ以上が生ずるという state は「**存在しなかった**」のではなく，単に「**想定外であった**」のですが，3 月 11 日以降，それを「**想定する**」ことが「**望ましい**」，と考えられるようになります。我々は「地震による原子炉のメルトダウン・メルトスルー」の state およびその後の処理の可能性や技術発展の可能性，使用済み核燃料が

12.3 不完備市場の動学的一般均衡理論

ゴミなのか資源なのか，そういったおよそ数々の state を考慮した「不完備市場一般均衡」を，それを考慮してない場合によっては完備市場の一般均衡より，**望ましい**と考えざるを得なくなります。そしてその下で，当面とりあえず電力不足や被害補償などを考慮しつつ，「世の中が何とか許容できるレベルで回るための見通しを立てる」意味で，「**共通予想にもとづいた不完備市場の一般均衡**」概念を，**必要とする**ということです。

均衡の存在

「不完備市場の均衡」は，概念としては state ごとの完全予見的なものであり，現在時点からその後の全てを眺めたものですが，実際には時間の流れの中での一断面として解釈されるべきものです。場合によっては「完備になりうる」，そして均衡概念としては完備のそれを実現し得るという意味を込めた**特別なケース**を除き，基本的には，一時的均衡と同様（全員の目指すところがあるという意味で，一時的均衡の予想の部分にもう一歩踏み込んだ想定を許容したもの）と考えるべきです。

均衡の存在に向けた最も簡単なアプローチは，実物資産市場における空売りに上限制約を入れることです（Radner, 1972）。これによって，市場の構造が完備でない場合でも問題なく需給対応の上半連続性を保証できます。この場合，均衡値に恣意的な制約が影響を与えることの嫌いが指摘されますが，上述した不完備市場の一般均衡概念そのものの意義からすると，**厳密な，完備になりうる最適な均衡の存在を示したい**という「**特別なケース**」を除くと，不完備性という現実の切り取り方と，全員の目指す目標にそもそも恣意性（種々価値判断）の導入が否めない以上，現実的には歴然と存在している空売り制約にこだわることは意味がないというべきです。しかし，上述した「特別なケース」，つまり，最適な均衡状況の実現の可能性をあくまで問うという意味からは，やはり空売り制約を外すことが求められるとも言えます。以下では Hart (1975) による反例を通して，その証明を簡単に検討しましょう。

均衡存在の反例問題: この問題は，実物資産の一般的なあり方の下，将来価格についての制約を設けなければ，それらのある決まった価格比の下で，「不完備性の次元が急に変わってしまう」可能性にあります。今期と来期で 2 つの状態 s_1 と s_2 があり，来期に

2 財 j と k が存在するとします。実物資産として資産 A が「状態 s1 で j 財を 1 単位, s2 で k 財を 1 単位」受け取る権利であるとし, 資産 B を「状態 s1 で k 財を 1 単位, s2 で j 財を 1 単位」受け取る権利であるとしましょう。容易に計算されるように, この 2 種類の資産は来期の s1 での価格が $(p_j^1, p_k^1) = (1,1)$, s2 での価格が $(p_j^2, p_k^2) = (1,1)$ であるとき, 金額的には各 state で全く同一額のもの, つまりそのような価格の下, 資産として両者は区別のつかないものになってしまいます。分かりやすく 4 財を s1-j s1-k s2-j s2-k 順で並べ, 2 資産の (s1,s2) での受け取りをベクトル表記すると

資産 A　　$((1,0),(0,1)) \boxdot ((p_j^1, p_k^1),(p_j^2, p_k^2)) = (1 \times p_j^1, 1 \times p_k^2) = (1,1)$
資産 B　　$((0,1),(1,0)) \boxdot ((p_j^1, p_k^1),(p_j^2, p_k^2)) = (1 \times p_k^1, 1 \times p_j^2) = (1,1)$

上で $\boxdot$ は state 毎に内積をとった演算の表現です。つまり資産 A の受け取りを表す (p_j^1, p_k^2) と資産 B の受け取りを表す (p_k^1, p_j^2) が一次独立である場合に限って, この 2 資産は異なる資産となり, 空売りに制約を入れなければ来期の 2 つの市場に向けて, 任意の資産のやりとりが可能になるわけです。たとえば $(p_j^1, p_k^2) = (1,2)$ で $(p_k^1, p_j^2) = (2,1)$ であれば, 資産 A を 2 単位買って（売って）資産 B を 1 単位売れば（買えば）s2 の状態にのみ 3 円の貯蓄（借入れ）ができ, 資産 B を 2 単位買って（売って）資産 A を 1 単位売れば（買えば）s1 の状態にのみ 3 円の貯蓄（借入れ）ができます。仮に主体 i_1 が状態 s1 の時だけの初期保有 $(1,1/2,0,0)$ を持ち, 主体 i_2 が初期保有 $(0,1/2,1,1)$ を持つとすると, この 2 人は価格 $(1,2,1,2)$ や $(2,1,2,1)$ であれば両 states 間で自由に財の売買ができるのに, 価格 $(1,2,2,1)$ や $(1,1,1,1)$ の下では資産 A, B がともに来期両 states での価値 1 を与える同一資産でしかなくなり, その固定された貯蓄・借入れ手段しか持たなくなります。とりわけ初期保有として s2 状態で何も持たない主体 i_1 は来期の初期保有から何も他に代えることのできない状態に落ち込みます。状態 s1, s2 いずれの市場においても, 価格比が $(1,1)$ 以外では需給の均衡があり得ない状況を想定するのは（例えばコブ・ダグラス効用関数などで特定化すれば）数値例上簡単ですから, 主体 i_1 の需要関数の不連続性を元に「**不完備市場一般均衡の存在しない例**」を容易に作成できます。

　逆に, 上のような事態だけが均衡の存在を危うくする問題点であることを理解すれば, 上例のような, 実物資産からの受取の一次独立性を危うくする価格が同時に一般均衡価格の候補でもあるという特別な場合を除いた均衡存在の主張があるということも, 想像できるでしょう。ここではこれ以上存在問題には立ち入りません（例えば Magill and Shafer (1991) の展望等を見よ）。

　以下, 市場構造が必ずしも完備でない場合の一般均衡理論について, とりわけ経済学理論がこの分野において抱えている「壁」というべき問題（それは生産の問題と深くかかわっています）について続けることにします。

12.3 不完備市場の動学的一般均衡理論

深刻な問題・企業の目的

 実は，一般的にいうと市場が完備でなければ，**将来のできごと（天候や災害，環境変化等）に対する異なる見通しがある**ということを前提にするだけで，すでに利潤最大化行動が一意的とはいえません（消費者の場合は，その問題を選好で回避することができます）。資金をとある date-event 市場から別の date-event 市場に移動できない可能性があるとすると，どの date-event で利潤をあげるか，ということが，どれだけ利潤をあげるかということに加えて，生産行動にとって意味を持つことになるわけです。

 市場構造が完備であれば，date-event 間の統一した価値の下で，どこからどこに向けても購買力は移動できるわけなので，いずれの date-event 市場で利潤をあげるかということは問題になりません。つまり企業の「**資金調達の方法**」および「**利潤配当政策**」は，問題にならない（モディリアーニ＝ミラー命題（MM命題）の成立）ということです。そして，市場構造が完備でない場合は「**企業の配当政策**」（どの date-event 市場でどれだけの利潤を株主に配当するか）ということが，**生産行為と同時に企業の決定すべき問題として出現してくる**のです。

 企業の選好・目的関数：モデル上，この問題を解決する最も簡単な方法は**企業の選好**を導入することです。しかし，その企業の選好とはどのようなものかということを説明しようという，いわゆる**企業の目的関数**を定める議論は，一般均衡理論において今日なお未解決な問題の一つです。そこにはたとえば株主の間にある各 date-event 受け取りへの希望の相違にどのような折り合いをつけるかという問題（それだけでも未解決なのですが）の他，もっと深刻な問題も存在しています。それはそうした企業の配当政策が，その株式保有に対して，今までとは異なる新たな金融資産と同様の意味を持つことを禁止する理由がない，ということです。つまり，不完備性の下では，企業は，その生産および配当政策によって，新たな金融商品を作りだし得る可能性を排除できないのです。そのような行為が通常の一般均衡理論的な主体の行為・範疇から逸脱し，大きな主体による独占的な状況を登場させてしまうことは想像に難くないでしょう。

進むべき方向

 そもそも不完備市場一般均衡概念の意義は，その**実現される状況が，何らかの意味で望ましいが故に，その社会を構成する全員によって期待される**ということを置いてないと思われます。だとすると，仮に市場の不完備性が，企業の行動に極めて本質的に差異をもたらす配当政策の多様性を導いているのであれ

ば，まずはそのような企業行動に制約を入れるべきです．その下で，全員が望ましいと期待する，何らかの均衡の可能性を追求すべきです．不完備性が，上述した企業の生産および配当政策の恣意性を問題とさせないところまで制限されない限り，**企業の入った不完備市場の（全主体同一の価格予想に基づく）一般均衡という概念は模索されるべき均衡としての資格を備えていないのです．**

動学的問題を date-event を加味して考えた途端，生産者の「利潤最大化」という明白なルールが，かように難問をかかえた状態に陥ります．まして，利益に単純には反映されない商品の質へのこだわり，社員を大事にする社風，利益よりも倒産リスクの回避等々，現実社会において可能性としてあり得る種々側面の記述といったことを考えれば，どのような立場が残されているでしょうか．少なくとも，そうした行為の経済学的記述のためには，**ファイナンスを通して「選好」という形に定式化されている消費主体の側に，問題を持っていく必要が**あります．どのような企業に向けて投資家は資金を提供するのか，そのことに問題を集約させることが王道です．無償の行為や慈愛的精神といったものでも，消費主体の側に問題を持って行くことができれば，理論的な定式化自体は，それ程困難ではありません．そうした定式化において，可能な限り「普遍的」な価値判断にコミットすることです．その下で，**企業への融資，あるいは融資するような銀行組織といったものへの預金，投資ファンドへの参加，といったことを経済における結託（根拠は消費者においては選好，企業においては融資の下で実現できる生産行動と利潤）として取扱い，安定的な経済の結託構造を探す，あるいはそのための条件を吟味・整理する**といったことが，必要でしょう．

12.4 ナッシュ均衡の精緻化

以下，第 11 章で述べた完全記憶の仮定が満たされ，クーンの定理が成立するものとします．ナッシュ均衡はゲームの解概念候補として極めて自然なものですが，同時に「広すぎる」側面も持っており，特に戦略形では意識されない具体的イメージを伴った展開形ゲームにおいて，明らかに無意味なものが含むことがあります．そこで極めて無意味なナッシュ均衡についてはこれを排除しようという「**精緻化 (Refinement)**」という議論が生ずることとなります．ここで

12.4 ナッシュ均衡の精緻化

はその精緻化の議論の，最も基本的なものを挙げておきます。

支配戦略 (Dominance) と 精緻化 (Refinement): すでに第 5 章で触れた支配戦略による可解性も，言うなれば一種の精緻化でした。もちろん，その連続的な使用が本当に我々の合理性ということ，従って「ゲームの解」という問題と相性が良いのかどうかということには「ムカデゲーム（図 12.4 右側に再録）」の例に見たように疑問は残ります。けれども状況においては，支配戦略によって無意味な戦略を削除できる場合も確かにあります。

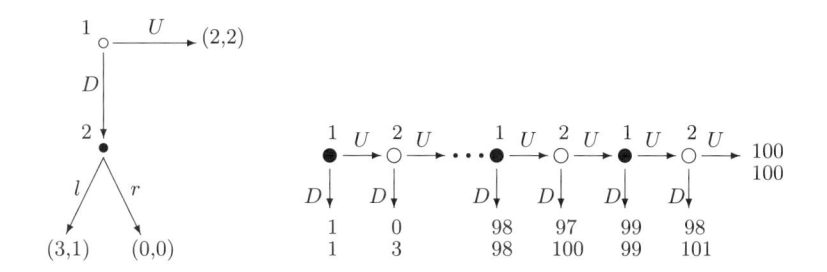

図 12.4 後ろ向き帰納法 (Backwards Induction)

精緻化の最初の例として，**後ろ向き帰納法** (Backwards Induction) と呼ばれる状況を見てみます。図 12.4 左側の展開形ゲームを見て下さい。注目すべきはプレイヤー 1 が最初のノードで D 戦略を取った場合です。その後のプレイヤー 2 が取る戦略は r であるはずが無く，また，プレイヤー 2 がノード●の手番を得る可能性はプレイヤー 1 が D 戦略をとった場合に限られるので，いかなる意味でもプレイヤー 2 が r 戦略に魅力を感じることは無いと思われます。

この展開形ゲームをクーンの定理によって戦略形に直すと以下の形（図 12.5）になります。

		Player 2	
		l	r
Player 1	U	2, 2	* 2, 2
	D	* 3, 1	0, 0

図 12.5 上記 Backwards Induction の戦略形表現

ナッシュ均衡は右上と左下にあります。右上のナッシュ均衡が上に論じた意味で無意味なナッシュ均衡です。戦略形で見ているだけではプレイヤー 2 にとって r 戦略は**弱い**

意味での被支配戦略 (Weakly Dominated) に過ぎないわけですが，展開形というより豊富な設定を与えられると，右上のようなナッシュ均衡は「プレイヤー 2 のノード●から見て r があり得ないこと」から「その前の 1 のノード○において U があり得ない」という（Backwards Induction と呼ばれる）推論をもって，$(3,1)$ を得る (D,l) という戦略組が唯一の「意味のある」ナッシュ均衡だと結論されることになります。

部分ゲーム完全化 (Subgame Perfection): 一つの展開形ゲームが与えられたとき，その任意のノード s と s の後継点の集合 $S(s)$ が，条件 "s を含む情報集合は $\{s\}$ であり，任意の $t \in S(s)$ について，t を含む情報集合は $S(s)$ の部分集合である" を満たすならば，s を新たに先頭ノード（itial node）とし，$\{s\} \cup S(s)$ を node の全体とする新しいゲームを定義できます。このゲームを元のゲームの**真部分ゲーム** (proper subgame) と呼びます。このとき，明らかに元の展開形ゲームの Behaviorally Mixed Strategy を，真部分ゲームの戦略と見なすことができます。もとのゲームの Nash 均衡が，任意のproper subgame に対してその Nash 均衡を与えるとき，そのような Nash 均衡は**部分ゲーム完全** (Subgame Perfect) と言われます。

先に取り上げた後ろ向き帰納法 (Backwards Induction) による精緻化の例も，これをプレイヤー 2 のノード●からはじまる部分ゲームに注目するならば，部分ゲーム完全化として眺めることができます。

トレンブリングハンド完全化 (Trembling-hand Perfection): 一つの展開形ゲームに対して，そのエージェント標準形 (Agent normal form) というものを定義します。与えられたゲームの互いに異なる情報集合 $h \in H$ に対して，互いに異なる Agent i_h, $h \in H$ を割り当てた新しいゲームを考えます。この新しいゲームの各 player i_h の利得は，もとのゲームにおける information set h の所有者の利得として定めます。明らかに新しいゲームにおける各 player の strategy を一つ定めるとそこから一意的にもとのゲームの strategy profile が一つ定まります。このように定義された新しいゲームの標準形表現を，もとのゲームの**エージェント標準形** (Agent normal form) と呼びます。

エージェント標準形のゲームは標準形ゲームですから，混合戦略の下でのナッシュ均衡が必ず存在します。エージェント標準形における strategy profile を，一般に $\sigma = (\sigma_h)_{h \in H}$ という形で表しましょう。ここで H は player 全体の集合（元のゲームの情報集合全体の集合）です。Behaviorally mixed strategy の場合と同じく，標準形の混合戦略にも **strictly mixed strategy** ならびに **strictly mixed strategy profile** 等の概念が全く同様に定義されます。

定義 12.4.1: ナッシュ均衡 σ が **(trembling-hand) perfect** であるとは，ある strictly mixed strategy の列 $\{\sigma^n = (\sigma_h^n)_{h \in H}\}_{n=1}^{\infty}$ で，$\lim_n \sigma^n = \sigma$ なるものが存在して，任意の n と任意の $h \in H$ について，σ_h が $(\sigma_i^n)_{i \in H, i \neq h}$ に対する最適戦略 (Best response) になっていることをいう [9]。

---

[9] σ_h^n ではなく，σ_h が Best response である点に注意せよ。

12.5 繰り返しゲーム (Repeated Game)

戦略形のゲーム $G = (I, (S_i)_{i \in I}, (u_i)_{i \in I})$ について，G の割引率 δ の下での無限回繰り返しゲーム G^* を次のように定義します。以下，$t = 0, 1, 2, \cdots$ によって繰り返しの各ステージをカウントします。

(1) G^* の **Players**: $i \in I$。

(2) G^* における単純戦略: $s_i = \left(s_i[t] : (\prod_{j \in I} S_j)^t \to S_i \right)_{t=0}^{\infty}$ [10]。

(3) G^* における利得: 単純戦略 $(s_j)_{j \in I}$ を所与として，$\pi(0) = (s_j[0](\emptyset))_{j \in I}$ と定義する。また $t = 1, 2, \cdots$，について帰納的に $\pi(t) = (s_j[t](\pi(0), \cdots, \pi(t-1)))_{j \in I}$ と定義する。このとき，単純戦略 $(s_j)_{j \in I}$ が出揃った下での player i の利得を，$\sum_{t=0}^{\infty} \delta^t u_i(\pi(t))$ と定義する。ここで δ は割引率であり，$0 < \delta < 1$ とする。

ゲーム G^* におけるナッシュ均衡について，次のことが知られます。

定理 12.5.1 (Folk Theorem): Game G を stage game とする無限回くり返しゲーム G^* を考える。各 player i について，

$$\bar{v}_i = \min_{j \neq i, \hat{t}_j \in S_j} \max_{t_i \in S_i} u_i(\hat{\cdot}, \hat{\cdot}, \hat{\cdot}, \hat{t}_j, t_i, \hat{\cdot}, \hat{\cdot}, \hat{\cdot})$$

とする [11]。このとき，割引率が十分 1 に近ければ，各 i について $\bar{v}_i$ 以上の利得を全 stage で与える実現可能な状態は，すべて G^* のナッシュ均衡である。

上で G^* の単純戦略として与えられた表記 $s_i = \left(s_i[t] : (\prod_{j \in I} S_j)^t \to S_i \right)_{t=0}^{\infty}$ とは，すなわち「主体 i が，繰り返しゲームの各ステージにおいて，それ以前の他者を含めた行為の全てを加味し，そのステージに何を戦略としてとるかということを，全ての回にわたって見渡せる形でルール化し，表明する」ということです。

具体例としては，全員が目的とする協調（協力）解のようなものを一つ定めておき，「そこから誰かがはずれたら，それを罰する行為を選択し，そうでない

---

[10] ここで $(\prod_{j \in I} S_j)^t$ は集合 $\prod_{j \in I} S_j$ の t 回の product を表す。ただし $t = 0$ のときは $\{\emptyset\}$ を表す。公理的集合論の立場からすると，集合 A に対して，$A^0 = \{\emptyset\}$ である。なぜなら $0 = \emptyset$ であり，定義域を $\emptyset$ とする関数は empty function $\emptyset$ のみであるから，$A^0 = \{\emptyset\}$。もちろん $0 = \emptyset$ だからこれを $\{0\}$ と書いても良い。ちなみに $\{0\} = 1$ であるから，この記述方法は通常のべき乗の慣習とも整合的である。

[11] ここで u_i は G のものである。引き数は，第 i 番目のエントリーのみ t_i であり，その他が $\hat{t}_j, j \neq i$ として操作されることを表すとする。

限りは協調解を取りつづける」というようなもの（トリガー戦略と呼ばれる）です。Folk Theorem の証明も，協調解（協力解）とトリガー戦略の組み合わせによって行われます（Kreps, 1990; Ch.14 などを参照せよ）。

繰り返しゲームの概念および解は，この Folk Theorem を中心として，非協力ゲームという設定からいかに協力，協調という解が得られるか，つまり囚人のジレンマのような状況をいかに社会が克服できるか，ということの説明，もしくは仕組みを与えるものとして，非常に基本的な用具となっています。

12.6 合理性の数学的記述

12.6.1 社会の理論において何が可能で何が不可能なのか

本書のはじめに，**数学は経済学理論を語る言語である**と述べました。本章では，ある言語 $\mathscr{L}$ の下で構築される理論によって，人間の「合理性」や，社会における「正当性」といったものが記述できるか，ということについて考えます。ここで特に念頭においているのは経済学理論であり，社会というものについての数学的な記述ということです。

今日の経済学理論は，以下の2つの軸をもって成立しています。

(1) 個人と「合理性」に基づく世界記述。
(2) 社会およびその中での「経験主義的な正当性」に基づく世界記述。

前者は方法論的個人主義に基づく**ミクロ的立場**の理論であり，この立場は合理的な個人が形成する世界の記述という，ある程度形而上学的な（経験に依拠しない）課題に携わることが許容されます。従って，純粋な意味でこれが経験論的に否定されることはありません。後者は**マクロ的立場**の理論であり，ミクロ的基礎を持つことは本来なく，集計化された数量などをもって，現実との接点に常にさらされており，正当性は実証ということによって経験的に行なわれるものである，と考えられています。

結論から述べると，以下の議論において，後者についてはそもそも**正当性を保証する実証性そのものの正当化**が何処から来るのか，ということが問題となります。また，前者についてはそのような正当化が不必要な反面，**合理性とは**

何かということを決められるのか（理性に対する真の理性による自己言及）ということが問題となります。これらをきちんと数学的に厳密に示すのが，本項の議論であり目的です。

一般に，**言語** $\mathscr{L}$ に対して，次のリストにある事柄を要請します。ここで言語は，人類がいわば「科学」的であるために用いているものとして「描かれて」いますが，同時にそれを「描いている」当の道具でもあり得ます。その2つを本来は区別すべきでない，というのがここでの立場です[12]。

(1) それがとある公理的な集合論を展開できる。標準的な ZF 集合論として構わない[13]が，以下では混乱を避けるためしばしば「現行の集合論」などと呼ぶ。

(2) $\mathscr{L}$ の項および式すなわち文や推論規則および証明などは，例えば有限の図形として表されるなど，現行の集合論の対象物と，それらに与えられたルール，つまりその言語そのもので再度記述および定義可能な規約によって，与えられている。

以上のことを基本的要請として，その要請の下で次のような P という叙述の，その言語 $\mathscr{L}$ の下での定義可能性について考えます。

(3) 命題 A が与えられたとき，その命題が「合理的な主張である」（ミクロ的立場）もしくは「経験的に正当な主張である」（マクロ的立場）ということの判断を与える定義 $P(\ulcorner A \urcorner)$ が現行の集合論の下で書けている。ここで $\ulcorner A \urcorner$ は，記号 $\ulcorner\ \urcorner$ の中に書かれた命題 A を上の (2) の意味での集合論の対象物と見なしたもの，すなわち $\ulcorner A \urcorner$ はその言語下の数学的対象物であり，よって集合 x に対する叙述 $P(x)$ に対しては，その x に $\ulcorner A \urcorner$ を項すなわち対象物として代入できるということである[14]。以下，自明な場合 $\ulcorner\ \urcorner$ 記号は省略される。

ここでは P に，**社会の記述**ということに関してはそれが最も重要な部品の一つである，という意味合いを与えています。さらに加えて，P のその意味から当然に成り立って欲しいこととして，次のことを要請します。

(4) P における三段論法，$P(\ulcorner A \urcorner)$ かつ $P(\ulcorner A \Longrightarrow B \urcorner)$ のとき $P(\ulcorner B \urcorner)$ である。

---

[12] それらを区別することは，「描かれている合理性」と「描いている合理性」を区別せざるを得ないことになるからで，それは（もちろんそう区別を置いても構いませんが）直ちに社会科学が一つのことを諦めていることを意味します。一つのこととは，「社会を完全に記述する」ということです。以下ではその可能性を「諦めなければならないかどうか」が，問われています。

[13] 実際には，可能性として高々可算種類の文字が作る有限の文字列に対する操作ができるような集合論であれば良い。ここでの議論は Urai (2010; Chapter 9) の一部を簡単化したものである。

[14] 主張していることは，任意の命題 A に対して $P(\ulcorner A \urcorner)$ であるか，$\neg P(\ulcorner A \urcorner)$ であるかのどちらかであるということが，現行の集合論における定理になっている，ということである。

(5) B が現行の集合論の定理であれば，$P(\ulcorner B \urcorner)$ である。

(6) 【内観的整合性】$P(\ulcorner P(\ulcorner A \urcorner) \urcorner)$ ならば $P(\ulcorner A \urcorner)$ である。

(7) 【論理的整合性】$P(\ulcorner A \urcorner)$ ならば $\neg P(\ulcorner \neg A \urcorner)$ である。

(8) 【内観的完全性】$P(\ulcorner A \urcorner)$ ならば $P(\ulcorner P(\ulcorner A \urcorner) \urcorner)$ である。

P に与えられた意味は，「社会記述」ということの中心概念として，ミクロ的立場からすれば「合理性」の定義，マクロ的な立場からいえば「経験主義の正当性」です。上の (6) はその意味で「内観的」に $P(\ulcorner A \urcorner)$ を見た場合の整合性です。条件 (7) は P の内部での判断に整合性があるということで，論理的整合性ということです。最後の (8) は対偶を取ると，内観的に上から見て P と言えていないことをもって，一段階下で P と言えていないことを尽くしているという意味で，内観的完全性と呼ぶことにします[15]。

以下に示すことは，(1)–(8) が同時に満たされないということです。厳密に言うと，(1)–(3) を欠くべからざる条件と見て，**(4)** と **(5)** および「整合性」である **(6)** と **(7)** を **(3)** の社会記述の定義上，現行の集合論で確認できる定理と見るなら，我々は社会記述の「完全性」条件 **(8)** が同様に確認されることについては，必ず諦めなければならない，ということです。

証明： 以下 3 式を見てください。第 1 式は，ゲーデルの補題と呼ばれる定理から導かれるもので，任意の論理式 P に対し，現行の集合論（例えば ZF）の定理として，ある論理式 Q が存在して，まさに下の式 (12.12) を満たすようにできる，というものです[16]。第 2，第 3 式は，条件 (4) と (5) を用いて第 1 式を書き換えただけです（以下「 $\ulcorner$ $\urcorner$ 」記号は適宜省略）。

$$Q \iff \neg P(Q) \tag{12.12}$$
$$P(Q) \iff P(\neg P(Q)) \tag{12.13}$$
$$P(\neg Q) \iff P(P(Q)) \tag{12.14}$$

上述した，条件 (1)–(8) が同時に満たされないということについては，第 1 式と第 2 式に基づく以下の議論のみで十分です。

条件 (1)–(3) が成り立ち，(4)–(8) は P の定義として (3) で述べられた現行の集合論的な意味で成り立つものとしましょう。このとき，もしも $P(Q)$ と仮定すれば，(6) と

---

[15] より詳細な条件整理と相互関連性については Urai (2010), Chapter 9, Remark 9.3.6。

[16] このゲーデル補題は有名なゲーデルの第二不完全性定理の証明の中枢をなす命題である。ゲーデル補題については，例えば Kunen (1980; p.40, Theorem 14.2) を参照せよ。

12.6 合理性の数学的記述

(8) から $P(Q) \iff P(P(Q))$ なので，第 2 式が論理的整合性を否定してしまいます。よって背理法から $\neg P(Q)$ が現行集合論的な定理です。従って再び第 1 式ゲーデル補題から Q が現行集合論の定理です。故に条件 (5) の下で $P(Q)$ であることが現行集合論的な定理です。これは現行の集合論が矛盾していることを意味します。現行の集合論が矛盾しているならば，その定理を全て P として受け入れる条件 (5) を認めることそのものが無意味であることを考慮すると，我々は (1)–(8) が同時に満たされることについては諦めるべきという結論になります。　■

特に (1)–(7) が「合理性」もしくは「正当性」の要請として自然であると考えられるなら，我々はこれを「合理性」や「正当性」が現行集合論にて (8) の**性質を確認される形で定義されることは諦めねばならない**という，一般定理と考えることができます[17]。

12.6.2　我々は何をなすべきであり何をすべきでないのか

前項の結論により，全く数学的な命題として，たとえいかなる**合理性の概念をそこに構築して持ち込もうとも，社会は合理的に説明し得ない部分を残す**，という知見を得ることになります。

いくつかの極めて重要な課題が，ここから生じます。制度や法律は，合理性の及ばない部分が存在する限り，必ずそれを支える何らかの特別な**信仰**[18]が必要であるということになるでしょう。市場メカニズムについて，我々がそれを永続するシステムとして「理想視」できるか，そのような問いが最終的に**好き嫌い**というレベルから解放されることはありえません[19]。また合理性や正当性といった概念が，そもそも**何度でも改訂されねばならない**宿命にあることをそれは示しており，ありとあらゆる今日の**安直な合理性の定義が批判されねばなりません**。無論，そのようなことは哲学的には幾分常識ではあります。けれど

---

[17] P を「真である」と読めば，第 1 式は「Q が真である $\iff$ Q が真でない」と読めます。この矛盾から「**真理の定義は不可能である**」という結論が出ます。これを **Tarski の真理定義不可能性定理**と呼びます。また P を「集合論で証明可能である」と読めば，(6) と (8) は自然に成立します。故に (7) すなわち「整合性の証明を諦めねばならない」という結論が出ます。これが **Gödel の第二不完全性定理**です。これらは今日，公理的集合論の結果に分類されます（たとえば Jech (2003), Kunen (1980) 等を参照のこと）。

[18] ここで信仰というのは，単に「そのような合理性」を根拠として持つ「科学」ではあり得ないという意味で用いている表現です。

[19] 日本人は，市場メカニズムを理想視できるでしょうか。できるなら，おそらく経済学理論は，永続する社会の理想像を描く概念装置としての，**少なくともその意義**は持ち得るでしょう。

も経済学のような学問において，それらを数学的に把握できるというのは，特別に重大なことです[20]。20世紀において，経済学理論は哲学を放棄したふりをしましたが，数学的結論を放棄することはできないからです。

歴史および真理ということの**相対性とどう向き合うか**という問題が，21世紀の経済学には重くのしかかって来るでしょう。真理も歴史も，我々が何であるかも，何であったかも，それらは全て人間が決めていく，そして決めてきたことですが，それは決して我々がそれをコントロールし得るということでもなければ，すべきということでもありません。事実そのようないかなる**コントロールも社会に向けて完全なものたり得ない**のです。歴史は人間そのものの，すなわち知性のフィードバックであり，知とは何かについて，知の構造の評価者ですらあります。けれども，社会や制度は，矛盾点の存在，そしてそこからの崩壊によってこそ真に動くのであり，動きを司るもの，見るべきものは構造ではなく，その構造の不完全性に起因する歪みと亀裂です。

決して網羅的ではあり得ませんが，いくつかの重要な論点を挙げておきます。

(1) 客観的たるべきとか，あるいは「神の視点 (Lakoff, 1987)」というべきものが否定されるのかどうか。「神の視点」とは，前項の言葉で言えば内観的・論理的整合性と，完全性のすべてを兼ね備えた視点が，近似という意味も含めて「あり得る」という考え方である。前節で述べたことは「そのような視点に**立ち得ない**ことをこそ我々は（真の）理性をもって，あるいは知性をもって**把握し得る**」ということである。

(2) 世界とは何であるかという問題（**記述的，事実判断**）と，我々はどうすべきかという問題（**規範的，価値判断**）が明確に分離できないことと如何に向き合うか。クワインの有名な『経験主義の2つのドグマ』(Quine, 1953 収録) 同様に，前項の完全性および神の視点の否定は，社会の記述を純粋な事実判断，あるいは分析的な判断として位置づけることを，そもそも否定するかのように見える。

(3) 全く同じこととして，純粋に**客観性を持った学問や世界観**というようなものがあるという考え方が否定されることと如何に向き合うか。権力が自らの存続において望ましい学問を推奨するといったことは歴史的に公然と行われてきたが，今日，一般に理性も知性も産業に依存している。個人による所有と満足，利益の追求（個人主義と功利主義）その手段としての市場と契約，そうした権益と制度を守るための世界観，イデオロギーと，今日の標準的な経済学理論は決して無関係ではない。

---

[20] 経済学やゲーム論で，合理性という概念が「単に損をしない」というレベルで不動のもののように扱われつつ，しかし問題はそんなに簡単なものではない（例えば第5章ムカデゲームなど）ということを見てきました。これはその方法論的かつ数理論理学的な再述でもあります。

12.6 合理性の数学的記述

　我々の真の理性あるいは知性としての真の学問的思考は，このような制限を超えていかねばならないものです。本書でここまで取り扱ってきた経済学理論は，そのための道具足り得るでしょうか。経済学をはじめ，20世紀の「科学」を標榜する学問はすべて**構造主義的な立場**をとってきました。構造主義的な立場とは「明確な言語，公理系に基づいた理論を用い，対象を理解する上で普遍的な仕組み（**構造の種**）を見いだすことが有効であり得，またそうすることが重要であるとする立場」と，ひとまず捉えて下さい。そして同時に本書では，合理性，均衡概念，動学的概念に向けた限界等々，今日の理論の限界ということを，いくつも見てきました。しかしながら，社会科学において世の中を描くということが，描かれた世の中に中立的であるということはあり得ず，そしてそれが完成するということもないのですから，したがって普遍的な構造を見いだそうとする立場がその目的を完遂するということもあり得ません。では何のために経済学という学問はあるのでしょうか。

　構造を見いだそうとする立場において，自己自身を再び捉え直す力が，この難問に向けた一つの答となるはずです。経済学は今日，その提示する**不完全な構造**が社会を構成する重要な一部分となり，それによって捨象された問題が最も重大な社会問題となる，そのような学問です。慣習や制度，資本や貨幣，失業についての考え方，環境問題，予想の取扱い，宗教，イデオロギー，民族，貧困，破産の問題，法律と経済，その他構造的な外部性の諸々は，構造が**社会を当然に描こうとして描ききれない部分**を描出するものであり，またそれらは，真に重大な，社会を動かす原動力にさえなっているのです。梯子がなければ登れず，そしていったん登りきったら捨てねばならない，それはまさしく言語と理論の宿命ですが，経済学における学問的結果とはそういうものであり，それがそれ自身の原動力でもあり，そしてその存在理由ですらあります。

結語に代えて

　我々は過去の遺産を軽んじてはならず，またそこに留まるべきでもなく，ただ，その不完全さを乗り越えねばならないということになるでしょう。何のために乗り越えるのか，すでに，目的完遂の可能性は否定されており，するとそこにあるものは，目的ではなく，純粋なる過程（プロセス），歩き方ということになります。

歩き方というのは形式であり，しばしば型と呼ばれるものであり，そうだとすれば時間とともに，いずれはまたそれ自身も変わりゆくものと覚悟せねばなりません。しかしながら，それでもなお今日まで，およそ人類の歴史とともに我々が拠り所としてきたいくつかの型というものがあります。実際，思考とはそういうものであり，学問とはそういうものであるに違いありません。世に様々なものの見方が存在し，それらはいずれもが唯一絶対の正当性，合理性というようなものを持つことなどあり得ず，そしてそのあり得ないという命題らしきものこそが，我々のおよそ持ち得る限りの合理的，学問的そして知的な判断のその根底に決して信仰でも信念でもなく生き残る普遍性の正体なのです。それはライプニッツやゲーデルが「神の存在証明」と呼んだ，普遍数学の真髄(エッセ)でもあります。

　数学において「数とはこういうものだ」というのは最終的に約束であってかまいません。物理学において「物とはこういうものだ」というのは，経験的に否定されるまで思想であってもよいでしょう。しかし，社会科学において「人間とはこういうものだ」というのは，必然的に偽であり，嘘です。つまり，それに基づく断定的な命題は，全て嘘の命題です。もちろん嘘も方便です。我々は自分自身も含め，だますとまでは言わないにしても，誤魔化しながら生きていかねばなりません。この世界が回る必然として，偽の命題が用いられ続けねばならないことこそ，前項で述べた数学的真理です。けれども，天気予報がはずれようと天候に影響はなく，地震予報がはずれても地殻変動に影響はないでしょうが，経済学理論の叙述，予想についてはそれが正しくても誤っていても，また当たるにしても外れるにしても，現実の暮らしに，我々の幸福に，そして人の生き方に，直接的にかかわります。学問知としての経済学が，役に立つとか，ためになるとか，当たるとか，面白いとか，使えるとか使えないとか，そういう話のその前に，何のための偽の命題なのかということ，そのことについて我々はより意識的であってしかるべきであり，またいくら謙虚であってもありすぎることはないはずです。経済学理論の根底に，かような倫理がなければならないということです。

参考文献

Akerlof, G. (1970): "The Market for Lemons. Qualitative Uncertainty and the Market Mechanism," *Quarterly Journal of Economics 84*, 488–500.

Anderson, R. (1978): "An elementary core equivalence theorem," *Econometrica 46*(6), 1483–1487.

Balasko, Y. (1988): *Foundations of the Theory of General Equilibrium*. Academic Press, New York.

Bourbaki, N. (1939): *Eléments de Mathématique*. Hermann, Paris. English Translation: Springer-Verlag. 日本語訳: 東京図書.

Coase, R. H. (1990): *The Firm, the Market and the Law*. University of Chicago Press.

Debreu, G. (1952): "A social equilibrium existence theorem," *Proceedings of the National Academy of Sciences of the U.S.A. 38*, 886–893. Reprinted as Chapter 2 in G. Debreu, *Mathematical Economics*, Cambridge University Press, Cambridge, 1983.

Debreu, G. (1959): *Theory of Value*. Yale University Press, New Haven, CT. 日本語訳:『価値の理論』(丸山徹訳), 1977, 東洋経済新報社, Tokyo.

Debreu, G. (1974): "Excess demand functions," *Journal of Mathematical Economics 1*, 15–21.

Debreu, G. and Scarf, H. (1963): "A limit theorem on the core of an economy," *International Economic Review 4*, 235–246. Reprinted in G. Debreu, *Mathematical Economics*, pp. 151-162. Cambridge University Press, Cambridge, 1983.

Dubey, P., Geanakoplos, J., and Shubik, M. (1990): "Default and Efficiency in a General Equilibirum Model with Incomplete Markets," Cowles Foudation Discussion Paper No. 773, Yale University.

Dubey, P., Geanakoplos, J., and Shubik, M. (2000): "Default in a General Equilibirum Model with Incomplete Markets," Cowles Commision Discussion Paper No. 1247, Yale University.

Duffie, D. and Shafer, W. (1985): "Equilibrium in incomplete markets. I. A basic model of generic existence," *Journal of Mathematical Economics 14*, 285–300.

Fraenkel, A. A., Bar-Hillel, Y., and Levy, A. (1973): *Foundations of Set Theory* Second edn. Elsevier, Amsterdam.

Geertz, C. (2002):『解釈人類学と反=反相対主義:The Politics of Culture: Asian Identities in a Splintered World and Other Essays (小泉潤二編訳)』みすず書房.

301

Grandmont, J. M. (1977): "Temporary general equilibrium theory," *Econometrica* 45(3), 535–572.

Gödel, K. (1931): "Über formal unentscheidbare sätze del Principia Mathematica und verwandter system I," *Monatsch. Math. Ph. 38*, 173–198. See *Anzeiger Akad. Wien* 67, 214–215, 1930.

Hart, O. (1975): "On the optimality of equilibrium when the market structure is incomplete," *Journal of Economic Theory 11*, 418–443.

Herodotus, (2008): *HISTORIAE*. 日本語訳：ヘロドトス『歴史』(松平千秋訳) 2008, ワイド版岩波文庫, 岩波書店, Tokyo.

Hicks, J. (1939): *Value and Capital*. Clarendon Press, Oxford. 日本語訳: J.R. ヒックス『価値と資本』岩波文庫, Tokyo.

Hicks, J. R. (1969): *A Theory of Economic History*. Oxford University Press, Oxford. 日本語訳： J.R. ヒックス『経済史の理論』講談社学術文庫, Tokyo.

Hildenbrand, W. (1974): *Core and Equilibria of a Large Economy*. Princeton University Press, Princeton.

Ichiishi, T. (1983): *Game Theory for Economic Analysis*. Academic Press, New York.

岩井 克人 (1997): 『資本主義を語る』筑摩書房, Tokyo.

Jech, T. (2003): *Set Theory* Third edn. Springer-Verlag, Berlin.

神谷 和也・浦井 憲 (1996): 『経済学のための数学入門』東京大学出版会, Tokyo.

Kant, I. (1785): *Grundlegung zur Metaphysik der Sitten*. 日本語訳：カント『道徳形而上学原論』(篠田英雄訳) 1960, 岩波文庫, Tokyo.

Kelley, J. L. (1955): *General Topology*. Springer-Verlag, New York/Berlin.

Kemeny, J. G., Morgenstern, O., and Thompson, G. L. (1956): "A Generalization of the von Neumann model of an Expanding Economy," *Econometrica* 24, 115–135.

Keynes, J. M. (1930): *A Treatise on Money 1 The Pure Theory of Money*. Macmillan Cambridge University Press / Royal Economic Society, United Kingdom. The Royal Economic Society 1971. 日本語訳：ケインズ全集第5巻『貨幣論 I 貨幣の純粋理論』1979, 小泉明/長澤惟恭, 東洋経済新報社, Tokyo.

Keynes, J. M. (1936): *The General Theory of Employment, Interest and Money*. Macmillan Cambridge University Press / Royal Economic Society, United Kingdom. The Royal Economic Society 1973. 日本語訳：J. M. ケインズ『雇用・利子および貨幣の一般理論』1995, 塩野谷祐一, 東洋経済新報社, Tokyo.

Kreps, D. M. (1990): *A Course in Microeconomic Theory*. Princeton University Press, New Jersey.

Kuga, K. (1996): "Budget constraint of a firm and economic theory," *Economic Theory 8*, 137–153.

久我 清・入谷 純・永谷 裕昭・浦井 憲 (1998): 『一般均衡理論の新展開』多賀出版, Tokyo.

Kunen, K. (1980): *Set Theory: An Introduction to Independence Proofs*. North Holland, Amsterdam.

参考文献

Lakoff, G. (1987): *Women, Fire, and Dangerous Things: What Categories Reveal about the Mind*. The University of Chicago Press, Chicago and London.

Lopez, R. S. (1976): *The Commercial Revolution of the Middle Ages, 950-1350*. Cambridge University Press. 日本語訳：ロバート・S. ロペス『中世の商業革命：ヨーロッパ 950-1350』（宮松浩憲訳）2007, 法政大学出版局, Tokyo.

Magill, M. and Shafer, W. (1991): "Incomplete Markets," in *Handbook of Mathematical Economics, Vol. IV*, (Hildenbrand, W. and Sonnenschein, H. ed), pp. 1523–1614, North-Holland/Elsevier, Amsterdam.

丸山 眞男 (1999): 『日本政治思想史１９６５』東京大学出版会, Tokyo.

Mas-Colell, A., Whinston, M. D., and Green, J. R. (1995): *Microeconomic Theory*. Oxford University Press, New York.

Milnor, J. W. (1965): *Topology from the Differentiable Viewpoint*. University Press of Virginia, Charlottesville.

Morishima, M. (1964): *Equilibrium, Stability and Growth*. Clarendon Press, Oxford. 日本語訳：森嶋通夫著作集２（岩波）久我・入谷・永谷・浦井.

森嶋 通夫 (1950): 『動学的経済理論』弘文堂, Tokyo. 森嶋通夫著作集１（岩波）に改訂再録.

森嶋 通夫 (1994): 『思想としての近代経済学』岩波書店, Tokyo. 岩波新書（新赤版）321.

Mount, K. and Reiter, S. (1974): "The Informational Size of Message Spaces," *Journal of Economic Theory 8*, 161–192.

Nash, J. (1950): "Equilibrium states in N-person games," *Proceedings of the National Academy of Sciences of the U.S.A. 36*.

Nash, J. (1951): "Non-cooperative games," *Annals of Mathematics 54*, 289–295.

Negishi, T. (1961): "Monopolistic Competition and General Equilibrium," *Review of Economic Studies 28*, 196–201.

Nikaido, H. (1968): *Convex Structures and Economic Theory*. Academic Press, New York.

二階堂 副包 (1960): 『現代経済学の数学的方法』岩波書店, Tokyo.

金谷 治 (1971): 『荘子〔全４冊〕』岩波文庫, Tokyo.

Piaget, J. (1970): *Le Structuralisme*. Presses Universitaires de France. 日本語訳：「構造主義」（ジャン・ピアジェ著. 滝沢武久, 佐々木明共訳）1970, 文庫クセジュ, 白水社, Tokyo.

Polanyi, K. (1957): "Aristotle Discovers the Economy," in *Trade and Market in the Early Empires*, (Polanyi, K., Arensberg, C. M., and Pearson, H. W. ed), pp. 64–94, The Free Press, Glencoe. 日本語訳：『アリストテレスによる経済の発見』（カール・ポランニー『経済の文明史』ちくま学芸文庫, 第 8 章）.

Pontryagin, L. (1963): 『常微分方程式（木村俊房 千葉克祐訳）』共立出版.

Putnam, H. (2002): *The Collapse of The Fact/Value Dichotomy and Other Essays*, Harvard University Press, Cambridge, Massachusetts.

Quine, W. V. O. (1953): *From a Logical Point of View: 9 Logico-Philosophical Essays, Second Edition, Revised 1961*. Harvard University Press. 日本語訳：『論理的観点から：論理と哲学をめぐる九章』（W. V. O. クワイン著, 飯田 隆訳）1992, 勁草書房, Tokyo.

Radner, R. (1972): "Existence of equilibrium of plans, prices, and price expectations in a sequence of markets," *Econometrica* *40*(2), 289–303.

Radner, R. (1979): "Rational expectations equilibrium: Generic existence and the information revealed by prices," *Econometrica* *47*(3), 655–678.

Ramsey, F. P. (1927): "A Contribution to the Theory of Taxation," *Economic Journal* *37*, 47–61.

Ramsey, F. P. (1931): "Truth and Probability," in *The Foundations of Mathematics and Other Logical Essays*, (B., B. R. ed), pp. 156–198. Colledted in F. P. Ramsey: *Philosophical Papers*, edited by D. H. Mellor, Cambridge University Press, 1990. 日本語訳:『ラムジー哲学論文集』D.H. メラー編（伊藤・橋本訳）, 1996, 勁草書房, Tokyo.

Robbins, L. (1st ed., 1932, 2nd ed., 1937): *An Essay on the Nature and Significance of Economic Science*. Macmillan, London.

Rothschild, M. and Stiglitz, J. (1976): "Equilibrium in Competitive Insurance Markets: An Essay on the Economics of Imperfect Information," *Quarterly Journal of Economics* *90*, 629–650.

Rubinstein, A. (2006): *Lecture Notes in Microeconomic Theory: The Economic Agent*. Princeton University Press, Princeton and Oxford.

坂部 恵 (2012):『ヨーロッパ精神史入門：カロリング・ルネサンスの残光』岩波書店, Tokyo.

Samuelson, P. A. (1958): "An exact consumption loans model of interest with or without social contrivance of money," *Journal of Political Economy* *66*(6), 467–482.

佐藤彰一・池上俊一 (2008):『世界の歴史１０ ― 西ヨーロッパ世界の形成』中央公論新社.

Schaefer, H. H. (1971): *Topological Vector Spaces*. Springer-Verlag, New York/Berlin.

Sen, A. (1987): *On Ethics and Economics*. Blackwell Publishers, Oxford.

Smith, A. (1776): *The Wealth of Nations*.

Sonnenschein, H. (1974): "An axiomatic characterization of the price mechanism," *Econometrica* *42*(3), 425–433.

Spivak, M. (1965): *Calculas on Manifolds*. Benjamin. 日本語訳: 多変数解析学—古典理論への現代的アプローチ. 東京図書, Tokyo, 1972.

杉山 正明 (2011):『遊牧民から見た世界史：増補版』日経ビジネス人文庫, Tokyo.

鈴木大拙 (1997):『新編 東洋的な見方』岩波書店, Tokyo.

Urai, K. (1994): "On the existence of equilibria in economies with infinitely many agents and commodities: The direct system of economies," *Journal of Mathematical Economics* *23*, 339–359.

Urai, K. (2010): *Fixed Points and Economic Equilibria* vol. 5 of *Series of Mathematical Economics and Game Theory*. World Scientific Publishing Company, New Jersey/London/Singapore.

Varian, H. R. (1984): *Microeconomic Analysis*. W.W.Norton & Company, Inc., Princeton.

参考文献

von Neumann, J. (1937): "Über ein ökonomisches Gleichungssystem und eine Verallgemeinerung des Brower'schen Fixpunktsatzes," *Ergebnisse eines mathematischen Kolloquiums viii*. English translation: "A Model of General Economic Equilibrium", *Review of Economic Studies*, xiii, (1945-6), pp. 1–9.

von Neumann, J. and Morgenstern, O. (1944): *Theory of Games and Economic Behavior*. Princeton University Press, Princeton.

Walras, L. (1874): *Eléments d'économie politique pure*. Corbaz, Lausanne. English translation : *Elements of Pure Economics,* London, George Allen and Unwin 1926. 日本語訳：久武雅夫, 1954.

Watson, B. (1968): *The Complete Works of Chuang Tzu*. Columbia University Press, New York.

Weber, M. (1904): "Die "Objektivität" Sozialwissenschaftlicher und Sozialpolitischer Erkenntnis," *Archiv für Sozialwissenschaft und Sozialpolitik 19*, 22–87. English translation: "Objectivity" in social science, in *The Methodology of the Social Sciences* (Edward A. Shils and Henry A. Finch, tr. & ed.)；日本語訳:マックス・ヴェーバー『社会科学と社会政策にかかわる認識の「客観性」』（富永・立野・折原訳）岩波文庫, 1998.

Wittgenstein, L. (1919): *Tractatus Logico-Philosophicus*. Routledge & Kegan Paul, London. First published in Annalen der Naturphilosophie 1921. English edition first published 1922 by Kegan Paul. Routledge & Kegan Paul edition published 1974. 日本語訳: 論理哲学論考，ウィトゲンシュタイン全集 1. 奥 雅博訳，大修館書店，1975.

章末問題解答

第 1 章

【問題 1】P, Q が TT, TF, FT, FF に応じて,「P かつ Q」については T, F, F, F。「P ならば Q」については T, F, T, T。(故に**数学**では「P ならば Q」は P が偽ならば常に真であることに注意。)

【問題 2】凸性の定義に戻って,確かめたい集合から 2 点を取り出してその凸結合を作れば容易に確認できる。(例えば,神谷・浦井 (1996) 定理 3.2.2 などを参照せよ。)

【問題 3】(1) 式 (1.8) のノルム記号の中,$f(x+y) - f(x) - Fy$ つまり $f(x+y) - f(x)$ とそれを近似している $F(y)$ の差を $\varphi_x^f(y)$ と書く。つまり $\lim_{\|y\| \to 0} \|\varphi_x^f(y)\|/\|y\| = 0$ が $F = f'(x)$ と表せるという定義の言い換え条件である。この条件が成り立つとき,φ_x^f はその**変数より高位の無限小**であるという。このとき $f(x+y) = f(x) + f'(x)y + \varphi_x^f(y)$ であることに注意して次の式変形を得る($f'(x), g'(f(x))$ 等は線形関数であることにも注意)。

$$\begin{aligned} g \circ f(x+y) &= g(f(x+y)) = g(f(x) + f'(x)y + \varphi_x^f(y)) \\ &= g(f(x)) + g'(f(x))(f'(x)y + \varphi_x^f(y)) + \varphi_{f(x)}^g(f'(x)y + \varphi_x^f(y)) \\ &= g(f(x)) + g'(f(x))f'(x)y + g'(f(x))\varphi_x^f(y) + \varphi_{f(x)}^g(f'(x)y + \varphi_x^f(y)) \end{aligned}$$

上式の最左辺と最右辺の差のノルムを $\|y\|$ で割り,極限をとれば,φ_x^f および $\varphi_{f(x)}^g$ がその変数より高位の無限小であることから結論を得る。

(2) $f : t \mapsto (1-t)x + ty$ について $Df(0)$ を成分表示すると,$[y_1-x_1, \ldots, y_\ell-x_\ell]$ であることから,行列の積より明らか。後半は,y を第 i 成分のみ x_i+1 と置き,あとを x と同じに取れば,$D(u \circ f)(0) = D_i u(x)$ であるが,$u \circ f : t \mapsto u(x_i, \ldots, x_{i-1}, x_i+t, x_{i+1}, \ldots, x_\ell)$ なので 1 変数 t の微分として $t = 0$ での導値の直接計算を試みると,これは u の偏導値を求める計算と同一である。

【問題 4】上の問題から,まず $f : \boldsymbol{R}^2 \ni (x, y) \mapsto u(x, y) \in \boldsymbol{R}$ の (x, y) での導値は $(D_1 u(x, y), D_2 u(x, y))$ を一行ベクトルと見た行列であり,ここで $D_i u(x, y)$ は u の第 i 偏微係数である。

$f(x, x)$ は $x \mapsto (x, x)$ と $(x, y) \mapsto f(x, y)$ の合成関数なので,その導値は $(1, 1)$ を一列ベクトルと見た行列に $(D_1 f(x, x), D_2 f(x, x))$ を一行ベクトルと見た行列を左からかけた積すなわち $D_1 f(x, x) + D_2 f(x, x)$ である。

$f(x)g(x)$ は $x \mapsto (f(x), g(x))$ と $(x, y) \mapsto xy$ の合成関数なので,その導値は $(f'(x), g'(x))$ を一列ベクトルと見た行列に (y, x)(を $x = f(x), y = g(x)$ で評価し

て，一行ベクトルと見た行列）を左からかけた積すなわち $f'(x)g(x) + f(x)g'(x)$ である。

$1/f(x)$ は $x \mapsto f(x)$ と $y \mapsto 1/y$ の合成関数（分母が 0 にならない条件に注意して）なので，その導値は $f'(x)$ に $-1/y^2$ の y を $f(x)$ で評価したものをかけた積すなわち $-f'(x)/(f(x))^2$ である。

$f(x)/g(x)$ は $x \mapsto (f(x), g(x))$ と $(x,y) \mapsto x/y$ の合成関数（分母が 0 にならない条件に注意して）なので，その導値は $(f'(x), g'(x))$（を一列ベクトルと見た行列）に $(1/y, -x/y^2)$ を $x = f(x), y = g(x)$ で評価して，一行ベクトルと見た行列）を左からかけた積すなわち $f'(x)/g(x) - g'(x)f(x)/(g(x))^2 = (f'(x)g(x) - f(x)g'(x))/(g(x))^2$ である。

【問題 5】(1) $\boldsymbol{R}^\ell$ における収束を座標ごとの収束とできるので，$\{x^n\}_{n=1}^\infty$ および $\{y^n\}_{n=1}^\infty$ をそれぞれ x および y への収束列，a^n を $\boldsymbol{R}$ における a への収束列と取れば，1 次元での加法および乗法の連続性（例えば神谷・浦井 (1996) 定理 2.2.1）に帰着する。
(2) $x^n = (x_1^n, \ldots, x_\ell^n)$ および $x^* = (x_1^*, \ldots, x_\ell^*)$ と表すとして，各座標 $k = 1, \ldots, \ell$ についての収束条件がノルム $\|x^n - x^*\|$ をいかようにも小さくすることとその逆を，収束の厳密な定義に戻って示せばよいだけである。（例えば，神谷・浦井 (1996) 定理 4.3.1 を見よ。）

第 2 章

【問題 1】(1) 整数制限については近似ということに尽きている。所詮，有理数としたところで，やはり近似といわねばならない。

(2) 耐久財については，時間が変われば異なる財と考える以上，全ての人が，その財を今日の投入物として明日の産出物とする技術を持っているという，技術すなわち生産主体とのかかわりで取り扱うしかない。

【問題 2】同じ駅前といっても，厳密には場所が異なり，利便性が異なる可能性がある。その場合は全く異なる財となるので，一物一価に何ら抵触しない。単位日時が 1 日より短いとして，仮に営業時間が異なるならば，ある時間帯にはコンビニでしか手に入らない財は，量販店のそれとは全く異なる財となるので，やはり一物一価に反することはない。ただし，同一時間帯において，もしも場所的な差異もないものと考えるならば，その限りでは説明できない。現実的には，その財の在庫の方法や管理コスト，消費者から見た探しやすさ，といった異なる企業の技術的問題が動学的に絡んで生じている現象というべきである。

【問題 3】単に購入しただけであれば，モデルの設定次第では，再度販売することも可能である。消費したとすると，その数量は経済モデル内から消失したものとして取り扱うべきである。

【問題 4】(1) この消費主体はまず今日の土地 1 単位を売り，同時に生産主体としてこの土地 1 単位を買い，生産主体としてそれを投入物とし，明日の土地 1 単位を産出物とし，明日の土地 1 単位を売り，同時に再び消費主体として，明日の土地 1 単位を買う。（あくまで生産主体と消費主体が別主体として，市場を通して——自分で自分に売買するといった名前の入った取引概念を使わず——行動することを前提とするならば，めんどう

でもこのように記述せねばならない。)
(2) $\alpha \in R_+$ とすると，
$$((\alpha y_1)^a (\alpha y_2)^b)^{(1/(a+b))} = (\alpha^{a+b}(y_1)^a(y_2)^b))^{1/(a+b)}$$
$$= \alpha^{(a+b)/(a+b)}((y_1)^a(y_2)^b)^{1/(a+b)} = \alpha((y_1)^a(y_2)^b)^{1/(a+b)}$$
であることから，$(-y_1, -y_2, y_3) \in Y$ なら $\alpha(-y_1, -y_2, y_3) \in Y$. である。

【問題 5】(1) そのような主体はいない。モデル内の主体ではなく，話としてモデル外に**価格調整者**といったものを想定することはあるが，その場合でもそれは架空の存在である。この世界観にとって必要なのは，誰かが調整して均衡に行き着くということではなく，そういう**調整を必要としない状態を均衡と呼ぶ**，ということである。p.39 の議論を再度参照せよ。

(2) まず価格を与えられると企業の利潤が定まり，その下で各消費者への利潤の分配額も自然に定まり，それを得て消費者は自分の所得について，価格が決まれば一意に定まるように，背後の設定が整っていると考えている。p.29 の議論を再度参照せよ。

(3) $y(p)$ の正の座標をそのままにして，負の座標を全て 0 に変えたベクトルを $y(p)^+$ とし，負の座標をそのままにして正の座標を全て 0 にし，さらに全体を -1 倍したベクトルを $y(p)^-$ とする。$x(p)$ にも同じ方法で $x(p)^+$ と $x(p)^-$ を定義する。このとき，$s(p) = y(p)^+ + x(p)^-$ であり，$d(p) = x(p)^+ + y(p)^-$ である。

第 3 章

【問題 1】その状況が state として想定内に網羅されている場合が危険性 (Risk) であり，そうではなく一つの state としてさえ想定されていない状況までも含めて述べる場合が（真の）不確実性 (Uncertainty) である。

【問題 2】p.55「見えざる手の失敗」項を再読せよ。

【問題 3】銀行からの借金とプライマリオプションの購入を通じて，コスト 11 円で (60,0) というこのオプションと同等の資産を提供できるのだから，12 円で売れば 1 円の儲けである。逆に 10 円で売りたいという人が出てきたら，プライマリセットを 30/100 空売りして，得た金額で 1 単位その人からオプションを買い 1 円懐に入れる。残りを銀行預金すると，状態 1 が生じた場合は銀行預金とオプションを行使，状態 2 なら銀行預金でプライマリセット 30/100 単位の支払いができ，手元に懐に入れた 1 円が残る。

【問題 4】p.69, (1) 一時的一般均衡と (2) 合理的期待均衡の説明されている段落を再読せよ。

【問題 5】（補足）p.67 にある「前者が正しいとすると，後者の世界観はいついかなる意味においても偽」という話は，本書の最終節で扱われている「内観的不完全性」と，その節の結語における「偽」および「嘘」に連動している。

第 4 章

【問題 1】X 上の 2 項関係で，推移性，反射性，完備性を満たすもの（完備な前順序）。

【問題2】(三分法)「$x \precsim y$ かつ $y \precsim x$」と「$x \precsim y$ かつ $\neg(y \precsim x)$」と「$y \precsim x$ かつ $\neg(x \precsim y)$」の3条件は，いずれの2つをとっても同時に成り立つことはありえない。よって定義より，任意の $x,y \in X$ に関して，成り立つならば $x \sim y$, $x \prec y$, $y \prec x$ のうち一つだけである。また完備性から $x \precsim y$ または $y \precsim x$ のいずれか一方は必ず成り立つので，少なくとも一つが成り立つはずである。

(推移性1) $x \prec y$ かつ $y \precsim z$ とする。定義と $\precsim$ の推移性から $x \precsim z$ である。もし，$z \precsim x$ とすると，推移性から $y \precsim x$ となるが，これは $x \prec y$ の定義に反する。

(推移性2) $x \precsim y$ かつ $y \prec z$ とする。定義と $\precsim$ の推移性から $x \precsim z$ である。もし，$z \precsim x$ とすると，やはり $\precsim$ の推移性から $z \precsim y$ であるが，これは $y \prec z$ の定義に反する。

【問題3】効用関数表現可能であれば，その選好は**合理的**である。逆に，合理的な選好は，**連続性の仮定**を満たすならば効用関数表現可能である。連続性の仮定を満たさない合理的選好の例として，辞書式順序に基づく選好が挙げられる。

【問題4】x が A における $\precsim$-極大元とすると，定義により，任意の $y \in A$ について，$x \precsim y$ ならば $y \precsim x$，を満たす。ところが今 $\precsim$ は完備なので，任意の $y \in A$ に対して $x \precsim y$ または $y \precsim x$ のいずれかが成り立つ。前者が成り立つときは極大性から $y \precsim x$ だから，結局全ての $y \in A$ に対して $y \precsim x$ が成り立つことになるが，これは x が A の $\precsim$-最大元であることに他ならない。

【問題5】$\prec$ の推移性は上の【問題2】における推移性1または2から明らかである。$x \prec y$ のとき $y \prec x$ とすると，$\prec$ の定義から $\neg(y \precsim x)$ かつ $\neg(x \precsim y)$ となるが，これは完備性に反する。よって $\prec$ は非対称性を満たす。最後に，$\prec$ で表された選好に循環があった場合，今述べた推移性によって，ある x について $x \prec x$ となる。これは非反射性に矛盾する。

第 5 章

【問題1】ゲームの構造についての共通認識と合理性についての共通認識。解とは（もしあるとすれば）自明なプレーのなされ方を指していう言葉。均衡とはそういったものを探すための枠組みとして与えられた一つの安定的な戦略の組に対する考え方。

【問題2】戦略の強支配性の下でゲームが可解である場合，互いに，相手の「強支配されているような戦略は取らない」という「合理性」を共通に認識し，その共通に認識していることをまた繰り返し共通に認識することをもって，互いに取り得る戦略が一意に定まっている。

【問題3】p.100 を見よ。

【問題4】囚人のジレンマゲームは，パレート最適な協力解の可能性があるにもかかわらず，戦略の強支配性にもとづいて互いにより低い状態を非協力解としてしまう可能性について述べている。ハカデゲームは，戦略の支配性概念を繰り返し使用することで，唯一のナッシュ均衡が，やはりほぼ最低の利得を与えるものになってしまうことを述べている。

【問題5】(1) 100 万円 $\times 0.25 + 400$ 万円 $\times 0.75 = 325$ 万円。

(2) $(100\,万円)^{0.5}\times 0.25 + (400\,万円)^{0.5}\times 0.75 = 2.5 + 15 = 17.5$。
(3) $U > 17.5$ が転職する職業の所得から得られるべき効用水準である。したがって，$17.5 \times 17.5 = 306.25$ となり，306.25 万円より大ということになる。
(4) 例えば，$S = \{s_1, s_2, s_3, s_4\}$, $C = \mathbf{R}$, $U : C \ni c \mapsto c^{0.5}$, $\sigma(s_1) = \sigma(s_2) = \sigma(s_3) = \sigma(s_4) = 1/4$, $x(s_1) = 100$, $x(s_2) = x(s_3) = x(s_4) = 400$, $\sum_{c \in C} U(c)\sigma(x^{-1}(c)) = 100^{0.5}\sigma(s_1) + 400^{0.5}\sigma(\{s_2, s_3, s_4\}) = 2.5 + 15 = 17.5$。

第 6 章

【問題 1】無差別集合の一部に $\mathbf{R}^\ell$ の十分小さな半径 ϵ の球が入るとしたら，その中心から見て全座標が大きくなる点もその無差別集合に含まれることになり，狭義単調性に矛盾する。

【問題 2】$u(x^1) < u(x^2)$ とする。$0 < t < 1$ として，$x^* = (1-t)x^1 + tx^2$ とすると，凹関数性より $u(x^1) < (1-t)u(x^1) + tu(x^2) \leqq u(x^*)$ なので，Debreu の意味での凸性が成り立つ。x 以上に好ましい点の集まりの凸集合性は $u(x) \leqq u(x^1)$ および $u(x) \leqq u(x^2)$ として，$u(x^1) \leqq u(x^2)$ と仮定しても一般性を失わないから，$x^* = (1-t)x^1 + tx^2$ に対して凹関数性より $u(x^1) \leqq (1-t)u(x^1) + tu(x^2) \leqq u(x^*)$ となることからいえる。

【問題 3】"x^2 が買えるにもかかわらず x^1 が選択されたことがあるとすれば，x^2 が選択される場合に x^1 は買うことができない" に対して，p^1, w^1 下の予算集合を A, p^2, w^2 下の予算集合を B, $C(A) = \{x^1\}$, $C(B) = \{x^2\}$ とすると，もしも x^1 を買うことができるなら，先の選択対応における顕示選好の弱公理の表現を用いて $x_1 \in C(A)$, $x_1, x_2 \in A \cap B$, $x_2 \in C(B)$, が成り立つことになるので，先の顕示選好の弱公理が成り立つならば必然的に $x_1 \in C(B)$ となるがそれは矛盾。ゆえに x^1 を買うことができないことが導かれる。

【問題 4】$x'' = x(\hat{p}, e(\hat{p}, u(x^*)))$, $x' = x(p^*, e(p^*, u(\hat{x})))$。

【問題 5】(1) x^* に対して x'' の位置が必ず左に来ることから確かめられる。(2) p.135 における定義を再確認せよ。

第 7 章

【問題 1】p.138 における供給関数および利潤関数が前提としている最大化問題において，p を $a > 0$ 倍しても最大化を実現しているもの（maximand）は変わらない。よって供給関数は 0 次同次である。ただしそのとき，利潤の大きさそのものは $ap_1 y_1 + \cdots ap_\ell y_\ell = a(p_1 y_1 + \cdots + p_\ell y_\ell)$ より a 倍となる。ゆえに利潤関数は 1 次同次である。

【問題 2】一次同次性については第 2 章の章末問題【4】(2) の解答が 2 変数ではあるがより一般的な CES 関数での証明になっている。それ以下の主張については，例えば $y_1^{0.5} y_2^{0.5}$ のような形状で，具体的に y_2 の値を固定して確認すれば自明である。

【問題 3】生産関数に基づくなど，産出財を固定して話ができるとき，その企業の**産出物の量と投入財の価格**の関数として，その**費用**を表したものが費用関数である。いく

つかの投入財を短期的には固定と考える**短期費用関数**を，全ての投入財の量を変更可能とする**長期費用関数**から分類して考慮することもある．

【問題 4】主に部分均衡分析において，投入物の価格も全て固定としてしまった場合の費用関数について，その総費用を産出物 y の量の関数として表したものが総費用関数 TC である．平均費用関数は $TC(y)/y$，限界費用関数は偏導関数 $TC'(y)$ である．

【問題 5】$\mathscr{L}(x_1,\cdots,x_\ell,\lambda) = p \cdot x + \lambda(u^i(x) - v)$ に対する 1 階の条件から式 (7.11) および (7.12) と同様の $\ell+1$ 本の式が得られ，陰関数定理から $h(p,v)$ を得れば良い．支出関数は $e(p,v) = p \cdot h(p,v)$ なので，その微分可能性は h の微分可能性から従う．

第 8 章

【問題 1】y を前者の解とする．Y の定義から $y \in Y$ は $y = y_1 + \cdots + y_n$ と書ける．このときある j について y_j が最大化解でないなら，$y'_j \in Y_j$ で $p \cdot y'_j > p \cdot y_j$ なるものが存在することになるが，これは $y' = y_1 + \cdots + y_{j-1} + y'_j + y_{j+1} + \cdots + y_n$ と定義すると，$p \cdot y' > p \cdot y$ を意味するので矛盾．逆に $y_1,\ldots,y_n$ を後者の解であるとし，$y = y_1 + \cdots + y_n \in Y$ とすると，もし y が前者の解でないならば，ある $y' \in Y$ で $p \cdot y' > p \cdot y$ となる．$y' \in Y$ ももちろん $y' = y'_1 + \cdots + y'_n$ と書き表せるが，このとき $p \cdot y' > p \cdot y$ であるためには，少なくとも一つの j について $p \cdot y'_j > p \cdot y_j$ でなければならない．しかしそれは y_j が後者の解であることに矛盾する．

【問題 2】(1) 全ての資源配分．

(2) $u(x,y) = x+y$ のとき：商品 1 を全て A に与えた場合，および商品 2 を全て B に与えた場合（Edgeworth Box でいえば，右斜め下方向に異なる資源配分が存在しないような箇所）．$u(x,y) = y$ のとき：商品 1 を全て A に与えた場合（Edgeworth Box でいえば，右方向に異なる資源配分が存在しないような箇所）．

(3) Edgeworth Box で左下の原点 O_A から始まる右斜め上に向けた 45 度線と，その行き着いた Box 境界から O_B までの直線（行き着いた Box 境界から O_B までの直線を契約曲線と呼ぶかどうかは異論もあろうが，ここでは一応「契約曲線」なるものが，「パレート最適な点の全てからなる集合」であるという観点から，そこも含める解答とした）．

(4) 資源配分状態が Edgeworth Box 内のどの点であろうとも，それが各個人の効用最大化の解になっているためには商品 2 の価格が 0 でなければならない．しかし，逆にそれが 0 なら商品 2 が常に両者によって可能な限り需要されるので，それが市場均等条件を満たすことはあり得ない．

【問題 3】p.171 前後の議論を再度まとめる．$f(p)$ は**個別供給関数** $y^j(p)$，および**個別需要関数** $x^i(p,w)$ の w を $W^i(p) = \sum_{j=1}^{n} \theta_{ij} p \cdot y^j(p) + p \cdot e^i$ で置き換えたものによって

$$f(p) = \sum_{i=1}^{m} x^i(p, W^i(p)) - \sum_{i=1}^{m} e^i \quad \sum_{j=1}^{n} y^j(p)$$

と表されるから，$p \cdot y^j(p)$ という**利潤（関数）**の 1 次同次性と，需要関数および供給関

数の 0 次同次性によって，その **0 次同次性** が従う。また今挙げた全ての関数の連続性から **連続性** も従う。ワルラス法則は $x^i(p, W^i(p))$ が予算制約式 $p \cdot x^i(p, W^i(p)) = W^i(p)$ を満たしているので，その $i = 1, \ldots, m$ の総和を取り，W_i の定義に戻って右辺を $y^j(p)$ を含んだ式に戻すと

$$\sum_{i=1}^{m} p \cdot x^i(p, W^i(p)) = \sum_{i=1}^{m} \sum_{j=1}^{n} \theta_{ij} p \cdot y^j(p) + \sum_{i=1}^{m} p \cdot e^i$$

となるので，これを整理して得られる。

【問題 4】（補足）特に厚生経済学の第二基本定理 8.3.2 においてここで与えた選好への仮定は一般に（非順序的選好であっても）「最低支出条件」が「効用最大化条件」を意味するための十分条件になっていることを特に強調しておく。ここで，ある資源配分の個人に対する **最低支出条件** とは，「それ以上の効用を実現するために最も安価な支出を与える状態になっている」ということであり，**効用最大化条件** とは，「より好ましい点はより高価である状態になっている」という条件である。

第 9 章

【問題 1】各人で所得効果が正のとき，最初の 1 単位を購入した後では実際の Willingness to Pay は下がっているので，消費者余剰概念はその総計の過大評価であり，所得効果が負のときはその逆である。（ただし，本文中でも述べたように，そもそも Willingness to Pay がそのように変化する場合，その総計を厚生の指標として良いかどうかは，また別問題である。）

【問題 2】(1) $-p + 15 = 2p$ より均衡価格は 5 である。(2) $p = 5$ を需要関数に代入すると，$D = -5 + 15 = 10$ である。よって，均衡における需要の価格弾力性は，$\frac{dD}{dp} \times \frac{p}{D} = -(-1) \times \frac{5}{10} = 0.5$ となる。(3) 課税の中立性の原則からすれば，なるべく余剰の減少が少なくなるように課税することが望ましい。したがって，価格弾力性の低い財には高い税率を，価格弾力性の高い財には低い税率をというのが，最適課税のルールとして導かれる（逆弾力性ルール）。具体的に計算すると，従量税なので 1 単位あたり t という固定額の税金がかかるとして，限界費用関数 $p = S/2$ に税額を加味して $p = S/2 + t$ すなわち，$S = 2(p - t)$ が需要者の直面する供給曲線となる。需要曲線が $D = -p + 15$ および $D = -0.2p + 11$ それぞれについて，税額 t のときの均衡価格を求めると，各々 $-p + 15 = 2(p - t)$ と $-0.2p + 11 = 2(p - t)$ から $p = 5 + 2t/3$ と $p = 5 + 10t/11$ が課税後の均衡価格になる。$D = 15 - p$ ならびに $D = 11 - 0.2p$ にそれぞれ代入すると均衡需要量は $10 - 2t/3$ および $10 - 2t/11$ となる。よって徴収される税の総額は $10t - 2t^2/3$ および $10t - 2t^2/11$ であり，同一の税額であれば後者の方が税収が大きい。一方，その場合の課税による厚生損失を表す三角形の面積は $(t \times 2t/3)/2 = t^2/3$ と $(t \times 2t/11)/2 = t^2/11$ となり，厚生の損失は後者の方が小さい。

【問題 3】「供給曲線の傾きの絶対値 > 需要曲線の傾きの絶対値」がクモの巣理論の安定条件である。よって，(a) と (b) は安定，(c) は不安定である。クモの巣を描いてみれ

ば明らかであるが，実際このことを上例のような線形の需要，供給曲線について，計算によって確かめておく。需要関数の形状を $D = ap + c$ とし，供給関数の形状を $S = bp + d$ とする（a, b, c, d は定数であり，計算の便宜上全て0ではなく，また $a \neq b$ であるものとする）。クモの巣の動学は p_0 を与えられて，供給量 $S(p_0) = bp_0 + d$ が決まり，そこから $S(p_0) = D = ap + c$ を p について解いて p_1 が $p_1 = ((bp_0 + d) - c)/a$ で与えられる。一般に p_{n+1} は p_n に対して（全く上のように）$p_{n+1} = ((bp_n + d) - c)/a = \frac{b}{a}p_n + \frac{d-c}{a}$ で決まる。$\frac{b}{a}$ を β とおき，$\frac{d-c}{a}$ を γ とおけば，これは $p_{n+1} = \beta p_n + \gamma$ という1次の漸化式にすぎないので，特性方程式 $x = \beta x + \gamma$ を解いた $\frac{\gamma}{1-\beta}$ を用いて $p_{n+1} - \frac{\gamma}{1-\beta} = \beta(p_n - \frac{\gamma}{1-\beta})$ と書ける。このようにすれば等比級数となり，収束するための条件は明らかに $|\beta| < 1$，すなわち $|a| > |b|$ というとになる。すなわち需要関数における p の係数の絶対値が，供給関数における p の絶対値よりも大きければ良いことがわかる。需要曲線，供給曲線のグラフは p が縦軸に取られているので，このことは「供給曲線の傾きの絶対値 > 需要曲線の傾きの絶対値」を意味する。

【問題4】(1) A国について，X 財の生産を1単位増やす場合，労働者を Y 財の生産から X 財の生産へと移すことで犠牲にされる Y 財は $\frac{1}{1} = 1$ 単位である。よって，Y 財1単位というのが求める値である。全く同じ考え方で，B国について，X 財の生産を1単位増やす場合，犠牲にされる Y 財は $\frac{4}{2} = 2$ 単位である。よって，Y 財2単位が求める値である。

(2) 上の結果より，A国は X 財，B国は Y 財にそれぞれ比較優位をもつ。よって，A国は X 財を100単位，B国は Y 財を150単位ともかく生産することになる。今，X 財，Y 財の価格をそれぞれ p_X, p_Y とすると，A国，B国の所得はそれぞれ $100p_X, 150p_Y$ となる。A国は所得の半分である $50p_X$ を Y 財の購入にあて，B国は所得の半分である $75p_Y$ を X 財の購入にあてることになる。両国の貿易が成立するには，$50p_X = 75p_Y$ となることである。よって，$\frac{p_Y}{p_X} = \frac{50}{75} = \frac{2}{3}$ である。

（補足解説）A国は両財について，B国に対して優れた生産技術を有しており，「絶対優位」を持っている。今，A国が X 財の生産を1単位増やすために，Y 財に向けられていた労働1単位を X 財の生産を行う産業に移動させたとする。その結果，A国では X 財の生産は1単位増え，Y 財の生産は1単位減る。一方，B国は X 財の生産に向けられていた4単位の労働を，Y 財を生産する産業に移動させたとしよう。このとき，B国では X 財の生産は1単位減るが，Y 財の生産は2単位増える。したがって，両国を合わせた各財の生産単位の合計は，X 財については変わらないが，Y 財については1単位増えることになる。よって，両国とも比較優位をもつ産業に特化して貿易を行うことで，より多くの消費が可能となる。ただし，当該問題の設定および解答例から容易に懸念されるように，貿易時の均衡となる交換比率が（上例の場合はよいが）その特化された生産を企業の利潤最大化解として支持するものになっているかどうかは，両国の消費の状況によって変わる。

【問題5】(1) 各国は，その国に豊富に存在している生産要素を集約的に使用する財を生産するようになる。

(2) 資本が労働に比して豊富に存在した国において，当初資本価格が国際的に見て相

対的に安価であったとしても，貿易後資本集約的な財の生産拡大によって資本価格が上昇し，結果として両国の生産要素価格比が均等化する．

(3) 労働が資本に比して豊富である国において，貿易下で労働が増えても資本集約的な産業は育たない．

(4) 労働が資本に比して豊富である国において，貿易は資本の所有者にマイナスの影響がある．

(5) 自由貿易を推進すべき場合の例外として，いずれもっと効率的な生産ができるようになることが見込まれる産業については，これを保護することが正当化される．

第 10 章

【問題 1】$p'(q^*) + p(q^*) = MC(q^*)$ において，独占価格 $p(q^*)$ を 1 とした場合，限界費用 $MC(q^*)$ がそれよりどれだけ小さいかが丁度需要の価格弾力性の逆数になっており，これをラーナーの独占度と呼ぶ．

【問題 2】2 つの企業についてそれぞれの利潤を π_A と π_B とする．また，両企業の総費用と生産量をそれぞれ，c_A, c_B, q_A, q_B とする．需要関数が $D(p) = -p + 80$ であり，よって逆需要関数を用いて $q_A + q_B$ の下での価格は $p = 80 - (q_A + q_B)$ と表せるので，企業 A の利潤 π_A は（相手企業の生産量を所与として）$\pi_A = p \times q_A - c_A = (80 - (q_A + q_B)) \times q_A - 8q_A$ である．これを整理して，利潤最大化のための企業 A の生産量 q_A についての極値条件を求めると，

$$\frac{d\pi_A}{dq_A} = 72 - 2q_A - q_A \times \frac{dq_B}{dq_A} - q_B = 0$$

となる．同様にして企業 B についても同じ条件を求める．$\pi_B = p \times q_B - c_B = (80 - (q_A + q_B)) \times q_B - 32q_B$ を整理し，企業 B の生産量 q_B についての極値条件は，

$$\frac{d\pi_B}{dq_B} = 48 - q_B \times \frac{dq_A}{dq_B} - 2q_B - q_A = 0$$

となる．ところで，ここではナッシュ均衡を求めるので，両者とも他者の行為は所与として最大化を行なっているため，$\frac{dq_B}{dq_A} = 0$ および $\frac{dq_A}{dq_B} = 0$ と仮定することができる．つまり，各企業が生産量を決めるときに，「相手がこちらの生産量の変化に対して，まったく反応しない」と「想定」して意思決定しているということである．よって，

$$q_A = 36 - \frac{q_B}{2} \quad と \quad q_B = 24 - \frac{q_A}{2}$$

という各企業にとっての利潤最大化条件が導かれる．これら 2 つの式が最適反応関数である．最適反応関数は相手の生産量に応じ，最適な生産量を与える関数である．クールノー均衡を求めるには，これら 2 つの反応関数の連立方程式を未知数である生産量 q_A と q_B について解けばよい．したがって，$q_A = 32$, $q_B = 8$ が，各企業の最適な生産量となり，クールノー均衡である．そして，このときの価格は，$q_A + q_B = 32 + 8 = 40$ なので，$p = 80 - 40 = 40$ となる．

【問題 3】企業 B の利潤 π_B は $\pi_B = pq_B - c_B = (80 - (q_A + q_B)) \times q_B - 8q_B$ で

第 10 章 解答

ある。これを整理して企業 B の利潤最大化の極値条件は

$$\frac{d\pi_B}{dq_B} = 72 - 2q_B - q_B\frac{dq_A}{dq_B} - q_A = 0$$

を得る。企業 A は追随者なので，相手の生産量は所与，つまり $\frac{dq_A}{dq_B} = 0$ と考えながら行動する。このため $q_B = 36 - \frac{q_A}{2}$ が企業 B の最適反応関数となる。この最適反応を用いて A の最大化目的関数を記述すると，

$$\pi_A = p \times q_A - c_A = (80 - (q_A + q_B))q_A - 32q_A$$
$$= (80 - (q_A + 36 - \frac{q_A}{2}))q_A - 32q_A$$

となる。最右辺を整理すると

$$(80 - (\frac{q_A}{2} + 36))q_A - 32q_A = -\frac{q_A^2}{2} + 12q_A$$

企業 A についても同様に極値条件を求めると，$-q_A + 12 = 0$ ということで，$q_A = 12$ を得る。故に $q_B = 36 - (12/2) = 30$ であり，両方合わせて $12 + 30 = D(p) = -p + 80$ より $p = 38$ がシュタッケルベルグ均衡価格である。

【問題 4】企業 A の利潤 π_A は p_B を所与として

$$\pi_A(p_A) = p_A d_A(p_A, p_B) - c_A(x_A) = p_A(120 - p_A + 2p_B) - 12x_A$$
$$= (p_A - 12)(120 - p_A + 2p_B)$$

である。上で，需要量 $(120 - p_A + 2p_B)$ はそのまま x_A という数量としてまかなわれている。同様にして，企業 B の利潤 π_B は p_A を所与として

$$\pi_B(p_B) = p_B d_B(p_A, p_B) - c_B(x_B) = p_B(120 - 2p_B + p_A) - 3x_B$$
$$= (p_B - 3)(120 - 2p_B + p_A)$$

である。ここでは，企業の価格競争としてのベルトラン均衡を求めるので，相手企業の価格を所与とした上で，自らの企業の価格を動かし，利潤を最大化する条件を求める。企業 A について，極値条件を求めると，$\frac{\partial \pi_A}{\partial p_A} = 120 - 2p_A + 2p_B + 12 = 0$ である。企業 B についても同様に極値条件を求めれば，$\frac{\partial \pi_B}{\partial p_B} = 120 - 4p_B + p_A + 6 = 0$ である。これらの式より $p_A = 130$ と $p_B = 64$ というベルトラン均衡価格が求まる。

【問題 5】(1) $s(p) = p - 10$ なる供給関数を持つ企業が，$d(p) = -2p + 500$ なる需要関数に直面しているので，$p - 10 = -2p + 500$ より，$p = 170$ となり，生産量は 160 となる。(2) $d(p) = -2p + 500$ なる需要関数に対して，社会全体の限界費用関数は $C(q) = q + 25$ なので，社会全体のあるべき供給関数 $S(p) = p - 25$ にもとづいて $p - 25 = -2p + 500$ より，$p = 175$ となり，最適な生産量は 150 となる。(3) 生産者余剰は，$(170 - 10) \times 160 \div 2 = 12800$ である。一方，消費者余剰は，$(250 - 170) \times 160 \div 2 = 6400$ である。(4) 外部費用負担（第三者が負担しているが，本来は企業が負担するべき費用のこと）は 1 単位あたり $25 - 10 = 15$ である。よって，$15 \times (160 - 150) \div 2 = 75$ (5)

企業の限界費用曲線と社会全体の限界費用曲線が一致するようにすればよい。1 単位の外部費用負担分だけ課税すればよいので，15 である。

第 11 章

【問題 1】とある商品に対するより詳細な**知識が隠されている**（ある人が知っているがある人は知らない）場合，市場は必ずしもその最も詳しい情報に基づいて成立しておらず，よって価格はその商品の平均的な状況に向けて設定されざるを得ない。その場合，自らの持つ商品が，その平均的価格に比してより価値があると考える者は，その市場から撤退していくであろうというのが逆選択である。一方，市場に向けての知識ではなく**行為が隠されている**場合にも，同様の事態が生ずる。これは市場に向けて，その市場が要求する（量にせよ質にせよ）誠実な契約を履行しないことが隠された情報となっている場合，各人は必ずしもその誠実な行動を実行せず，ひいてはその市場に誠実な供給が見込めない状況となる。これがモラルハザードである。

【問題 2】そのような検討が p.256, 11.2.3 項であるが，ここで再度強調しておくと，必ずしも誰が何を情報として知り得るという問題ではなく，自身の（場合によってはやみくもな）思い込みが均衡の結果から否定されない限りにおいて，それは**合理的期待均衡**であると定義しても，問題は生じない。ただし，よく分からないところに，積極的な**仮説を置いていく**というのは社会科学において本質的に重要な事柄であるが，それは「小さな個人」レベルでは問題ないものの，巨大な国際資本や多国籍企業，国家といった「**大きな主体**」レベルでは，そうした仮説に自らの都合のよい方向に向けた社会の誘導という可能性が生じるため，そこを禁じない限り，均衡として不十分な概念となってくるであろう。

【問題 3】p.261 で論じられている不完備情報モデルの不完全情報モデル化においては Nature への共通事前確率を前提としているが，そうではなく，各人が自らの「思い込み」をあくまで前提とし，相互の連絡は不可能としつつ，ゲームの設定からはその「思い込み」に対していかなる改訂も生じない（思い込みは否定されない）という状況をもって不完備情報モデルとする方向が考えられる。つまり必ずしも必然性はない。

【問題 4】X が 3 個以上の要素を持ち，$\mathscr{A} = \mathscr{P}^m$ とするならば，条件 2 (Pareto Property) を満たす社会選択関数が直接表明型ゲームのナッシュ均衡で遂行可能（つまり条件 5 Incentive Compatibility を満たす）である限り，それは定理 11.4.2 より独裁者的である。

【問題 5】当初に指定された社会選択としての資源配分状態を遂行可能なメカニズムが，公理系によって特徴付けされるような性質を併せ持つとすれば，そのようなメカニズムに必要な情報メッセージの空間が本質的に一意的であるということを意味する。

索　引

あ　行

i.i.a.　89
IS 曲線　218
activity　204
activity level　204
Adverse Selection　248, 251
anonymity　251
新井白石　14
Allais のパラドックス　117
Arrow 証券　60, 64
アローの一般可能性定理　89
安全資産　63
安定性　276
安定的　222
鞍点　149

位相空間　11
一時的一般均衡　69
1 次同次性　138
一物一価　40
一般化されたナッシュ均衡　271
一般均衡　166
一般均衡価格　161, 166, 169
一般均衡資源配分　164, 180
一般均衡状態　161
一般均衡理論　68
Iterated Strict Dominance　105
event　42
イングランド銀行　53
Indirect Utility Function　154

Weak Solvability　200
weak dominance　104

Willingness to Pay　196
後ろ向き帰納法　291

エージェント標準形　292
エッジワース・ボックス・ダイアグラム　164
LM 曲線　219
Ellsberg のパラドックス　118
LP 問題 1　206
LP 問題 2　206
エレクトロン貨　49

オプション　64
オプション価格付け　63

か　行

改善　180
外部効果
　正の——　241
　負の——　241
外部性　229, 241
価格空間　23
価格効果　133, 135
価格裁定　63
価格受容者　67
価格所与の仮定　29
価格体系　27
価格弾力性　221
下級財　135
角谷の不動点定理　272
確率測度　103
確率変数　102, 112
加重限界効用均等式　124
課税の中立性　198

寡占市場　232
価値　25
価値基準　47
価値の保蔵　47
価値の理論　25
稼得 GDP　203, 206
株式市場 (stock market)　61
貨幣　47
貨幣発行者利得（シニョリッジ）　51
空売り　22
為替手形　51
関数　4
間接効用関数　131
間接税　198
完全記憶　258
完全競争　68
完全予見均衡　69
カントール　82
完備性 (completeness)　73

企業者　214
企業の選好　289
企業の目的　31
企業の目的関数　289
企業の予算制約式　141
危険性　44
技術　33
技術 (technology)　32
希少性　25
期待効用　112
期待値　103
ギッフェン財　136
規模の収穫一定　32
規模の収穫非逓減　32
規模の収穫非逓増　32
逆需要関数　230
逆選択　248, 251
逆弾力性ルール　198, 221
狭義単調性　122
狭義凸性　122
供給関数　32, 138
供給曲線　194

共通事前確率　45
共通認識
　構造についての――　98
　合理性についての――　98
協力ゲーム理論　96
行列　8
極小元　85
局所非飽和性　122, 170
極大元　85
距離　6
銀行貨幣　48
均衡多様体　282
均衡理論 (Equilibrium Theory)　68
金匠手形 (Goldsmith's note)　53
金属通貨　49
金融資産 (financial asset)　61
金融市場
　――の完備性　60
金融市場 (financial market)　61
金融商品　22

クールノー均衡　233
クールノー–ナッシュ均衡　233
クーンの定理　258
楔型文字　46
クモの巣理論　222
繰り返しゲーム　293
グレシャムの法則　247
Closed Circulation of Income　169

経済人 homo economicus　72
契約曲線　164
ケインズ　47, 62
ゲーデルの第二不完全性定理　297
ゲーデルの補題　296
ゲーム
　完全情報の――　259
　戦略形の――　97
　展開形の――　257
　――の解　100
　――の均衡　100
　標準形の――　97

索　引

不完全情報の—— 259
不完備情報の—— 259
結託 (coalition) 96, 180
限界効用 126
限界所得関数 230
限界代替率 126
限界費用関数 146
現金通貨 50
顕示選好関係 276
顕示選好の強公理 130
顕示選好の弱公理 84, 130
顕示選好理論 129
現物取引 60
限量子 2

コア資源配分 180
コア同値定理 183
coalition 96
交易 46
交換の媒体 47
公共財 229, 241
行使価格 64
厚生経済学の第一基本定理 44, 167, 181
厚生経済学の第二基本定理 167, 182
構造主義 68
工程 204
効用関数 28, 77
　　——表現 Utility Representation 77
効用最大化問題 121
合理化 83, 129
合理的期待 60
合理的期待均衡 69
合理的期待形成 70
合理的選好 73
公理的特徴付け 264
コースの中立性命題 242
コースの命題 237, 242
コール・オプション 64
個人合理性 163, 183
個人所有経済 168

国家貨幣 48
コブ–ダグラス型関数 127
個別供給関数 32
Commodity 16
混合戦略 102
コンドルセ・パラドックス 88
コンパクト集合 121

さ　行

Sard の定理 284
最終消費 200
最小元 85
最大元 83, 85
最大値最小値の定理 121
裁定価格 (arbitrage price) 65
最適 164
最適反応 37
最適反応関数 233
先物取引 61
Subgame Perfect 292
サブプライム・ローン問題 251
サミュエルソン条件 245
産業連関分析の基本方程式 200
産業連関分析の数学的基礎づけ 201
産出 30, 137

シェパードの補題 133, 145, 155
シグナリング 253
資源配分 163, 179
　　実現可能な—— 179
資産 22
資産 asset 61
資産市場 (asset market) 61
資産配当行列 60
支出関数 132
支出最小化問題 131
市場 58
市場均衡価格 181
市場均衡条件 181
市場構造 (market structure) 58
　　完備な—— 59
　　不完備な—— 59

市場支配力　229, 230
市場の失敗　229
市場崩壊　247
辞書式順序　78
辞書式選好　79
自然射影　283
自然独占 (natural monopoly)　239
自然農法　17
実現可能　163
実物　61
実物資産市場　61
実物取引　60
シニョリッジ（貨幣発行者利得）　51
支配戦略　104
紙幣　51
資本財　34
資本集約的　225
社会契約　57
社会選好集計関数　89
社会選択関数　89, 265
　──の遂行問題　268
社会選択対応　266
社会選択理論　87
社会選択ルール Social Choice Rule　89
集合　1, 72
囚人のジレンマ　106
主体的均衡条件　181
シュタッケルベルグ均衡　234
シュメール人　46
需要曲線　193
需要の価格弾力性　221
需要の所得弾力性　220
順序 (ordering)　75
準線形　191
上級財　135
条件付き商品 (contingent commodity)　44
証券取引法　236
乗数　217
乗数効果　218
状態 (state)　43

状態空間 state space　44, 112
消費　26
消費者効用最大化問題　121
消費者支出最小化問題　131
消費者余剰　196
消費集合　121
消費集合 (consumption set)　28
消費主体　26
消費性向　215
商品 (commodity)　14, 19
商品貨幣　48
商品空間　19
情報集合　257
情報の非対称性　247
所得効果　133, 135
所得弾力性　220
自励系　276
新制度派　262
信用取引　60

推移性 (transitivity)　73
遂行問題　268
垂直貿易　225
水平貿易　225
スクリーニング　253
state　43
ストックホルム銀行券　53
strict dominance　104
ストルパー-サミュエルソン定理　226
Strong Solvability　201
スルツキー方程式　133, 135
Slater 条件　151

斉一成長経路　208
静学　68
静学と動学　141
生産　30, 137
生産 GDP　203, 205
生産可能性集合　175
生産関数　140
生産者費用最小化問題　143
生産者余剰　197

索　引

生産者利潤最大化問題　　138
生産集合　　137
生産集合 production set　　32
生産主体　　30
生産要素　　203
精神　　24
正則　　283
正則経済　　284
正則条件　　283
正則値　　284
精緻化　　290
制度　　262
制度学派　　262
世代重複　　53
楔形文字　　46
絶対優位　　224
0 次同次性　　123, 138, 171
線形関数 linear function　　24
線型計画問題における双対問題　　207
線形形式　　24
線形汎関数　　24
選好
　　——の連続性　　78
選好誤表明の誘因が無い　　266
選好表明メカニズム　　266
前順序 (preordering)　　73
選択関数　　86
選択公理　　86
選択対応　　83
先導者　　234
戦略　　97
戦略形ゲーム　　97
戦略集合　　97
戦略プロファイル　　97

操業活動　　204
総供給関数 (Keynes 的)　　215
操業水準　　204
荘子　　18, 07
総需要関数 (Keynes 的)　　215
双対問題　　131
　　線型計画問題における——　　207

総費用関数　　146
相補スラック条件　　148
組織の経済学　　262
粗代替性　　162, 178, 279
ソリドゥス　　50

た　行

対角線論法 diagonal argument　　82
耐久財　　33
耐久財のディレンマ　　34
対称性 (symmetricity)　　74
代替効果　　133, 135
ただ乗り (free riding)　　241, 243
ダッチブック議論　　76
Tâttonnement Process　　173
タルスキーの真理定義不可能性定理
　　297
短期費用関数　　143
単調性
　　狭義——　　122
　　社会選択関数の——　　265
　　選好の——　　122
弾力性　　220
弾力的　　221

中央銀行　　53
抽象経済 Abstract Economy　　270
抽象経済の均衡　　271
中世のドル　　50
超過需要　　170
　　——の 0 次同次性　　170
超過需要関数　　274
長期費用関数　　144
超平面 (hyperplane)　　7
直積　　97
直接税　　198
貯蓄　　141

追随者　　234
通貨　　48
ツォルンの補題　　87

Decisive　91
手形　51
デカルト　24
出来事（event）　42
テクノロジー（経済全体の）　174
デナリウス銀貨　49
手番のあるゲーム　97
デブリュー–マンテル–ソーネンシャインの定理　171, 281
デリバティブ　64
デリバティブアセット　61, 64
展開形ゲーム　257

動学的に安定　223
投資　141
投資の限界効率表　217
堂島米会所　63
投入　30, 137
Total Willingness to Pay　196
特異経済　284
独裁者　90, 265
特性方程式　201
独占禁止法　236
独占度　232
凸集合　7, 29
凸性　122
　狭義——　122
ドラクマ硬貨　49
トリガー戦略　294
取引動機　218
トレンブリングハンド完全　292

な 行

内積 inner product　6
内部化
　外部経済の——　242
ナッシュ均衡　37, 100
　一般化された——　271

二元論（物質と精神）　24
二項関係　72
認識論的価値 (epistemic value)　100

Normal form mixed strategy　258
ノミスマ　50
ノルム　6

は 行

Perfect Recall　258
派生的金融資産 (derivative assets)　64
派生的資産　61
Backwards Induction　110, 291
バブル　26
ハルサニー・ドクトリン　45
パレート最適　163, 164, 179
パレート性　89, 265
反射性 (reflexivity)　73
反対称性 (antisymmetricity)　75
反応関数　233

比較優位　224
比較優位の原理　223
非協力ゲーム理論　96
飛銭　51
非線形価格　24
非対称性 (asymmetricity)　75
非弾力的　221
ヒックス型補償需要関数　132
必要投入関数　143
Hidden Action　248
Hidden Knowledge　248
非反射性 (irreflexivity)　75
微分　9
Behaviorally mixed strategy　258
ヒュームの懐疑　71
費用関数　143
　短期——　143
　長期——　144
費用最小化問題　143
標準基底　8
標準形ゲーム　97

Folk Theorem　293
フォン・ノイマン革命　21

索　引

フォン・ノイマンモデル　212
フォン・ノイマン–モルゲンシュテルン
　　期待効用　113
付加価値　202
不確実性　44
不完全競争　68, 229
複占　232
物質　24
プット・オプション　64
部分空間　58
普遍写像問題　264
部門　199
プライステイカー　67
ブラウワーの不動点定理　272
ブラック–ショールズ方程式　65
プリンシパル・エージェンシー問題
　　248
プレイヤー　97
フレーミング Framing　118
ブロック　180
Proper Subgame　292
フロベニウス根　201
分配 GDP　203, 206

平均費用関数　146
Bayesian Game　260
Bayesian Nash Equilibrium　261
閉集合　29, 78
平面　7
ヘクシャー–オリーンの定理　225
ベクトル空間　5
ベクトル場　280
ベルトラン均衡　234
ベルトラン–ナッシュ均衡　234
ヘロドトス　49

法定不換紙幣　53
包絡線　144
包絡線定理　145
Haukins-Simon 条件　200
ポランニー, K.　49

ま　行

Market Power　230
マーシャル型需要関数　29, 123
マーシャル的調整過程　222
マネーサプライ（貨幣供給量）　50
マルクス　23

ムカデゲーム　98
無差別曲線（集合）　122
無名性　251
無名性 anonymity　17

命題　2
命題結合子　2
名目資産市場　61
メカニズム　267
　　メッセージを伴った――　263
メカニズム・デザイン　269
メソポタミア　46
メディチ家　52

模索過程　173
モディリアーニ–ミラー命題　289
モラル・ハザード　248, 252
森嶋通夫　21

や　行

約束手形　51

誘因整合性
　　選好表明メカニズムの――　266
ユークリッド空間　6
有効需要　216
Universal Domain　89, 265

要素価格均等化命題　226
幼稚産業の保護　226
預金通貨　50
予算制約（budget constraint）　28
余剰生産物　46
予備的動機　218

ら 行

ラグランジアン (Lagrangian)　148
ラグランジュ未定乗数法　148
ラムジー, F.　76

利潤　30, 138
利潤 (profit)　32
利潤関数　138
利潤最大化問題　138, 168
リスク中立　119
利得関数　97
Refinement　290
リプチンスキー定理　226
流通貨幣（通貨）　48, 50
流動性選好　218
流動性選好表　218
臨界条件　284
臨界値　284
臨界点　284

リンダール均衡　245

ルベーグ測度　284

Lexicographic Ordering　78
レプリカ経済　185
レモン市場　248
連続関数　11
連続性（関数）　29

ロアの等式　155
労働集約的　225

わ 行

ワルラス　68
ワルラス資源配分　164, 180
ワルラス的調整過程　222
ワルラス法則　29, 160, 170, 275
　広義——　170

著者略歴

浦 井　憲
（うら　い　けん）

1988年　大阪大学大学院経済学研究科
　　　　博士課程中退
　　　　大阪大学社会経済研究所助手
1991年　京都産業大学講師
1995年　大阪大学経済学部助教授
2005年　博士（経済学）（大阪大学）
2008年　大阪大学大学院経済学研究科
　　　　教授

主要著訳書

経済学理論の基礎
　（福島洋一他と共著，八千代出版，1996）
経済学のための数学入門
　（神谷和也と共著，東京大学出版会，1996）
一般均衡理論の新展開（久我清，入谷純，
　永谷裕昭と共著，多賀出版，1998）
均衡・安定・成長—多部門分析
　（森嶋通夫著，久我清，入谷純，永谷裕昭と共著，
　岩波書店，2003）
Fixed Points and Economic Equilibria
　（World Scientic，2010）
ミクロ経済学—静学的一般均衡理論からの出発
　（吉町昭彦と共著，ミネルヴァ書房，2012）

Ⓒ　浦井 憲　2015

2015年10月15日　初版発行

経済学教室 1
ミクロ経済学

著　者　浦 井　　憲
発行者　山 本　　格

発行所　株式会社　培 風 館
東京都千代田区九段南4-3-12・郵便番号102-8260
電話(03)3262-5256(代表)・振替00140-7-44725

中央印刷・三水舎製本
PRINTED IN JAPAN

ISBN 978-4-563-06251-4　C3333